KB186609

앞으로 5년
미중전쟁
시나리오

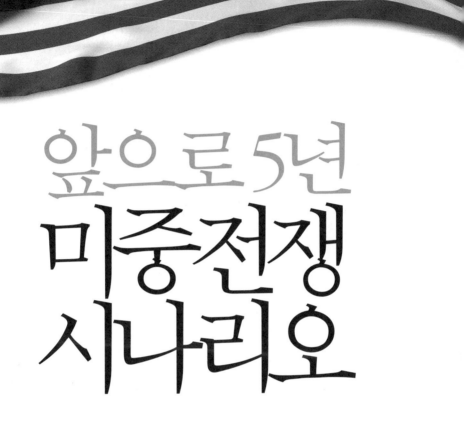

앞으로 5년 미중전쟁 시나리오

· 최윤식 지음 ·

nomad
지식노마드

패권은
절대로 나누지 않는다

1947년 조지 마셜 미국 국무장관은 프린스턴대학 연설에서 "나는 펠로폰네소스 전쟁의 시대와 아테네의 몰락을 적어도 한 번이라도 되새겨보지 않은 사람이 현대 국제관계의 기본 문제들을 다룰 수 있다고 믿지 않는다"고 말했다.[1]

기원전 5세기, 그리스의 도시 국가 아테네는 페르시아 전쟁에서 승리한 뒤 강력한 해군력을 바탕으로 델로스 동맹을 결성하고 시칠리아와 이탈리아 반도까지 세력을 넓혀 나갔다. 그리스의 부상에 위협을 느낀 패권 국가 스파르타는 펠로폰네소스 동맹을 결성해 맞섰다. 고대 그리스의 패권을 둘러싸고 두 동맹이 27년 동안 벌인 전쟁이 바로 펠로폰네소스 전쟁이다.

현대까지도 세계 패권을 둘러싼 경쟁의 성격은 본질적으로 달라지지 않았다. 하버드대학 그레이엄 앨리슨 교수의 연구에 따르면, 과거 500년 동안 신흥 국가와 기존 패권 국가 사이에 충돌한 16개 사례 중 12번이 전쟁으로 귀결되었다(군사전쟁으로 이어지지 않은 15세기 말의 포르투갈과 에스파냐의 대립, 20세기 미국과 소련의 냉전 등 4개 사례도 전면적인 군

사적 충돌로 이어지지 않았을 뿐이다). 이제 미국과 중국 간에 17번째 패권전쟁이 펼쳐지고 있다.[2]

중국은 과거에 아시아에서 누렸던 지위를 회복하려는 중국몽, 즉 중화의 부활을 꿈꾼다. 미국은 아시아·태평양 지역에서 자국의 패권이 침해당하는 것을 결코 용납하지 않으려고 한다. 10여 년 전까지 '차이메리카Chimerica'라는 신조어가 유행할 정도로 많은 전문가들이 두 나라의 경제적 동반자 관계가 21세기 초 세계의 번영을 이끌었다며 찬사를 보냈었지만, 몇 년 전부터 자못 험악한 갈등과 대립 국면으로 바뀌었다. 세계 패권을 둘러싼 미국과 중국의 대결이 품고 있는 핵심은 무엇이고 앞으로 어떻게 전개될까?

필자는 '차이메리카'라는 말이 유행하던 10여 년 전부터 미국과 중국의 패권을 둘러싼 전쟁이 벌어질 것이라는 예측 시나리오를 발표했다. 경쟁이 아니라 전쟁이라고 표현한 것은 패권을 둘러싼 국가 간의 대립은 한쪽이 확실히 무릎을 꿇을 때까지 지속될 것이기 때문이다. 이 책의 내용은 『2030 대담한 미래』(최윤식, 2013, 지식노마드)를 통해 발표한 시나리오 이후부터 현재까지의 변화를 반영해서 최적화한 것이다. 추가로 미국과 중국의 패권전쟁이 한국에 어떤 영향을 미칠지를 예측한 내용까지 담았다.

21세기 초에 세계의 많은 전문가들은 중국이 2020년 전후로 미국을 추월할 것이라고 예측했었다. 그런데 2016년이면 중국의 GDP가 미국을 추월할 것이라는 IMF의 예측이 틀린 것은 물론이고, 가장 보수적으로 예측한 JP모건(2025년 추월)과 골드만삭스(2027년 추월)의 예측조차 확률적 가능성이 점점 줄어들고 있다. 왜 최고 전문가들의 예측이 빗나갔을까? 물론 미래를 족집게처럼 정확하게 맞출 수 있는 인간은 없다. 중요한 것은 예측 결과가 틀렸다는 것이 아니라 중국이 곧 미국을 추월할 것이라는 예측의 전제가 틀렸다는 점이다. 당시 대부분의 예측은 미국의 경제성장률은 계속 낮아지고, 중국의 경제성장률은 20년간 연 8~10%를 유지할 수 있을 것이라는 환상을 전제로 하고 있었다. IMF는 이 환상을 극대화해서 중국이 미국을 추월하는 시기를 2016년으로 예측했던 것이다.

중국의 미래를 예측할 때는 나라의 규모나 체제의 차이에서 오는 착시나 환상을 걷어내고 보아야 한다. 중국이 영원히 고도성장을 지속할 수는 없다. 시진핑과 중국 공산당은 기존의 경제 법칙까지 바꿀 수 있는 신이 아니다. 통제를 통해서 버블의 붕괴를 지연시킬 수는 있겠지만, 결코 금융위기를 피해갈 수는 없다. 오히려 덩치가 크니 넘어질 때 충격도 크다고 생각하는 것이 상식이다. 더욱이 중국은, 달러라는 기축통화를 가지고 있으며 세계 최고의 기술과 경제적 능력을 가지고 정치·군사적 패권을 장악하고 있는 미국을 상대로 싸워야만 한다.

미래 예측을 위해서는 수많은 변수가 생기고, 변수 간에 역동적인 상호 작용이 발생하는 현실을 고려해야 한다. 더욱이 국제관계에서는 한쪽이 도전하면 다른 한쪽이 대응하고, 힘을 가진 나라는 기득권을 빼앗기지 않기 위해 강제력을 동원하여 경쟁 국가를 짓누르는 파워게임이 가장 냉정하게 관철된다.

필자를 포함한 미래학자는 현대 미래학에서 개발된 다양한 예측 기법을 활용해서 여러 분야의 방대한 데이터를 필터링하고, 분석하고, 요인들 간의 연결 관계를 파악하여 미래 모델로 재구성하는 과정을 거친다. 또한 매일매일 변화를 만드는 힘Driving Forces, 구조, 동역학 관계의 변화, 미래 징후 등을 모니터링하고 미래 시나리오를 재점검한다. 필자는 미중전쟁의 결과로 우리가 맞이할, 가장 가능성이 큰 미래에 대해 다음과 같은 결론에 도달했다.

"미중전쟁의 결과로 중국은
30년 안에 미국을 넘어서지 못한다."

앞으로 이 책을 통해 왜 이렇게 예측하게 되었는지를 미국과 중국의 패권전쟁이 벌어질 7개의 영역(환율, 무역, 금융, 군사, 산업, 자원, 인재)별로 살펴볼 것이다(다만 미래 산업전쟁, 자원전쟁, 인재전쟁은 지면의 한계상 자세하게 다루지 못했다. 이 주제들은 하나의 책으로 다시 집필해야 할 주제이기 때문에 나중에 다른 책에서 자세하게 다룰 예정이다).

2008년 미국발 금융위기가 전 세계를 강타한 직후인 2009년부터 필자는 한국이 직면하게 될 미래의 위협 요인에 대해 시나리오를 만들어 발표해왔다. 멈춰버린 성장 시스템을 혁신해서 다가오는 위기에 대응하지 못한다면 한국은 '잃어버린 10년'에 빠질 것이라고 경고했다. 그로부터 10년이 지난 지금, 필자는 안타깝게도 이렇게 말할 수밖에 없다.

10년 전보다 상황이 더 악화되었다.
이제 잃어버린 20년을 대비해야 한다.

한국 내부의 성장 시스템 혁신은 계속 지체되고 있는 데다가 한국을 둘러싼 국제 환경이 더 나쁜 쪽으로 굳어져가고 있기 때문이다. 외부 요인 중에서도 특히 '미중전쟁'의 격렬한 파도는 한국을 '잃어버린 20년'에 빠뜨릴 가능성이 가장 큰 외부 요인이다. 고래가 싸우는데 새우등 터진다는 것이 무엇을 의미하는지 우리는 2016년에 시작된 사드의 한반도 배치를 둘러싼 국제적 갈등 속에서 생생하게 경험했다.

자칫 거대한 힘에 의해 구조나 시스템이 달라지는 변화가 발생하면 속도와 폭에 압도당해 "내가 아무리 잘해도 세상의 변화 때문에 위기가 만들어질 수밖에 없다"고 생각하기 쉽다. 그러나 미래학자는 다르게 본다. 사회, 경제, 기술, 산업, 문화, 정치, 환경, 영성 등의 영역에서 일어나는 변화는 새로운 미래 가능성만을 만들어낼 뿐이다. 미래를 만드는 주체는 사람이다. 리더가 중요하다. 리더의 미래 통찰력과 의사결정이 미래를 만든다.

과거 일본은 세계 2위의 경제 대국이었다. GDP는 미국의 70%를 육박했고, 인구도 1억 2천 명인 큰 나라였다. 지금의 중국보다 강력한 경제력을 가지고 있었다. 이런 일본이 장기침체에 빠졌다. 한순간에 무너져 잃어버린 20년을 넘어 지금 잃어버린 30년을 걱정한다. 국가와 기업을 이끈 리더들이 미래 변화를 통찰하지 못하고 잘못된 의사결정을 내렸기 때문이다. 성장의 한계에 직면한 시스템을 고치지 못했기 때문이다.

1997년 IMF 외환위기를 겪은 한국은 기적처럼 소생했다. 2010년에는 G20 의장국까지 올라서며 선진국 대접을 받는 나라가 되었다. G20의 위상은 대단하다. G20의 GDP를 합치면 전 세계 GDP의 85%

다. 나머지 15%를 180여 개 국가가 담당한다. 한국은 2002년 한일 월드컵, 2014년 인천 아시안게임, 2018년 평창 동계올림픽을 개최했다. 2017년 삼성전자는 어닝 서프라이즈 실적을 냈다.

그러나 화려한 겉모습과 달리 속을 들여다보면 상황은 딴판이다. 정치·사회는 물론이고 경제 곳곳이 성장의 한계에 부딪혀 무너지고 있다. 정부의 간절한 의지와 노력에도 불구하고 청년실업과 자영업자의 미래는 나아질 기미가 보이지 않는다.

필자가 미래를 연구하고 예측할 때 사용하는 사고 원칙 하나가 있다.

"미래의 기회는 당신의 생각보다 늦게 오고,
미래의 위기는 생각보다 빨리 온다."

대부분은 이것을 거꾸로 적용한다. 미래의 기회는 생각보다 빨리 온다고 착각하고 서둘러 덤빈다. 반면 미래의 위기는 생각보다 늦게 온다고 생각하고 위기 대비를 미룬다.

필자가 예측하기에 한국의 비극적 미래에 대비할 수 있는 시간은 앞으로 1~2년밖에 남지 않았다. 많은 사람이 위기를 경고한 지난 10여년 동안 한국 사회는 아무런 혁신도 이루지 못한 채 허비했기 때문이다. 개인이나 기업은 스스로 미래 위기를 대비하고 길을 찾는 수밖에 없다. 그 길을 찾는 데 허락된 시간도 몇 년 남지 않았다. 앞으로 3년 (2018~2020년)은 의사결정 속도가 아주 정확하고 빨라야 한다.

이 책을 내면서 '2030 대담한 미래' 시리즈(총 3권)를 절판한다. 대신 지난 책들에 발표했던 내용 중에서 독자들이 미래를 예측하고 대비하는 데 꼭 필요한 내용은 최근 상황까지 반영하고 최적화해서 관련 부분에 배치했다.

지난 10년간 필자가 발표한 시나리오의 기본 틀은 거의 그대로 유지한다. 다만 지난 10년 동안 발표한 예측 중에서 그나마 '유의미한 수정'을 한 것은 두 가지다. 하나는 제2의 외환위기 가능성이고, 다른 하나는 삼성의 위기다. 2009년에 필자는 한국 경제의 미래를 예측하면서 '제2의 외환위기 가능성' 시나리오를 최악의 시나리오로 제시했었다. 그러나 2009년 이후 외환 보유액 확충, 단기 차입금 비중 축소와 통화 스와프 확대 등으로 다시 IMF에 구제금융을 신청하는 최악의 사태를 막을 수 있는 대비는 어느 정도 되었다고 판단한다(아직 부채 디레버리징 과정에서 일어날 한국 경제의 위기는 시작되지 않았기 때문에 '제2의 외환위기 가능성'이 완전히 없어진 것은 아니다).

그러나 한국의 금융위기 가능성은 아직도 확실성의 범주에 있다. 앞으로 1~2년 동안은 트럼프가 달러 강세를 억누를 가능성이 크다. 여기에 유럽의 긴축 정책이 시작되면 원화 강세로 한국 수출 기업의 경쟁력 하락이 지속되며 경상수지에 문제가 발생할 수 있다. 만약 경상수지에 문제가 발생하고, 미국과 유럽의 긴축이 빨라지면서 신흥국 경제에 대한 의구심이 치솟으면, 국내에 유입된 외국 자본이 대규모로 빠져나가면서 가계 부채에 불이 붙어 금융위기 국면이 시작될 수 있다. 금융위기가 발발하면, 한국처럼 금융 개방도가 높지만 경제 규모는 상대적으로 작은 나라는 일시적으로 환율이 급락하여 외환위기 가능성이 제기될 여지가 있다. 이 글을 마무리하는 현재, 원화 강세가 지속되면서 수출 기업에 부담이 되고 있으며, 해외 자본의 국내 주식 투자 규모가 증가하고, 은행의 해외 차입도 빠르게 늘고 있다. 한국은 원화 강세 리스크에 대해 절대로 경계를 늦추면 안 된다.

삼성의 위기 상황 예측에서 차이가 발생한 이유는 뜻밖의 사건인 브렉시트의 영향으로 미국 기준금리 인상 속도가 지연되고, 미국 45대 대통령으로 트럼프가 당선되어 기존의 변화 방향에 인위적으로 개입을 했으며, 1차 위기를 맞은 이후 생각했던 것보다 잘 버텨낸 삼성의 역량 등을 필자가 간과했기 때문이다. 필자의 예측 능력에 한계가 있어 조금 더 깊게 미래 시뮬레이션을 못했기 때문이다. 그러나 필자는 삼성의 쇠퇴를 초래할 가능성이 있는 문제가 해결된 것이 아니라 시기가 지연되었을 뿐이라고 판단한다.

필자의 책을 한 권이라도 읽은 독자는 알겠지만 필자는 예언가가 아니라 학문적으로 미래를 연구하는 미래학자다. 필자가 배운 현대 미래학은 사회과학적 방법론을 기반으로 미래의 가능성을 연구하기에 한번 작성한 시나리오를 영원히 고집하는 오류를 경계한다. 시나리오의 기능은 미래에 대한 새로운 생각을 자극하고, 미래에 발생할 수 있는 위기를 미리 생각해서 현재의 선택과 행동을 바꿈으로써 예측했던 미래 위기가 실제로 발생하지 않게 하는 것이다. 그래서 최초의 시나리오를 발표한 이후 변화의 방향, 속도, 타이밍, 지역화, 지속 가능성을 꾸준히 관찰해 새로운 변화상들을 빠른 속도로 시나리오에 '다시 반영'해야 한다. 이런 작업을 '시나리오 최적화'라 한다. 이 책은 그런 최적화의 결과다.

필자가 첫 책을 낸 20대부터 40대 후반으로 접어든 지금까지 30여 권이 넘는 책을 낼 수 있었던 것은 그때마다 늘 도움과 지지를 보내준 분들 덕분이었다. 이 책을 집필하는 동안 책에 집중할 수 있도록 묵묵히 내조해준 사랑하는 아내와 4명의 아이들, 그리고 부모님께 감사를 전한다. 수년 동안 변치 않고 필자를 믿어주고 좋은 글이 나오도록 물심양면으로 도와준 지식노마드의 김중현 대표에게도 감사를 전한다. 부족한 필자를 스승으로 생각하고 따라준 30여 명의 연구원들에게도 감사를 보낸다. 무엇보다 필자의 예측에 관심을 가지고 귀를 기울여준 독자들, 필자를 예언가로 보지 않고 미래 연구가로 보아주고 격려와 조언을 아끼지 않는 독자들에게 가장 큰 감사를 전한다.

2018년 6월
여전히 조국과 인류의 '더 나은 미래'를 희망하는
미래학자 최윤식

미중전쟁,
어떻게 전개될까?

1장

미중 경제전쟁 예측 시나리오

Hegemonic War

중국,
30년 안에 미국을 넘어설 수 없다

미중전쟁은 가설이 아니라 현실이 되었다. 이제 우리가 관심을 가져야 질문은 달라져야 한다.

"미중전쟁의 미래는 어떻게 끝날까?"

결론부터 말하면 필자는 미국의 승리로 끝날 가능성이 가장 크다고 예측한다. 물론 미중전쟁을 벌이는 동안 미국도 피해를 입긴 하겠지만 중국은 치명상을 입게 될 것이다. 그 때문에 앞으로 30년 안에 중국이 미국을 추월하기 어려울 것이다.

물론 구매력 평가 기준인 GDP(PPP) 등의 지표를 기준으로 중국이 미국을 추월하는 것은 충분히 가능하다. 그러나 이것은 숫자 놀음일 뿐이다. 이 기준으로 보면 지금의 미국도 G1이 아니다. 중국이 미국을 추월하여 G1 국가가 된다는 것은 중국의 실질 GDP가 미국을 넘어서는 것부터 시작해야 한다. 그것도 출발점일 뿐이다.

10년 전에 상당수 전문가들이 중국의 실질 GDP 규모가 2020년 전후로 미국을 추월할 것이라고 예측했다.

- 이코노미스트: 2012년에 추월 (1992년 예측)
- IMF: 2016년에 추월
- 도이체 방크: 2020년에 추월
- 크레디트 스위스: 2019년에 추월
- JP모건: 2020~2025년에 추월
- 골드만삭스: 2027년에 추월

가장 보수적으로 예측한 JP모건과 골드만삭스의 예측조차 확률적 가능성이 점점 줄어들고 있다. 왜 최고 전문가들의 예측이 빗나갔을까?

중국이 곧 미국을 추월한다는 잘못된 예측의 기반을 좀더 분석해볼 필요가 있다. 이런 예측은 한 가지 중요한 전제에서 시작한다. 미국의 경제성장률은 계속 낮아지고, 중국의 경제성장률은 20년간 연 8~10%를 유지할 수 있다는 환상이다. IMF는 이 환상을 극대화해서 중국이 미국을 추월하는 시기를 2016년으로 예측했다. 결과는 실패였다.

미래 예측을 위해서는 수많은 변수가 생기고, 변수 간에 상호 역동적인 상호 작용이 발생하는 현실을 고려해야 한다. 더욱이 국제관계에서

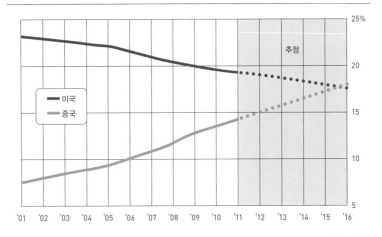

출처: International Monetary Fund(2011. 4)

는 한쪽이 도전하면 다른 한쪽이 대응하고, 힘이 있는 자는 기득권을 빼앗기지 않기 위해 강제력을 동원하여 경쟁자를 짓누르는 파워게임이 가장 냉정하게 관철된다.

먼저 미국의 경제성장률이 지속적으로 낮아질 것이라는 전제를 재검토해봐야 한다.

글로벌 경제위기가 끝난 후 미국 경제가 지난 40년간의 경제성장률 평균인 2.9% 수준의 성장률을 회복한다면 어떻게 될까?

10년 전에 IMF의 예측을 반박하면서 던진 필자의 질문이었다. 현재 미국은 세계에서 가장 빨리 예전의 경제성장률을 회복했다. 2018년 현재 미국의 경제회복세로 인한 인플레이션율 상승과 기준금리 인상 속도 증가에 대한 두려움이 전 세계를 강타하고 있을 정도다.

더 중요한 질문이 있다. 미중전쟁의 미래를 제대로 예측하려면 '중국은 영원히 성장하는 나라'라는 환상을 걷어내야 한다. 전문적인 미래예측 기법을 이용한 심층 분석을 하지 않고, 역사적으로 검증된 한 국가의 단계별 경제성장률 패턴을 중국에 대입하는 간단한 방법으로도 중국이 미국을 추월하는 데 더 긴 시간이 걸릴 것이라는 통찰을 얻을수 있다. 그런데 최고의 경제 전문가들조차 '중국은 다르다'는 환상에 사로잡혀서 상식적인 질문을 생략하는 오류를 범했다.

미국의 회복과 반대로 중국의 경제성장률이 중진국 수준인 연평균 4~5% 수준으로 떨어진다면 어떻게 될까?

중국 국가통계국이 발표한 2017년 중국의 경제성장률은 6.9%(목표 6.5%)다. 하지만 일부 전문가들은 (중국 통계에 대한 불신과 과잉 생산이 반영된 GDP 수치로 인해) 중국의 실질 경제성장률은 이미 4~5%대로 주저앉았을 가능성이 크다고 분석한다.

10년 전 필자가 예측한 시나리오를 다시 검토해보자. 2050년까지 미국과 중국의 실질 경제성장률을 기반으로 한 GDP 규모 증가에 대한 예측이다. 예측의 시작점으로 삼은 자료는 세계은행World Bank이 발표한 2011년 미국의 GDP 14조 5,867억 달러와 2위인 중국의 5조 9,266억 달러였다.

시나리오 1

중국이 계속해서 8% 성장률을 지속하고, 미국은 2.9%의 성장률을 지속한다고 가정하면, 2030년에 중국이 미국을 추월한다. 2044년이면 중국의 GDP가 미국의 2배가 된다.

시나리오 2

중국이 계속해서 8%의 성장률을 지속하고, 미국은 1.5%의 성장률을 지속한다고 가정하면, 2026년에 중국이 미국을 추월한다. 2037년이면 중국의 GDP가 미국의 2배가 된다.

시나리오 1

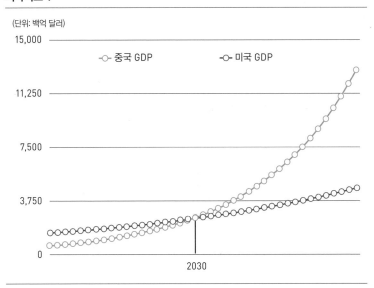

시나리오 2

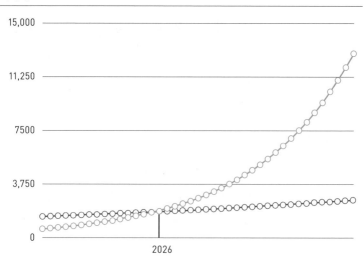

시나리오 3

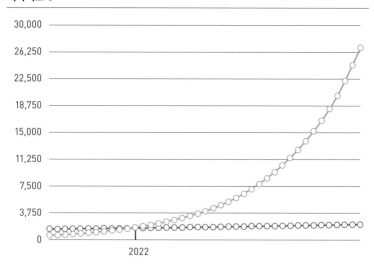

중국이 계속해서 10%의 성장률을 지속하고 미국은 1%의 성장률 지속한다고 가정하면, 2022년에 중국이 미국을 추월한다. 2030년이면 중국의 GDP가 미국의 2배가 된다. 참고로 미국이 앞으로 수십 년 동안 1%대의 경제성장률에 머문다는 것은 1995년 이후의 일본처럼 미국 경제가 잃어버린 20년이라는 장기불황에 빠지는 경우를 가정한 것이다. 1995~2007년까지 일본의 연평균 경제성장률은 1.26%였다.

위 세 가지 시나리오를 종합하면, 중국이 앞으로도 최소 연평균 8~10%의 성장률을 지속하고 미국은 1~2%대 성장률을 지속할 때만, 2030년 이전에 중국이 미국 경제를 추월할 수 있다(필자는 10년 전에 1~3의 시나리오는 모두 현실이 되기에 어렵다고 평가했다).

중국의 성장률이 자국 사정과 글로벌 정세의 변화 등의 이유로 지속해서 하락하면 앞의 세 가지 시나리오와는 전혀 다른 미래가 펼쳐진다. 이를 고려하여 필자는 세 가지의 추가 시나리오를 제시하고, 중국이 미국을 추월하는 일은 빨라야 2045년 이후에나 가능하다고 평가했다. 최악의 경우에는 중국이 미국을 절대로 추월할 수 없다는 '충격적' 미래가 펼쳐질 가능성도 있다고 예측했었다.

시나리오 4

중국의 성장률이 2020년까지 8%를 기록하고, 2021~2030년까지는 6%로 하락하고, 2031년부터는 4%대를 지속하는 것으로 가정했다. 이 조건에서 미국이 2.9의 성장률을 지속하면 중국이 미국을 추월하는

시나리오 4

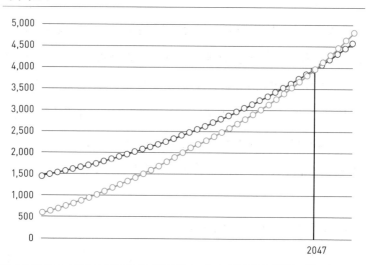

시나리오 5

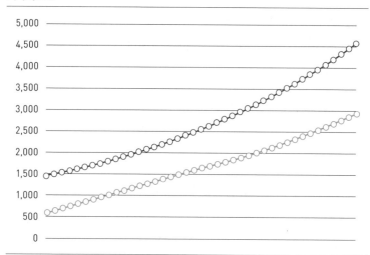

시나리오 6

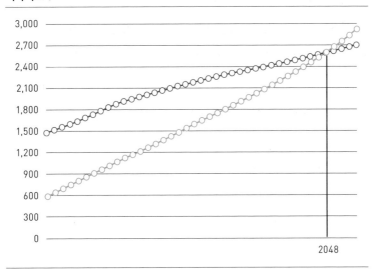

2048

것은 2047년에나 가능하다.

시나리오 5

중국의 성장률이 2015년까지 8%를 기록하고, 2016~2020년에 6%로 하락하며, 2021~2030년에는 4%로 급락하고, 2031년부터는 2.9%대의 성장을 지속한다고 가정했다. 이 조건에서 미국이 2.9%의 성장률을 지속하는 경우에는 2045년이 되어도 중국의 GDP는 미국의 절반에 불과하다. 이 시나리오에서는 중국이 미국을 추월하기는 절대로 불가능하다.

시나리오 6

중국의 성장률이 2015년까지 8%를 기록하고, 2016~2020년에 6%

로 하락하며, 2021~2030년에는 4%로 급락하고, 2031년부터는 2.9%대 성장을 지속한다고 가정했다. 이 조건에서 미국은 2020년까지 2.9%의 성장률을 지속하다가 2021~2030년에 1.5%로 하락하고, 2031년부터는 1% 성장률을 지속한다고 가정했다. 이 시나리오에서는 2048년이 되어야 중국이 미국을 추월할 수 있다.

이 여섯 가지 시나리오를 검토한 후 필자가 내렸던 예측의 결론은 이렇다.

- 2045~2050년 이전에 중국이 실질 GDP로 미국을 추월할 확률적 가능성은 아주 낮다.
- 최악의 경우 21세기 안에 중국이 미국을 추월하지 못할 가능성도 있다.
- 중국이 2018년 이내에 미국을 추월하려면 (2008년부터) 10년 동안 연평균 성장률을 최소 8~10%로 유지하고 미국이 1.5% 수준의 저성장을 10년 이상 지속하는 두 가지 조건이 동시에 성립해야 가능하다.

필자는 현재 2045~2050년 이내에 중국이 미국을 추월하기 어렵다는 예측의 큰 틀을 유지한다.

2018년을 기준으로 시나리오를 다시 점검해보자. 먼저 앞으로 10년간 미국 경제의 성장률에 대한 논리적 예측을 해보자. 2차 세계대전 이후 2008년까지 11번의 경기 침체기를 겪으면서 미국 경제는 연평균 3.4% 성장했다. 같은 기간에 미국이 2.6% 미만의 성장률을 기록한 시기는 1973~1982년뿐이었다. 그 10년 동안 연평균 2.3% 성장했다. 스태그플레이션으로 고생하던 미국 경제는 1986년 레이건 대통령의 감세 정책이 실시된 후인 1987~1989년에 CBO(연방의회예산국)가 예상한 2.9%보다 약 1%포인트 높은 평균 3.8% 성장률을 기록했다.

현재 세계 경제는 2008년 글로벌 위기에서 아직 완벽하게 회복하지 못한 상태이다. 추가로 4차 산업혁명이 만들어낼 경제적 성장 가능성도 있다. 중국과 인도의 추가 성장이 세계 경제에 미칠 영향도 고려해야 한다. 필자의 세계 경제 변화 예측 시나리오에 따르면, 2018~2019년에 미국과 유럽 경제가 호전되고, 2019~2022년에 한국과 중국의 부채 디레버리징과 미국·유럽 주식 시장의 조정 등으로 경제위기를 거친 다음, 2023~2027년에 세계 경제가 서서히 호황기로 진입할 가능성이 크다. 이 모든 변수를 고려하면 미국 경제는 앞으로 더 성장할 여지가 있다.

IMF나 의회 조세공동위원회가 예측한, 미국 경제가 서서히 주저앉으면서 2020년부터 1.8% 미만의 경제성장률을 기록하며 일본처럼 깊은 침체기로 빠져 들어가는 시나리오는 허점이 너무 많다. 최소한 너무 보수적인 예측이다. 가까운 미래에 발생할 것으로 예측되는 추가 성장의 가능성을 반영하지 않은 현재의 미국 경제성장률도 결코 낮지 않다. 세계은행의 자료에 따르면 미국은 2014년 2.4% 2015년 2.6%, 2016년 1.6%의 성장률을 기록했다. 미 연준은 2017년 미국 경제성장률을 2.4%로 추정했고, 2018년 성장률 전망을 기존의 2.1%에서 (감세 정책의 효과를 반영해) 2.5%로 높여 잡았다. 신임 연준 의장인 파월은 세제 개편안을 반영하면 미국 경제는 2019년에도 2.5% 성장할 것으로 예측했다. 앞으로 10년 동안 미국 경제의 평균 성장률이 2차 세계대전 이후부터

한국 실제 성장률 및 잠재 성장률 추이

출처: 한국은행, IBK경제연구소

출처: Google, 세계은행

2008년까지 기록한 3.4%에는 미치지 못하더라도 일부에서 주장하는 것처럼 1.8% 이하로 급격하게 주저앉을 가능성은 확률적으로 낮다.

이제 중국의 성장률 변화의 가능성을 예측해보자. 위에 나오는 그림은 한국과 중국의 경제성장률을 비교한 그래프다. 한국과 비교하면 중국 역시 비슷한 성장률 변화 추세를 보이고 있다. 미국이나 일본의 성장률 변화와 비교해도 큰 틀에서 다르지 않은 추세를 보인다.

중국의 높은 경제성장률은 개발도상국에서 본격적인 산업화를 시작하면서 경제가 가파르게 경제가 성장할 때 나타나는 자연스러운 수치다. 한국도 한때 중국처럼 경제성장률이 14%를 넘었다. 만약 북한도 개혁개방을 하고 외국에서 차관이 들어오고, 중국·러시아·한국의 투자가 시작되면 10~15%대 경제성장률을 기록할 수 있다. 한때 14~15%를 기록했던 한국의 경제성장률이 6%대로 하락하는 데는 30년 정도가 소요되었다. 1978년 덩샤오핑이 개혁개방을 시작한 이후 중국의 경제성장률은 15%대까지 치솟았다. 그 후 약 30년이 지난 후 6%대의 성장 단계로 들어섰다. 국가 규모의 차이에서 오는 착시를 빼고 보면 중국의 경제 역시 미국이나 한국, 일본의 성장 추세 변화와 다르지 않은 경로를 밟고 있다.

경제개발 초기 단계부터 30년 간의 변화에서 중국과 한국의 차이점이 하나 있다. 그래프에서 보듯 한국은 30년 동안 경제성장률의 변동을 빈번하게 겪었다. 그 과정에서 2번의 큰 하락, 즉 큰 경제위기를 겪었다. 반면 중국은 30년 동안 경제성장률 변동의 빈도가 적었다. 대신 한국에 비해 변동폭이 더 크고, 하락 후 회복 기간도 더 길었다. 이런 차이가 생긴 데는 여러가지 이유가 있지만, 가장 큰 원인은 중국의 공산당 지배 체제에 있다. 중국은 공산당이 지배하는 계획 경제 체제, 관치 금융과 관치 경제를 유지하고 있다. 한국도 군사독재 시기에 국가가 주도하는 경제개발 계획을 실행했지만, 성장하면서 시장의 자유가 커졌다. 한국이 중국보다 변동 횟수가 더 많은 이유다. 대신 중국보다 작은 규모의 경제위기를 더 자주 겪었지만, 그때마다 시장에 쌓인 버블을 걷어내왔기 때문에 큰 위기가 2번 발생해도 회복이 빨랐다. 반면 중국은 국가가 경제를 강력하게 통제해서 변동 횟수는 적었지만, 그동안 버블이 해소되지 않고 더 크게 축적되었기 때문에 큰 위기가 왔을 때 충격도 크고 회복 기간도 더 길었다. 이것이 중국식 시장경제, 중국식 자본주의의 실체다.

중국의 자본주의 모델이 결코 영미식 자본주의 모델보다 더 낫다고 보기 어렵다. 시진핑과 중국 공산당은 기존의 경제 법칙까지 바꿀 수 있는 신이 아니다. 중국도 영원히 고도성장을 지속할 수는 없다. 통제를 통해서 버블의 붕괴를 지연시킬 수는 있겠지만, 결코 금융위기를 피해갈 수는 없다. 오히려 덩치가 크니 넘어질 때 충격도 크다고 생각하는 것이 상식이다. 앞으로 중국에서 금융위기가 발생하면 다른 나라보다 더 충격이 크고, 회복은 더 느릴 가능성을 대비해야 한다. 중국의 미래를 예측할 때는 나라의 규모나 체제의 차이에서 오는 착시나 환상을 걷어내고 보아야 한다. 달러라는 기축통화를 가지고, 세계 최고의 경제력과 정치·군사적 패권을 장악하고 있는 미국도 피할 수 없는 경제의 이치를 중국만 피해갈 수 있다는 착각에서 벗어나야 한다.

중국의 아킬레스건,
두 번의 금융위기와 정치적 위기

- 2017 11월 말 기준 3조 1,193억 달러에 이르는 세계 최대 규모의 외환 보유액(중국 국가외환관리국)

- 미국 국무부 채권의 최대 보유국. 2017년 9월 기준 1조 1,660억 달러

- 세계 10대 은행 중 4개를 보유하고 있을 정도의 자본 역량

- 2017년 포춘 500대 기업에 115의 중국 기업 진입(미국 기업은 132개)

- 세계 최대 수준의 고속도로 및 철도와 항만 건설을 진행하는 나라

- 세계 최대의 자동차·전기자동차 시장

- 2015년 기준 중산층 규모 1억 876만 명으로 세계 1위(미국 9,185만 명, 크레디스위스은행의 「세계 부富 보고서 2015」)

- 2016년 한 해에만 552만 8,000개 기업 창업(하루 평균 1만 5,000개, 국가공상행정관리총국 자료)

중국의 경제력을 설명하는 환상적인 숫자들이다. 그러나 세상은 보이는 것이 전부가 아니다. 특히 국가가 강력하게 통제하는 나라는 눈에 보이는 것에만 현혹되지 않도록 조심해야 한다. 2007년에 이미 당시 중국의 총리였던 원자바오가 10차 전인대(우리의 국회에 해당)에서 중국 경제는 불안정·불균형·불통합·지속 불가능의 네 가지 취약점을 안고 있는 '4불不 경제'라며 개혁의 필요성을 역설했었다.

불안정한 발전이란 과열 투자와 더불어 대외무역 및 국제 결제에서 지나친 신용 공여와 유동성 및 흑자를 말한다.
불균등한 발전이란 도시와 농촌 간, 서로 상이한 지역 그리고 경제와 사회 발전에서 균등하지 않은 발전을 말한다.
통합적이지 못한 발전이란 1차, 2차, 3차 부문 간, 그리고 투자와 소비 사이에 적절한 균형이 이뤄지지 못하고 있음을 가리킨다.
지속 불가능한 발전이란 에너지 및 자원을 절약하고 환경을 보호하는 데 미흡했음을 말한다.[1]

이제부터 중국에 대해 눈여겨보아야 할 것은 기회가 아니라 위기다. 화려한 숫자가 아니라 그 이면에 있는 구조적 문제가 어떻게 전개되고 있는지 살펴야 한다. GDP가 아니라 부채 총량, 경제 규모가 아니라 성장의 속도가 중요하다. 중국의 성장은 의심의 여지가 없지만, 성장률이 하락해서 속도가 예전만 못해지거나 급격히 낮아지면 중국의 미래가 어떻게 될지 생각해보아야 한다.

중요한 것이 두 가지 더 있다. 하나는 (필자의 예측에 의하면) 2021~

2022년경에 시작될 가능성이 있는 중국의 상업 영역발 금융위기다. 덩치가 크고 정부가 통제하는 중국이라고 해도 쌓여가는 상업 영역의 부채 디레버리징은 피할 수 없기 때문이다. 미국과 경쟁이라는 관점에서, 중국의 성장률을 계산할 때 고려해야 할 금융위기는 1번이 아니다. 2040~2045년경에 또 1번의 금융위기가 일어날 가능성이 크다. 2번의 금융위기는 중국의 첫 번째 아킬레스 건이다.

중국의 두 번째 아킬레스 건은 2022~2023년경에 겪을 가능성이 큰 정치적 위기다. G1 자리를 두고 미국과 치열한 경쟁을 벌이는 중국에게 두 가지의 위기는 치명적 약점으로 작용할 것이다. 이 두 가지 위기에 대한 자세한 분석과 예측 시나리오는 뒤에서 다루기로 하고, 먼저 중국의 경제성장률 변화 부분을 살펴보자. 성장률에 관한 중요한 질문은 이것이다.

"현재 6%대로 낮아진 중국의 성장률이 다음 단계인 3%대로 하락하는 시기가 언제일까?"

한국은 6%대에서 3%대 성장률로 하락하는 데 대략 15년이 걸렸다. 필자는 중국의 성장률도 비슷한 속도로 움직일 것이라고 예측한다. 중국의 경제 규모나 공산당이 경제를 관리한다는 요인을 감안하다라도 늦어도 20년 정도 지나면 3%대로 주저앉을 것이다.

만약 과잉 공급으로 만들어내고 있는 성장률 버블을 걷어낸 실질 성장률 기준으로 보면 3%대로 주저앉는 데 걸리는 기간이 더 짧을 수 있다. 그러면 중국이 미국을 추월하는 시기에 관한 필자의 예측 시나리오 5(영원히 추월하지 못함)나 6(2048년에야 추월)에 가까운 미래가 된다. 최악의 경우 2번의 금융위기와 1번의 정치적 위기를 해결하지 못하고 치명상을 입으면 21세기 내내 미국을 절대로 추월할 수 없다. 이것이 필자가 새롭게 추가한 시나리오 7이다.

시나리오 7

중국의 경제성장률이 2015년까지 8%를 기록하다 2016~2020년에 6%로 하락하고, 2021~2022년경에 시작될 가능성이 큰 중국의 상업 영역발 금융위기 구간을 지나면서 한두 해 정도 마이너스 성장을 한다. 그리고 2023~2030년에는 4%로 급락하고, 2031년부터는 2.9%대 성장을 지속하며, 2040~2045년경에 가계 영역발 두 번째 금융위기가 발생하여 한두 해 마이너스 성장을 한다고 가정했다. 이 조건에서 미국은

시나리오 7

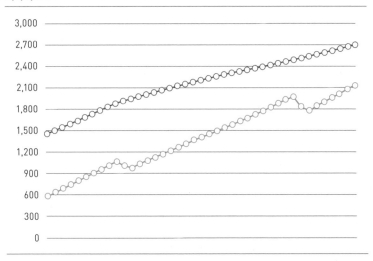

2020년까지 2.9%의 성장률을 지속하다가 2021~2030년에 1.5%로 하락하고, 2031년부터는 1% 성장률을 지속하는 것으로 가정했다. 이럴 경우 중국이 미국을 추월하는 것은 21세기 안에는 불가능하다.

한 나라의 성장률 하락에 영향을 미치는 거대 요인에는 인구 구조의 변화, 수출 둔화, 정부 부채의 증가, 금융위기의 반복적인 발생 등이 있다. 전문가들은 중국의 생산 가능 인구 하락이 장기화되면, 그 이유 하나만으로도 경제성장률이 1.5% 하락할 수 있다고 예측한다. 또한 도시화율이 60%를 넘어서고 저축률이 15%대 밑으로 떨어지면 고도성장이 끝나고 안정기 단계인 3%대 성장에 접어들 것이라고 평가한다. 2016년 중국 국가통계국이 발표한 상주 인구 기준 중국의 도시화율은 57.35%였다. 이 추세라면 2020년 무렵에 도시화율이 60%에 도달한다.

중국의 경제성장률을 높이는 데 크게 이바지한 과잉 생산은 앞으로 얼마나 가능할까? 거의 모든 나라에서 과잉 생산은 도시 건설과 연관되어 있다. 신도시를 건설하고, 도시와 도시를 연결하는 교통망을 깔고, 도시화가 진행될수록 소비가 늘어나는 선순환 구조가 작동해야 과잉 생산을 탈 없이 지속할 수 있다. 중국은 도시화율이 1% 늘어나면 1.2조 위안의 고정자산 투자가 일어나고, 농촌 인구의 도시 유입률도 커진다. 이 모든 것이 GDP 성장에 이바지한다. 최근 30년 동안의 연평균 9.7% 성장 중에서 3~4%포인트는 도시화 효과에 의해서 발생했다. 2017년 중국의 성장률이 6%대이므로, 도시화율의 성장이 멈추면 우리나라의 성장률과 비슷한 3~4%대로 곧바로 하락하게 된다.

일부 전문가는 중국 GDP와 전력 발전량 증가율의 관계를 근거로 중국의 경제성장률이 이미 4~6%대로 하락했을 수 있다고까지 본다.[2] 2000년 이후 중국의 GDP가 1% 성장할 때마다 전력 발전량은 1.11~1.67% 정도 증가했다. 그런데 2008, 2009년에는 이 수치가 각각 0.74%, 0.79%로 하락했다. 2008년(명목 성장률 9.7%)과 2009년(9.4%)의 실질 GDP 성장률이 4.3~6.4%, 4.1~6.2%였을 수도 있다는 것이다. 이런 주장에 대해 중국 정부는 글로벌 금융위기 때문에 쌓여 있는 재고 소진이 많았기에 전력 사용량이 일시적으로 줄어든 것이라고 해명했다. 하지만 전문가들은 GDP는 조작할 수 있지만, 전력 발전량은 통계상의 오류가 상대적으로 적다고 평가한다.

중국의 수출에도 변화가 일어나고 있다. 지난 20년간 중국의 급성장에 크게 이바지한 것이 수출이다. 연평균 18%씩 증가한 수출은 3%의 추가 경제성장률 증가를 이끌었다. 그런데 앞으로 수출증가율이 10%로 하락하면 경제성장률 기여도는 1.5%로 하락한다. 중국 외환관리국 발표에 의하면 2012년 중국의 자본수지는 1,173억 달러 적자였다. 1999년부터 14년 연속 유지되었던 자본수지 흑자가 깨졌다. 미묘한 상황 변화다. 자본수지는 2016년 3분기에도 712억 달러 적자를 기록했다. 《월스트리트 저널》은 자본수지 적자의 원인을 중국의 성장률이 낮아지자 외국 자본 유출이 커지고, 인민은행의 외환 시장 개입이 줄어들었으며, 중국이 교역으로 벌어들인 달러보다 중국인의 해외 투자가 많았기 때문으로 분석했다. 이를 통해 중국은 세계 경제 불균형의 주범이라는 원성을 조금이나마 누그러뜨릴 수 있었다. 위안화 절상 압박에서 벗어날 수 있는 좋은 핑곗거리도 얻었다.

여전히 중국은 2017년 무역수지 4,230억 달러 흑자를 기록하며 증가 추세를 이어가고 있다. 세계 최대 수출국 위상도 유지하고 있다. 그러나 의도적인(?) 것처럼 보이는 자본수지 적자이지만 실제로 중국 성장률이 낮아지며 중국의 미래에 대한 외국 자본의 생각이 전환되는 것은 아닌지 점검해봐야 한다. 최소한 중국의 성장 추세에서 예전과 다른 점이 나타나고 있기 때문이다.

더 큰 문제는 중국이 일본이나 한국보다 더 빠르게 저출산 고령화의 덫에 빠져들었다는 점이다. 인구 구조 변화와 수출증가율의 감소만으로도 경제성장률이 대략 3% 정도 하락할 수 있다. 중국 중앙정부와 지방정부의 부채가 증가해서 부채를 축소해야 할 국면으로 전환하면 최소 1% 이상 경제성장률이 하락할 수 있다.

2013년 6월에 중국 관세청은 5월 수출증가율이 전년 동기 대비 1.0% 증가에 그쳤다고 발표했다. 전문가들의 전망치(5.6%)는 물론이고 4월 14.7%, 2월 21.8%와 비교해 크게 둔화된 수치다. 중국 정부가 핫머니 등 수출업체들의 통계 조작을 대대적으로 단속한 이후 처음 나온 수치다. 자본 유출입을 엄격하게 통제하고 있는 중국에서 핫머니는 주로 홍콩과의 무역 과정에서 들어온다. 중국 기업이 홍콩 수출 내역을 실제보다 부풀리면 그만큼 금융 회사 등을 통해 달러를 추가로 들여올 수 있는 구조다. 《월스트리트 저널》은 이런 방식으로 2012년 12월부터 2013년 2월까지 단 3개월 동안 중국으로 흘러 들어간 자금이 362억 달러에 이를 것으로 추정했다.[3]

위협 요인은 또 있다. 다시 부풀어 오를 기미가 보이는 부동산 버블이 터지고 그 과정에서 잠재된 금융 리스크가 터져 나온다면 어떻게 될까? 위안화 절상을 강요당해서 중국의 수출 경쟁력이 하락하고, 대신 중국 내 자산 버블이 크게 부풀어 올라 물가가 지속해서 상승하고 빈부격차가 더욱 커지면 어떻게 될까? (1985년 이후의 일본에서 이런 일이 일어났었다.) 급격한 부의 불균형 분배와 경제성장의 과도기에 자연스럽게 터져 나오는 부패 스캔들로 계층과 지역 간의 갈등이 사회적 혼란으로 전환된다면 어떻게 될까?

중국의 미래에 대한 환상적 예측에는 이런 위협 요소들이 모두 빠져 있다. 역사상 위대한 제국들도 완벽하게 피해가지 못했던 이런 문제를 중국의 미래에 대입해보아야 한다. 필자의 예측으로는 빠르면 2020~2025년경, 늦어도 2030~2035년경이면 3%대 수준으로 경제성장률이 하락할 수 있다. 미중전쟁은 이런 미래를 실제로 만드는 방아쇠 역할을 할 것이다.

유럽발 위기가 지속되던 2011년에 중국은 3분기에 전년 동기 대비 GDP 성장률이 9.1%를 기록하며 세계를 놀라게 했다. 하지만 4분기에는 8.9%로 하락하더니 2012년 1월에는 8.1%까지 하락했다. 2012년 2분기에는 7.6%를 기록하며 8%대 성장률이 무너졌고 3분기에는 7.4%로 더 하락했다. 4분기에는 7.9%로 완만한 회복세를 보이면서 중국의 성장률 하락에 대한 불안감을 잠시 지우는 듯했다. 하지만 2013년 1분기에 들어서면서 다시 7.7%로 하락하고 말았다. 이제 6%대 성장률이 당연한(?) 듯 인식되고 있다. 이 몇 년 사이에 일어난 변화를 생각해보라. 3%대 성장률 하락 예측 시나리오도 충분히 가능하다. 오히려 확률적으로 가능성이 가장 큰 미래다.

이제 외신은 중국 경제에 우려를 표명하기 시작했고, 굴지의 신용평가사들도 중국의 신용등급을 낮추거나 부정적 전망으로 바꾸었다. 금방이라도 미국을 추월해서 G1의 자리에 등극할 것이라며 찬사를 보내던 기관들도 견해를 뒤집고 있다. 이미 2013년 4월 헤지펀드 세계의 전설인 조지 소로스가 설립한 INETInstitute for New Economic Thinking가 주최한 홍콩 컨퍼런스에서 마이클 스펜스 교수(미국 뉴욕대 스턴경영대학원)는 공공연하게 중국이 '중진국 함정'에 빠졌다고 평가하면서 중국의 금융위기 가능성을 경고하기 시작했다. 미국의 견제가 없어도 중국 경제는 스스로 성장의 한계에 직면할 가능성이 크다.

급격하게 성장하는 국가를 향한 지극히 이상적인 예측과 희망이 현실에 의해 배반당하는 일은 예전에도 많았다. 1957년에 소련은 미국에 앞서 세계 최초로 스푸트니크 인공위성을 발사했다. 1928~1960년대 소련의 경제성장률은 평균 5~6%를 기록했다.[4] 그러자 미국 재무성 최고위 관리였던 파울러는 소련의 성장률이 그대로 유지된다면 1980년에 미국을 추월할 것으로 전망했다.[5] 당시에는 소련의 기술력과 높은 경제성장률을 근거로 볼 때 이 예측이 그럴듯해 보였다. 그러나 1973년 오일 쇼크가 발발하자 상황이 급변했다. 소련 경제성장률은 1974~1978년 동안 3~4%대로 주저앉았다. 1980년에는 0.5%로 급락했고, 1981~1982년에는 마이너스 성장을 기록하더니 1991년 말에는 소비에트 연방 자체가 최후의 날을 맞았다.

1980년대 말에는 일본 GDP가 미국의 3분의 2에 이르자, 머지않아 일본이 미국을 추월할 것이라는 예측이 힘을 얻기 시작했다. 그러나 1990년대에 접어들면서 일본의 성장률이 급락하더니, 지금 일본의 GDP는 미국의 3분의 1밖에 되지 않는다.

2018년의
빅 이슈

　　중국의 미국 추월이라는 환상에는 미국의 몰락이
라는 또 다른 환상과 공포가 숨어 있다. 미국우선주의를 내세운 트럼
프가 미국의 대통령이 되면서 이런 환상은 더욱 널리 퍼졌다. 그러나 필
자는 미국의 몰락이 아직 멀었다고 예측한다. 오히려 미국이 새로운 황
금기를 맞을 가능성 시나리오를 검토해야 할 시기다.

　미국이 트럼프 한 사람 때문에 몰락할 정도로 근본이 약한 나라라면
G1에 오르지도 못했다. 트럼프가 기존 틀을 흔들면서 자기 지지층에만
좋은 행동을 하더라도, 미국을 대체할 대안 국가가 없다는 점이 중요하
다. 그래서 미국의 몰락은 시기상조다. 필자의 예측으로는 21세기 중반
까지 미국의 시대는 지속될 가능성이 크다. 빠르면 전 세계가 경제 호황
기로 진입하기 시작하는 2023년부터 미국의 황금기를 실감하게 될 것

이다. 미중전쟁이 이런 미래의 출발점이다.

2018년은 미중전쟁에서 중요한 분기점이다. 한국에도 중요한 빅 이슈가 부상하는 해가 될 것이다. 2018년에 부상할 빅 이슈는 다음과 같다.

첫째, 시진핑과 트럼프의 충돌이다. 2018년에 가장 중요하고 큰 이슈이자 한국의 미래에 가장 큰 영향을 줄 힘이다. 2018년에 집권 2기에 들어선 시진핑 주석은 장기집권이나 혹은 퇴임 후의 영향력 유지를 위해 골몰하고 있다. 중국 지도자들이 오랫동안 준비했던 G1의 꿈을 자신의 통치 기간에 완성하려는 야심을 가지고 있다. 중국몽中國夢을 실현하기 위해서는 2018년에 중요한 승부수를 던져야 한다. 트럼프에게도 올해가 중요하다. 집권 2년 차에 들어선 트럼프의 머릿속에는 온통 재선 생각뿐이다. 3년 뒤로 다가온 대통령 선거에서 다시 승리하려면 올해 승부수를 던져야 한다. 시진핑과 트럼프 모두에게 2018년은 중요하고 절박한 해이다. 둘 사이의 충돌은 전략적이고 강도가 클 것이다. 세계에서 가장 영향력이 큰 두 나라의 충돌은 한국의 미래에도 큰 영향을 미친다.

둘째, 북한과 미국의 마지막 힘겨루기이다. 한국은 휴전선을 두고 북한과 대치 중이다. 북핵을 둘러싼 긴장이 어느 때보다 큰 지금, 북한의 행동은 한국의 미래에 결정적 영향을 줄 수 있다. 2017년에 북한의 김정은과 미국의 트럼프는 북한의 핵과 미사일을 둘러싸고 극도의 긴장관계를 만들어 세계를 경악시켰다. 김정은과 트럼프 모두 벼랑 끝 전술을 사용했다. 한반도에 제2의 전쟁이 일어날 수도 있다는 두려움을 주기에 충분한 충돌이었다. 2018년을 거치며 2017년보다 더 강한 군사적 긴장 국면이 만들어질 가능성이 크다. 북한과 미국의 마지막 힘겨루기

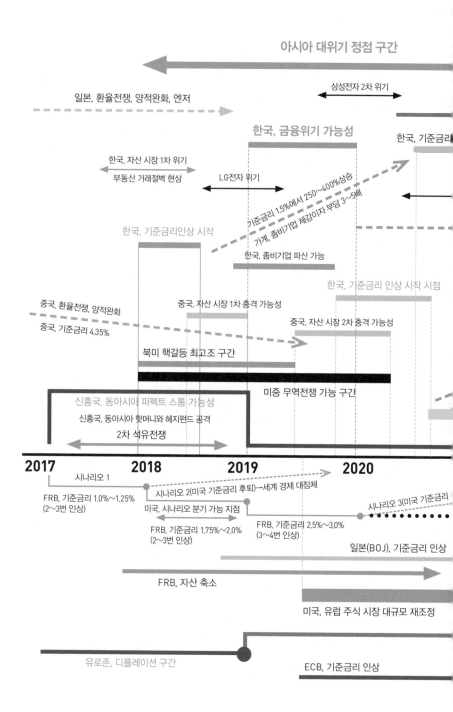

아시아 대위기 정점 구간

삼성전자 2차 위기

일본, 환율전쟁, 양적완화, 엔저

한국, 금융위기 가능성

한국, 기준금리

한국, 자산 시장 1차 위기
부동산 거래절벽 현상

LG전자 위기

기준금리 1.5%에서 250~400%상승

가계, 좀비기업 체감이자 부담 3~5배

한국, 기준금리인상 시작

한국, 좀비기업 파산 가능

한국, 기준금리 인상 시작 시점

중국, 자산 시장 1차 충격 가능성

중국, 환율전쟁, 양적완화

중국, 자산 시장 2차 충격 가능성

중국, 기준금리 4.35%

북미 핵갈등 최고조 구간

미중 무역전쟁 가능 구간

신흥국, 동아시아 퍼펙트 스톰 가능성

신흥국, 동아시아 핫머니와 헤지펀드 공격

2차 석유전쟁

2017   **2018**   **2019**   **2020**

시나리오 1

FRB, 기준금리 1.0%~1.25%
(2~3번 인상)

시나리오 2(미국 기준금리 후퇴)→세계 경제 대침체

미국, 시나리오 분기 가능 지점

시나리오 3(미국 기준금리

FRB, 기준금리 1.75%~2.0%
(2~3번 인상)

FRB, 기준금리 2.5%~3.0%
(3~4번 인상)

일본(BOJ), 기준금리 인상

FRB, 자산 축소

미국, 유럽 주식 시장 대규모 재조정

유로존, 디플레이션 구간

ECB, 기준금리 인상

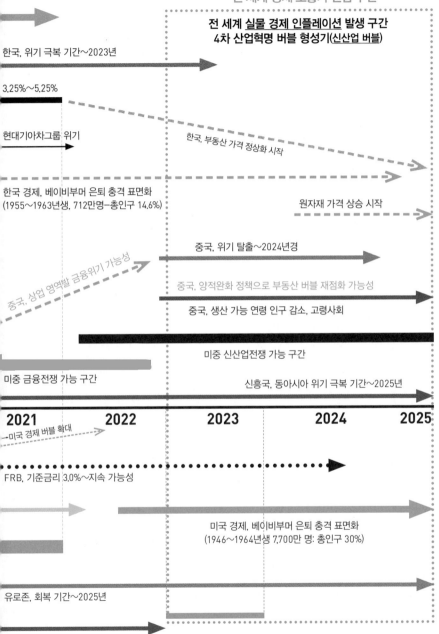

전 세계 경제 호황기 진입 구간

전 세계 실물 경제 인플레이션 발생 구간
4차 산업혁명 버블 형성기(신산업 버블)

한국, 위기 극복 기간~2023년

3.25%~5.25%

현대기아차그룹 위기

한국, 부동산 가격 정상화 시작

한국 경제, 베이비부머 은퇴 충격 표면화
(1955~1963년생, 712만명-총인구 14.6%)

원자재 가격 상승 시작

중국, 위기 탈출~2024년경

중국, 양적완화 정책으로 부동산 버블 재점화 가능성

중국, 상업 영역발 금융위기 가능성

중국, 생산 가능 연령 인구 감소, 고령사회

미중 신산업전쟁 가능 구간

미중 금융전쟁 가능 구간

신흥국, 동아시아 위기 극복 기간~2025년

2021   2022   2023   2024   2025

미국 경제 버블 확대

FRB, 기준금리 3.0%~지속 가능성

미국 경제, 베이비부머 은퇴 충격 표면화
(1946~1964년생 7,700만 명: 총인구 30%)

유로존, 회복 기간~2025년

가 벌어질 가능성이 크기 때문이다.

셋째, 신新 중동 정세의 시작이다. 정권 교체기를 맞은 사우디아라비아와 옛 영광을 되찾으려는 이란이 새로운 충돌 국면을 만들 것이다. 오바마 행정부가 이란에 대한 제재를 풀면서 중동에는 평화의 기운이 머무는 듯 보였다. 하지만 트럼프는 중동의 긴장을 원한다. 사우디아라비아도 중동의 숙적인 이란이 경제 제재에서 풀려나 다시 원유를 자유롭게 수출해서 경제력을 회복하기를 원치 않는다. 미국의 트럼프와 사우디아라비아의 떠오르는 권력자 무함마드 빈 살만 왕세자는 이란을 다시 고립시키고 새로운 중동 질서를 만들고 싶어 하는 공통의 이해관계를 갖고 있다. 중동 정세의 변화는 한국에 직접 영향을 주지는 않지만, 원유 가격이나 환율을 비롯해서 한국의 수출에 간접적으로 영향을 준다. 미국 인플레이션율에 영향을 주는 중동 원유 가격은 신흥국의 금융위기 가능성과 직결된다. 당연히 한국의 가계 부채와 좀비기업의 운명에도 영향을 준다.

넷째, 오일 전쟁의 재개다. 한동안 40~60달러 박스권을 유지하던 오일 가격에 변동성이 생기면서 잠시 소강 상태에 있던 오일 전쟁이 재개될 수 있다.

위의 네 가지 빅 이슈가 한국 외부에서 벌어지는 일이라면, 다음의 네 가지 빅 이슈는 한국 내부에서 발생하는 문제이다.

다섯째, 한국 경제에 대한 착시 현상이다. 한국은 2018년 한 해 동안 다가올 금융위기 발발 전의 마지막 착시를 겪을 것이다. GDP 지표와 투자 시장에서 보내는 좋은 신호 때문에 사태에 대한 정확한 판단에 혼란을 겪을 것이다.

여섯째, 2018년은 문재인 정부도 승부수를 던져야 할 해다. 지방선거를 시작으로 계속 이어질 선거에서 이기기 위해서는 2018년에 중요한 승부수를 던져야 한다. 예를 들어 공정위가 대기업에 경제력이 집중되는 것을 완화하는 정책이나 투명성 강화를 압박하는 정책을 계획하고 있는데, 2018년을 넘기면 실패할 가능성이 커진다. 한국을 금융위기나 장기침체로 몰고갈 가계 부채 문제에 근본적 대책도 마련해야 한다. 위기에 처한 조선, 자동차, 타이어 산업 등의 구조조정, 부동산 정책이나 청년 일자리 문제에서도 올해 중요한 변화를 이끌어낼 승부수가 필요하다.

일곱째, 2018년은 문재인 정부에 정치적으로도 시험 국면이 될 수밖에 없다. 암호화폐, 가계 부채, 부동산 가격, 지방선거, 개헌 등 수 많은 난관을 어떻게 돌파하느냐에 따라 남은 임기의 성패가 달려 있다. 촛불의 힘을 등에 업고 역대 정부 중에서 초반 지지율이 가장 높은 정부이지만 2018년을 잘못 보내면 의외로 빨리 식물 정부가 될 수도 있다. 현 정부가 생각보다 빠르게 영향력을 잃게 되면 다가오는 금융위기의 충격도 배가 될 수 있다.

마지막으로, 2018년 하반기부터 한국 부동산은 대변곡 구간에 진입할 가능성이 크다.

이 여덟 가지 빅 이슈는 겉으로 보기에는 별개의 이슈처럼 보이지만, 미중전쟁이라는 거대한 힘과 연결되어 뜻하지 않는 방향으로 한국을 몰아갈 가능성이 있다. 정부는 물론이고 기업과 개인은 반드시 이런 빅 이슈들이 미중전쟁과 연결되어 어떻게 움직이고, 한국의 미래를 어떻게 바꿀지 논리적이고 확률적으로 생각해보아야 한다.

트럼프 재선 가능성은
51%

　　빅 이슈의 중심, 미중전쟁의 중심, 세계 경제의 중심에 트럼프가 있다. 미중전쟁을 분석하고 예측 시나리오를 전개하기 위해서는 트럼프 재선 가능성을 짚고 넘어가야 한다. 트럼프 재선을 다루려면 두 가지를 분석하고 예측해야 하는데, 하나는 탄핵 가능성이고 다른 하나는 재선에 필요한 조건이다.

　　먼저 트럼프 탄핵 가능성이다. 2017년에 필자는 트럼프의 탄핵 이슈가 제기된 직후에 탄핵 가능성에 관한 기본 시나리오를 발표했다. 요약하면, 트럼프가 탄핵을 당하려면 표로 정리했듯이 다음의 7단계를 거쳐야 하는데, 현재는 2단계에 머물러 있다. 현재 트럼프 탄핵 가능성은 10% 미만이다. 더욱이 2018년 안에 사태가 3단계로 진입하고 동시에 2018년의 하원선거에서 공화당이 대패하지 않는다면 남은 3년 임기 내

트럼프 탄핵 가능성 판단 인계철선(Dicision making tripwire)

단계	내용	탄핵 가능성
1단계	탄핵 여론 증가	5% 미만
2단계	트럼프의 추가 말실수 지속, 제임스 코미 전 연방수사국FBI 국장의 추가 폭로 단계	10% 미만
3단계	트럼프 대통령과 직접 연관된 뇌물 등의 구체적 물증 발견 및 추가. 이 경우 트럼프 콘크리트 지지층 균열 시작, 미국 주식 시장 본격 충격기로 진입하여 투자자 불만 증가	25% 미만
4단계	트럼프의 물리적 수사 저지 능력 와해 단계	40% 미만
5단계	트럼프에 대한 경제 기대심리 붕괴 단계	51%
6단계	2018년 공화당의 하원선거 대패 단계	65%
7단계	트럼프 탄핵 여론 전국화 단계	80% 이상

에 트럼프가 탄핵당할 가능성은 현저히 줄어든다. 따라서 탄핵을 당할 경우보다는 트럼프가 재선에 성공할 가능성에 대비해야 한다.

필자의 예측으로는 트럼프가 자살골을 넣지 않는 한, 민주당이 탄핵을 실현시킬 가능성은 적다. 더욱이 미국은 대통령이 탄핵당하면 다시 선거를 하지 않고 부통령이 잔여 임기를 승계한다. 민주당은 탄핵 정국을 길게 끌고 가서 중간선거와 다음 대선에서 유리한 고지를 선점하는 데 화력을 집중할 가능성이 크다. 그래서 트럼프 탄핵이 실현되기는 더 어렵다.

그렇다면 "트럼프가 재선할 수 있을까?" 1980년대 이후 재선에 실패한 대통령은 지미 카터와 아버지 부시 단 두 명뿐이었다. 그러니 통찰력을 얻으려면 질문을 바꿔야 한다. "과연 트럼프는 재선에 실패할까?" 필자의 예측으로는 트럼프의 재선 가능성이 51%로, 실패할 가능성보다 높다.

트럼프 재선의 승부수,
경제전쟁

트럼프는 어떻게 재선에 성공할 수 있을까? 경제전쟁, 북핵 문제 해결, 힐러리의 재등장이라는 세 가지 조건이 갖추어지면 트럼프가 재선에 성공할 가능성이 매우 크다. 세 가지 조건 중에서 최소한 두 가지(경제전쟁과 북핵 문제 해결)만 갖추어도 재선 가능성은 51%가 된다.

힐러리 클린턴이 재등장하려면 민주당 경선을 앞두고 미묘한 상황 변화가 일어나야 한다. 아직 힐러리는 공식적으로 정계 은퇴 선언을 하지 않았다. 권력욕이 힐러리를 자극하고 트럼프에게 천운(?)이 따른다면 다음 대선에서 힐러리와 맞붙을 수 있다. 트럼프는 힐러리가 다시 대선에 나오기를 바랄 것이며, 나오라고 심기를 건드리는 도발을 할 가능성이 크다.

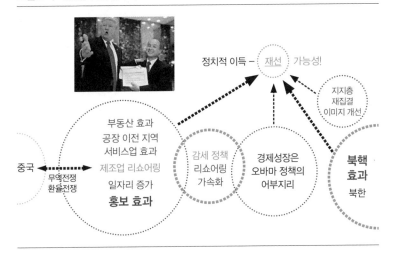

정치적 이득 – 재선 가능성!

지지층
재집결
이미지 개선

부동산 효과
공장 이전 지역
서비스업 효과
제조업 리쇼어링
일자리 증가
홍보 효과

감세 정책
리쇼어링
가속화

경제성장은
오바마 정책의
어부지리

**북핵
효과**
북한

중국

무역전쟁
환율전쟁

천운은 기다려야 하지만, 경제전쟁과 북핵 문제 해결은 트럼프가 직접 던지고 통제할 수 있는 승부수다. 트럼프가 재선을 위해 던지는 두 가지 승부수인 경제전쟁의 승리와 북핵 문제 해결은 미중전쟁과 직접 연결된 사안이다. 먼저 경제전쟁을 살펴보자.

미국을 대신할 새로운 패권 국가가 나오더라도 이제 군사전쟁은 불가능하다. 군사전쟁은 곧 세계 멸망을 의미하기 때문이다. 2차 세계대전에서 한 번에 수십만 명을 몰살시킨 '리틀 보이' 핵폭탄의 위력을 경험한 이후, 인류는 전쟁에 대한 극심한 공포에 빠졌다. 미국이 한 줌도 되지 않은 북한을 두려워하는 이유도 오직 핵무기 때문이다.

현재 선진국들이 가지고 있는 핵폭탄의 규모는 지구를 몇 번이고 날려버릴 수 있는 양이다. 이외에도 수소폭탄, 생화학무기 등 엄청난 살상력을 지닌 무기들이 많다. 이제 국지전을 제외하면 더 이상 영토전쟁을 할 수 없다. 하지만 더 많은 땅과 영향력을 소유하고 싶은 인간의 욕망은 그칠 줄 모른다. 이런 욕망을 충족시켜 줄 새로운 방법이 필요하다. 그것이 바로 경제전쟁이다.

경제는 두 얼굴을 가진다. 경제의 선한 얼굴은 인류가 서로 싸우지 않고 자원과 상품들을 교환하는 평화로운 행위다. 삶을 풍요롭게 만드는 합리적인 행위다. 그 반대편에는 국제 사회에서 핵전쟁을 두려워하는 인류가 선택한 새로운 영토 및 패권전쟁의 핵심적인 도구로서의 경제가 있다.

현대 사회는 자본가가 과거의 왕보다 더 큰 권력과 영향력을 갖는다. 미국 대통령도 대공황이 발발하자 월가의 거대 자본가 J. P. 모건에게 손을 벌렸다. 막무가내로 행동하는 트럼프도 유대 자본가들의 눈치는 본다. 지난 200년 동안 벌어진 수많은 전쟁의 배후에서 유럽과 미국 자본가들의 치열한 암투와 전략이 작용했다.

국가 간 전쟁도 이와 비슷하다. 거대 자본가들은 국가 간 경제전쟁에서 용병이나 경제 저격수의 역할을 자주 했다.[6] 이라크와 같이 힘이 약한 나라는 물리적 전쟁을 통해 응징하지만, 소련이나 중국 같은 큰 나라를 상대할 때는 군사전쟁을 할 수 없다. 이들과의 군사전쟁은 인류의 공멸을 초래하기 때문이다. 새로운 방식이 필요하다. 바로 군대가 아니라 자본가와 기업가를 앞세운 경제전쟁이다.

경제전쟁은 소리 없는 전쟁이며 투명 망토를 입고 오는 강력한 군대다. 상대도 경제전쟁의 포탄에 맞아 쓰러지지 전까지 쉽게 알아차리기 어렵다. 경제적 충격을 당해 쓰러진 후에도 이것이 전쟁에 준하는 상황이었는지 모를 수도 있다. 경제학 이론으로는 설명하기 어려운 경제 양상이 곳곳에서 일어나는 이유다. 이런 경제전쟁의 속성을 잘 아는 사람 중 한 명이 트럼프다. 경제전쟁의 본질을 꿰뚫어보지 못하면 미국과 중국 사이에 벌어지는 충돌과 패권의 향방을 예측할 수 없다.

미중 경제전쟁,
중국이 먼저 시작했다

많은 사람이 트럼프가 중국을 향해 경제전쟁을 시작했다고 생각한다. 그러나 경제전쟁의 포문을 연 나라는 중국이다. 국제 금융 시장에서 달러화의 비중이 점점 낮아지는 상황 속에 2008년 미국발 금융위기가 발발했다. 전 세계는 미국의 영향력에 의구심을 갖기 시작했다. 미국 역시 자신의 패권이 무너지는 것은 아닌지 불안감을 갖게 되었다.

2차 세계대전 이후 미국이 전 세계에서 막강한 영향력을 유지한 바탕에는 강력한 경제력이 있었다. 21세기 들어 이라크전쟁과 테러와의 전쟁에서 자존심에 상처를 입은 미국이 이제 경제도 휘청거리기 시작했다. 미국 내에서는 베이비붐 세대의 은퇴와 고령사회라는 비수가 몸속 깊이 파고들고 있었다. 그 와중에 정부와 월가가 무리하게 부풀린 부동산 가격이 한순간에 붕괴하며 경제 폭탄이 터졌다. 미국의 부채는 상한선을 넘었고 신용은 하락했다. 실업률은 10%를 넘어서고 강제적 재정 적자 감축이 단행되었다. 이제 미국은 신뢰할 수 없는 나라로 추락하는 것처럼 보였다.

중국이 이 틈을 놓치지 않고 발톱을 드러냈다. 2008년 글로벌 금융 위기로 전 세계 경제가 휘청거릴 때 중국이 미국을 대신해서 세계 경제의 구원자로 등장하자 세계가 환호했다. 2009년 1월, 원자바오 중국 총리는 다보스 포럼에서 "위기의 원인은 일부 경제권의 부적절한 거시 경제 정책과 장기간 계속된 낮은 저축률과 과소비로 규정되는 지속 불가능한 경제성장 모델이다"라며 직접 미국을 겨냥했다. 더 이상은 미국의 국채를 마음 놓고 사기 어렵다며 미국을 공격했다.

중국은 미국의 전통적 우방인 한국을 포함한 6개국과 위안화 통화 스와프를 체결했다. 중국은 달러 대신 IMF의 특별인출권인 SDRSpecial Drawing Rights의 사용 확대를 주장하고, 중국 국제금융센터를 설립해서 2020년에 위안화 자유 태환을 시행하겠다고 공식 발표했다. 중국 동남부 5개 도시(상하이, 광저우, 선전, 주하이, 둥관)와 홍콩 간의 무역에서 위안화 결제를 도입했다. 월가의 수많은 금융 인재도 스카우트했다. 유럽을 향해 미국을 뿌리치고 중국과 손을 잡자고 제안했다. 중국의 돈과 거대한 시장에 군침을 흘리는 영국은 시진핑을 여왕의 황금마차에 태우며 환대했다. 군사 측면에서도 2010년 천안함 사건 이후 신냉전 시대라는 우려가 나올 정도로 미국과 극명한 대립각을 세웠다.

중국은 공격적인 외교 활동을 통해서도 미국을 압박했다. 일명, 대국외교다. 미국의 턱밑에 있는 니카라과의 반미 좌파 정권과 손을 잡고 공사비 44조 원을 투입하여, 파나마 운하보다 큰 운하를 건설하여 100년 동안의 운영권을 얻기로 했다.[7] 중남미의 좌파 정부들과 연대해서 미국을 압박하는 것과 파나마 운하가 봉쇄될 경우의 대비책 등 다양한 포석이 깔려 있는 외교 전략이었다.

중국의 공세에 러시아가 가세했다. 러시아의 푸틴 총리는 "월가의 투자은행들의 자부심은 모두 사라졌다. 그들은 지난 25년 동안 벌어들인 수익 이상의 손실을 냈다…… 그러나 미국 정부와 투자은행은 경제위기가 닥친 상황에서도 자기 파이를 차지하려고만 했다."며 직격탄을 날렸다.[8] 유럽 각국도 외환 보유액을 단일 통화에 지나치게 의존하는 것은 세계 경제에 위험 요소라며 미국에 대한 공격에 동참했다.

미국이 가장 큰 지분을 가지고 있는 IMF조차 달러 발행국인 미국에 대한 감독을 더 강화해야 한다고 주장했다. IMF는 한발 더 나아가 이 기회에 달러보다 좀 더 신뢰할 만한 제1기축통화를 만들자고 나섰다. 이제 중국이 칼을 빼들었다. 2009년 3월, 저우샤오촨 중국 인민은행 총재는 "SDR(특별인출권으로 1969년 IMF가 만듦)이 초국가적 기축통화가 될 수 있다"고 주장했다. 후진타오 중국 국가 주석은 2010년 서울에서 열린 G20 정상회의에서 "(달러를 대체할) 글로벌 기축통화 메커니즘이 만들어져야 한다"고 주장했다. 2011년 1월 《월스트리트 저널》과의 인터뷰를 통해 '달러 기축통화는 과거의 유물'이라며 공격의 수위를 높였다.

중국은 2008년 글로벌 위기 이후 엄청난 규모의 금을 사들였다. 금을 많이 보유할수록 훗날 제1기축통화 자리를 놓고 미국 달러와 힘겨루기를 할 때 유리하다고 보았기 때문이다. 동시에 중국은 아프리카와

세계 주요 거래 통화 순위(좌)와 특별인출권(SDR) 통화별 구성 비중(우)

(단위: %)

순위	통화	비중
1	미국달러화	44.82
2	유로화	27.20
3	영국파운드화	8.45
4	중국위안화	2.79
5	일본엔화	2.76
6	캐나다달러화	1.79
7	호주달러화	1.60
8	스위스프랑화	1.55
9	홍콩달러화	1.41
10	태국바트화	1.04

• Swift(2015. 8 기준)

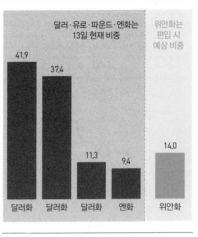

• IMF, 골드만삭스

출처: 한국경제(http://stock.hankyung.com/news/app/newsview.php?aid=2015111555471)

개발도상국들에 대한 경제협력과 지원을 넓히고 새로운 국제 금융질서를 구축하는 과정에서 개발도상국들의 발언권과 표결권을 확대하자고 주장했다. 국제 무역에서 위안화로 결제하는 나라들도 점점 늘려나갔다. 그리고 아시아와 아프리카, 유럽에 걸친 광대한 시장에 대한 중국의 지배력을 키우기 위한 일대일로 정책을 추진해나갔다.

이런 중국의 행보는 단순히 자국의 경제발전만을 위한 것이 아니라 세계 제1의 패권국이 되려는 야심에서 나온 것이다. 중국과 중국의 지도자들은 지난 100년 동안 과거의 영광을 유럽과 미국에 빼앗겼다고 생각하고 패권을 다시 되찾는 것은 의무이자 숙명이라 여긴다.

중국은 명나라 시대인 1405~1433년에 정화鄭和 장군을 앞세워

국제 결제 통화에서 차지하는 중국 위안화의 비중 증가 추이

상위 20개 국제 결제 통화 추이와 기준 점유율(2015. 8 기준)

세계 상위 10개 결제 통화
(2015. 8 기준)

미국달러	44.82%
유로	27.20%
영국파운드	8.45%
중국위안	2.79%
일본엔	2.76%
캐나다달러	1.79%
호주달러	1.60%
스위스프랑	1.55%
홍콩달러	1.41%
태국바트	1.04%
싱가포르달러	0.89%

Note: Customer initiated and institutional payments: inbound and outbound traffic.
2012 data are for January, September and December ohly: no data available for November
2013 and 2014
Source: Swift Watch

Pat Minczeski/THE Wall Street Journal

출처: The Wall Street Journal, "Yuan Picks Up Pace as Global Curruncy", 2015. 10. 6

200척이 넘는 대규모 함대를 이끌고 아프리카에 이르기까지 30여 개 나라를 원정했던 나라다(1492년에 탐험을 시작한 콜럼버스의 함대는 17척에 불과했다). 1820년만 해도 중국은 전 세계 GDP의 33%를 차지할 정도로 강력한 막강한 G1이었다.[9] 가장 강력했던 1960년대의 미국도 전 세계 GDP의 약 27%를 차지했을 뿐이다(미국의 비중은 2013년 20% 미만으로 줄었다가 2016년 다시 24.32%로 회복했다). 세계 최강대국이었던 중국이 기마 민족인 청나라가 중원을 지배하면서 해군력이 와해되고 서양 해양 세력에게 바다를 봉쇄당하면서 고립되었다.[10] 1880년 이후 중국은 글로벌 패권을 완전히 잃고 세계의 변방 국가로 몰락했다.

중화사상, 곧 자신이 세계의 중심이라는 사상을 가진 중국은 역사상 단 한순간도 2위에 만족한 적이 없었고 앞으로도 그럴 것이다. 2008년 전까지 중국의 전략 역시 단지 부강한 나라를 만들자는 것이 아니었다. 세계를 제패할 능력을 가질 때까지 낮게 엎드려 실리를 챙기면서 힘을 기르자는 것이 중국 국가 전략의 핵심이었다. 1949부터 1976년까지 27년간 중국을 지배했던 마오쩌둥은 "굴을 깊게 파고 식량을 비축하며 패권자라 칭하지 말라"고 가르쳤다. 겸손한 말이 아니다. 와신상담하며 칼을 갈면서 기회를 기다리자는 말이다. 마오쩌둥을 이어 1976~1989년까지 13년간 중국을 지배했던 덩샤오핑도 "빛을 감춰 밖으로 새지 않도록 한 뒤 은밀히 힘을 기르라"고 강조했다. 도광양회韜光養晦 전략이다.

경제력이 커지면서부터 중국의 전략은 서서히 바뀌었다. 1989~2002년 동안 중국을 이끈 지도자 장쩌민은 점점 커지는 경제력에 자신감을 얻어 "필요한 역할은 한다"는 '유소작위有所作爲'를 외쳤다. 뒤를 이어 2002년에 집권한 후진타오는 초기에는 "평화롭게 우뚝 일어서다"는 '화평굴기和平屈起'를 내세웠다. 이때까지도 겉으로는 미국에 대항하는 태도를 보이지 않았다.

그러나 2008년 미국이 심각한 위기에 빠지자, 후진타오가 이끄는 중국의 전략이 완전히 바뀌었다. 마오쩌둥 시절부터 수십 년간 깊이 감추어둔 진짜 속내와 야심을 드러냈다. 2010년, 후진타오는 "거침없이 상대를 압박한다"는 뜻의 '돌돌핍인咄咄逼人'을 크게 외쳤다. 미국에 대한 전면전 선포였다. 이미 세계 2위의 경제 대국으로 올라선 중국이 거침없이 압박할 대상이 미국 외에 누가 있겠는가!

그러나 이것이 중국의 치명적 실수였다. 비록 미국은 상처를 입었지만, 여전히 백수의 왕인 사자였다. 미국은 2008년 이전에도 중국의 속마음을 알고 있었지만 중국의 성장에 크게 신경 쓰지 않았다. 중국의 성장 속도가 무섭기는 하지만 빠른 시간 안에 미국을 압도할 수준은 아니라고 평가했다. 중국은 미국을 위한 '좋은 시장Good market'일 뿐이라며 자만했다. 미국은 2차 세계대전 이후 몇 번의 큰 위기를 겪었지만 계속 성장해온 경제력과 이를 기반으로 한 강력한 기술력과 군사력에서 비롯된 자만심이었다.

그러나 9·11 사태로 미국 본토의 심장부가 테러를 당하고, 2008년 서브프라임 모기지 사태로 대공황에 준하는 경제 붕괴를 겪으면서 미국이 흔들리기 시작했다. 미국의 위기를 틈타 미국의 전통적인 우방이었던 나라들도 미국에게 의심을 품고 대안을 찾기 시작했다. 붕괴했다고 생각했던 러시아가 다시 일어서서 권토중래를 벼르고, 좋은 시장이자 미국 국채를 잘 사주는 좋은 고객이었던 중국이 태도를 바꾸어 칼을 들고 덤벼들기 시작했다.

2010년 7월 30일, 중국 인민은행 부행장 겸 국가외환관리국장인 이강易綱은 "중국이 올해 상반기에 일본을 제치고 세계 2위의 경제 대국이 되었다"고 공식 선언했다. 이를 계기로 많은 전문가들이 중국이 이런 추세로 성장을 지속하면 물가 수준을 감안한 구매력 기준으로 2019년경 적어도 경제 면에서 미국을 제치고 세계 1위의 지위를 갖게 될 것이라는 전망을 쏟아내기 시작했다. 스웨덴 국제평화연구소SIPRI는 2049년이면 군비 지출 규모에서 중국이 미국을 능가할 수 있을 것이라는 예측을 발표했다(중국의 2008년 군비 지출 규모는 849억 달러로 같은 해 미국의 6,070억 달러 대비 14%에 불과했다).

트럼프가 중국을 향해 경제전쟁을 선포한 것은 자신의 지지층 집결에만 목적이 있는 것이 아니다. 필자는 트럼프가 아닌 다른 사람이 미국 대통령이 되었더라도 중국과 경제전쟁을 벌였을 것이라고 확신한다. 트럼프가 대놓고 거칠게 전쟁을 벌이는 스타일이라면, 다른 대통령이었다면 조금 더 세련되게 했을 것이라는 정도의 차이밖에 없었을 것이다. 2008년의 금융위기를 거치며 미국은 앞으로 중국이 아무런 견제도 받지 않은 채 계속 성장한다면, 제아무리 미국이라도 더 이상 중국을 견제할 수 없게 될 때가 곧 온다는 것을 확실하게 알았다. 그날이 오면 경제력 1위의 지위만 내주는 것이 아니라, 패권국의 지위도 잃는다. 패권국 지위를 잃으면 제1기축통화국의 지위와 이득도 잃는다. 미국의 몰락이다. 미국이 이를 모를 리 없다. 짧게는 앞으로 2~3년, 길게는 5~7년 동안 이어질 트럼프와 시진핑의 충돌은 미국과 중국 모두에게 결정적으로 중요하다.

미국우선주의,
처음이 아니다

　　트럼프의 슬로건인 미국우선주의를 두고 고립주의 또는 미국 쇠망의 지름길이라는 평가가 많지만, 필자의 시각은 다르다. 트럼프의 미국우선주의는 2008년에 시작된 중국의 기축통화국 도전, 2013년 시진핑이 던진 승부수인 일대일로에 맞서 미국이 G1으로서의 패권을 회복하고 지속적으로 강화하기 위한 필연적 선택이다. 힐러리가 46대 대통령이 되었어도 미국우선주의를 선택했을 것이다(물론 트럼프처럼 드러내놓고 막무가내식으로 하지는 않았을 것이다. 겉으로는 웃으면서 드러나지 않게 수면 아래에서 칼을 들이대는 '소리장도笑裏藏刀' 전략을 사용했을 것이다).

　　패권에 대한 연구를 책으로 발표한 서울대 정치학과 백창재 교수는 패권의 개념을 다음과 같이 규정했다.

"패권의 개념은 압도적 힘의 보유로 규정하며, 강대국과 패권국을 가르는 기준은 구조적 힘의 보유로 설정한다. 패권국은 안보, 생산과 무역, 통화, 금융, 지식 등 국제 체계의 제 영역에서 상대적으로 압도적인 힘을 보유하고 있으며, 이 전용 가능한Fungible 힘을 사용하여 각 영역에서의 질서를 유지하거나 변화를 거부 혹은 주도하는 패권 정책을 수행한다고 보는 것이다. 압도적인 물리적 힘은 다양한 패권 능력Hegemonic Capability으로 발현될 수 있다. 수수방관하거나, 기존 질서를 적극적으로 수호·유지하거나, 물리력의 변화에 따른 국제 질서의 변화를 거부·저지하거나 혹은 새로운 질서로 변환시킬 수 있는 능력이다. 이 능력에 따라 패권국은 패권을 행사하여 국제 질서에 영향을 미치며, 이 능력을 더 이상 행사하기 어려워질 때 패권은 쇠퇴한다."[11]

백창재 교수는 패권국이 되기 위해서는 압도적 '힘의 크기'와 압도적 힘(자원)을 기반으로 패권을 수행하기 위해 필요한 '정치적 능력'이 필요하다고 했다. 정치적 능력은 자신들이 독립적으로 결정한 정책에 대해 대외적으로 다른 구성국들에게 '지지'를 얻는 능력, 정책에 필요한 자원을 '추출'할 수 있는 능력, 정책을 따를 수 있도록 '규제'할 수 있는 능력들이다.[12] 이런 개념을 기준으로 평가한다면 오바마 행정부 때까지 미국은 두 가지 능력을 다 갖추었으나, 트럼프 행정부에서 두 번째 능력인 정치적 능력에 문제가 생기고 있다. 시진핑이 이끄는 중국은 첫 번째 능력인 '압도적인 힘'을 갖추지 못했고, 대외적인 정치 능력은 아직 검증이 이루어지지 않은 상태다.

압도적 힘은 경제력과 군사력에서 나온다. 압도적 군사력을 갖기 위해서는 경제력이 필수다. 강력한 경제력을 얻기 위해서는 기술, 자원, 인재가 필요하다. 자원은 지정학적으로 정해져 있지만, 인재와 기술은 국가 제도의 수준에 따라서 얼마든지 발전하거나 쇠퇴할 수 있다. 제도는 토양과 같다. 아무리 씨앗이 좋아도 싹을 틔우고 성장하는 데 필수적인 토양이 나쁘면 잠재 역량을 최대로 이끌어낼 수 없다. 인재와 기술의 발전에 결정적 역할을 하는 제도는 이념과 종교에 크게 영향을 받는다. 이념이나 종교가 제도의 방향성을 설정하기 때문이다. 패권의 심층을 떠받치는 제도에 영향을 미치는 이념과 종교는 자국의 이익만을 탐하는 일방주의Unilateralism로 갈지 아니면 상호 이익을 증진시키는 호혜주의Reciprocity로 갈지 그 방향성에도 영향을 미친다.

트럼프 행정부는 20세기에 비해 상대적으로 경제력 우위가 약화된 미국의 패권을 다시 강화하기 위해 '미국우선주의' 전략을 사용하고 있다. 미국의 이런 행동은 처음이 아니다. 20세기에도 미국은 패권이 약화할 때마다 미국우선주의로 돌파했다. 1971년에는 '닉슨 선언'을 통해 미국 통화 35달러를 금 1온스로 바꿔주는 금 태환을 포기하여 브레튼우즈 체제를 허물고 미국에게 유리한 통화 정책을 구사했다. 1988년 세계 시장에서 미국의 생산과 무역이 크게 약화하자 종합무역법Omnibus Trade Act of 1988을 제정하여 GATT 체제를 폐기하고, 미국에게 유리하도록 좀 더 개방적인 WTO 체제로 전환했다. 당시에는 폐쇄적인 무역 체제를 더 개방적인 체제로 바꾸는 것이 미국에게 유리했기 때문에 개방주의 정책을 지지했을 뿐이다. 지금은 거꾸로 개방에서 일정한 폐쇄(보호무역) 체제로 바꾸는 것이 미국에게 유리하기 때문에 전략을 수정했을 뿐이다.

우리는 오랜 동안 자유무역 체제에 있었기 때문에 개방이 가장 좋은 정책이라고 생각한다. 그러나 개방도 전략의 일환일 뿐이다. 19세기 이전에 세계 각국은 높은 관세에 기반을 둔 강력한 보호무역주의로 자국 생산자를 보호하면서 중상주의 정책을 구사했다. 당시 나폴레옹의 프랑스는 전쟁 중에 국내 농산물 생산자를 보호하기 위해 곡물법 Corn Law을 제정했다. 농산물 수입을 막는 강력한 보호무역주의 정책이었다. 세계의 패권국 지위를 노리던 영국에게는 돌파구가 필요했다. 영국은 1846년 곡물법을 거부하고 농산물 시장을 개방하는 자유무역 정책을 일방적으로 선언했다. 1849년에는 해운과 무역에 대한 보호주의 정책이었던 항해조례Navigation Acts도 일방적으로 폐지했다. 1651년 영국 의회가 제정한 항해조례는 유럽 이외 지방의 산물을 영국 및 그 식민지로 수입하는 경우에는 영국이나 그 식민지 선박으로 수송할 것, 유럽의 산물을 영국 및 그 식민지로 수입하는 경우에는 영국 선박이나 산지국 또는 최초의 선적국의 선박으로 수송할 것, 외국품의 선적은 산지국 또는 최초의 선적국 항구에 한한다는 것 등을 규정한 강력한 보호무역주의 법이었다.[13]

항해조례를 일방적으로 폐지한 영국은 수입 품목에 대한 관세도 폐지했다. 왜 그랬을까? 그렇게 하는 것이 당시 최대의 공업국이자 최대 농산물 시장이었던 영국의 이익을 더 크게 만들고 경쟁국인 프랑스를 견제할 수 있는 방법이기 때문이었다. 영국의 일방적인 자유무역 정책 선언은 다른 나라들에게 영국 시장에 접근하려면 자국의 관세도 폐지하고 시장을 개방하라는 압력으로 작용했다. 19세기 중반부터는 세계 시장 역할을 담당했던 영국의 무역수지 적자가 커졌다. 하지만 영국은 무역 적자를 담보로 시장을 제공함으로써 자신이 주도하는 자유무역 질서에서 다른 나라들이 탈퇴하지 못하도록 봉쇄했다. 일정 수준의 무역수지 적자를 내더라도 생산과 자본 시장에서 얻는 이득이 더 컸기 때문이다. 이런 정책을 기반으로 영국은 19세기와 20세기 초반까지 압도적 패권 국가로 군림하면서 국제 금융·통화 질서를 주도했다. 파운드화가 국제 무역 결제와 투자의 기축통화가 되었고, 영란은행은 세계 금융시장의 최종 대부자 역할을 맡았으며, 영국은 축적된 자본을 바탕으로 전 세계 유동성을 좌지우지했다. 영국이 만든 자유무역 질서도 1930년대 대공황이 발발하기 전까지 세계 시장에서 상식이자 표준으로 여겨졌다.

패권국 영국도 세계 제조업 생산량 1위국 지위를 미국에게 내주고, 1, 2차 세계대전으로 국력을 크게 소모하여 금융 신뢰성이 낮아지고 경제성장률이 1%대로 주저앉으면서 패권 쇠퇴기를 맞았다. 여기에 생산과 자본을 엄청난 속도로 빨아들이는 미국이 새롭게 출현하자 패권을 잃고 말았다.

20세기 초 대공황이 발발하자, 미국을 비롯한 전 세계는 보호무역주의로 돌아섰다. 대공황기에 미국을 이끈 루스벨트 행정부도 초기에는 미국우선주의 정책을 펼쳤다. 금본위제를 포기했고, (폭등한 관세율을 다소 인하하긴 했지만) 보호무역주의 정책을 고수했다. 미국은 유럽의 몰락을 틈타 막대한 자본으로 유동성 문제가 심각한 유럽을 공략했고 수출 증대에도 힘을 썼다. 미국의 시장 장악력이 커지자, 루스벨트는 1934년 호혜통상법Reciprocal Trade Agreement Act를 제정하여 자유무역 원칙을 천명했다. 하지만 완전한 개방이 아니라 케인즈의 이론에 따라 국가가 관리하는 제한적인 자유시장이었다.

　대공황 이후 새로운 압도적 패권국으로 부상한 미국은 1970년대에 들어서면서 도약하기 시작한 유럽과 일본의 부상으로 경제력이 상대적으로 약해지고, 달러의 신뢰도가 급락하자 다시 일방적으로 정책을 바꾼다. 자국의 이익과 패권을 극대화하기 위해 1971년에 금 태환을 포기했다. 그리고 1973년에 중동전쟁이 발발하여 오일 쇼크가 세계를 강타하자 '사우디-키신저 밀약'을 통해 사우디아라비아와 손을 잡고 세계 시장에서 오일 결제 화폐를 달러로 고정하여 영국을 오일 시장에서 퇴출시키고 달러 수요를 급증시켰다. 1974년에는 막대한 재정 적자를 보전하기 위해 모든 자본 통제를 폐지하여 해외 차입을 극대화하는 등 세계 무역 질서에 완전한 경쟁을 기반으로 한 자유방임주의 정책을 도입했다. 이때 미국이 들고 나온 완전한 자유방임주의 정책은 1970년 이전까지 유지되어오던, 각 나라가 자국의 이익을 보호하면서 이익을 늘리는 제한적 자유주의 체제를 붕괴시킨, 일방적인 미국우선주의 정책이었다. 중요한 것은 이것이다. 완전한 자유방임주의이든 보호무역주의이든 둘 다 패권 국가가 상황에 따라 자신들의 패권을 유지·강화하기 위해 일방적으로 선택하는 시대적 도구일 뿐이라는 점이다.

　패권 국가가 변화하는 역사를 보면, 기존의 패권 국가가 쇠퇴기에 들어서면 개방 정책을 유지하기 힘들어져 국가 이익에 대한 계산법을 바꾸게 된다. 국제무역과 금융 질서가 개방에서 부분적인 폐쇄와 보호주의로 전환하는 과정에서 새로운 패권 국가가 출현하면 기존의 패권국은 지위를 상실한다. 새로운 패권국은 초기에 일정한 보호무역주의 틀 안에서 자국의 힘을 키운다. 이 새로운 패권국이 성장해서 우월한 지위와 경쟁력을 바탕으로 완전한 자유경쟁 체제에서 자국의 이익을 극대화할 수 있다고 판단하면 그 순간, 국제 질서를 완전한 자유방임주의로 재편한다. 이를 통해 패권 국가의 힘은 압도적 수준으로 강화된다. 하지만 완전한 개방 체제에서 이득을 보는 후발주자가 무섭게 추격해오고, 동시에 패권국의 힘이 수확체감의 법칙을 따라 성숙기를 지나고 쇠퇴기에 접어들면 계산법이 다시 바뀐다. 후발주자를 견제하고 이익을 늘리기 위해 완전한 개방에서 부분적인 폐쇄와 보호주의로 전환한다. 이때 후발주자가 기존 패권국을 제압할 수 있을 정도의 압도적 힘과 국제 정치 역량을 가지게 되면 기존 패권국은 고립되고 새로운 패권 국가가 탄생한다. 하지만 압도적 힘을 가진 대안 국가가 나타나지 않으면 기존 패권국은 비난은 받지만 상대적으로 약화된 패권을 다시 강화할 기회를 얻는다.

이런 큰 흐름에서 보면, 트럼프가 주장하는 미국우선주의가 앞으로 미국의 패권을 약화시키는 정책이라고 생각하는 것은 원인과 결과를 잘못 이해하는 것이다. 20세기 중후반에 미국이 패권을 강화하기 위해 채택한 개방적인 무역과 통화 질서가 한계에 도달했기 때문에 이를 만회하기 위해 선택한 새로운 전략이 미국우선주의다. 즉, 개방을 계속할 경우 개방의 가장 큰 혜택을 보는 중국, 독일, 한국 등의 나라에게 자국의 이익이 계속 침해당하기 때문에 전략을 바꾼 것이다. 자칫 패권 유지를 위해 필요한 압도적 힘을 잃어 G1의 지위를 빼앗길 수도 있다는 절박감에서 나온 전략이다. 트럼프가 아닌 다른 사람, 다른 세력이 대통령이 되어도 미국의 선택은 분명하다. 개방을 계속하면 중국의 추격이 더 거세질 것이기에, 개방의 반대로 가는 수밖에 없다. 바로 미국에게 가장 이익이 되는 수준의 일정한 보호무역주의, 미국의 가치에 우선을 두는 미국우선주의 정책이다. 그래서 미국우선주의는 미국의 패권을 허무는 정책이 아니라 중국이나 유럽 연합EU에 맞서 패권을 회복하려는 교묘한 전략이다.

역사적으로 패권 국가가 되기 위해서는 막강한 군사력이 반드시 필요하지만, 2차 세계대전이 끝난 이후로는 군사적 영토 확장보다 경제적 영토 확장으로 패권 전쟁의 내용이 바뀌었다. 막강한 군사력은 부를 유지하는 보호막으로만 사용된다. 이제 패권의 힘은 지정학적 영토에서 나오는 것이 아니라 경제 영토에서 나온다. 21세기에는 경제전쟁의 중요성이 더 커질 것이다. 패권 국가인 미국이 이를 가장 잘 알고 있다. 트럼프 대통령과 미국의 권력 실세들은 중국이 생산과 자본을 장악하여 미국을 능가하는 경제 대국이 되면 미국이 몰락할 것을 잘 안다. 미국이 중국과의 경제전쟁에서 패하면 패권을 내주게 되고, 최악의 경우 미국이라는 제국이 분할될 수도 있다.

이런 미래를 대비하는 길은 하나뿐이다. 미국이 패권을 유지하려면 제국을 강화하면서 동시에 다른 지역은 분할된 상태가 지속되게 해야 한다. 제국을 강화하려면 생산과 자본을 재장악해야 한다. 다른 지역을 분할 상태로 유지하려면 중국을 비롯하여 중동, 유럽 등이 하나의 힘으로 결속하는 미래를 막아야 한다.

트럼프가 감세 정책, 무역전쟁, 통화전쟁을 전개해서 얻으려는 것은 생산과 자본의 재장악이다. 20세기 후반부터 세계의 공장으로 부상해서 미국, 유럽 다국적 기업들의 공장과 자본을 빨아들여 놀라운 경제 성장을 하고 있는 중국으로부터 생산의 일부를 미국으로 다시 빼앗아와서 21세기 생산과 자본의 중심 국가로 재도약하려는 것이다. 이는 미국을 강화하는 만큼 중국의 힘을 약화시키는 부수적인 효과도 얻을 수 있다.

2장

통화전쟁

Hegemonic War

통화전쟁,
수비에서 공격으로 전환한 미국

        2008년 미국 경제가 서브프라임 모기지론 사태로 충격에 휩싸이자 세계 경제도 함께 큰 충격을 받았다. 부동산 버블 붕괴로 파생 상품 시장도 붕괴하며 미국의 월가도 무너졌다. 미국의 몰락이 시작되었다는 평가가 쏟아졌다. 중국으로서는 다시 오지 않을 듯한 기회였다. 이런 절체절명의 순간에 미국을 다시 살린 힘이 두 가지 있었다. 그중 하나가 제1기축통화인 달러였다.

    2008년 미국 경제가 무너지자 20세기 초 미국을 괴롭혔던 대공황의 공포가 엄습했다. 이때 구원자로 나타난 사람이 벤 버냉키였다. 2006년 앨런 그린스펀의 뒤를 이어 미국 연방준비제도이사회 의장으로 취임한 버냉키는 미국과 세계 경제를 위기에서 구출한 인물로 평가받는다. 대공황 연구에 조예가 깊은 버냉키가 미국과 세계 경제를 대침

체에서 구원하기 위해 꺼낸 카드는 역사적으로 유례가 없는 '비전통적'
통화 정책이었다.

우선 기준금리를 빠르게 인하했다. 하지만 단기 자금 시장에서 금리
가 0으로 떨어지면 중앙은행의 정책 수단이 무용지물이 된다. 중앙은
행의 관리 대상 자체(금리)가 사라지기 때문이다. 이때 버냉키 의장은 신
기한 아이디어를 고안했다. 장기채권 등을 연준이 직접 사서 시중에 돈
을 뿌리는 방법이다. '헬리콥터 머니Helicopter money'라고 불리는 대규모
양적완화 정책이었다. 이런 황당한 정책을 가능하게 만드는 힘은 단 하
나다. 달러가 제1기축통화였기 때문이다. 무한정 찍어낼 수 있는 달러
발권력이 몰락하는 미국을 살린 결정적 무기였다. 여기까지는 많은 사
람이 안다.

그러나 미국을 되살린 결정적 무기가 하나 더 있었다. 에너지다. 달러
가 미국이 무너지는 것을 막아주었다면, 셰일 오일과 셰일 가스라는 에
너지원은 미국이 다시 일어서는 데 필요한 동력을 제공했다.

미국을 살린 힘은 미국에 등을 돌리거나 미국에 대항하는 국가에게
날선 칼이 되어 날아갔다. 생존을 위해 독을 독으로 다스리듯 미국 경
제를 살리기 위한 극약 처방인 비전통적인 통화 정책이 미국에 대항하
는 세력에게는 통화전쟁이란 공격 무기로 변해서 전개된 것이다. 미국
은 상처를 입기는 했지만 여전히 강력한 사자였다. 자국의 위기로 일시
적으로 수세에 몰렸지만, 급한 불을 끄고 한숨 돌리자 바로 반격을 시
작했다. 제1기축통화국의 지위를 활용해서 막대한 달러를 시장에 풀
어 무너지는 금융 산업을 일으켜 세우고 나자, 막대한 달러 유동성이
미국 외부로 흘러나갔다. 제1기축통화인 달러가 전 세계로 풀려나가자

상대국의 통화 가치가 상승하기 시작했다. 2008년 위기 직전까지 급하게 가치가 오르던 달러의 추세가 한순간에 반전하여 약ᴴᴴ달러 흐름이 세계를 강타했다. 여기까지가 오바마 행정부의 일이다.

트럼프 행정부의 통화 정책은 독단적인 행동이거나 치기 어린 행동이 아니라 오바바 행정부가 시작한 통화전쟁의 2단계일 뿐이다. 오바마 행정부는 양적완화 정책에서 긴축으로 전략적 전환을 시작한 뒤에 바통을 트럼프 행정부에게 넘겼다. 미국이 4조 5,000억 달러를 시장에 뿌린 후, 긴축 정책으로 통화전쟁의 전략을 전환하는 것은 충분히 예상할 수 있는 자연스런 선택이었다.

막대한 양적완화 정책은 지옥 문턱까지 갔던 미국 금융 산업을 구원하는 데는 성공했지만, 두려운 리스크를 품고 있다. 바로 막대한 유동성으로 인한 달러 가치 훼손과 언제 일어날지 모르는 하이퍼인플레이션의 위험이다. 미 연준은 경제가 최악의 상황에서 벗어나고 있음을 확인하자 곧바로 미국 경제를 살릴 다음 정책으로 전환했다. 바로 양적완화 축소 및 중지와 기준금리 인상이었다. 막대하게 풀린 달러가 미국 경제에 몰고올 위험이 현실화되기 전에 선제적 조치를 취한 것이다. 2013년 당시 필자는 이런 흐름을 다음과 같이 예측했다.

- 미국 경제는 1단계: 양적완화 축소 및 중지 → 2단계: 기준금리 인상 → 3단계: 보호무역주의 → 4단계: 신산업 버블 형성, 4단계를 거쳐 회복에 성공할 것이다.
- 2008년 이후 첫 6~8년은 미국 경제가 하강하면서 한국과 세계 경제에 충격을 줄 것이며, 다음 6~8년은 미국 경제가 반전하여 회복하는

금리 · 달러지표 · 연간 GDP 성장률

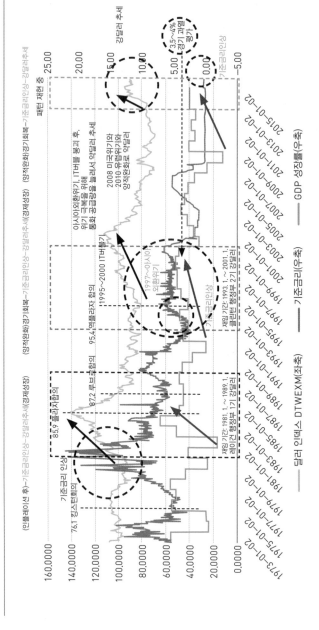

출처: 달러 인덱스와 미국기준금리, Federal Reserve Bank of ST. Louis, AFHI

전략을 구사하면서 한국, 중국과 세계 경제에 충격을 줄 것이다. 한국은 후반 6~8년을 조심해야 한다.

현재 미국은 4단계를 차근차근 그리고 정확하게 실행 중이다.

옆에 있는 그림을 보자. 미 연준이 긴축으로 전환하면서 달러 가치가 상승하기 시작했다. 그러나 바통을 이어받은 트럼프 행정부는 상대국을 압박하여 상대국의 통화 강세(평가절상)를 강제함으로써 달러의 상대적 가치를 하락시키는 전략을 구사하기 시작했다. 트럼프식 통화전쟁이다. 이 역시 제1기축통화국만 사용할 수 있는 방법이다. 달러의 가치를 회복시키면서 동시에 상대국 통화의 평가절상을 압박하면, 달러 강세로 인해 미국 기업의 수출이 받을 수 있는 타격을 상쇄할 수 있다. 미국의 압박을 받는 한국이나 중국 입장에서 보면 달러의 횡포이며 미국우선주의를 앞세운 통화전쟁이다. 하지만 미국의 입장에서는 자국의 이해를 관철하기 위한 자연스러운 수순이며 경제를 살리기 위한 전통적으로 사용해온 통화 전략이다.

통화전쟁에서
미국이 노리는 것

통화전쟁Currency War은 각국이 수출 경쟁력을 높이기 위해 의도적으로 외환 시장에 개입해 자국 통화 가치의 하락(평가절하)을 의도적으로 유도하는 '총성 없는 경제전쟁'이다. 통화전쟁은 승자가 독식한다. 역사적으로 통화전쟁은 1929년의 대공황을 촉발한 1차 통화전쟁(1921~36년), 브레튼우즈 체제의 붕괴 전후에 있던 2차 통화전쟁(1967~87년)이 있었다. 2번의 통화전쟁에서 미국은 압도적 화력을 발휘했다.

1, 2차 통화전쟁에서 일방적 승리를 거둔 미국은 영국에게서 기축통화국 지위를 빼앗아왔고, 2차 통화전쟁에서 패한 일본은 잃어버린 20년이라는 깊은 바닷속으로 침몰했다.

2010년에 오바마 행정부가 시작하고 트럼프 행정부가 이어받아 전개하고 있는 3차 통화전쟁은 중국을 정조준하고 있다. 통화전쟁의 승패는 세계 경제 질서를 바꾼다. 미국은 통화전쟁을 통해 중국 제품의 가격 경쟁력을 무너뜨리는 것을 1차 목표로 삼았다. 통화전쟁에서 수출을 늘리기 위해 노골적으로 자국의 통화 가치를 평가절하시키면 국제수지 적자를 상대에게 전가하는 근린궁핍화 정책이라는 국제적 비난을 받게 된다. 이런 부담을 안고 미국이 3번째 통화전쟁을 시작했다. 주적은 중국이고, 한국이나 독일 등도 미국의 통화전쟁 대상이다. 일본은 트럼프와 밀월관계를 유지하면서 통화전쟁의 칼날을 교묘하게 피해가고 있다. 통화전쟁의 포문을 열려면 자국 통화의 발행량을 늘리고, 상대국 통화를 강제로 평가절상시켜야 한다. 상대국 통화를 평가절상시키려면 몇 나라가 합의를 해서 강제로 절상시키거나 환율조작국 지정 카드로 위협해서 스스로 평가절상하도록 압박해야 한다. 이런 모든 방법을 동원할 수 있는 나라는 제1기축통화국뿐이다. 통화전쟁이 벌어지면 미국이 압도적 위력을 발휘하는 이유다.

반론도 있다. 미국이 중국을 향해 통화전쟁을 벌여서 달러 가치를 하락시키고 위안화 가치를 상승시키면 미국의 경제 상황도 어려워지는 딜레마에 빠지기 때문에 장기간의 통화전쟁은 불가능하다는 주장이다. 정말 그럴까? 뒤에 나오는 그림은 미국이 중국을 향해 통화전쟁(환율전쟁)을 벌이면 어떤 일이 벌어지는지를 보여주는 시스템 지도다. 미국이 중국을 환율조작국으로 지정하거나 중국이 급격히 위안화를 절상시키면 미국이 수입하는 중국 상품 가격이 올라 미국 물가가 상승하고 미국 내 소비가 하락한다. 미국 경제회복에 찬물을 끼얹는 셈이다. 즉 미중 통화전쟁의 부작용이 부메랑으로 돌아오는 시스템이다.

중국과 미국의 환율전쟁으로 인해 발생되는 파급 영향들

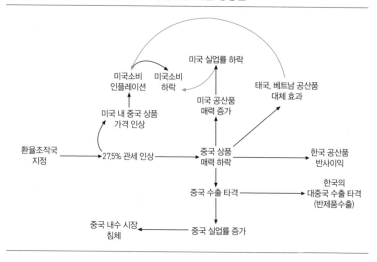

  하지만 부작용으로 인한 미국 경제의 피해는 미국과 중국의 관계가 좋을 때나 고려할 문제다. 중국의 모든 힘은 '돈'에서 나온다. 1978년 개혁개방의 기치를 내건 후 중국은 대단한 성장을 이뤘다. 미국 경제가 1990년 이후 1.6배 성장할 동안, 중국은 17배 성장했다. 2011년에는 GDP에서 일본을 제쳤다. 2017년에는 미국의 GDP가 19조 3,621억 달러(IMF 기준)일 때 중국의 GDP가 11조 9,375억 달러까지 따라붙었다. 이 추세를 그대로 두면 언젠가는 미국을 위협하는 수준을 넘어서 추월하게 될 것이다. 당신이 미국 대통령이라면 어떤 결정을 내릴 것인가? 중국의 도전이 미국의 패권을 위험에 빠뜨릴 수 있다는 판단이 확실하다면, 전략적 목표를 위해 단기적 소비 부진 정도는 감수할 수 있다. 말 그대로 전쟁이기 때문이다.

  2008년 이후 오바마 대통령도 중국을 향해 통화전쟁을 벌였다. 다음은 중국을 상대로 한 통화전쟁의 주요 내용이다.

- 1992~1994: 미국이 중국을 환율조작국으로 지정, 슈퍼 301조에 따라 27.5% 추가 관세 부과
- 2005: 관리변동환율제로 이행한 중국의 위안화 환율 개혁 이후 달러화 대비 위안화 21% 절상
- 2009. 10: G7 연합성명을 통해 위안화 평가절상 요구
- 2009. 10. 4: IMF의 위안화 평가절상 요구
- 2009. 11. 13: APEC(아시아태평양경제협력체) 21개 회원국의 위안화 평가절상 요구
- 2009. 11. 30: EU가 역내 경기 침체의 원인으로 중국이 독일을 넘어서는 세계 최대의 수출국이 되어 유럽에서 일자리가 감소했기 때문이라며 위안화 평가절상 요구
- 2010. 3: 중국 원자바오 총리, 중국 실업률 2억 명이라고 수정 발표
- 2010: 미국 의원들, 중국이 위안화를 40% 정도 평가절하하여 불공정 무역을 한다며 중국의 환율조작국 지정 강력 주장
- 2010. 6: 중국, 미 달러화에 대한 고정환율제 폐지 결정
- 2010. 10: 미국, 중국의 환율조작국 지정 연기

트럼프 대통령은 통화전쟁에 더욱 박차를 가해 이번 기회에 중국의 기세를 완전히 꺾어 놓겠다는 계산이다. 트럼프는 미국이 경상을 입더라도 감수하고 중국을 중환자실에 보내는 길을 선택했다. 필자가 10년 전에 발표한 미중전쟁 시나리오가 현실이 되고 있는데, 그때에 비해 미

국에 유리하게 변한 요소가 있다. 중국의 인건비가 올라가면서 베트남이나 인도 등 다른 동아시아 국가들로 선진국 기업들의 공장이 점차 이전하고 있기 때문에 중국의 위안화 상승이 미국의 소비 시장에 주는 충격도 약해지고 있다. 만약 중국 상품의 가격 상승으로 미국 소비가 잠시 위축되더라도, 미국 소비자들은 다양화된 글로벌 공급처를 통해 태국이나 베트남 등 제3국의 저렴한 대체 제품을 찾게 된다. 일부는 다시 미국 공산품에 눈길을 돌리게 될 것이다. 트럼프가 미국 제조업을 강조하며 노리는 바이기도 하다. 미국 제조업체들의 매출이 상승해 새로운 일자리가 늘어나면 물가가 상승해도 소비가 늘어서 피해를 어느 정도 상쇄할 수 있기 때문이다. 어떤 경우든 중국의 수출에 타격을 주기 때문에 중국의 실업률을 높이고 중국 내수 시장 성장을 지연시킬 수 있다. 트럼프가 노리는 점이다.

통화전쟁의 역사,
미일 통화전쟁

          1985년, 미국은 하늘 높은 줄 모르고 솟아오르는 일본을 한 방에 잠재울 무기로 통화전쟁 카드를 꺼내 들었다.

    1949년부터 1985년까지 미국과 일본의 관계는 아주 끈끈한 밀월관계였다. 1949년 중국 내전에서 공산당이 승리하자 미국은 일본을 아시아에서 공산주의 바람을 차단할 전략적 거점으로 선택했다. 미국은 일본이 다시는 전쟁을 할 수 없도록 경제를 해체하던 2차 세계대전 직후의 전략을 바꾸어 1949년부터 일본의 경제 부흥을 본격 지원했다. 엔화의 환율을 달러당 360엔으로 고정해서 수출 경쟁력을 갖게 해주었다. 일본 내부적으로는 물가를 하락시키고 정부 재정과 금융 시스템을 안정시키도록 지원했다. 일본 산업을 몰락시켰던 규제를 대부분 해제하여 철강, 자동차 등의 제조업 부흥도 이끌어주었다.

1950년 한국전쟁과 1965년 베트남전쟁에 참전한 미군의 군수기지로 일본을 활용해서 600억 달러 상당의 군수물자를 일본에 발주했다. 일본은 이런 기회를 이용해 1949~1975년까지 미국으로부터 25,000여 건의 각종 기술을 이전받으며 강력한 공업 국가로 발돋움했다.[1] 일본 경제는 1955년 이후 무려 18년 동안 두 자릿수 성장이라는 기록적인 성장률을 기록했다.

그런데 미국은 일본을 이용해 아시아에서 공산주의의 확장을 견제하는 데는 성공했지만 새로운 문제에 직면했다. 일본의 전자 제품, 철강, 반도체, 자동차 등이 미국 시장을 빠르게 잠식했다. 일본의 방직 제품과 화학섬유 제품은 미국을 비롯해 전 세계 시장의 60%를 차지할 정도로 성장했다. 미국은 대일본 무역에서 대규모 적자를 기록했으며, 미국의 방직과 자동차를 비롯한 상당수의 제조업체가 심각한 타격을 입고 실업률이 지속적으로 상승했다. 일본을 향한 미국 근로자의 분노가 커졌다. 미국은 이 문제를 어떻게 해결했을까?

1974년, 미국은 일본을 향해 '슈퍼 301조' 카드를 꺼내 들었다. 강제로 일본의 고정환율제를 폐지하고 변동환율제로 바꾸어 엔-달러 환율을 360엔에서 266엔으로 낮추었다(엔화 평가절상). 이런 강력한 조치에도 일본의 수출은 기세가 꺾이지 않았다. 엔화 절상에 따른 가격 경쟁력 약화를 일본 기업은 생산성 향상과 원가 절감으로 극복해냈다.

시간이 지나면서 일본은 산업을 한 단계 업그레이드해서 미국과 견줄 만한 첨단 기술 국가로 성장했다. 일본은 이제 더 이상 싸구려 제품만 파는 국가가 아니었다(지금 미국 기업인이나 정치인들이 중국 기업을 바라보는 시각이 이와 비슷할 것이다). 1980년에 도요타, 혼다 등 일본의 자동차 회사들은 자동차 종주국이라고 자부하던 미국에서 24%의 시장 점유율을 기록하며 미국 회사들을 압도했다. 포드 자동차는 역사상 최악인 15억 달러의 적자를 기록했다. 자동차 산업의 본거지인 디트로이트 시의 실업률은 20%를 넘어섰다.

일본이 파죽지세로 성장하는 것과 대조적으로 미국 경제는 점점 나빠졌다. 경기는 침체하는데 물가가 오르는 스태그플레이션이 발생했다. 1970년대 후반부터 오르기 시작한 물가는 1980년 초에 연간 물가 상승률이 거의 15%에 이를 정도였다. 실업률도 8%를 넘어섰다. 마침내 미국은 일본을 상대로 통화전쟁의 칼을 빼들었다.

1979년, 미국 연방준비제도이사회FRB 의장에 취임한 폴 볼커는 글로벌 인플레이션을 잡고 미국의 스태그플레이션 위기를 극복한다는 명분을 내세워 공격적인 기준금리 인상을 단행했다. 그는 같은 해 10월 한 달 만에 기준금리를 4%포인트 인상하고, 1980년에는 20%까지 올렸다. 달러 가치의 붕괴를 막고 자국 내 인플레이션을 잡기 위한 조치였다. 그 결과 1980년 14.6%에 이르던 물가 상승률이 1982년에는 3.2%까지 하락했다. 폴 볼커의 강력한 금리 인상 정책은 물가 안정과 강도 높은 구조조정을 유도해 1990년대 미국의 경기 호황을 이끈 초석이 되었다는 평가를 받고 있다. 하지만 당시 미국인들은 장기간 이어진 고금리로 기업들이 도산하고 실업률이 10%가 넘는 고통을 겪어야 했다. 자고 일어나면 오르는 금리 때문에 부동산 가격이 폭락하고, 고금리에 농민들이 빚더미에 올라앉고, 자살하는 사람이 속출하는 등 미국 경제가 급격하게 위축되었다. 일본은 미국의 혼란한 경제 상황을 이용해서 미국의 부동산과 부도 직전의 회사를 마구 사들였다.

인플레이션 파이터라는 별명답게 폴 볼커는 부작용에도 아랑곳하지 않고 고금리 정책을 오랫동안 밀어붙였다. 미국의 고금리가 지속되자 미국으로 자본이 계속 유입되면서 달러 강세 기조가 유지되었다. 고금리에 달러 강세로 인해 미국 제조업체의 글로벌 경쟁력은 더욱 약화되었다. 레이건 행정부가 경기 활성화를 위해 개인소득세를 대폭 삭감하고 정부의 재정 지출을 크게 늘렸지만 대규모 재정 적자를 기록할 뿐이었다. 미국의 재정 적자는 1983년 GDP 대비 6%까지 치솟았으며, 레이건 재임 8년 동안 4.2%로 높은 수준을 유지했다. 여기에 무역수지 적자도 커져서 1985년 1,336억 달러가 되었으며, 그중 대일 무역수지 적자도 497억 달러(37.2%)에 이르렀다.

1985년의 일본은 GDP가 미국의 3분의 1에 이르는 세계 2위의 경제 대국이라는 자신감에 가득 찼다. 일본 외환심의회는 「엔의 국제화에 대해」라는 문건을 통해 엔화를 기축통화로 만들겠다는 의도를 공식화했다. 곧바로 아시아 국가들에게 대규모 엔화 차관을 제공하고 수도인 도쿄에 역외 금융 시장까지 설립했다(2012년 중국의 행보와 놀랄 만큼 비슷하지 않은가).[2] 일본 정부가 막강한 경제력을 기반으로 엔화를 기축통화로 만들겠다는 의지를 표명하자, 세계 각국이 외환 보유액에서 엔화의 비중을 높이기 시작했다. 달러가 타격을 입기 시작했다. 일본의 제품과 자본이 미국 본토와 금융의 중심지인 맨해튼을 직접 공격하는 모습은 미국이 과거 일본군의 진주만 공격을 떠올리기에 충분했다.

미국은 일본을 제압하기 위해 '통화전쟁' 카드를 꺼내 들었다. 1985년 9월, 미국, 영국, 프랑스 재무장관이 플라자호텔에 모여 일본과 독일을 치기 위한 방안을 마련했다. 미국의 주도로 모인 이들은 공동의 적인 일본의 엔화와 독일의 마르크화를 견제하기 위한 초강수 카드를 꺼내 들었다. 독일과 일본의 화폐 가치를 평가절상하여 국제 무역 수지의 불균형을 해소하자는, 일명 '외환 시장 개입에 의한 달러화 강세 시정'을 합의하는 조치였다. 미국, 영국, 프랑스는 독일과 일본의 재무 장관을 불러 '플라자 합의'에 서명하게 했다. 일본과 독일은 선택의 여지가 없었다. 합의문에 서명하지 않으면, 환율조작국으로 지정되어 무역 보복 등의 제재를 당할 것이 뻔했기 때문이었다.

대외 의존도가 높은 한국이나 일본, 그리고 중국처럼 원자재를 많이 수입하고 수출이 중요한 나라에게 환율은 경제에 사활적 요소다. 수출 경쟁력, 물가, 환차익과 환차손을 극대화하는 환 헷지, 주식 및 부동산과 채권 가격의 변화 등이 모두 환율과 밀접하게 연결되어 있기 때문이다(한국의 경우 환율 상승이 유가 상승보다 물가에 미치는 영향이 4배나 크다).[3]

플라자 합의 후 5개국은 공동으로 외환 시장에 개입해서 달러를 투매했다. 일본의 엔화는 일주일 만에 달러화에 대해서 약 8.3%, 독일의 마르크화는 7% 절상되었다. 이런 시도가 2년 동안 지속되며 달러 가치는 30% 이상 급락했다. 1달러에 242엔 하던 엔화가 1987년 4월에는 달러당 약 130엔으로 평가절상되었다. 그 이후로도 엔화는 계속 평가절상되어 1995년에는 달러당 100엔 밑으로 하락했다. 미국 제품의 수출 경쟁력이 상대적으로 높아졌고, 일본에 지고 있던 미국의 달러 채무 부담도 그만큼 연기처럼 사라졌다.[4]

미국은 여기에 만족하지 않았다. 1987년 10월, 뉴욕 증시가 폭락했다. 1986년부터 1995년까지 1,000개가 넘는 군소 저축은행을 포함해서 3,000개 금융기관(총자산이 5,000억 달러)이 파산하는 등 위기가 빠르

주요 경제 사건과 달러 강·약세 추이

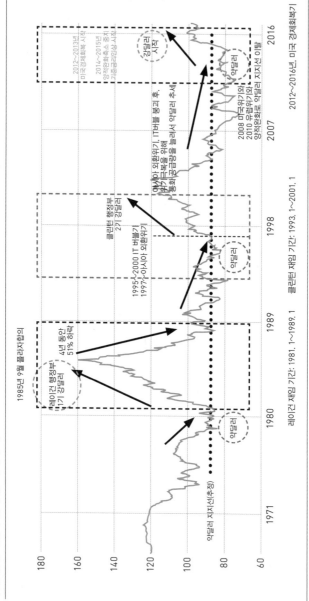

1985년 9월 플라자합의

레이건 행정부
1기 강달러

4년 동안
51% 하락

클린턴 행정부
2기 강달러

1995~2000 IT 버블기
1997~아시아 외환위기

00년대 외환위기, IT버블 붕괴 후,
위기 극복을 위해
통화공급량을 늘려서 약달러 추세

2008 미국위기와
2010 유럽위기와
양적완화로 약달러 지지선 이탈

2012~2013년
미국 경제회복 시작

2014~2015년
양적완화효과 중지
기축금리인상 시작

강달러
시작

약달러

약달러

약달러

약달러 지지선(추정)

2012~2016년, 미국 경제회복기

레이건 재임 기간: 1981. 1~1989. 1   클린턴 재임 기간: 1993. 1~2001. 1

1971   1980   1989   1998   2007   2016

180
160
140
120
100
80
60

출처: www.tradingeconomics.com

게 확산했다. 그러자 미국의 제임스 베이커 재무장관은 일본을 향해 금리 인하를 압박했다. 일본이 금리를 낮추면 투자자들이 금리가 낮은 일본 엔화를 빌려 상대적으로 금리가 높은 미국의 주식과 부동산 시장에 투자하는 순환고리를 만들 수 있기 때문이었다. 일본으로서는 손해가 뻔히 보이는 거래였지만, 최대의 수출 시장이자 기축통화국인 미국의 심기를 건드릴 수 없었다. 미국의 요구를 들어주는 대신 수출 시장에 대한 지속적인 보장을 받는 것이 낫다고 판단했다. 그리고 환율과 금리 변동 때문에 발생하는 문제는 기술 개발이나 원가 절감을 통해 충분히 해결할 수 있다고 믿었다. 당시 나카소네 야스히로 총리는 엔화 금리를 2.5%까지 인하했다. 엔화가 평가절상되고, 전격적으로 금리를 낮추면서 일본 기업의 수출 경쟁력이 약화됐다. 반면에 엔화 가치가 올라서 일본 기업과 투자은행들은 막대한 보유 자금으로 미국의 국채나 부동산, 주식, 기업을 더 많이 사들였다. 원자재 수입 물가도 크게 하락했다.

통화전쟁으로 일본 경제가 치러야 할 부작용은 예상보다 컸다. 낮은 금리에 대규모로 풀린 자금이 일본의 증시와 부동산으로 흘러들어가서 자산 시장에 대형 거품을 만들어내기 시작했다. 일본 기업들도 저금리로 대출받은 돈을 기술 개발이나 신사업에 투자하는 대신 자산 시장에서 단기적인 투자수익을 올려서 수출 감소로 인한 손해를 만회하려는 유혹에 빠졌다. 일본의 대출 규모는 1980년대 초에 GDP 대비 50% 수준이었는데 1980년대 말에는 GDP와 거의 비슷한 수준까지 증가했다. 일본의 닛케이주가지수는 1985년에 13,000대였으나 버블의 절정인 1989년 12월에는 38,000대까지 올라서 세계에서 시가 총액이 가장 큰 거래소가 되었다.(이후 닛케이지수가 폭락해서 1991년 이후 다시 2,1000대를 회복하는 데 27년이 걸렸다) 일본 부동산 시장의 시가 총액도 아메리카 대륙을 몇 번 사고도 남을 정도로 폭등했다. 일본의 외화 자산은 1985년 플라자 합의 이후 2년 만에 2배나 증가했다. 숫자 놀음과 자산 버블 덕분에 일본의 1인당 GDP가 1986년 1만 6,704달러에서 1995년 4만 2,336달러로 급격히 상승했다.

일본 은행들의 수익도 커져서 1988년에는 일본 단기 대출 시장이 세계에서 가장 규모가 큰 시장이 되었으며, 세계 10위권 은행 순위를 일본 은행들이 독차지했다. 일본 은행과 기업의 미국 투자 열풍은 더욱더 가속화되었다. 1989년 소니는 컬럼비아 영화사를 34억 달러에 인수했고, 미쓰비시는 록펠러센터를 14억 달러에 매입하는 등 일본이 미국에서 매입한 부동산 자산만 5,589억 1,600만 달러에 달했다. LA 번화가 부동산의 절반을 일본인들이 사들였고, 하와이 투자의 96%를 일본이 휩쓸었다. 1980년대 말에는 미국 부동산의 10%를 일본인들이 구입했다.[5] 일본 기업들에도 M&A 열풍이 불어서 1985~1990년에 21개의 외국 대기업을 인수합병했다.

플라자 합의 이후 수출 경쟁력이 조금 떨어졌지만, 내수 시장이 더 커지면서 일본은 더 잘살게 된 것처럼 보였다. 그리고 미국도 경제회복의 가닥을 잡아갔다. 여기까지만 보면, 플라자 합의는 미국이 일본을 죽이기 위해 벌인 통화전쟁이 아니라, 미국과 일본이 동시에 이득을 보는 묘안처럼 보였다. 미국은 오랫동안의 경제 침체에서 벗어나서 제조업을 회복시킬 수 있는 활로를 열었고, 일본은 국제 언론들로부터 '전 세계의 경제회복을 주도하는 나라'라는 평가를 받았다.

일본을 주저앉힌
통화전쟁의 결말

그러나 통화전쟁이 미국과 일본 모두 만족하는 아름다운 윈윈 게임처럼 보일 때, 미국은 일본 경제를 일순간에 무너뜨릴 '트로이의 목마'를 일본 시장에 들였다. 목마 안에는 금융 시장의 개방 흐름을 노린 '금융전쟁'의 용병이 숨어 있었다.

미국의 금융 자본가들은 주가지수선물Stock market Index Futures을 이용해 금융 핵폭탄을 만들었다. 그리고 1990년 1월 12일 일본의 심장부인 도쿄에 투하했다. 주가지수선물은 보통 한 나라의 주식 시장을 대표하는 종목들로 구성한 주가지수를 3~6개월 뒤의 가격을 예측해서 거래하는 금융 상품이다. 일정한 기준일을 정해 거래를 정산하기 때문에, 선물 투자는 예측이 맞으면 큰돈을 벌 수 있지만, 거꾸로 예측이 크게 빗나가면 파멸적인 손실을 볼 수도 있다. 미국과 영국의 금융 자본은 통화전쟁으로 정신이 혼미해진 일본을 향해 선물의 투기적 속성을 이용해서 일본 주식 시장을 공격하여 한방에 무너뜨릴 전략을 세웠다.

1987~1989년 사이에 일본은 수출이 위축되었지만, 자산 버블과 환율 효과로 부의 증식에 대한 최고의 자신감을 가지고 있었다. 당시에 일본인들은 주식과 부동산의 치솟는 가격은 버블이 아니라 탄탄한 일본 경제의 힘에 의해 뒷받침되는 견고한 성장 추세라고 확신하고 있었다. 이런 착각 때문에 자산 시장의 급격한 추락이나 일본 경제의 붕괴는 상상조차 할 수 없었다.[6]

일본의 자신감이 극에 달해 있을 때, 모건스탠리와 살로몬브라더스 같은 투자은행들이 '주가지수 풋 옵션Stock Index Put Option'을 이용한 신상품을 들고 일본 투자자를 찾아왔다(주가지수선물 옵션'은 주가지수선물을 미래의 일정 시점에 미리 정한 가격으로 사거나 팔 수 있는 권리를 매매하는 상품이다. 주가지수를 살 수 있는 권리를 콜 옵션, 팔 수 있는 권리를 풋 옵션이라고 한다).

일본 투자자들은 미국의 투자은행들이 들고 온 신상품에 큰 관심을 보였다. 그들이 들고 온 것은 전도유망한(?) 일본 증시가 폭락한다는 데 거액을 베팅하는 상품이었다. 그 상품을 사면 닛케이 주가지수가 상승하면 상승하는 만큼 미국 투자자들로부터 수익을 취할 수 있다. 물론 반대로 닛케이지수가 하락하면 일본 투자자들이 그만큼 미국 투자자들에게 돈을 주어야 한다는 조건이 붙어 있었지만, 일본인들의 눈에는 보이지도 않았다. 정신 나간(?) 미국의 투자은행이 들고 온 '주가지수 풋 옵션'을 이용한 상품은 날개 돋친 듯 팔려 나갔다.

1989년 12월 29일 닛케이지수가 38,915를 돌파하면서 미국과 영국의 투자은행이 큰 손해를 보는 듯했다. 그러나 1990년 1월 12일 미국에서 투자은행들이 준비한 행동을 개시했다. 갑자기 미국 주식거래소에서 '닛케이지수 풋 워런트NPWs, Nikkei Put Warrants'라는 새로운 금융 상품이 등장했다. 일본에서 대량의 닛케이지수 선물을 팔아 치운 모건스탠리, 골드만삭스 등 투자은행들이 일본 투자자들에게 산 옵션을 덴마크의 투자자들에게 팔았다. 덴마크에서는 닛케이지수가 하락하면 수익을 주기로 약속하고 이 옵션을 NPWs의 구매자에게 팔았다.[7]

일본에서는 닛케이지수가 상승하면 일본 투자자들이 큰돈을 버는 금융상품이 날개 돋친 듯 팔려나갔고, 미국에서는 닛케이지수가 폭락하면 큰돈을 버는 '닛케이지수 풋 워런트'가 날개 돋친 듯 팔려나갔다. 미국 투자자들은 양쪽에 전부 상품을 팔아서 막대한 수수료를 챙겼다. 그리고 NPWs가 인기를 끈 지 한 달 만에 일본 증시가 완전히 붕괴했다. 이쯤에서 조지 소로스의 말을 되짚어볼 필요가 있다.

"나는 금융 시장에서 통용되는 규칙에 따라 투기 행위를 했을 뿐이다…… 나는 금융 시장의 합법적인 참여자다. 도덕적인 기준으로 내 행동을 평가하지 말라. 이는 도덕과는 별개의 문제다"[8]

오랫동안 저금리를 바탕으로 대출된 엄청난 돈이 주식 시장으로 유입되면서 1985부터 5년 동안 4배나 급등하며 4만 포인트 가까이까지 올랐던 닛케이지수가 1992년에 1만 5,000포인트까지 폭락했다. 일본의 대형 은행을 포함한 기관 투자가들마저 자본금의 몇 배에 달하는 손실을 보면서 힘없이 무너졌다. 1995년에 일본 정부는 은행업의 불량자산이 50조 엔을 넘었다고 발표했다.

닛케이지수 및 닛케이지수 선물 추세

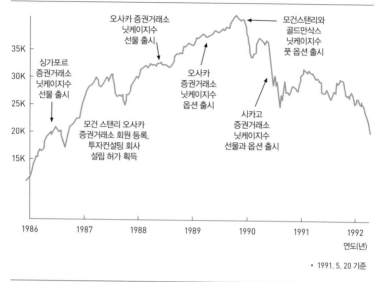

출처: 량셴핑, 『중미전쟁』, 홍순도 옮김, 비아북, 2010, 113

일본의 주식 시장이 무너지자 부동산 시장도 함께 붕괴하기 시작했다. 1985년 이후 51개월 연속 상승했던 부동산 가격은 1991년을 정점으로 13년 동안 계속 하락했다. 주택은 60%, 상업용 부동산은 87%나 폭락했다. 위기가 지속되면서 중앙은행이 기준금리를 계속 낮추었지만, 시장금리는 반대로 폭등했다. 1997년에는 중앙은행이 기준금리를 제로 근처까지 내렸지만 콜금리가 20%를 넘어서기도 했다. 1996년까지 주식 시장과 부동산 시장에서 무려 6조 달러의 손실이 났고, 연평균 14,000개의 기업이 파산했다. 일본 전체로는 당시의 재산 손실의 규모가 2차 세계대전 때 발생한 재산 손실과 맞먹는 수준에 이르렀다.[9]

전 세계 10대 은행 목록을 모조리 점령했던 일본 은행들은 단 하나만 남기고 전부 퇴출당했다. 일본이 사들인 미국의 부동산과 기업들도 거의 다 헐값으로 되팔아야 했다. 자산 폭락, 엔고, 수출 경쟁력 하락 등으로 일본의 기업들이 생존을 위해 해외로 공장을 이전하면서 산업 공동화 현상이 발생했다. 1985년 3%에 불과했던 일본 기업의 해외생산 비중은 1999년에는 14%까지 증가했다. 일본 정부는 무너지는 경제와 기업을 살리기 위해 필사적인 노력을 했다. 열 차례에 거쳐서 총 130조 엔(1조 4,000억 달러)의 자금을 퍼붓고, 엔의 평가절상을 막기 위해 2007년 한 해에만 무려 7조 6,000억 엔을 시장에 풀어 환율을 방어했다. 무너지는 건설업을 살리기 위해 사람이 살지도 않는 곳에 도로와 철도를 깔고 바다를 매립해서 토지를 만들었다. 그러나 통화전쟁에서 패한 일본의 경제가 잃어버린 20년이라는 깊은 수렁에 빠져드는 것을 막을 수 없었다.

미국이 중국을 상대로 3차 통화전쟁을 시작했다. 중국이 일본처럼 환율전쟁에서 패한다면 번영의 시대가 막을 내릴 가능성이 커진다.

통화전쟁의 첨병,
핫머니의 전술

글로벌 유동성이 커질수록 통화전쟁은 더욱 치열해진다.[10] 환율의 영향력과 위험 가능성 때문에 각 정부는 자국의 이익을 늘리기 위해 정책적으로 끊임없이 환율 조작(통화 가치 조작)을 시도한다. 핫머니들은 중앙은행이 통제하는 통화량과 이자율의 차이를 지렛대로 활용하여 클릭 한 번으로 빛의 속도로 자본을 이동시키면서 전 세계의 금융 시장을 움직인다. 이들의 사업 전략은 알면서도 막지 못한다. 현실적으로 각국 정부와 중앙은행, IMF는 이런 투기 세력을 통제하기 어렵다.

1992년에 조지 소로스는 "파운드화가 말라리아에 걸렸다"며 파운드화 약세에 베팅하는 공격에 나섰다. "파운드화 평가절하는 영국의 장래에 대한 배신 행위"라는 메이저 총리의 호언장담이 무색하게도 영란

은행의 외환 보유액은 하루 만에 동이 났다. 파운드화는 20% 이상 평가절하되고, 소로스는 10억 달러의 투자 수익을 거뒀다.

조지 소로스는 2016년에 중국 위안화 공격을 시도했다. 2015년 8월에 중국이 위안화를 기습적으로 평가절하하고, 2016년 1월 중국 증시가 급락하자 소로스는 2016년 1월에 열린 다보스 포럼에서 "중국이 경착륙을 피하기 어려울 것"이라며 위안화의 추가 하락에 베팅하고 나섰다. 국제 투기 자본들이 그의 뒤를 따라서 위안화 추가 약세에 베팅하기 시작했다. 중국이 막대한 외환 보유액을 이용해 달러를 내다팔고 위안화를 사들이며 방어에 성공했으나 적지 않은 상처를 입었다. 당시 달러 대출을 금지하고, 위안화를 빌려 공매도하는 투기 세력을 막기 위해 홍콩 은행들 간의 오버나이트 단기금리Hibor(하이보)를 연 66.8%까지 폭등시키는 등의 극단적인 방법을 쓰기도 했다.

통화전쟁이 커지는 이유 중의 하나는 통화를 기반으로 한 파생 상품 때문이다. 수시로 벌어지는 통화전쟁 때문에 기업은 환 헷지를 할 수

달러 대비 위안화 가치 추세

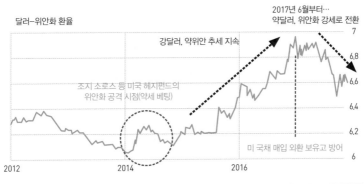

출처 : TRADINGECONOMICS.COM, OTC INTERBANK

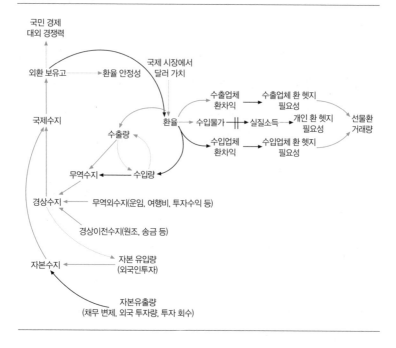

밖에 없다. 환율 위험에 적나라하게 노출된 수출 및 수입 기업은 다양한 파생 상품을 활용해서 환 헷지를 시도한다. 조선업체 같은 수출 기업의 선물환 매도가 외환 시장을 움직이는 아주 큰 힘으로 작용을 하는 이유다.[11] 이제 개인들도 선물이나 파생 상품에 투자해서 환 헷지를 시도한다. 선물환 거래량이 점점 늘어가는 요인이다. 선물환 거래란 약정한 기간 후에 약정한 환율로 거래하도록 하는 상품이다.

환율, 한국 금융위기 가능성을
알려주는 미래 징후

한국도 미국이 중국을 상대로 벌이는 통화전쟁에서 자유롭지 않다. 특히 가계 부채가 도화선이 되어 발생할 가능성이 점점 커지고 있는 '한국의 금융위기'는 통화전쟁과 밀접한 관련이 있다. 미 연준이 기준금리를 인상하는 상황에서 트럼프 행정부가 통화전쟁을 계속하면 원-달러 환율도 영향을 받는다. 많은 사람들이 "한국의 금융위기 발발 시점을 포착할 수 있는 미래 징후Futures Signlas가 무엇이 있나요?"라고 묻는다. 가장 중요한 것은 환율의 움직임이다. 단순히 환율이 얼마인지가 중요한 것이 아니다.

- 어떤 이유로, 어떤 힘으로 환율 움직임에 단계적 변화가 일어나는가?
- 통화전쟁이 진행되면서 환율에 단계적 변화가 일어날 때마다 국내에

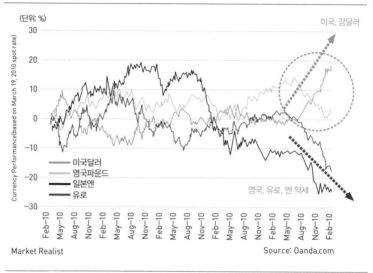

(단위: %)

Market Realist

Source: Oanda.com

출처: http://marketrealist.comm/2015/03/countries-enter-currency-wars/

어떤 손실이 발생하고 누적되는가?

• 통화전쟁이 다른 요소와 결합하면서 위기의 모습이 어떻게 변화되어 가는가?

이런 질문을 던질 때 환율은 한국 금융위기 가능성을 미리 포착하는 조기경보 사인Sign 혹은 미래 징후가 될 수 있다. 위 그림은 미국이 양적완화를 중단한 이후 달러가 강세로 돌아서자 영국의 파운드, 유로, 일본의 엔 등이 약세로 전환되는 것을 추세를 보여주는 그래프다.

이 그림에서 보듯이 미국 경제가 호전되면 달러의 강세 압력이 계속된다. 이 경우 상대국 통화가 약세로 전환해서 미국의 수출 기업에 부담이 커진다. 이는 트럼프의 대통령 재선에도 문제가 된다. 트럼프로서는 앞으로 미국 경제가 좋아지고, 연준이 긴축을 계속할 경우 발생할 달러 강세 압력을 누그러뜨려야 한다. 방법은 간단하다. 먼저 달러 약세를 선호한다는 발언을 통해 추가적인 달러 강세 심리가 시장에서 발생하지 않도록 단속한다. 그리고 중국이나 한국 등의 나라에 압력을 가해 상대국 통화 가치도 함께 상승시킴으로써 달러의 상대적 가치 상승을 막아서 미국 제조업의 수출을 보호하려 들 것이다. 즉, 트럼프가 통화전쟁을 당분간 계속할 것이라는 뜻이다.

트럼프의 통화전쟁이 한국에 미칠 영향의 1단계는 반복적인 원화 강세 압력이 지속된다는 점이다. 지속되는 원화 강세로 한국의 수출 기업은 조금씩 이익이 줄면서 눈에 띄지 않게 서서히 피해가 누적된다. 만약 반복적인 원화 강세가 오래 지속되면 외부에서 달러가 신규로 한국 시장에 진입하는 데는 부담이 된다. 반대로 이미 한국 내에 들어와 있는 외국 투자자는 한국 주식이나 채권 시장에서 원화로 투자한 것을 이익 실현한 다음 국내에서 달러로 바꿔서 대기하면 추가 이익을 볼 수 있다(예를 들어 1달러에 1,000원의 환율에 달러를 샀다가 1달러에 1,100원일 때 팔면 10%의 환차익을 거두게 된다. 이 1,100원의 원화 자금을 가지고 다시 1달러에 1,000원의 환율이 되었을 때 달러를 다시 사면 1.1달러가 되어 10%의 환차익을 거둘 수 있다). 한국 투자 시장에서 앞으로도 계속 수익을 얻을 가능성이 있다면 국내에 머물면서 원화와 달러 사이를 오가며 투자 수익을 극대화하는 전략을 구사할 것이다. 하지만 한국 투자 시장에서 이익보다는 리스크가 크다고 판단되는 '어느 때'가 오면 외국 투자자들은 거꾸로 원화 강세를 이용해서 자금을 달러로 바꾼 뒤 해외로 빠져나가게 된다. 시장에서 이렇게 빠져나가는 움직임이 있는지를 살펴야 한다.

2단계는 원화 강세가 지속되고 여기에 한국은행의 기준금리 인상이 결합하는 단계다. 반복적인 원화 강세로 수출 기업의 피해와 금융의 피로감이 누적되어 한국은행도 더 이상 버티지 못하고 외국 자본의 심리적 불안감이나 급격한 탈출을 막기 위해 국내 기준금리 인상에 속도를 낼 수밖에 없는 단계다. 이는 내수 시장 위축에도 불구하고 한국 경제를 지탱해온 수출 기업에 이중고가 된다. 한국의 수출 기업과 내수 기업 모두 이익이 감소하고 리스크가 커지는 국면에 진입하면 국내에 들어온 외국 자본이 투자 전략을 바꾸어야 할 압력을 받게 된다.

3단계는 수출 기업이 이중고에 시달리는 동안 가계 부채에 대한 금융 비용 부담이 증가하여 달러 유출량이 증가하는 단계다. 미국의 통화전쟁으로 원화 강세 압력이 큰 상태에서 달러 유출량이 평균치보다 늘게 되면 원-달러 환율의 변동폭이 커진다. 원화 강세도 수출 기업에게는 큰 부담이지만, 원-달러 환율의 변동폭이 커지는 것은 원화 강세보다 더 나쁘다. 한국은 외환 시장의 변동성이 커지면 커질수록 주가, 채권, 부동산 등의 자산 시장에도 변동성이 커지고 불확실성이 증가하기 때문에 한순간에 큰 위기로 확대될 수 있다.

이런 예측 시나리오가 현실화될 가능성이 크기 때문에 한국도 미국이 벌이는 통화전쟁에서 절대로 자유롭지 않다. 통화 가치(환율)의 문제는 경제와 금융의 흐름을 좌우하는 전략적 요충지다.

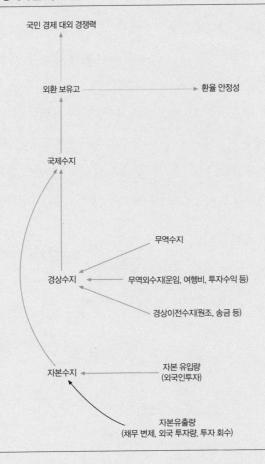

국민 경제 대외 경쟁력

외환 보유고 → 환율 안정성

국제수지

무역수지

경상수지 ← 무역외수지(운임, 여행비, 투자수익 등)

경상이전수지(원조, 송금 등)

자본수지 ← 자본 유입량
(외국인투자)

자본유출량
(채무 변제, 외국 투자량, 투자 회수)

수출이 줄고 투자 이익이 낮아지거나 투자 리스크가 커지면서
정부나 기업의 적자 규모는 커져서 해외 차입 자금 규모가 커지는
상황에서 미래의 어느 시점에 금리가 높아질 것으로 예측되면 이

자 지급과 원금 분할 상환에 대한 의심이 싹트기 시작한다. 의심이 불신으로 심화되면 금융 시장에서 원금 상환은 늘어나고 신규 차입이 이자 지급액분보다 적을 정도로 자본 유입이 감소하는 상황이 벌어질 수 있다. 먼저 투자 시장이 바로 타격을 입는다. 그 다음으로는 외환 보유액의 변화에서 시작된 국가 차원의 위기지수가 높아진다. 최소 외환 보유액의 규모인 3개월분의 수입액, 1년 이내에 외국에 갚아야 할 단기 외채, 금융 시장에 혼란이 올 경우 외국인 자본들이 갑자기 빠져나갈 때 이에 대응할 정도의 규모의 달

한국경제의 급소, 환율 3

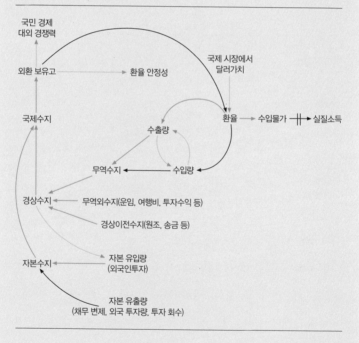

러를 유지해야 하는 압력이 발생한다. 외환 보유액의 규모와 상관없이 압력이 발생했다는 사실만으로도 심리적 동요가 금융과 외환 시장에 영향을 미친다. 환율 변동성의 폭과 횟수가 커진다. 이런 상황에서 채무국가들이 '아주 일시적'으로 신규 대출을 전격 중단하면 충격은 배가 된다. 외환 보유액이 충분치 않으면 해당 국가의 채무 불이행 사태 가능성이 대두한다. 환율이 급격히 상승하고 수입 물가의 상승을 촉진하여 국내 경제 환경을 더욱 악화시킨다. 1997년에 한국이 겪은 외환위기 때의 모습이 바로 그랬다.

(화살표의 방향은 영향을 주는 방향 / 주황색 화살표는 '같은 방향'. 즉, 증가에서 증가로, 혹은 감소에서 감소로의 변화 / 검은색 화살표는 '반대 방향'. 즉, 증가에서 감소로, 혹은 감소에서 증가로의 변화 / 화살표의 굵기는 영향을 주는 힘의 크기 / 화살표의 중간에 그어진 이중선은 '지연 Delay' / 화살표가 연결되어서 '순환feedback'하는 부분에 더 집중하라.)

한국은 대외 의존도가 높고 자본 시장 개방성이 높기 때문에 환율이 경기의 향방을 가른 경우가 허다했다. 2008년 이후에도 이명박 정부 내내 환율과 수출증가율, 경기성장률이 서로 매우 밀접하게 움직였다.[12] 이런 이유들 때문에 한국은 미국의 통화전쟁에 경각심을 늦추면 안 된다.

원-달러 환율의
미래 예측

　　물론 한 나라의 경제를 움직이는 핵심 요인은 환
율이나 핫머니가 아니라 기업 경쟁력이다.[13] 그러나 한 나라의 수출 품
목이 글로벌 시장에서 원가 경쟁을 해야 하는 상황에 접어들었다면 통
화전쟁은 기업 경쟁력에 사활을 좌우하는 영향을 줄 수 있다. 한국에
서 내수 시장 규모로 100조 원이 넘는 산업은 건설, 석유화학, 철강금
속, 전기전자, 유통, 금융의 여섯 가지다. 또한 수출 규모로 30조 원이
넘는 산업은 전기전자, 석유화학, 자동차, 철강금속, 해운물류, 건설 여
섯 가지다. 근본적으로 한국 경제는 이들 주력 산업의 글로벌 경쟁력에
달려 있다. 그런데 경쟁력에 영향을 미치는 한 가지 변수의 가중치가 점
점 커지고 있다. 한국의 거의 모든 수출 품목이 원가 경쟁의 시대에 접
어들었기 때문에 환율과 유가의 움직임이 매우 중요해졌다.

원-달러 환율 변화 예측 시나리오: 예시 ①

2015. 12 기준금리 인상

2016. 2. 25 최고 1,241원

기준금리 인상 가능성 부각 구간대 1,190원대

기준금리 인상 가능성 있을 때 유효지점 1,130원대

기준금리 인상 가능성 없을 때 유효지점 1,100원대

최저 1,007.00(7. 4)

(원/달러)
1,230.00
1,170.00
1,110.00
1,050.00
990.00

2011. 11   2013. 1   2014. 1   2015. 1   2016. 1

출처: 네이버금융

환율의 단기적 미래는 어떤 방향으로 움직일 확률적 가능성이 클까? 통화전쟁의 추이를 기반으로 한국 기업의 글로벌 경쟁력과 국내 금융의 상태를 분석하면 정확한 원-달러 가격을 맞출 수는 없지만, 흐름의 변화를 확률적으로 생각해볼 수 있다.

전문가들의 분석에 따르면, 미국의 기준금리 인상 가능성이 부각됐던 2015년 6월부터 2016년 2월 사이에 한국의 채권과 주식 시장에서 약 30조 원의 외국인 자금이 이탈했다. 외국인 자금의 이탈은 원-달러 환율에 영향을 미친다. 위에 있는 그림 예시 ①은 2015년 12월 17일 미국 FRB가 첫 번째로 기준금리를 인상했을 때의 원-달러 환율의 변화를 보여준다.

뒤에 나오는 그림 예시 ②는 2016년 12월 두 번째 기준금리 인상을 했을 때의 원-달러 환율의 변화와 2017년의 기준금리 인상의 영향과 트럼프 행정부가 한국을 환율조작국 지정 카드로 압박을 했을 때의 원-달러 환율의 변동을 보여준다.

일련의 변화를 분석한 결과 필자는 몇 가지 중요한 '패턴 가능성'을

원-달러 환율 변화 예측 시나리오: 예시 ②

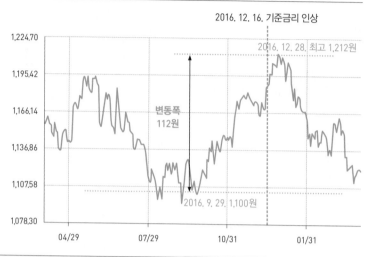

출처: 네이버금융

미국 기준금리 인상(강달러) 원-달러 변화: 환율조작국 지정 이슈 관련 추이

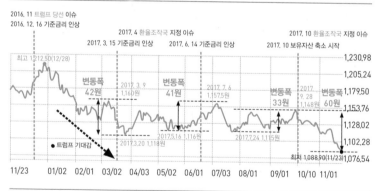

출처: 네이버금융

발견했다. 필자가 '패턴'이라 부르지 않고 '패턴 가능성'이라고 부른 것
은 근거가 되는 사례가 아직은 부족하기 때문이다.

첫 번째 패턴 가능성은 미국의 기준금리 인상을 전후한 원-달러 환율의 변동이 시작되는 시점과 마무리 시점 사이의 기간이 3~4개월 정도라는 점이다. 기준금리 인상 시점을 기준으로 시작점은 1.5~2개월 앞, 마무리 시점은 1.5~2개월 뒤다(참고로 여기서 소개하는 패턴이 매 기준금리 인상 시점마다 기계적으로 정확하게 움직이지는 않는다는 점을 기억하라). 2015년 12월 17일 첫 번째 기준금리 인상 때의 원-달러 환율의 움직임을 보자. 12월 17일에 기준금리를 인상하기 전 약 1.5개월 전후의 단기 바닥권에서 출발해 몇 번의 조정기를 거치면서 1190원대까지 상승했다. 그리고 기준금리 인상일로부터 2개월 정도 지난 2016년 2월 25일에 1,241원의 최고점을 기록했다. 이처럼 원-달러 환율의 최고점은 미국의 기준금리 인상 당일이 아니라 인상 뒤 몇 번의 조정을 받으면서 조금 더 상승하여 1.5~2개월 후에 기록했다. 그 이유는 몇 가지로 추정해볼 수 있다. 원-달러 환율이 하락할 경우 추가적 환차손을 우려한 외국인 자본의 계속되는 원화 매도, 미국 기준금리 인상으로 한국 기업의 수익률이 떨어지고 한국 경제가 충격을 받을 것을 우려하는 외국인 자본 일부의 한국 주식 시장 이탈, 미국의 기준금리 인상으로 미국 시장의 투자 매력이 높아진 데 따른 미국 시장으로의 이동이 복합적으로 일어나면서 발생하는 결과인 듯하다.

2016년 12월의 두 번째 기준금리 인상 시에는 상승폭과 고점을 찍고 하락하는 시기에는 차이가 있었지만 움직이는 패턴은 비슷했다(참고로 2017년 중반부터 미국 연준이 매 3~4개월마다 연속적으로 기준금리를 인상한다면 움직이는 패턴은 비슷하더라도 원-달러 환율이 저점에서 고점으로 고점에서 다시 저점으로 이동하는 속도는 다소간 빨라질 가능성이 클 것으로 예측된다).

2017년은 금리 인상 외에 트럼프의 환율조작국 지정 압박이 더해지면서 이에 대응하는 세력의 힘이 반영되어 저점과 변동폭이 영향을 받았다. 평균 저점은 앞선 두 해보다 약간 상승했고, 변동폭은 33~60원 사이로 다소 줄었다.

두 번째 패턴 가능성은 원-달러 환율이 최고점에 도달한 후에는 반드시 다시 하락하여 기준금리 인상 전의 저점 가까이까지 하락한다는 점이다. 기준금리의 추가 인상이 예측되는 상황에서 전저점前低點보다 약간 높은 선에서 지지선이 만들어졌다. 이 패턴은 당분간 비슷하게 재현될 가능성이 크다.

세 번째 패턴 가능성은 한 번의 기준금리 인상 사이클 안에서 원-달러 환율의 변동폭은 (환율조작국 카드를 통한 압박이 없는 경우에) 최소 80원에서 최대 120원 사이라는 점이다. 하지만 환율조작국 압력이 더해질 경우 33~60원 사이로 변동폭이 줄어들었다. 트럼프가 중국을 향한 통화전쟁과 무역전쟁을 지속하는 동안에는 한국에 먼저 환율조작국 지정 카드로 압박하는 사례가 잦을 것으로 예측된다(미 연준이 3~4개월마다 연속적으로 기준금리를 인상하고, 인플레이션률이 높아지면 원-달러 환율이 움직이는 패턴은 비슷하더라도 변동폭은 단기적 이슈에 영향을 받으면서 달라질 것이다).

이런 패턴 가능성을 기반으로 지난 2010년 이후에 전개된 7차례의 환율 상승기에 나타난 외국인 투자자들의 움직임을 분석해보자. 매 시기마다 외국인 투자자들이 유가증권 시장에서 매도한 원화 규모는 평균 3조 8,000억 원 정도다. 원-달러 환율은 평균 8.8% 하락했다. 여기에 한국을 둘러싼 다음과 같은 주요한 미래 변수를 대입해야 한다.

- 2018~2020년에 트럼프가 이끄는 미국 경제가 호전 추세가 지속되어 인플레이션률이 올라가고 그에 따라 미국 시장에 대한 투자의 기대치가 상승한다.
- 유럽이 본격적으로 긴축에 들어가면서 인플레이션 상승에 대비하게 된다.
- 중국과의 경쟁에서 한국 수출 기업의 위기가 지속된다.
- 미국의 기준금리 인상과 저유가로 신흥국의 위기가 고조된다.
- 중국과 일본도 미국의 통화전쟁에 맞대응하는 상황이 지속된다.

한국의 환율 변동에 관해서 네 가지 시나리오를 생각할 수 있다.

시나리오 1. 40~60원 등락

통화전쟁의 일환인 환율조작국 지정 카드를 피하기 위해 한국 정부가 외환 시장에 인위적으로 개입하고, 미국 인플레이션률이 완만하게 상승하며, 미국의 연준이 주식과 부동산 등 자산 시장에서 버블 관리에 성공하여 기준금리 인상과 자산축소 속도가 점진적인 경우(a Plausible Future, 가장 높은 확률).

시나리오 2. 80~100원 등락

미국 인플레이션률이 완만하게 상승하고, 자산 버블의 관리에도 성공하지만, 국내에서 북핵 위기감이 증폭하여 외국 투자자에게 심리적 영향을 미치고, 중국과의 경쟁에서 수출 부진이 계속되는 경우(a Possible Future, 가능한 미래).

시나리오 3. 100원 이상 등락

미국에서 인플레이션율이 빠르게 증가하여 연준의 기준금리 인상과 자산 축소 속도가 증가하고, 유럽도 인플레이션율 상승에 적극적으로 대응하여 시장의 예상보다 빠르게 속도를 긴축으로 돌아서면서, 한국은행도 기준금리 인상 속도를 높여서 한국 가계 부채의 위기감이 증가할 경우(a Possible Future, 가능한 미래).

시나리오 4. 40원 미만 등락

예상 밖으로 미국의 근원물가가 하락하여 연준의 기준금리 인상과 자산 축소 속도가 늦춰질 경우(a Wildcard, 낮은 확률).

이 네 가지 시나리오가 우리가 눈여겨보아야 할 2018~2020년까지의 단기적 원-달러 환율의 미래다. 필자의 예측으로는 2018년에는 시나리오 1이 가장 많이 일어날 가능성이 크고, 한 번 정도는 시나리오 2가 펼쳐질 가능성도 대비해야 한다. 2019년에는 시나리오 1과 2 사이에서 원-달러 환율이 움직일 것으로 예측되지만, 간헐적으로 발생할 수 있는 시나리오 3에도 대비해야 한다. 2020년에는 시나리오 3에 대한 대비를 강화해야 한다.

3장

석유전쟁

Hegemonic War

에너지를 지배하는 자가
세계를 지배한다

          중국의 도전에 반격을 시작한 오바마 행정부는 통화전쟁에 이어 에너지전쟁의 칼을 빼들었다. 오바마 대통령은 수십 년 간 금지했던 원유 수출 금지령을 해제했다. 트럼프 행정부는 기후협약 탈퇴나 석유 산업 진흥을 위한 각종 규제 철폐와 지원, 에너지 인프라 투자 계획 발표 등으로 에너지전쟁에 기름을 부었다.

  오바마와 트럼프 행정부의 신에너지 전략은 제조업의 생산 원가를 낮추어 경쟁력을 회복하고, 미국 에너지 가격을 안정시켜 소비를 촉진하며, 국제 석유 시장에 대한 장악력을 유지하고, 국제 유가의 과도한 상승을 막아 수입 물가 부담을 낮춰주는 확실한 효과를 냈다. 더 나아가 미국이 세계 최고 석유 생산국으로 올라서고, 앞으로 석유와 천연가스가 미국 수출의 강력한 동력으로 자리잡을 수 있도록 했다. 한마디로 오바마가 꺼내든 에너지는 미국 제조업과 소비 시장을 비롯하여 경제 전반을 견고하게 만든 숨은 공신이라고 할 수 있다.

고비마다 에너지는 미국 경제를 살리거나 성장에 가속도를 붙인 동력이었다. 석유가 석탄을 누르고 에너지의 황제로 등극한 계기는 1차 세계대전이었다. 전쟁 초기에 영국 함대는 석탄을 연료로 사용했다. 당시 유럽의 해양 패권을 쥐고 있던 영국이기에 세계 곳곳에 석탄 보급기지를 두고 전쟁을 했다. 반면에 적군인 독일 함대는 석탄 보급기지가 부족했기 때문에 경유를 연료로 쓰는 함대로 대항했다. 같은 부피로 4배 이상의 동력을 내는 석유는 더 빨리 더 오래 항해할 수 있는 독일 함대의 장점이었다. 결국 영국 함대도 경유를 사용하는 엔진으로 교체할 수 밖에 없었다. 이렇게 되자 석유 확보가 전쟁의 승패에 중요한 요인이 되었다. 결국 전쟁의 판도는 풍부한 유전을 보유한 미국이 이끄는 연합군으로 기울게 되었다.[1]

석유는 미국을 2차례의 세계대전에서 승리한 힘의 원천이었고, 동시에 미국을 2차 산업혁명의 선도국가로 만들어준 원동력이었다. 석탄에서 석유로 에너지가 전환하면서 가솔린 등 내연기관 발명과 혁신이 일어나 운송 분야에서도 큰 변화가 일어났다. 미국은 강력한 에너지 역량을 기반으로 자동차 산업을 세계 최고 수준으로 성장시켰다. 석유에서 뽑아낸 플라스틱, 나일론 등의 화학 제품으로 제품의 혁신을 이끌었고, 석탄보다 강력한 동력을 내는 석유로 화력발전소를 가동해서 전기혁명을 일으켰다.

이처럼 에너지는 국가 발전의 핵심 동력이기 때문에 경제전쟁에서 빼놓을 수 없는 다툼의 영역이다. 다툼의 대상이기 때문에 에너지 산업은 단순한 상거래를 넘어서 국가의 운명을 걸고 벌이는 치열한 전쟁과 같은 속성을 가진다.

현재 벌어지고 있는 석유전쟁은 역사상 4번째 다툼이다. 1차 석유전쟁은 19세기 말에 석유왕으로 불렸던 존 록펠러가 미국의 석유 시장을 장악하기 위해 벌였다. 록펠러는 막대한 자본을 가지고 인위적으로 가격을 후려쳐 석유 개발, 정제, 운송, 송유시설 등 에너지를 둘러싼 시장의 90%를 독점하면서 승자가 되었다. 1차 석유전쟁은 저유가 전쟁이고, 미국 내에서 벌어진 내전이었다.

1차 석유전쟁에서 승리한 록펠러의 약탈적 독점은 그리 오래가지 못했다. 티오도어 루스벨트 대통령이 반독점법을 만들어서 1911년에 록펠러의 스탠더드 오일을 36개의 독립회사로 해체했다. 하지만 록펠러의 영향력은 쉽게 사라지지 않았다. 강제로 분해된 스탠더드 오일은 '세븐 시스터즈Seven Sisters'라고 불린 7개의 석유회사로 화려하게 부활했다. 뉴저지 스탠다드 오일, 뉴욕 스탠다드 오일, 캘리포니아 스탠다드 오일, 텍사코, 걸프오일, 브리티시 페트롤리엄, 로열더치셸, 이 7공주는 반독점법 시행 이후에도 겉으로는 따로, 속으로는 한 몸처럼 움직이는 강력한 카르텔을 형성했다.

이들이 다시 한번 저유가 전쟁을 일으키는데, 이것이 2차 석유전쟁이다. 1차 석유전쟁이 미국 내 석유 권력 간의 싸움이었다면, 2차 석유전쟁은 석탄과 석유의 에너지 주도권을 결정하는 승부였다. 세븐 시스터즈는 저유가 전쟁을 벌여 석유를 에너지 시장의 1위 자리에 올려놓았다. 1950년에 10%에 불과했던 석유 의존도는 1965년에 45%로 뛰어올랐다. 석탄과의 전쟁에서 승리한 세븐 시스터즈는 여세를 몰아 중동까지 진출하여 글로벌 석유 시장을 장악했다. 도전 상대가 나타나면 막대한 물량을 쏟아내 석유 가격을 3달러(현재 가치로 20달러)까지 떨어뜨려 무너뜨렸다.

3차 석유전쟁은 2차 석유전쟁의 결과에 대한 중동 국가들의 반발로 일어났다. 석유의 가치에 대해서 잘 모를 때 세븐 시스터즈에게 석유 개발을 맡겼던 중동 국가들은 이익의 절반을 빼앗겼다. 그들은 석유 가격이 폭락하자 불만을 갖기 시작했다. 1960년 9월, 이라크 바그다드에 모인 중동 국가들은 자신의 이익을 대변하는 조직을 만든다. 석유수출국기구OPEC의 탄생이다

시간이 지나면서 OPEC에 남미 등 다른 산유국도 동참하면서 석유를 둘러싸고 미국과 OPEC의 2강이 다투는 새로운 대결 구도가 형성되었다. 다시 한번 석유전쟁이 벌어질 수 밖에 없었다. 1973년 10월 4차 중동전쟁이 터지자 아랍 산유국들은 미국과 이스라엘, 이들을 지원하는 나라에 대한 석유 수출을 금지하고 산유량을 매월 5%씩 줄이며 공급 가격을 올렸다. 1973년의 1차 오일 쇼크였다. 당시 미국은 자국 내 원유 생산량은 줄고 석유 수요는 증가해서 충격이 컸다. 원유 가격은 1973년 10월의 배럴당 3달러 수준에서 1974년 1월에는 11.6달러까지 4배 가까이 급등했다. 그 후 1978년에 이란에서 혁명이 발발했다. 혁명 기간에 유전에서 파업이 일어나면서 하루 560만 배럴을 공급하던 이란의 석유 수출이 전면 중단되자 1979년 2차 오일 쇼크가 세계를 덮쳤다. 원유 가격은 30달러까지 치솟았다.[2] 현재 가치로 환산하면 150~200달러 수준이다. 1, 2차 석유전쟁이 저유가 전쟁이었다면, 3차 석유전쟁은 반대로 미국과 OPEC 사이에서 벌어진 고유가 전쟁이었다.

4차 석유전쟁은 2008년 미국발 금융위기로 인해 발발했다. 두 번의 오일 쇼크가 발생하자 세븐 시스터즈 등 글로벌 석유회사들은 신규 유전 개발에 박차를 가했다. 원유 생산량이 늘고 각 나라가 에너지 절감 기술을 개발하면서 수요가 정체하자 1980년대 후반부터 국제 유가가 하락하여 2000년대 초까지 저유가 시대에 들어섰다. 공급자의 힘은 약화되고 수요자의 힘이 커졌다.

그런데 2008년 미국발 금융위기가 발발하기 몇 년 전부터 20년간 유지해오던 장기 저유가 추세에 큰 변화가 일어나기 시작했다. 전 세계에 부동산과 주식 등 자산 버블이 일어나면서 소비가 부풀어 올랐다. 투자시장이 빠르게 끓어 오르면서 신흥국 경제성장의 상징으로 등장한 브릭스BRICS에도 거대한 거품이 부풀어 올랐다. 여기에 중국의 도시화가 가속화하면서 부동산 건설 붐이 일어 원유를 비롯한 자원 가격이 폭등했다. 국제 원유 가격은 한때 배럴당 150달러까지 치솟았다. 유가가 폭등하자 브라질과 베네수엘라 등 남미 등의 산유국이 자원민족주의로 돌아서면서 석유 시장에 뛰어들었다. 구소련 붕괴 이후 재기를 노리던 러시아도 시장에 복귀했다. 국제 석유 시장은 미국, OPEC, 러시아, 신흥국 등 4강 체제로 전환되었다.

기존의 절대강자였던 미국과 OPEC은 시장을 그대로 놔둘 수 없었다. 전 세계적으로 수요가 늘긴 했지만, 수요를 초과하는 공급과 투기 세력의 가세로 인해 석유전쟁의 재발은 필연적이었다. 때마침 2008년 미국발 금융위기가 발발하자 2008년 7월 3일 배럴당 145.29달러였던 서부텍사스산원유WTI가 불과 6개월도 못 가서 2008년 12월 12일 33.87달러로 폭락했다. 금융위기의 심각한 위험 국면이 진정되자

미국 셰일 가스 주요 생산지

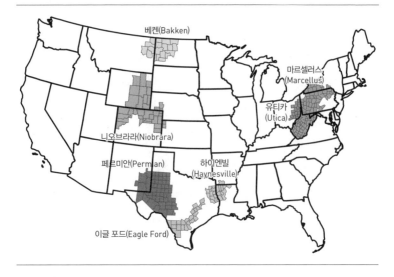

2011년에 배럴당 110달러선까지 회복했지만, 이제 미국과 OPEC이 공급량을 늘리며 본격적인 석유전쟁을 시작했다. 저유가 석유전쟁의 재현이었다.

2000년대 초 석유 가격이 천정부지로 치솟을 때 러시아와 신흥 산유국들은 자원민족주의를 앞세워 세븐 시스터즈 등 서구의 대형 석유개발 회사들을 쫓아내고, 자국에 매장된 원유를 담보로 무리하게 빚을 내서 석유 장사를 시작했다. 그 덕에 복지와 소비를 늘려 풍족함을 누리던 이들에게 위기가 닥쳤다. 러시아와 신흥 산유국이 보유한 유전은 대부분 해저 2킬로미터가 넘는 초심해 유전이거나, 상품성이 낮고 정제비용이 높아서 최소 배럴당 100달러를 받아야 수익성이 있다. 2014년부터 유가가 다시 폭락하여 배럴당 30달러 선까지 무너지자 신흥 산유국의 경제가 무너졌다.

여기까지가 4차 석유전쟁의 전반전이다. 전반전에 벌어진 대결 국면은 크게 두 가지 전선이 복잡하게 얽혀 있었다. 대결의 한 축은 미국과 OPEC의 수장인 사우디아라비아가 새로운 경쟁자로 부상한 러시아와 신흥 산유국을 시장에서 몰아내려는 저유가 전쟁이다. 다른 한 축은 사우디아라비아를 중심으로 한 전통 원유와 미국을 중심으로 한 새로운 원유(셰일 오일)의 대결이다.

셰일 에너지는 침몰 직전의 미국에게는 뜻하지 않은 엄청난 행운이었다. 2008년 금융위기가 미국을 강타할 당시에 미국은 원유 생산량마저 하루 500만 배럴로 줄어 1980년 이후 최저치를 기록하고 있었다. 금융위기에 에너지위기까지 겹쳐서 2008년에 미국은 건국 이래 최대의 위기에 내몰렸다. 이때 구세주처럼 등장한 것이 셰일 오일이었다. 수년 전부터 막대한 돈을 투자했던 셰일층에서 거짓말처럼 원유와 천연가스가 터져 나왔다. 참고로, 셰일은 미국 전역에 찾을 수 있지만, 지도에 표시된 7개 지역이 생산량의 92%를 차지한다.

오바마 행정부는 미국의 재기를 위해 셰일 에너지 생산량을 하루 200만 배럴로 늘렸다. 덕분에 강력한 구조조정에 내몰린 제조업체들이 생산비용을 절감할 수 있게 되었다. 경상수지도 개선되었다. 셰일 에너지의 폭발적 증산으로 미국 내에서 원유와 천연가스 생산이 급증하자 미국은 수십 년 동안 전략적으로 묶어 둔 원유 수출 규제를 풀고 잉여 공급량을 아시아와 유럽에 팔았다. 가격이 내려가도 미국은 공급량을 줄이지 않았다. 경쟁자인 사우디아라비아를 비롯한 OPEC도 자칫 시장 점유율을 잃을 위험 때문에 공급량을 줄이지 못했다.

이렇게 공급량은 느는데 수요는 거꾸로 움직였다. 세계 경제위기의 여파로 중국 등에서 수요가 급감했다. 또 시간이 갈수록 연료 효율이 개선되고 천연가스로 수요가 대체되며 석유 수요 자체가 줄었다. 결국 국제 유가는 폭락했다.[3]

소련을 격침시킨
20세기의 석유전쟁

뉴욕타임스 칼럼니스트이자 국제 문제 전문가인 토머스 L. 프리드먼은 『코드 그린』(2008, 21세기북스)이라는 책에서 에너지를 국제 정치에서 전략적으로 활용하고 있는 미국에 대한 흥미로운 이야기를 소개했다. 석유가 중국이나 테러 집단을 견제하는 미국의 강력한 무기가 될 것이라는 주장이다. 실제로 전쟁을 하지 않고도 경쟁국을 견제할 수 있는 무기로 석유를 사용한 사례도 있다. 2006년 초, 러시아의 푸틴 대통령은 우크라이나의 새 정부가 친미로 돌아서자 이를 위협하기 위해 중부유럽과 서유럽을 통하는 송유관을 폐쇄하고 천연가스 공급을 중단하는 전략을 사용했다.

러시아는 사우디아라비아 다음으로 석유 매장량이 많은 나라다. 1970년대 초, 러시아의 전신이었던 구소련은 극심한 경기 침체를 겪고 있었다. 1973년 10월 6일 욤키푸르전쟁(4차 중동전쟁)이라고 불리는 이스라엘과 아랍 연합군의 전쟁이 발발했다. 초반에는 아랍 연합군이 이스라엘군에게 치명적인 타격을 주며 선전했지만, 이스라엘의 극적인 반격이 성공하면서 미국과 소련 두 강대국의 중재로 1973년 10월 26일에 정전되었다. 하지만 이 전쟁은 1차 오일 쇼크를 불러왔다. 1971년부터 1973년까지 석유 자원을 국유화한 아랍의 주요 산유국들은 1973년 10월 16일 석유수출국기구OPEC 회의에서 원유 고시가격을 17% 인상한다고 발표했다. 다음 날에는 이스라엘이 아랍 점령 지역에서 철수하고 팔레스타인의 권리가 회복될 때까지 매월 원유 생산량을 전월 대비 5%씩 감산한다고 발표했다. 이스라엘과 미국에 대한 보복 카드로 일으킨 석유전쟁으로 원유 가격이 4배 폭등했다. 미국과 이스라엘은 물론이고 전 세계 경제가 한순간 쇼크에 빠졌다.

그러나 오일 쇼크가 반가운 나라가 한 곳 있었다. 극심한 경제위기에 빠져 있었던 구소련은 석유 가격 급등 덕에 경기 침체에서 빠져나올 수 있었다. 1970년대 후반과 1980년대 초반에 걸쳐 이어진 이란 혁명과 이란-이라크 전쟁으로 원유 가격이 추가로 2배 더 올랐다. 불과 10년 사이에 8배 급등한 셈이다.

그러나 소련 정부는 유가 급등 덕에 엄청나게 늘어난 국부를 밑 빠진 독에 물 붓듯이 자국의 비효율적인 산업을 보조하거나, 아프가니스탄을 침공하는 등 잘못된 정책에 소모했다. 지속 가능한 성장을 위한 경제개혁 조치는 계속해서 미루어졌고, 관료들의 부패가 심해지면서 빈부 격차는 극심해졌다.

석유 가격 상승으로 막대한 부를 쌓은 소련이 군비 경쟁에서 미국을 빠르게 추격하자, 미국의 레이건 정부는 1982년 11월 29일 구소련을 견제하기 위한 전략 문서인 「국가안보결정지침National Security Decision Directives, NSDD-66」에 서명했다(이 문서가 최근에 비밀 해제되면서 1980년대 초반에 시행된 소련에 대한 미국의 총성 없는 전쟁의 실체가 드러났다. 여기에 관한 논문들은 미국 헤리티지 재단 사이트 등에서 확인할 수 있다. 이 문서 외에도 NSC 68 등에도 소련을 해체하기 위해 왜 군비 경쟁이 필요한지가 잘 나타나 있다).[4] 문서에 실린 작전의 목적은 '소련이 생존하는 데 결정적인 요소를 공격함으로써 구소련 경제를 파탄시킨다'는 것이었다. 그중 하나가 구소련 경제의 생명줄인 석유를 이용한 공격이었다. 석유는 구소련 수출의 약 3분의 2를 차지하고 있었다. 레이건 정부는 당시 소련 경제의 최대 약점이 석유와 천연가스 수출에 대한 의존도가 너무 높은 데 있다고 분석했다. 미국의 석유전쟁이 성공해서 소련 경제가 붕괴되면 민심이 등을 돌리고 정치적 분쟁이 발발할 것이 분명했다. 이 점을 이용하면 핵전쟁을 하지 않고도 미국이 소련을 무너뜨릴 수 있다고 계산했다.

1983년 미국은 국제에너지기구를 통해 유럽 국가들이 구소련산 천연가스 구매를 줄이도록 압력을 행사했다. 또한 소련이 첨단 기술을 발판으로 군수 산업을 발전시키고 경제성장을 견인하는 것을 막기 위해 우방 국가들에 압력을 가해 대소련 기술 수출도 금지했다. 미국의 대소련 첨단 기술 제품의 수출도 1975년에 32.7%였는데 1983년에는 5.4%로 줄였다.

만반의 준비가 완료되자, 미국은 소련 석유 산업에 대한 공격을 시작했다. 미국 정부는 사우디아라비아와 손을 잡고 석유 공급량을 늘려서 가격을 폭락시켰다. 참고로 당시 사우디아라비아는 2차 석유전쟁 이후 미국에 대한 석유 금수 조치를 풀고 원유의 대금 결제를 달러로 한다는 '키신저-사우디 밀약'을 체결할 정도로 미국과 아주 가까워진 상태였다.

미국의 분석으로는 유가가 배럴당 1달러가 하락할 때마다 최소 연간 10억 달러 이상의 손실을 줄 수 있었다. 유가를 하락시키면 소련의 외환 보유액이 급감한다. 이때 미국과 동맹국의 언론들이 소련의 국가 채무상환 위험, 즉 소버린 리스크Sovereign Risk가 증가할 수 있다고 경고하는 지원사격을 해주면 구소련 경제에 일시적인 신용경색을 유발할 수 있다. 그 결과로 소련 경제의 미래에 불안을 느낀 다른 나라들이 구소련에 대한 여신 제공을 꺼리면 소련의 경제 전반이 큰 타격을 입을 것이라는 계산이었다.

미국은 당시 OPEC 생산량의 40%를 차지하고 있던 사우디아라비아와 국제 유가에 대한 전략적 제휴를 맺었다. 만약 사우디아라비아가 석유 가격을 하락시키는 데 기여해준다면 미국은 첨단 무기 등의 군사적 지원을 제공한다는 거래였다. 사우디아라비아로서도 미국의 권유에 따라 석유 가격을 하락시키면 유럽 국가들이 소련으로부터 수입하던 천연가스를 대신해서 자국의 석유 수입을 늘리게 될 것이므로 일방적으로 손해만 보는 것은 아니었다.

밀약에 따라 사우디아라비아는 전격적으로 석유 생산량을 4배나 늘렸다. 효과를 극대화하기 위해 미국도 전략적 비축유의 구매량을 하루 22만 배럴에서 14만 5,000배럴로 35%가량 줄였다. 서유럽과 일본 등에도 전략 비축유를 방출해서 유가 하락을 가속하도록 압력을 넣었다.[5] 유가는 배럴당 20달러 대로 떨어졌으며, 1986년 7월에 서부텍사스

원유 가격 추이

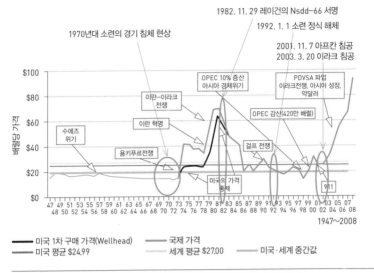

출처: WTRG Economics 1998~2008

산원유wTI는 10달러 수준으로 떨어지기까지 했다. 소련은 연간 200억 달러의 손해를 입었다.

소련 경제의 숨통을 틀어쥔 미국은 마지막 결정타를 준비했다. OECD 국가들에게 소련에 차관을 제공하지 못하도록 압력을 가했다. 그리고 달러화의 가치를 평가절하하여 소련이 벌어들인 달러의 실질 구매력을 하락시켜버렸다. 설상가상으로 소련은 미국과의 군비 경쟁 때문에 얼마 남지 않은 재원마저 국방비에 쏟아부어야 했다. 금을 팔아 겨우 목숨을 연명하던 소련은 더 이상 버티지 못하고, 1992년 1월 1일 해체되고 말았다.

경쟁자였던 미국과 서구 진영은 총 한 방 쏘지 않고 피 한 방울 흘리지 않고 소련을 무너뜨렸다. 미국과 미국의 글로벌 석유 회사들도 큰 상

처를 입었지만 치열한 대립이 이어지는 냉전 상태를 유지하는 데 들어
가는 비용과 비교하면 큰 손해가 아니었다. 이를 평가하며 2001년 중
국국방대학의 장루밍은 "앞으로의 전쟁에서 주로 사용될 것은 경제적
인 무기"라고 했다.

석유전쟁의
다음 표적은?

구소련이 해체된 후에도 유가는 한동안 배럴당 20달러대의 가격을 유지했다. 그런데 2000년대 초반 빠르게 성장하는 중국이 경제력을 바탕으로 이라크 등 중동 국가들과 협력하며 자원 확보에 나서고 미국에 대항하여 국제적 영향력을 넓혀가기 시작하면서, 유가는 다시 급등하기 시작했다.

원유 가격 상승으로 세계에서 가장 큰 타격을 입을 나라 가운데 하나가 바로 중국이다. 표면적으로는 2001년 11월 7일 미국의 아프가니스탄 침공, 2003년 3월 20일 이라크 침공 등이 원유 가격 상승의 시발점이 되었다. 그런데 2001년 이후 갑자기 '오일 피크Oil Peak설'이 터져 나왔다.

오일 피크 이론은 어떤 유전 안에서 채굴 가능한 매장량의 50%를 채굴한 시점을 정점으로 그 후부터 산출 가능한 원유량이 감소할 수밖에 없다는 이론이다. 이 이론은 1956년 M. K. 허버트가 처음 주장했다. 허버트는 1970년경에 미국의 오일 피크 현상이 발발하리라 예측했다. 이미 최초의 예측 시기는 훨씬 전에 지나갔다. 그러면 과연 언제쯤 지구상에서 인류 문명을 지탱할 수 없을 정도로 석유가 부족한 상황이 발생할 것일까?

아직도 아시아, 아프리카, 남극과 북극을 포함한 바다 등의 광대한 지역에서는 석유 탐사가 전혀 이루어지지 않았다. 또한, 석유가 발굴된 지역이라도 현재 공법으로 유전에서 채취할 수 있는 원유는 매장량의 평균 30%밖에 되지 않는다. 나머지 70%의 매장량에 대해서 수압 파쇄 공법이나 수평 시추 기술 등의 신기술을 적용하면 아직도 많은 석유를 추가로 채취할 수 있다. 또한 캐나다만 하더라도 세계 최고의 석유 매장지로서 사우디아라비아 매장량의 3배나 되는 오일샌드가 있다. 오일샌드란 지표 가까이 분포하는 사암층에 있는 모래로, 중질유를 품고 있다. 매장량은 약 2조 배럴로, 그중 44%가 캐나다에, 50%가 베네수엘라에 있다.

여기에 품질이 낮은 중질유를 잘 가공만 해도 몇 조 배럴의 석유를 추가로 이용할 수 있다. 석유 회사들은 이런 가능성을 제외하더라도 현재의 기술만 사용해도 앞으로 추가로 발굴 가능한 매장량이 2조 2,000만 배럴에 달할 것으로 추정하고 있다. 여기에 이미 발굴 가능한 것으로 분석된 3조 배럴을 합하면 인류에게는 총 5조 2,000만 배럴의 가용 석유 자원이 있다. 참고로 인류는 지난 150년 동안 약 1조 배럴의 석유를 소비했다.

2000년대 초에 국제 정세의 불안, 투기, 오일 피크설 등이 결합하면서 불과 7~8년 만에 원유 가격이 7배 이상 폭등했다. 2001년에서 2005년까지 전 세계의 실질적인 석유 소비량이 8%밖에 증가하지 않았다는 점을 고려하면 매우 비정상적인 변동이다. 가장 심한 타격을 입은 나라는 바로 중국이었다. 구소련은 석유 가격이 하락하면서 직격탄을 맞았지만, 중국은 반대로 석유 가격이 상승하면 직격탄을 맞는다. 미국도 휘발유 가격이 3배 오르면서 피해를 보고 있지만, 중국보다는 견뎌낼 힘이 더 크다. 미국과 중국의 원유 수입 비중은 60%대로 비슷한 상황이지만 원유 수입 비용의 GDP 대비 비중은 2배 넘게 차이가 난다. 또한 미국은 수입 석유가 대부분 개인과 기업의 수송 연료(산업용으로는 25%에 불과함)로 사용되기 때문에 연료비 상승의 충격을 국민에게 분산시킬 수 있다. 더욱이 샌드오일 덕에 미국은 이제 석유 수출국이 되었다.

중국은 2005년 기준으로 물건을 생산하고 공장을 돌리는 데 필요한 산업용으로 석유의 71%(수송 연료는 7%에 불과함)를 사용한다. 그러나 자국 정유사들의 석유 정제 기술 수준이 낮다. 이 때문에 중국 정부는 정유사와 기업의 파산을 막고 자동차업체와 소비자에게 직접적인 피해가 가는 것을 차단하는 데 필요한 막대한 보조금 지급에 수출로 벌어

국제 유가와 사우디아라비아 원유 생산량 추이

출처: www.wtrg.com

들인 외환 자금을 쓰고 있다. 고유가의 효과는 사우디아라비아, 러시아, 캐나다, 멕시코 등 미국의 우방들에는 강한 동맹을 지속시켜줄 수 있는 아주 멋진 선물이 되었다. 2007년 사우디아라비아가 석유 수출로 벌어들인 금액은 1,650억 달러(약 206조 원)에 달했다. 이는 사우디아라비아 정부 재정 수입의 75%에 이른다. 러시아도 2005년 1일 생산량 955만 1,000배럴로, 세계 생산량의 약 11.8%를 차지하고 있다.

미국은 고유가의 피해를 상쇄할 수 있지만, 중국에는 그럴 여지가 훨씬 적다. 중국의 자동차 판매량은 2010년 1,700만 대였으나, 2020년경에는 1억 3,000만 대의 자동차가 도로를 달릴 것으로 예측된다. 현재 중국 정부는 2000년부터 2030년까지 도시로 4억 명의 주민을 이주시키는 계획도 진행 중이다. 맥킨지글로벌연구소는 2003년부터 2020년까지 중국의 평균 주거면적이 50% 증가하고 에너지 수요는 매년 4.4%씩 증가할 것으로 예측했다. 이런 과정에서 중국은 많은 수의 빌딩을 새로 짓고 있는데, 에너지 효율은 독일 같은 선진국들과 비교하면 40% 수준에 불과하다. 또 중국의 제조업은 매년 공장 가동을 위해 엄청난 양의 에너지를 소비해야 한다. 중국은 2020년이면 매년 1억 1,500만 명이 해외로 휴가를 떠날 것으로 예측된다. 이는 항공 등의 분야에서 새로운 에너지 수요를 만들어낼 것이다.

앞으로가 더 문제다. 중국의 경제성장 속도가 빠르기 때문에 GDP 대비 석유 소비량 비율이 일본의 4배, 미국의 2배가 된다. 전문가들은 중국의 경제성장률이 지금 속도로 계속된다면 2020년에는 연간 5억 톤의 석유 소비가 예상되며 수입의존율은 60%에 이를 것으로 보고 있다. 중국으로서는 앞으로 생존을 위해서 극심한 에너지 쟁탈전을 벌여야만 한다. 중국은 오래전부터 저개발국을 대상으로 석유 탐사를 해왔고, 중국과 일본의 중간 수역인 동중국해, 남중국해 등을 분쟁 지역으로 만들어서 집요하게 압력을 가하고 있다. 또한 반미 국가인 수단, 예멘, 이란, 시리아 등과 손을 잡고 에너지를 확보하는 데 공을 들이고 있다. 과거 사담 후세인 시절에는 인민해방군을 유전 기술자들로 가장해서 이라크에 병력을 주둔하려는 시도까지 했을 정도다. 《포브스》와 《비즈니스위크》에서 활동했던 제임스 R. 노먼은 『오일 카드』(2009, AK)라는 자신의 저서에서 이렇게 평가했다.

부시 행정부의 이라크 침공은 중국이 이라크와 주종관계를 수립하는 것을 봉쇄했을 뿐 아니라 하루 300만 배럴의 원유가 시장에 나오는 것을 가로막았다. 이는 세계 잠재 생산량의 4%에 해당하는 것으로, 자칫 느슨해졌을 석유의 수요 공급 균형을 꽉 죄는 역할을 했고 국제 유가가 급상승하는 길을 열었다.

노먼은 유가 시장의 조작은 (노골적으로는 하지 않더라도) 넉넉한 자금, 앞선 정보력, 지정학적 영향력을 가지고 있는 세력들을 통해 얼마든지 가능하다고 주장한다.

고유가 전략은 중국을 견제하는 좋은 수단이긴 하지만 생각지 못한 곳에서 부작용이 생겼다. 원유 가격이 상승할수록 보수적인 이슬람 정부들의 부가 늘어난다. 정부는 그 돈을 이슬람 자선단체와 사원, 신학교, 개인들에게 나누어준다. 돈을 받은 자선단체와 사원 및 개인들은 그 돈의 일부를 다시 반미 테러단체에 기부한다. 유가 상승 덕에 이상한 고리가 만들어진 것이다. 고유가의 혜택은 미국의 우군에게만 전달되는 것이 아니라 적군에게도 전달된다. 알 카에다를 이끌었던 오사마 빈 라덴의 자금은 빈 라덴 가문이 운영하는 건설 회사에서 나왔는데 이 회사는 오일머니를 자금원으로 하는 정부와의 계약을 통해 돈을 벌어들였다.

빈 라덴은 무너졌지만, IS가 유전을 장악하면서 빠르게 성장하자, 미국의 입장에서는 중국에 대한 견제보다는 고유가 혜택이 반미 세력에게 돌아가는 것이 부담스러워졌다. 또한 석유 시장을 장악하고 있던 미국과 OPEC에 대항하여 신흥 산유국과 러시아가 자원민족주의를 외치며 경쟁자로 등장했다. 미국의 입장에서는 고유가 전략을 바꿔야 할 필요성이 생겼다. 상황도 2008년 금융위기로 국제 유가가 최고점에서 폭락했다. 대폭락 이후 다시 오른 국제 유가는 2014년 다시 폭락을 시작했다. 4차 석유전쟁이 시작된 것이다.

4차 석유전쟁,
미국의 계산

2015년 12월, 국제 유가가 14년 만에 처음으로 2년 연속 하락하면서 배럴당 30달러 선이 붕괴했다. 사우디아라비아 등 OPEC 국가들이 2014~2015년경 생산 손익분기점이 배럴당 70달러에 달했던 미국 셰일 오일을 붕괴시키기 위해 원유 가격 하락을 용인했기 때문이다. 국제 유가가 배럴당 30달러 미만으로 폭락하자 미국 에너지 회사가 200개 이상 파산했다. 그러나 OPEC 국가도 4,000억 달러 넘는 손실을 기록하며 재정 상태가 악화되었다. 재정 수입의 80% 이상을 차지하는 원유 가격 하락으로 사우디아라비아는 2014년에 재정 적자로 전환되고, 2015년에는 재정 적자 비율이 전년 대비 4배나 급증했다. 부도위험지수인 신용부도스와프CDS 프리미엄이 가파르게 상승했다 (부도 위험이 클수록 CDS 프리미엄이 높아진다). 2015년 12월 3일 기준 인도

네시아는 226.29bp, 사우디아라비아는 158bp, 바레인 350.80bp, 카타르 85.86bp, 아부다비 84.73bp로 사상 최고치를 경신했다. 베네수엘라는 4132.42bp로 가장 높았다. 미국과 사우디아라비아 양측의 충격이 동시에 커지자 두 나라는 2017년에 4차 석유전쟁의 전반전을 마무리하고 잠시 휴전에 들어간 상태다.

필자는 『최윤식의 퓨처 리포트Futures Report 2015』(2015, 지식노마드)에서 4차 석유전쟁의 전반기를 분석한 후 앞으로 전개 가능성을 예측했다. 요약하면 다음과 같다.

4차 석유전쟁은 러시아를 상대로 하는 미국의 공격과 미국의 셰일 업계를 겨냥한 사우디아라비아의 공격이라는 두 개의 전선이 겹쳐져 있다. 미국의 러시아 공격은 구소련 시대의 패권을 회복하려는 러시아를 무력화시켜서 팽창을 저지하고 나아가 중국과 손잡을 가능성을 차단하려는 목적을 가지고 있다.

사우디아라비아는 전 세계 경제위기와 대체 에너지의 부상으로 석유 수요가 감소하는 데 비해 공급량이 증가하는 국면에서 미국 셰일 가스와 셰일 오일 업계의 공격을 막아내고 에너지 자원의 주도권을 유지하려는 목적을 가지고 있다. 4차 석유전쟁의 전반부는 (휴전 시기를 포함해서) 2017년경까지 지속되며, 미국의 셰일 가스 업체가 타격을 받겠지만 살아남아서 전열을 재정비한 다음 다시 공격을 전개할 가능성이 크다.

그러나 한번 칼을 뺀 사우디아라비아는 어정쩡한 수준에서 석유전쟁을 마무리할 수는 없다. 사우디아라비아는 1980년대 북해 유전이 발견되었을 때 석유 공급량이 늘며 유가가 하락하자, 감산을 통해 가격을 끌어

올리려다 실패하고 재정 적자만 키웠던 아픈 역사적 경험을 가지고 있다. 당시 적자를 회복하는 데 16년이 걸렸고, 시장점유율도 잃었던 트라우마가 있다.[6] 이런 경험이 이번 4차 석유전쟁에도 영향을 미치고 있다. 참고로, OPEC은 글로벌 석유 시장의 40%를 차지하고 있으며, 사우디아라비아가 OPEC 총생산량의 3분의 1을 차지한다. 그리고 사우디아라비아는 중동 국가들의 맹주라는 국제정치적 위상도 유지해야 한다.

러시아를 무릎 꿇리기 위해서 미국은 석유전쟁을 당분간 계속할 가능성이 크다. 미국의 대러 전략 끝에는 궁극적으로 중국이 있기 때문이다. 중국에 힘을 보탤 가능성이 있는 러시아의 기세를 미리 꺾어놓은 다음에 중국을 상대로 본격적인 경제전쟁을 하겠다는 심산이다. 따라서 석유전쟁이 장기화되면서 중국과 러시아가 본격적으로 손을 잡고 대응에 나서는 것은 미국에게 가장 곤란한 시나리오가 될 수 있다.

일단 4차 석유전쟁의 전반부는 미국의 입장에서는 소기의 성과를 얻었다. 러시아를 견제하는 데 성공했고, 석유 시장에 진입한 개발도상산유국의 기세도 꺾어 놓았다.

4차 석유전쟁 전반기에는 미국의 셰일업계도 직격탄을 맞았다. 하지만 시간이 지나면서 셰일 에너지는 채굴 생산성을 획기적으로 높이는 수평 시추Horizontal Drilling 기술을 발전시키고, 모래와 화학 첨가물을 섞은 물을 강한 압력으로 분사하여 천연가스와 원유를 분리하는 수압파쇄Hydraulic Fracturing기술을 계속 혁신하며 채굴비용을 낮추어 빠르게 경쟁력을 회복했다. 전통적인 유전이 승인에서 시추까지 3~5년이 걸리는데 반해, 셰일 유전은 승인에 6개월, 시추에서 생산까지는 1~2개월밖에 걸리지 않는다. 치밀한 분석을 통해 경제성이 높은 유전인 스윗 스팟Sweet Spot을 찾아내는 확률도 높였다. 유가가 하락하면 멈췄다가 유가가 반등하면 곧바로 다시 시추할 수 있는 유연성도 갖추었다. 이런 특성을 활용하여 미국 셰일업계는 텍사스 주, 뉴멕시코 주의 셰일 유전을 중심으로 배럴당 30달러 선에서도 투자 수익이 나는 수준으로 비용 절감에 성공했다. 현재 셰일 오일은 미국 전체 원유 생산량의 60% 정도다.[7]

2015년에 미국은 40여 년 만에 원유 수출 금지 조치를 해제했다. 미국은 1975년 1차 오일 쇼크 이후로 자국 내에서 생산한 원유의 수출을 금지했다. 원유 자원을 전략적으로 보호하고, 국내 유가를 안정시키기 위해서였다. 그 이후로 미국은 자국 내 전체 생산량의 4%에 불과한 하루 40만 9,000 배럴을 수출했을 뿐이다. 예전부터 미국 석유업계와 공화당은 일자리 창출과 수출 증대를 명분으로 내세워 원유 수출을 허용하도록 민주당과 백악관을 압박했다. 민주당은 석유 수출로 인해 환경 문제가 악화된다는 명분으로 강하게 반대했다. 하지만 2015년 12월에 민주당과 공화당은 세출법안 협상 과정에서 재생에너지 세제 감면 혜택의 연장과 원유 수출을 주고받는 합의에 성공했다. 의회가 합의해도 거부권을 행사하겠다던 백악관도 한발 물러섰다.

원유 수출 재개는 국내적으로는 미국 셰일 오일 생산업체의 살 길을 터주어서 보수층의 표를 얻을 수 있고, 대외적으로는 전 세계 경제의 중동 원유에 대한 의존도를 낮춤으로써 미국의 셰일 가스, 캐나다의 샌드오일 등을 고사枯死시키려는 사우디아라비아 중심의 OPEC 전략을 무력화할 수 있는 방법이다. 나아가 반미 전선을 주장하는 러시

미국 원유 생산량 추세: 원유 생산량 점유율 1위(2014)

원유 가격 상승하면 원유 생산량(셰일 오일 포함)증가-OPEC 전략 차질(2차 석유전쟁)

출처: Thomson Reuters Datastream, 글로벌모니터(머니투데이. 2016. 12. 7)(좌),
www.tradingeconomics.com(우)

아, 베네수엘라, 남미와 중동 산유국들을 길들이기 쉬워지는 전략적 유익도 얻는다.[8] 뿐만 아니라 원유를 수출하여 달러를 벌어들이면 강달러로 인해 수출이 위축되는 것도 약간은 상쇄할 수 있어서 무역수지와 재정수지를 동시에 호전시킬 수 있는 카드가 된다. 결국 오바마 행정부는 석유 수출을 승인했다. 트럼프는 그 바통을 이어받은 것뿐이다.

앞으로 2~3년,
유가 예측

4차 석유전쟁 후반기로 접어드는 앞으로 2~3년 동안 국제 유가에 대한 시나리오를 점검해보자. 이를 위해서는 앞에서 설명한 내용에 추가로 고려해야 할 이슈가 있다. 하나는 달러 가치의 변화가 유가에 미치는 영향이다. 이는 통화전쟁과 연관해서 예측해보아야 한다. 지난 2016년초까지 전개된 유가 하락 배경에는 달러화 강세도 한몫했다. 반대로 2016년 중반부터 유가가 바닥을 치고 상승한 배경에는 달러화 약세가 있었다. 2016년 11월부터 한동안은 달러가 강세로 돌아섰음에도 유가가 하락하지 않는 시기도 있었다. 달러가 강세였지만 트럼프가 미국 대통령에 당선되면서 미국 경제가 호전되어 석유 수요가 증가할 것으로 판단한 시장의 이례적 반응 때문이었다. 하지만 잠깐의 예외적 시기를 지나자 곧 원유 가격과 달러화 가치 간의 상관관계가 다시 회복했다.

또 다른 요소가 있다. 2018~2020년까지 중동에서 벌어지는 빅 이슈 몇 가지도 함께 고려해야 한다. 현재 사우디아라비아는 젊은 왕세자 무함마드 빈 살만이 미국의 비호 속에 정적인 왕족들을 제압하고 권력을 잡았다. 하지만 아직 완전히 권력 투쟁이 끝난 것은 아니다. 극단적 테러집단인 IS 문제도 여전히 살아 있는 이슈다. IS가 시리아에서 근거지를 거의 잃어가고 있지만, 뿌리가 뽑히지는 않았다. IS는 시리아에서 철수하고 새로운 거점을 확보하기 위해 예전과는 다른 전략을 구사할 가능성이 크다. 단기적으로는 이라크와 리비아 선거도 중동 정세에 영향을 미친다. 친미 성향 정부가 실권할 경우에는 중동 내에서 이란의 영향력이 강화된다. 이란의 영향력이 강화되면 숙적인 사우디아라비아와의 긴장이 고조된다. 이럴 경우 트럼프가 사우디와 손을 잡고 이란을 다시 제재할 가능성이 크다. 예루살렘을 둘러싼 이스라엘과 팔레스타인, 이슬람 국가의 패권 전쟁도 지속된다.

이런 중동의 이슈들을 감안할 때, 앞으로 2~3년 동안 눈여겨봐야 할 국제 유가에 대한 시나리오는 네 가지로 정리할 수 있다.

시나리오 1. 배럴당 40~60 달러 박스권 유지

현재 추세가 유지되는 시나리오로 가장 확률이 높다(a Plausible Future, 가장 그럴듯한 미래).

시나리오 2. 배럴당 60~80 달러 박스권 진입

베네수엘라가 국가 부도를 선언하고, 중동 지역의 정치적 불안정성이 증가하여 국제 유가가 상승하면 미국을 비롯한 전 세계 물가가 상승한다. 이 경우, 미 연준의 기준금리 인상과 자산 축소 속도도 증가할 수 있다(a Possible Future, 일시적으로 가능한 미래).

시나리오 3. 배럴당 80달러 이상으로 상승

사우디와 이란 간에 군사적 충돌이나 긴장감이 극대화되고, 미국과 유럽에서 인플레이션이 과열되는 두 가지 변수가 동시에 발생하는 경우(a Wildcard, 가장 낮은 확률).

시나리오 4. 배럴당 40달러 붕괴

미국의 근원물가가 하락하여 미 연준의 기준금리 인상이 멈추거나 속도가 늦춰지고, 그에 따라 신흥국 및 동아시아의 금융위기 발발 시점이 연기되면서 OPEC, 미국, 러시아, 개발도상 산유국이 동시에 공급량을 늘리는 경우(낮은 확률).

단기적 유가 급등이 장기 상승 추세로
이어지기 어려운 이유

국제 유가의 단기적 미래 시나리오 네 가지 중에서 시나리오 2에 대해서는 조금 더 설명이 필요하다.

2018년 5월 국제 유가(WTI 기준)가 70달러를 돌파하자, 일부에서는 앞으로 국제 유가가 배럴당 100달러를 넘어서서 새로운 고유가 시대가 펼쳐질 것이라는 예측이 나온다. 그렇다면 시나리오 2가 일시적인 현상이 아니라 새로운 고유가 시대를 알리는 신호일 가능성은 없을까? 이 질문에 답을 하기 위해서는 시나리오 2(국제 유가 70달러 선 돌파)를 만든 주요 변수들 간의 관계성, 힘의 작동 방향과 크기에 대해 시스템적으로 분석해볼 필요가 있다.

현재 유가에 가장 강한 영향을 미치는 변수는 공급량 감소 우려다. 트럼프가 이란과의 핵협정을 파기하고, 이스라엘 주재 미국 대사관을

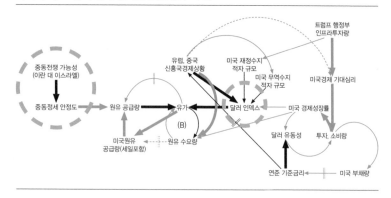

예루살렘으로 이전하면서 이스라엘과 팔레스타인 간 갈등이 격화되어 중동 정세의 불안정도가 높아졌다. 이는 공급량 감소 우려를 불러와 원유 선물 가격의 상승을 유도하고 있다.

위 그림의 시스템 지도에서 왼쪽의 공급량 변화에 대응하는 변수는 달러 인덱스, 즉 달러 가치다. 일반적으로 원유를 구입하는 통화인 달러의 가치가 높아지면 그만큼 원유 가격은 하락한다. 1986년부터 현재까지 달러 인덱스와 WTI 가격의 관계를 비교한 옆의 그림을 보자. 달러 인덱스(달러 가치)와 WTI 가격은 '대체적으로' 반대로 움직였다(한 상품의 공급량이 그대로 유지될 때, 그 상품을 구입하는 데 사용하는 통화의 가치가 100에서 120으로 올라가면 '그만큼' 명목 가격을 깎아서 구입할 수 있다. 즉 가격이 하락한다. 이는 지극히 상식적으로 알 수 있다).

달러 인덱스는 2014년 후반부터 상승하다가 트럼프가 집권한 2017년 초부터 계속 하락했다. 트럼프의 국정 운영에 대한 불안감 외에도 트럼프 행정부가 의도적으로 약달러를 유도했기 때문이다. 하지만

WTI 가격과 달러 인덱스

(단위: 달러 인덱스)

출처: Federal Reserve Bank of ST. Louis

2018년 2분기부터 (미중 무역전쟁 우려에도 불구하고) 미국 경기지표의 지속적인 호전, 북미 간 전쟁 위험 감소, 트럼프의 인프라 투자에 대한 기대감, 신흥국의 위기, 트럼프 행정부의 의도적인 약달러 유도 경향 감소 등으로 달러 인덱스는 다시 상승하기 시작했다.

그런데 달러 가치가 상승하는데, 왜 유가는 하락하지 않고 추가로 상승하고 있을까? 이는 달러 가치의 상승폭보다 중동의 불안감 상승폭이 더 크다는 반증이다. 달러 가치가 상승한 만큼 명목 가격을 깎아주려고 했는데, 중동 정세의 불안감이 더 커서 미래 석유 공급량에 대한 확신이 낮아졌다. 원유 선물 시장 참여자들은 트럼프가 제시한 대이란 경제 제재 복원의 유예 기간이 끝난 이후의 중동 상황이 '지금보다' 더 악화되면 달러 가치 상승분보다 더 크게 공급량이 하락하여 원유 가치가

5년간(2013~2018) WTI 가격과 달러 인덱스 추이

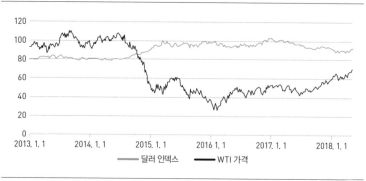

출처: Federal Reserve Bank of ST. Louis

상대적으로 더 비싸질 것이라고 예측하고 있는 셈이다.

　이유가 확실하다면 우리는 미래에 대한 좀 더 나은 통찰력을 발휘할 수 있다. 석유 공급량에 영향을 미칠 중동 정세와 관련해서는 먼저, "트럼프가 이란과 어떤 협상을 하느냐?"가 가장 중요하다. 트럼프는 김정은과 세기의 정상회담을 추진하고 있다. 둘은 일단 평화 모드로 방향을 설정했지만, 서로 최대 이익을 얻기 위해 기싸움을 하고 있다. 트럼프에게 이란은 김정은을 압박하는 지렛대다. 이런 상황을 고려하면, 국제 유가의 1차 고비는 2018년 6월에 열리는 북미정상회담이 될 것이다. 북미정상회담에서 세계를 안심시킬 만한 결과가 나오면 이란 문제에 대한 우려도 함께 낮아질 수 있다. 중동에 대한 '과도한' 우려가 낮아지면 그만큼 유가가 하락할 여지가 생긴다(물론 반대 상황의 전개도 가능하다는 점을 항상 생각해두어야 한다).

　두 번째로 국제 유가가 일정 수준 이상 상승하면 미국 셰일 업체의 공급량이 늘어날 수 있다는 점도 함께 생각해야 한다. 다음 그림에서

WTI 가격·달러 인덱스·미국 석유 공급량·사우디아라비아 석유 공급량 간 상관관계

(단위: 달러 인덱스)

———— 달러 인덱스 ———— WRI 가격 ———— 미국 공급량 ———— 사우디아라비아 공급량

출처: Federal Reserve Bank of ST. Louis

WTI 가격과 사우디아라비아, 미국의 원유 공급량 간의 관계를 보자. 원유 가격은 사우디아라비아 원유 공급량과 거의 같은 방향으로 움직였다. 예외적으로 2004~2008년의 기간 동안 원유 가격이 급격하게 상승한 이유는 같은 시기에 사우디아라비아의 공급량 증가보다 달러 가치의 폭락이 더 컸고, 여기에 중국 경제의 빠른 버블 팽창 현상이 합쳐지면서 원유 선물 가격을 폭발적으로 끌어올렸기 때문이다. 그러나 2013년 이후 미국이 급격하게 원유 공급량을 늘리고, 달러 가치가 서서히 상승하자 원유 가격은 폭락하면서 다시 정상 가격으로 회귀했다.

2018년 5월 17일, 미국 뉴욕상업거래소에서 WTI 6월물 가격이 배럴당 72.13달러를 기록했다. 2014년 11월 이후 최고치다. 이 가격이면 미국 셰일 업체들이 공급량이 늘릴 수 있는 충분한 수준이다. 실제로 미국에서는 셰일 업체들이 공급량을 늘리기 위해 설비 확장에 박차를 가하고 있다. 공급량 확장 계획을 뒷받침해줄 인력을 구하지 못할 정도다. 셰일 오일이 전통적인 원유보다 생산에 이르기까지 필요한 시간이 짧은 것을 감안하면, 약 2~3개월 후면 셰일 업체의 공급량 증가가 선물 시장에 영향을 주기 시작할 가능성이 크다.

셋째로 달러 인덱스의 추이를 살펴봐야 한다. 현재 원유와 원자재 가격의 상승, 미국 경제지표의 호전으로 인해 미국 인플레이션율 상승 속도가 생각보다 빨라질 가능성에 대한 우려가 시장에 퍼지고, 미국 장기채 금리 상승으로 신흥국에서 자본 이탈이 시작되면서 (신흥국 통화 가치 하락으로 인한 상대적인) 달러 가치가 상승하고 있다. 다음 그림은 국제 유가와 미국 인플레이션율 간의 관계를 보여주는 그래프다. 그래프에서 확연하게 나타나듯, 국제 유가의 상승은 미국의 수입 물가를 상승시켜 미국 내 인플레이션율에 직접 영향을 준다. 당분간 (트럼프가 다시 약달러 추세를 유도하는 발언을 강하게 제기하지 않은 한) 미국 인플레이션율 상승은 미 연준에 기준금리 인상 압력으로 작용하여 달러 약세 요인을 제한制限, restriction할 가능성이 조금 더 크다.

역사적으로 달러 가치와 원유 가격은 반대로 움직였다. 물론 달러 가치가 상승하는데도 불구하고 원유 가격이 하락하지 않고 상승하는 현상이 몇 차례 나타난 적이 있었다. 하지만 대세와 다른 이런 움직임은 이상 현상을 만든 단기적 원인이 제거되면 시간이 조금 지나서 다시 정상으로 되돌아갔다. 이번의 유가 상승도 마찬가지일 가능성이 크다. 원유 가격이 크게 올랐으니 셰일 업체의 공급량이 곧 늘어날 것이다. 이제 시작된 신흥국 위기가 시간이 갈수록 커지면 국제적인 원유 국제 수

WTI 가격과 인플레이션율

출처: Federal Reserve Bank of ST. Louis

요가 감소할 여지도 더 늘어난다. 달러 인덱스는 당분간 폭락할 가능성
이 매우 제한되어 있다. 이란 핵 협정 폐기의 변수마저 (문제가 완전히 해
결되지 않더라도) '관리 가능한' 수준으로 되돌아오면 원유 가격은 '정상
가격'으로 안정될 가능성이 충분하다. 필자가 시나리오 2를 일시적이라
고 하는 이유가 여기에 있다(여기서 '일시적'이란 최소 2~3개월, 최대 12개월
미만 정도를 상정한 표현이다).

앞으로 20년,
유가 예측

　　　　　　　석유 가격을 움직이는 변수는 매우 많다. 수요와 공급, 생산 능력, 생산 비용, 각국의 재고량, 정제 설비 가동률, 소비국의 경제 상황, 달러 가치, 석유 제품 수요 및 품질 규제 정도, 지정학적 위험, 기후 위험, 글로벌 투자 자금의 움직임, 시장 분위기에 따른 심리적 요인 등 다양하다.[9] 변수가 많기 때문에 석유 가격의 미래를 예측하기는 쉽지 않지만, 아래와 같은 몇 가지 중요한 변수, 패턴, 사이클을 연관지어 생각하면 석유 가격의 장기 미래a Long-term Future 방향의 가능성은 예측할 수 있다.

- 석유 가격의 사이클
- 달러 가치의 미래 변화

- 달러 가치와 석유 가격의 연관성 패턴
- 석유 수요-공급량과 석유 가격의 연관성 패턴
- 미국, 유럽, 중국이나 인도 등 중요 소비국 경제의 미래 변화

　석유 가격의 움직임에 영향을 주는 위의 변수와 패턴을 연관지어 생각한 후, 한 가지를 추가로 고려해야 한다. 대체 에너지의 미래 움직임이다. 예를 들어 현재 천연가스는 전 세계 전기 생산의 20%를 담당한다. 앞으로 20년 동안 천연가스의 비중은 높아질 가능성이 크다. 천연가스의 연소 후 생성되는 이산화탄소 배출량은 석유의 70%밖에 되지 않으며 셰일층에서 천연가스 채굴이 늘어날 것이기 때문이다. 천연가스를 품은 셰일층은 전 세계에 널리 퍼져 있고 채굴비용이 배럴당 20달러 이하로 내려갈 가능성이 크다. 석유 최대 소비국인 미국에서는 이미 천연가스가 석유를 빠르게 밀어내고 있다.

　셰일층의 천연가스 이외에 전통적 천연가스전의 시추도 늘어나고 있다. 예를 들어 이스라엘의 지중해 연안에서 대규모 천연가스전들이 연달아 발견되었다. 2010년에 발견된 리바이어던 가스전은 이스라엘이 100년 동안 사용할 수 있는 22Tcf(조 입방피트)의 천연가스 매장량을 자랑한다.[10] 인공지능, 사물인터넷IoT, 컴퓨팅 역량 등 기술혁신이 계속되면 에너지 효율성도 따라서 높아진다. 석유를 연료로 사용하는 내연기관도 기술 향상으로 1리터당 주행 거리가 향상되고 있다. 태양광, 풍력, 지열 등 전기 생산 방식도 다양해진다. 미래 운송수단의 에너지 장치로 급부상하고 있는 전기도 석유 수요를 대체할 가능성이 크다.

　이런 요소들을 종합해서 추론하면 몇 가지 중요한 통찰력을 얻을 수

있다. 일단 미래의 석유 가격 결정에서 공급의 피크Supply peak보다는 수요의 피크Demand peak와 달러 가치가 결정적 역할을 할 것이다. 로열더치셀은 석유의 수요 피크를 2025년으로 예측하고 있다.[11] 공급 측면에서는 사우디아라비아를 비롯한 OPEC이 석유 가격을 올리기 위해 공급량을 줄이거나, 중동 분쟁이 일어나 공급량이 줄어도 일시적으로 선물 가격이 오를 수는 있다. 그러나 셰일 오일의 즉각적 반격으로 장기간 고유가 상황을 지속하기에는 역부족일 가능성이 크다. 석유 가격이 오르지 않으면 결국 전통적인 원유를 수출하는 중동이나 개발도상산유국들은 공급량을 늘려 매출을 늘리는 전략으로 돌아설 가능성이 더 크다.

세계 4위 원유 매장량을 가진 이란이 자국 내 70여 개 유정에 대한 대규모 투자 계획을 발표한 것도 고유가를 제한하는 변수다. 2015년에 이란은 하루 270만 배럴을 생산했는데 2020년까지 하루 570만 배럴까지 생산을 늘리겠다고 선언했다. 현재 이란은 시추 시설을 재정비해야 하는 현실적인 제약도 있고, OPEC과 보조를 맞추는 시늉을 하느라 생산량을 빠르게 늘리지 않고 있을 뿐이다. 사우디아라비아는 국영석유회사인 아람코의 상장(5%의 지분을 매각해 100조 원 이상의 자금 조달을 목표로 진행 중이다)을 눈앞에 두고 있어서 오랫동안 감산을 유지할 형편이 아니다. 개발도상 산유국들은 이미 금융위기에 빠졌거나 국가 부도 위험에 직면해 있어서 손해가 나더라도 생산량을 늘려야 한다. 결국 OPEC은 감산을 오래 끌고 가기 어렵다. 수요-공급 측면의 요인을 종합하면 공급은 줄지 않고 증가할 가능성이 크다. 반면에 수요는 크게 늘지 않거나 서서히 감소할 가능성이 크다.

석유 가격의 사이클은 대략 15~25년의 주기로 저유가와 고유가를

1946년 이후 국제 원유 가격 변화 추이

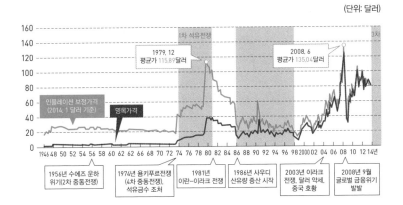

(단위: 달러)

1차 석유전쟁

3차

1979. 12
평균가 115.89달러

2008. 6
평균가 135.04달러

인플레이션 보정가격
(2014. 1 달러 기준)

명목가격

| 1956년 수에즈 운하 위기(2차 중동전쟁) | 1974년 욤키푸르전쟁 (4차 중동전쟁), 석유금수 조처 | 1981년 이란-이라크 전쟁 | 1986년 사우디 산유량 증산 시작 | 2003년 이라크 전쟁, 달러 약세, 중국 호황 | 2008년 9월 글로벌 금융위기 발발 |

출처: 한겨레, www.inflationdata.com

WTI 가격·달러 인덱스·미국 석유 공급량·사우디아라비아 석유 공급량 간 상관관계

(단위: 달러 인덱스)

—— 달러 인덱스   —— WTI 가격   —— 미국 공급량   —— 사우디아라비아 공급량

출처: Federal Reserve Bank of ST. Louis

반복했다. 2014년으로 고유가 사이클이 마무리되었으니 가격 사이클로 보면 저유가 시대일 가능성이 크다. 157쪽 상단 그림은 1946년 이후 유가의 변화를 보여주는 그래프다.

이제 남은 요소는 달러 가치의 미래 변화다. 157쪽 하단 그림은 달러 가치 변화와 석유 가격, 그리고 사우디아라비아와 미국의 공급량 간의 관계를 보여주는 그림이다. 달러 가치의 변화와 석유 가격은 시간차를 두고 어느 정도 역의 상관관계를 갖는 것으로 보인다. 공급량과 석유 가격은 상관관계를 보인다.

이 모든 것을 종합하면 앞으로 20년 석유 가격의 미래 가능성은 다음과 같다.

- 첫째, 유가가 배럴당 140~150달러 선까지 치솟을 가능성은 아주 작다.
- 둘째, 당분간 배럴당 40~60달러 박스권을 유지할 가능성이 크다.
- 셋째, 세계 경제가 본격적인 회복기에 접어들더라도, 중동에서 전쟁이 일어나지 않는 한 배럴당 100달러를 넘기기는 쉽지 않을 듯하다.
- 넷째, 오히려 석유 가격이 배럴당 40~60달러 박스권에서 서서히 내려가면서 장기적 저유가 시대가 펼쳐질 가능성이 확률적으로 높다.

4장

무역전쟁

Hegemonic War

오바마가 시작한
미중 무역전쟁

미국은 에너지 시장에서 힘을 회복하면서 수월하게 아시아 중시 정책으로 돌아설 수 있었다. 미국이 1977~2011년 동안 중동에 퍼부은 군사비만 9조 달러였다. 미국은 중동에 집중했던 자산과 자본을 줄이는 만큼 동아시아에서 위협적으로 부상하고 있는 중국의 굴기倔起를 막는 데 사용할 수 있게 되었다.

중국의 굴기에 대응하기 시작한 것은 트럼프가 아닌 오바마 행정부였다. 중국이 경제전쟁 의도를 공개적으로 보이자 오바마 행정부는 은근한 보호무역주의로 대응하기 시작했다. 2008년 금융위기의 밑바탕에는 오랜 무역수지 적자로 인해 경상수지 적자가 크게 쌓이면서 약화된 미국 경제의 펀더멘털 문제가 있다. 오바마 정부 취임 초부터 어떻게 해서든 중국 등 대미 무역 흑자국과의 무역 불균형을 해소하자는 목소

리가 컸었다. 미국 의회도 무역전쟁을 위한 희생양이 필요했다.[1]

미국과 중국 간의 무역 불균형은 1990년 이후부터 꾸준히 증가해서 금융위기 직전인 2007년에 최고점에 이르렀다. 2010년 5월 미국의 대중국 무역수지 적자는 223억 달러까지 줄었지만, 2011년 들어 다시 증가 추세로 바뀌었다. 2008년 전까지는 중국이 수출로 벌어들인 달러를 다시 미국 국채에 투자하는 선순환을 만들어주었기 때문에 미국으로서도 큰 불만이 없었다. 하지만 2008년 이후 입장이 달라졌다. 오바마 대통령과 민주당의 입에서 중국을 포함한 글로벌 무역 불균형 문제를 바로 잡겠다는 목소리가 터져 나오기 시작했다. 오바마나 트럼프, 민주당이나 공화당 모두 표현의 차이만 있을 뿐, 추격해오는 중국을 견제하고 미국의 새로운 번영을 이루기 위해서는 무역전쟁에서 이기는 것이 중요하다는 생각이 확고하다.

2008년 말에 글로벌 위기의 주범으로 몰린 미국은 대반격의 첫 번째 전략으로 '수세守勢 전략'을 취했다. 즉, 미국이 세계화된 위험의 원인 제공자라는 부담과 부채(재정 적자) 위기에서 벗어나기 위해 소비 감소나 신규 투자 위축, 단기적 공황 등의 부작용을 감수하고 급격한 부채 청산을 선택한 것이다. 그러나 미국의 위기 탈출 전략이 이것뿐이었다면 위기의 골은 더 깊고 오래갔을 것이다. 미국은 다음 단계로 '공세 전략攻勢 戰略'을 준비해두었다. 세금 인상을 통해 재정 건전성을 확보하는 한편, 겉으로는 각국의 보호무역주의 움직임을 견제하는 발언을 하면서 속으로는 합법적인 방법으로 수입을 규제하는, 일명 '은근한 보호무역주의'를 시행하는 것이다. 또한 무역전쟁, 환율전쟁, 통상 압력을 활용해 수출을 늘리고, 기축통화 지위를 최대한 활용하여 금융전쟁을 벌이는 것이다. 트럼프가 대통령이 되지 않았더라도 미국은 이런 전략적 기조를 일관되게 유지했을 가능성이 크다.

미국은 '은근한 보호무역주의' 정책의 하나로 가장 먼저 일본의 도요타를 공격했다. 2009년 하반기에 도요타 자동차의 급발진 사고가 뜨거운 이슈로 떠올랐다. 의회, 언론 등 미국 전체가 도요타를 집중 공격하면서 도요타 자동차에 대한 미국인들의 분노는 극에 달했다. 결국 품질에서 최고라고 자부하던 도요타 자동차의 회장이 미국 의회 청문회에 불려 나가 성토를 당한 후 사과할 수밖에 없었다. 그리고 380만 대를 리콜했다. 도요타 자동차의 품질에 큰 흠집이 난 것이다. 2010년 1월 판매에서 도요타는 매출이 16% 하락했고, 포드 자동차는 매출이 25% 상승했다.

그런데 전 세계에서 자동차 급발진 사고가 회사 책임이라는 것을 인정한 사례가 있는가? 2009년 하반기 6개월 동안 미국에서는 총 216건의 자동차 리콜이 이루어졌다. 그중에서 도요타 자동차의 리콜은 6건에 불과했다. 문제가 되었던 운전석의 바닥 매트가 가속 페달에 걸리는 문제는 도요타 자동차만의 문제가 아니었다. GM의 자동차에서는 더 심한 경우도 발견되었다. 하지만 언론에서는 도요타만 두들겼다. 도요타가 부진한 틈을 타서 미국의 빅 3는 회생할 수 있는 시간과 매출과 이익을 얻었다.

오바마 대통령의 은근한 보호무역 전략이 겨눈 다음 목표물은 중국이었다. 싼 가격이 최대의 경쟁력인 중국 제품이 생각만큼 싸지 않다는 인식을 미국인들에게 심어주려면 어떻게 해야 할까? 중국 제품의 가격을 올리면 된다. 다른 나라 정부는 제품 가격을 마음대로 올릴 수 없지만, 미국 정부는 할 수 있다. 위안화를 절상시키면 된다. 중국이 위안화를 절상하지 않겠다고 버티면 미국 정부가 중국을 환율조작국으로 지정하고 슈퍼 301조를 발동하면 된다. 그러면 중국은 미국에 수출하는 모든 품목에 27.5%의 추가 관세를 물어야 한다. 자동적으로 모든 중국산 제품의 가격이 27.5%가 오르게 된다.

미국의 압력에 중국은 서서히 위안화를 절상(달러-위안 환율 하락)할 수밖에 없었다. 달러 대비 위안화 환율은 2011년 1월 10일 6.6350에서 7월 21일에는 6.4506으로 절상되었다. 광동성 등의 수출 전진기지에서 생산 원가 상승의 부담을 이기지 못해 도산하는 기업들이 속출했다. 위안화가 계속 절상되자, 원자재 수입 가격은 올라가고 수출 경쟁력이 떨어지면서 중국 수출 기업들의 순이익률은 2011년 2월에 1.44%까지 떨어졌다(중국 공업 전체의 순이익률 평균치를 밑도는 수준이다). 미국의 제조업은 회생의 시간과 매출 향상의 이득을 얻게 되었다. 중국의 사정이 안 좋아질수록 공장과 회사를 본국으로 되돌리려는 미국 기업들도 늘어났다. 2010년 9월 세계무역기구WTO가 발표한 미국의 무역정책에 관한 심사 보고서는 보호무역주의 조치가 있었음을 분명하게 지적했다.

제국들의 역사를 보면, 엄청난 부채로 국가 전체가 위험에 빠졌을 때 창의력이 풍부한 정치인들이 국민의 불안과 원성을 다른 데로 돌리기 위해 새로운 적을 만들어낸다.[2] 미국이 전통적인 동맹국에 줄 좋은 선물은 준비되어 있었다. 세계에서 가장 큰 미국 시장을 개방해주고, 엄청난 매장량의 셰일 가스와 셰일 오일을 낮은 가격에 제공하는 것이다. 이제 국민의 불만을 잠재우고 동맹국들이 미국을 다시 필요로 하게 만들 새로운 적을 만들 차례다. 미국이 생각하고 있는 새로운 적은 중국이다. 미국은 중국이 G2라며 동격으로 불리는 것도 기분이 나쁘다. 2차 세계대전 이후, 미국은 동급의 어떤 경쟁국도 존재하지 않는 단극 체제를 유지하는 것을 기본 전략으로 삼았다. 미국은 국익과 지배의 영속화를 위해 필요하다면 '예방 공격Prevention'[3] '선제 공격Preemption에 의한 방위'까지도 마음대로 수행할 수 있는 권리를 자신들이 가지고 있다고 생각한다(최근 북한 핵 문제를 두고 언론에 자주 등장하는 예방 공격이나 선제 공격은 오래 전부터 미국이 사용했던 단어다). 미국은 북한이든 중국이든 미국과 대항하려는 의지를 피력하는 나라는 국제법의 새로운 기준이라도 만들어 공격하면 된다고 생각한다.[4] 미국은 패권에 위협을 느끼면 물러서지 않았다. 누가 대통령이 되더라도 이 사고방식은 바뀌지 않는다.

2010년 1월 27일, 오바마 대통령은 국정연설에서 "5년간 수출을 2배로 늘려서 미국 내에서 200만 개의 일자리를 만들어낼 것"이라고 선언했다. 다른 연설에서는 "차입과 소비의 시대를 국내에선 덜 소비하고 나라 밖으로 더 수출하는 시대로" 바꾸겠다고 했다. 미국 내에서 소비와 수입을 줄인다는 발언은 중국을 비롯한 한국, 일본 등 대미 수출국을 간접적으로 겨냥하고 있었다. 오바마의 말을 이어받아 로런스 서머스 백악관 경제자문위원장이 나섰다. NBC 방송과의 인터뷰에서 "미국 정부는 경제가 회복되면 재정 적자 감소, 부채 부담 완화, 국내총생산 대비 부채 비율 감소에 전략적 초점을 맞출 것이다"라고 했다.

세계 최대의 소비국인 미국이 부채를 줄이면 자연스럽게 세계 경제가 위축된다. 2008년 전까지 미국이 해마다 6~7,000억 달러의 무역 적자를 기록하면, 그 반대편에서 중국을 비롯한 다른 나라들이 그만큼의 흑자를 얻을 수 있었다. 미국의 부채가 기하급수적으로 늘어날수록

다른 나라들은 그만큼의 매출이 늘어났다. 이 모든 것을 당분간은 거꾸로 돌리겠다는 말이다.[5]

오바마 행정부가 중국을 견제하는 행동은 군사 분야에서도 나타났다. 2010년 7월 30일 《워싱턴포스트》 기사를 보자.

천안함 사건을 계기로 미국의 대중국 태도가 강성으로 변했다…. 경제 문제에서는 중국의 G2 지위를 인정하나 중국의 팽창 정책에 대해서는 강경하게 대응하겠다는 쪽으로 미국의 동북아 전략이 수정됐다.

오바마 대통령은 2009년 취임 초에는 중국과의 잠재적 동반자 관계를 역설했지만, 경제위기를 극복하고 재선에 성공한 다음에는 노골적으로 '중국 견제'에 나섰다. 하지만 오바마의 대응은 중국을 긴장시키지 못했다. 러스트벨트 지역 제조업 근로자들의 분노도 수그러들지 않았다. 이런 미묘한 상황에서 대다수 전문가의 예상을 깨고 트럼프가 미국의 46대 대통령으로 당선되었다. 트럼프는 대통령의 자리에 앉자마자 중국을 상대로 한 본격적인 경제전쟁을 시작했다. 오바마와 트럼프는 서로 극명하게 다른 스타일의 대통령이다. 당도 다르고, 성격도 다르다. 하지만 한 가지는 생각이 같다.

"중국은 많은 문제를 안고 있지만, 앞으로 계속 경제성장을 할 것이다. 중국이 쌓아가는 막대한 부는 구소련을 능가하는 군사적 힘을 갖게 할 것이다. 힘을 갖출수록, 제1기축통화의 지위를 포함해서 미국을 능가하는 경제적 힘과 영향력을 갖추려는 야심찬 행보를 강화할 것이다. 이를 방치할 경우, 미래의 G1은 중국이 될 것이다. 이미 중국은 미국 안보와 국익에 가장 큰 위협이다."

지미 카터 대통령의 국가안보 보좌관을 역임하고 '국제전략문제연구소'의 고문이자 존스홉킨스 대학의 교수로 있는 브레진스키는『미국의 마지막 기회』(2009, 삼인)라는 책에서 미국에 불리한 지정학적 경향들을 몇 가지 거론했다.

- 이슬람 세계 전체에 걸친 서구에 대한 격렬한 적대감
- 폭발 가능성이 큰 중동의 정세
- 페르시아만에서 우세한 위치를 점한 이란
- 불안정한 핵 무장 국가 파키스탄
- 불만을 품은 유럽
- 분노를 품은 러시아
- 아시아에서 더욱 고립된 일본
- 포퓰리즘적 반미 성향의 물결이 일고 있는 라틴 아메리카
- 동아시아 공동체를 조직하려 하는 중국[6]

브레진스키가 거론한 미국에 위협이 되는 요소 중에서 일본과 파키스탄을 제외한 나머지 문제에 중국이 관여할 가능성이 커지고 있다. 모두 미국에는 위협적인 요소지만, 중국에는 이미 우호적인 나라이거나 앞으로 중국과 전략적 연합을 맺을 가능성이 있는 나라와 지역이다. 미국에게 골칫거리인 나라나 지역이 중국과 손을 잡거나, 중국의 영향력

하에 들어간다면 중국의 입지가 더 강화되어 미국을 위협하는 그룹의 대표자로 부상하게 된다.

미국이 중국 문제에 간섭하는 데는 직접적인 위협을 느끼고 있는 점 말고도 다른 이유가 있다. 역사적으로 미국과 같은 초강대국은 개발도상국 혹은 자국보다 낮은 발달 단계에 있는 나라나 세계 질서에 '개입할 권리와 책임'을 갖고 있다는 독특한 국가 심리가 있다. 그래서 개발도상국에 자신들의 사회, 정치, 경제 체제를 강요했다. 무력이나 직접적인 위협도 서슴지 않았다.[7] 그렇게 해서라도 뒤떨어진 나라들을 문명화시키는 것이 자신들에게 주어진 이타적 수호자로서의 사명이라고 생각하기 때문이다.[8] 미국이 중국 경제에 개입하려는 본능적 충동을 느끼는 이유도, 자신들이 문명화시켜야 하는 제3국가들이 중국식 개발과 성장의 모델을 본받지 않을까 하는 우려 때문이다.[9] 앞으로 미국의 대중국 전략은 중국의 도전에 대한 두려움과 개입의 권리 및 책임이라는 두 종류의 의식이 묘하게 결합되어 나타날 것이다.

여전히 미국과 중국 사이에는 절대로 새로운 경쟁관계, 혹은 적대관계가 형성되지 않을 것이라고 주장하는 사람들이 있다. 중국의 부상은 전통적인 강대국의 길과는 다르며, 시대도 달라져서 패권 경쟁은 없을 것이라는 주장이다. 21세기는 이념 경쟁의 시대가 아니고, 중국도 이념에 별로 관심이 없어서 겉으로만 사회주의이지 속으로는 완전히 자본주의에 물들었다는 평가에 기반을 둔다. 나아가 중국은 옛 강대국처럼 군사적으로 호전적인 태도를 보이지 않을 것이며, 주변국에 불안감을 조성하는 문제을 절대로 만들지 않을 것이라 확신한다.[10] 과연 그럴까? 중국이라는 거대한 사자가 어린 아이를 물지 않을까? 1956년 8월 마오쩌둥이 제8차 전인대 예배회의 1차 회의에서 한 연설을 다시 읽어보자.

"미국의 인구는 겨우 1억 7,000만 명인데 중국의 인구는 이보다 몇 배
는 많다. 그런데 천연자원은 우리와 비슷하게 풍부하고 기후도 우리와
비슷하다. 그러니 우리도 미국을 따라잡을 수 있다. 우리가 굳이 미국을
따라잡아야 하는가? 반드시 그래야 한다. (중략)
50년 후 혹은 60년 후에는 반드시 미국을 따라잡아야 한다. 이것은 의
무다. 우리에게는 그것을 가능하게 할 많은 인구, 광대한 영토, 풍부한
자원이 있다. 더구나 우리는 더 우월한 사회주의 체제를 구축하고 있지
않은가! 50년 혹은 60년 동안 노력했는데도 여전히 미국을 따라잡을 수
없다면 그보다 비참한 일이 또 있겠는가! 그러므로 미국을 따라잡는 일
은 가능한 일일 뿐 아니라 반드시 필요하고 또 반드시 해야만 할 우리의
지상 과제다."[11]

중국은 미국에게 군사적 적대국이다. 지금도 그리고 앞으로도 그럴
것이다. 한국 내 사드 배치 문제를 대했던 중국의 태도와 언행을 기억
해보라. 이 사실을 인정하지 않고 중국이 미국의 군사적 적대국이던 시
절은 막을 내리고 있다고 주장하는 사람들도 최소한 무역, 금융, 자원,
군비 확장 등의 영역에서는 미국과 중국 사이에 앞으로도 계속해서 경
쟁이 있을 것이라는 점을 인정한다.[12]
2013년 6월 8일, 버락 오바마 미국 대통령과 중국의 시진핑 국가주
석은 첫 정상회담을 마치고 '중국과 미국은 앞으로는 갈등의 관계가 아
니라 평화적이고 전략적인 동반의 관계로 나아갈 것임'을 선언했다. 하

지만 불과 얼마 후 미국은 중국이 대규모 스파이 활동을 통해 미국의 전략적 무기 설계도들을 해킹하여 훔쳐갔다고 공격했다. 미국 군사 전력의 60%를 아시아 태평양에 재배치하고, 호주에 해병대를 주둔시키겠다는 계획을 발표했다. 중국은 미국과 함께 공정하고 평화롭고 상생하는 경쟁을 하겠다고 선언한 직후에 EU가 중국산 태양광 패널에 대해 반덤핑 관세를 부과하자 이에 맞서 무역전쟁을 선포했다.

　의도했든 아니든 중국의 성장이 미국의 국익, 제1기축통화국의 지위와 군사 패권적 지위를 침해하거나 넘어서는 단계로 나아갈 가능성이 보이면 중국을 대하는 미국의 시나리오는 단 한 가지뿐이다. '미중전쟁'을 통해 중국을 2위 혹은 그 아래로 끓어 앉히고 아시아의 좋은 시장 Good market 역할만 충실히 수행하도록 강제적인 수단을 사용하는 것이다.[13] 이것이 패권국 미국의 진면목이다. 클린턴 정부는 1991년 아이티에서 민주정부를 무너뜨리고 군사정부를 세웠다. 2002년 부시 정부는 베네수엘라 군사 쿠데타를 지원했고, 2009년 오바마 정부는 온두라스 군사 쿠데타를 겉으로는 비난하면서도, IMF를 통해 1억 5,000만 달러를 대출해주었고, 마약을 핑계로 남미를 군사기지화했다. 처음에는 이라크의 후세인을 지원하다가 미국에 대항한다는 이유로 대량살상무기를 보유하고 있다는 거짓 누명을 씌워 전쟁을 일으켜 제거했다.[14] 미국은 끊임없이 세계를 향한 팽창 정책을 추구하고 있다. 최근에 2008년의 금융위기와 재정 절벽 위기 때문에 잠시 주춤하고 있던 것을 트럼프가 재개했을 뿐이다. 이전 대통령들과는 다른 방식이어서 조금 낯설어 보일 뿐이다. 미국은 전통적 동맹국이라도 중국과 손을 잡으려는 태도를 보이면 한 치의 망설임도 없이 공격할 것이다.

최근 일부 철강에 대한 고율의 관세 부과가 유예되기는 했지만 한국을 향해서도 미국의 무역 보복이 시작되고, GM의 군산공장 폐쇄와 철수 협박으로 여론이 들끓고 있다. 트럼프는 GM의 군산공장 폐쇄와 한국 철수 구상을 자신이 벌이고 있는 무역전쟁의 업적이라고 자랑하고 나섰다. 필자의 분석과 예측으로는 이런 일련의 사건이 일회적이고 우발적인 사건으로 끝나지 않을 듯하다. 큰 틀에서 보면 미중전쟁의 일부이며, 돈과 에너지에 이어 트럼프가 벌이는 경제전쟁의 다음 무대가 무역전쟁이기 때문이다. 그 칼끝이 한국 제품에까지 미치기 시작한 징후인 것이다.

한국을 둘러싼
무역전쟁의 형세 분석

현재 트럼프가 벌이는 무역전쟁은 두 가지 측면으로 구별해서 분석해야 한다. 하나는 거시적 무역 정책 흐름이다. 다른 하나는 단기적 정치 흐름이다.

먼저 거시적 무역 흐름 측면에서 분석해보자. 현대경제연구원의 분석에 따르면 미국과 중국이 최근 10년 동안 한국에 대해 취한 보호무역 조치의 총량은 계속 감소했다. 이런 추세는 트럼프 정부에 들어서도 변하지 않았다. 미국이 한국을 상대로 한 보호무역 조치(수입 규제, 무역 기술 장벽, 동식물 위생검역, 수입 수량 제한 조치) 건수는 2008~2012년 1,754건에서 2013~2017년 1,694건으로 줄었다. 중국이 한국을 상대로 한 보호무역 조치도 같은 기간 1,205건에서 966건으로 감소했다.

그러나 미국은 반덤핑, 세이프가드, 상계관세 조치를 통한 수입 규제나 수입 수량 제한을 활용한 비관세 장벽을 높혔다. 보호무역 조치의 총량이 줄었음에도 현재 체감하는 보호무역주의의 강도가 높아진 이유다. 미국이 한국을 상대로 실시한 수입 규제는 2008~2012년 2건에서 2013~2017년 22건으로 11배 늘었다. 미국이 수입 규제를 집중한 분야는 철강(13건)과 전기·기계(3건)이고, 트럼프 대통령이 취임 첫해인 2017년에는 수입 규제 8건을 집중시켜 무역전쟁 체감 강도를 짧은 시간에 강하게 만들었다. 최근 5년으로 늘려 잡으면 미국이 한국을 상대로 연평균 10.9%씩 강도를 높인 분야는 무역기술 장벽인데, 전기·전자, 식·의약품 분야에 집중되었다. 무역기술 장벽이란 국가 간에 서로 다른 기술 규정, 표준, 적합성 평가절차 등을 적용하여 상대국 상품의 수입에 제약을 가하는 무역장벽을 말한다. 동일한 상품이라도 적용되는 규정이 나라마다 다르면, 수출 회사는 상대국 기술 규정, 표준, 적합성 평가절차에 맞추기 위해 추가 비용을 지출하게 되어 가격 경쟁에서 불리해진다. 미국이 한국을 상대로 수입 수량을 직접 제한하는 비관세 장벽 조치는 최근 5년 동안 (이전 5년과 비교해서) 14건에서 45건으로 늘었다.

중국도 수입 규제를 같은 기간 3건에서 7건으로 2.3배 늘렸다. 최근 중국은 화학 제품(2건)에 집중했다. 하지만 중국이 한국을 상대로 무역기술 장벽을 이용한 횟수는 교통·안전 분야를 제외하고는 연평균 11.8% 감소했다. 최근 5년 동안 중국이 식품·안전 분야 동식물 위생검역에서 무역기술 장벽을 활용한 건수는 그 앞의 5년에 견줘 80건 증가했다. 한국을 상대로 수입 수량을 직접 제한하는 비관세 장벽 조치도 최근 5년 동안 (이전 5년과 비교해서) 8건에서 26건으로 늘었다. 여기까지가 한국을 상대로 한 미국과 중국의 거시적 무역 정책 흐름이다.

거시적 무역 정책 흐름을 분석해보면 미국이 한국을 상대로 펼치는 보호무역 정책은 점차 줄고 있지만, 여전히 절대적 규모는 크다. 그러나 트럼프 대통령의 지지 기반과 연관된 철강이나 알루미늄 등 금속, 전기전자, 자동차 등 전통 제조업을 보호하기 위해 반덤핑, 세이프가드, 상계관세 조치를 통한 수입 규제나 수입 수량 제한을 활용한 비관세 장벽에 집중했기 때문에 무역전쟁 체감 강도는 더 세졌다. 바로 이런 부분이 무역전쟁의 다른 한 측면인 단기적 정치 흐름의 영역이다.

단기적 정치 흐름은 크게 미중 패권 전쟁, 트럼프의 재선 전략 그리고 북핵 문제와 관련해서 한국을 통제하기 위해 사용하는 지렛대, 이 세 가지에 영향을 받는다. 미중 패권전쟁을 통해 미국은 G1으로서의 자존심을 유지하고 물리적 힘을 회복하는 것을 목표로 하고 있다. 2017년 중국의 대미 무역 흑자 규모는 2,758억 달러로 2016년 대비 10% 증가했으며 역대 최고치를 6% 경신한 수치다. 트럼프 집권 첫해에 대중 무역 적자가 최대치에 이른 셈이니 자존심도 상할 뿐 아니라, 직접적으로 재선에도 영향을 줄 수 있다. 트럼프의 재선 전략은 러스트벨트 지역 근로자의 분노가 집중되는 중국을 압박하고, 전통 제조업에서 일자리를 창출하는 것이 핵심이다. 트럼프에게 한국은 중국을 공격하기 위해 필요한 교두보다. 그러니 중국과 한국을 계속 때려 중국이나 한국 기업들이 미국에 약속한 일자리와 미국 기업의 본국 회귀 촉진을 늦출 수 없다.

북핵 문제와 관련해서 트럼프는 한국을 미국의 전략적 통제 범위에서 이탈하지 못하도록 관리하기 위해 무역전쟁을 지렛대로 사용하려고 한다. 트럼프는 중국이 미국의 견제를 회피하기 위해 한국과 베트남을 우회 통로로 사용하고 있다며 억지를 부린다. 이것은 한국이라는 칼을 빌려 한국에 연결된 중국 수출 업체를 타격하려는 차도살인借刀殺人의 명분이다. 한미 FTA 재협상에서 유리한 고지를 선점하고, 주한 미군의 주둔 비용을 더 얻어내려는 목적도 있다. 정리하면 트럼프의 무역전쟁은 표면상으로 무역 적자 해소와 일자리 확대 정책이라는 경제적 이유를 내세우지만, 실제로는 중국을 공격하고 한국을 통제하려는 정치적 이유가 배후에서 작동한다. 표면상 이유와 배후의 정치적 목적 모두 2018년 11월 중간선거에서 승리하고, 장기적으로는 트럼프가 재선에서 성공하기 위한 전략과 연결되어 있다. 그런데 세 가지 정치적 이유 모두 한국이 영향을 받게 된다.

앞의 거시적 무역정책 흐름과 단기적 정치 흐름에 대한 분석을 종합하여 지금 벌어지고 있는 무역전쟁의 형세를 판단해야 한다. 순수한 경제적 측면에서만 보면 서서히 완화되는 흐름에는 변화가 없다. 그러나 트럼프가 벌이는 무역전쟁은 철저히 정치적 목적에서 비롯된 것이다. 한국보다 대미 무역 흑자 규모가 훨씬 큰 일본을 대하는 트럼프의 태도가 한국과 다른 점을 보면 알 수 있다. 따라서 무역전쟁의 문제를 풀어나가기 위해서는 한국 정부나 기업도 경제가 아니라, 철저히 정치적 방식으로 대응해야 한다. 이는 2017년 한국과 중국의 사드 갈등과 비슷하다. 한국 정부는 중국에게 사드가 기술적으로 중국에게 전혀 위협이 되지 않는다고 설득하려다 실패했다. 중국이 진정 원한 것은 사드의 숨은 목적, 즉 미국의 대중국 군사 전략에 대한 한국의 태도 변화였다.

무역전쟁의 미래는
어떻게 될까?

현재 벌어지는 무역전쟁의 미래를 예측해보자. 먼저 한국 정부의 대응을 생각해보자. 한국 정부는 정치적 목적을 가지고 미국의 보호무역 정책에 강경 대응하는 모양새를 취할 것이나 경제적 실익은 미미할 것이다. 지방선거를 앞두고 있으며, GM의 군산공장 폐쇄 등으로 민심이 흔들리는 상황이기에 정부의 대미 무역 정책은 강경한 모양새를 취할 것이다. 하지만 실익은 거의 없다. 미국과의 무역전쟁에서 확전擴戰의 길로 나아가기도 어렵다. 정부가 추진하는 WTO 제소라는 대응 전략도 3년 후에나 결과가 나온다. 3년 후에 승소하더라도, 그때 가서 트럼프가 미안하다며 철회하면 한국은 손해만 보고 끝내야 한다. 2000년 2월에 미국은 한국산 탄소강관에 대해 세이프가드를 발동했고, 정부는 WTO에 제소했다. 2년 뒤인 2002년 WTO는 미국의 세이프가드가 위법하다고 판정했다. 그러나 미국은 시간을 더 끌어 세이프가드 시한인 3년을 꽉 채운 다음인 2003년 3월에야 세이프가드를 풀었다. 그러나 미국은 어떤 보상금도 주지 않았다. 트럼프는 더욱이 안 줄 것이다. WTO 판결 전에 한국 정부가 미국산 수입 품목에 똑같은 수준으로 반덤핑, 세이프가드, 상계관세 조치를 통한 수입 규제나 수입 수량 제한을 활용한 비관세 장벽으로 보복하기도 쉽지 않다. 이는 곧 한국과 미국 간의 전면적인 무역전쟁을 의미한다. 경제 규모가 12~13배 차이가 나는 패권국 미국과의 전면전은 한국 경제 전체에 감당할 수 없는 충격을 줄 것이다. 국내 주식 시장이 폭락하고 외국 자본의 이탈이 빨라진다. 기준금리 인상 속도가 빨라지는 시점에서 가계 부채발 금융위기를 앞당기는 최악의 수가 될 수 있다(작게는 중국과의 경쟁에서 계속 밀리고 있는 한국 수출 기업들에게도 치명적이다).

중국 정부는 어떻게 대응할까? 홍콩 《사우스차이나 모닝포스트》는 2018년 1월 18일 칼럼에서 미국과 중국의 무역전쟁을 '두 번째 냉전 시대'가 열리는 새벽이라고 했다. 과연 중국은 미국과의 무역전쟁에서 전면전을 감행할까? 미국과의 무역전쟁의 피해를 받는 입장의 한국과 손을 잡을까? 단기적으로 미국의 무역전쟁에서 중국이 한국과 공조할 확률은 낮다. 한국이 미국의 공세를 벗어나려면 중국 수입 품목에 대해 보복하는 등 미국의 대중 무역 압박에 동참해야 한다는 점을 잘 알기 때문이다. 오히려 한국이 미국과 보조를 맞추는 움직임을 미리 차단하기 위해서 사드 압박을 유지할 가능성이 커졌다. 중국이 구사할 가능성이 높은 대응 시나리오는 무엇일까? 중국의 전통적 전략은 크게 세가지다.[15]

- 1단계: 미국 내 친중 인사와 단체를 통해 미국 측 피해를 부각함으로써 미국 의회나 국민의 자중지란을 유도한다. 실제로 무디스는 무역전쟁으로 미중 간에 교역이 위축되고 대중국 관세가 20% 인상되면 2년 내에 미국 내 일자리 690만 개가 사라질 수 있으며 미국 GDP가 2.3% 감소할 수 있다고 발표했다.
- 2단계: 자중지란을 일으키는 데 실패할 경우 중국도 미 국채를 매도하거나 농축수산물 등에 대한 무역 보복을 단행할 것이라는 강력한 경고를 취해서 미국의 전투 의지를 약화시키는 것이다.
- 3단계: 미국이 벌이는 무역전쟁에 본격적으로 참전하여 적극 대응하는 방법이다. 그렇다고 전면전을 벌이기에는 한계가 있고 중국의 피해도 크기 때문에 미국의 약점을 집요하게 파고드는 전략을 구사할 것이다.

중국이 노리는 트럼프의 약점은 바로 재선에서 당락을 결정할 부동층을 움직이는 것이다. 중국이 미국산 대두, 보잉 사, 자동차, 반도체, 휴대폰 등을 언급한 이유다. 예를 들어 미국 대두 수출량의 62%를 중국이 수입한다. 보잉 사는 여객기의 25%를 중국에 수출한다. 미국 자동차의 17%, 반도체의 15%를 중국이 수입한다. 중국은 애플의 최대 시장이기도 하다. 이들 분야에 종사하는 사람들이 트럼프의 주요 지지층이거나 공략해야 할 부동층이다.

중국은 미 국채의 최대 구매 고객이기 때문에 미 국채 매도도 중국이 공략할 수 있는 무기가 될 수 있다. 하지만 중국이 미국의 약점을 파고 들더라도 큰 성과를 얻을 수 있는지는 불확실하다. 중국이 미국산 대두에 보복 관세를 매기면 대두 수입 가격이 올라 자국 내 돼지고기 가격이 오른다. 그러나 중국인 밥상에 매일 오르는 돼지고기 값의 인상은 중국 국민의 체감 물가 상승으로 이어져 정치적 부담이 매우 커진다. 애플의 휴대폰 수입을 규제하면 아이폰을 생산하는 중국 공장에서 일자리 문제가 파생된다. 중국이 미 국채를 매도하면 당장 외환 보유액이가 감소하는 것은 물론이고, 미국 장기채 금리가 상승하면서 미국 연준의 기준금리나 시장금리에 영향을 미쳐서 중국 인민은행이 기준금리를 인상해야 하는 부담을 안게 된다. 중국은 상업 영역의 막대한 부채 부담을 안고 있다. 중국이 미 국채를 매도하기에는 시기가 아주 나쁘다.

중국이 전면전을 선언하면 트럼프의 스타일에 비추어볼 때 지금보다 몇 배 더 거센 파상 공세를 단기간에 퍼부을 가능성이 크다. 무역전쟁에서 미국이 중국을 공격하는 핵심 타격점인 첨단 기술 분야는 중국의 최대 아킬레스건이다. 첨단 기술 분야에 대한 미국의 집중 공격이 시작되면 중국의 피해는 추산하기 힘들 것이다. 중국 제조업이 계속 성장하려면 낮은 임금을 기반으로 중간재를 수입하여 조립한 후 수출하는 세계의 공장에서 벗어나 중후장대형 산업과 첨단 산업으로 주력을 바꿔야 한다. 여기에 절대적으로 필요한 첨단 기술의 대중국 수출을 막고, 중국을 향해 슈퍼 301조를 재발동하여 15%의 보복 관세를 부과하고, 환율조작국으로 지정하면 즉시 중국 주식 시장이 폭락할 것이다. 위안화도 공격받을 수 있다. 미국의 피해도 적지 않겠지만, 미국은 팔 하나를 내주는 대신 중국의 목을 쳐서 미래의 위협을 완전히 제거할 수 있다는 전략적 계산을 할 수 있다. 최소한 트럼프는 그렇게 생각할 가능성이 있다. 전면전으로 가면 중국이 불리한 이유다.

그렇다면 트럼프의 구상은 무엇일까? 단기적으로는 2018년 11월 중간선거 때까지 경제적 이득을 얻고 북핵 이슈를 통제하기 위해서 무역 압박이라는 현재의 흐름을 유지할 가능성이 크다. 하지만 중국과의 전면전은 피하려 할 것이다. 중국과 전면전을 벌이면 미국이 최종 승리할 가능성은 크지만, 미국의 피해도 발생하면서 여론도 크게 흔들릴 것이기 때문에 중간선거에 안 좋은 영향을 미칠 가능성이 있기 때문이다. 대신 중국에 대해서는 엄포의 수위를 높이며 간접적 압박을 유지하고, 한국을 대북 압박 정책과 관련해서 자신의 전략에서 이탈하지 못하도록 통제하기 위한 고삐로 무역전쟁을 사용할 가능성이 크다. 현재 한국 정부가 내보인 속내와 경제 상황이 트럼프로 하여금 한국을 중국과 북한 양쪽을 향한 차도살인의 수단으로 활용하기 적합하다고 보기 때문이다. 당장 한국과의 FTA 재협상에서도 유리하게 작용하고 있다. 2018년 11월의 중간선거를 마친 후, 그 결과에 따라 트럼프의 전략이 수정될 가능성이 크다. 중간선거에서 공화당이 크게 패할 경우 트럼프는 중국에 대한 무역전쟁 수위를 더 높여 마지막 승부수를 띄울 수 있다.

무역전쟁을 벌이는
트럼프의 진짜 의도

　　　　　　무역전쟁을 벌이는 트럼프의 진정한 의도는 다른
데 있다. 트럼프도 중국과의 무역전쟁을 전면전으로 몰고 가면 승리를
하더라도 미국이 큰 상처를 입고, 자신의 재선에도 불리하다는 계산
을 했을 것이다. 철강·알루미늄을 원재료로 사용하는 미국 자동차 산
업의 경쟁력이 낮아지고, 소비자 물가도 올라서 시간이 갈수록 트럼프
지지층의 여론도 돌아설 수 있다. 국가 안보 위협에 대응하는 수입 제
한 조치라는 명분에도 불구하고 무역전쟁을 오래 하면 세계 무역질서
를 무너뜨릴 수 있다. 미국이 중국만을 콕 찍어서 공격하기가 쉽지 않
기 때문에 장기전으로 치닫게 되면 트럼프가 원하는 방향에서 벗어나
전면적인 세계 무역전쟁으로 흐를 가능성이 크다. 트럼프는 관세 및 무
역에 관한 일반 협정GATT 등에서 전쟁이나 국가적 위협을 이유로 관세

를 부과할 수 있다는 허점을 이용하고 있다. 다른 나라들도 이 허점을 알고 있다. 트럼프가 무역전쟁을 확대할 경우 중국을 비롯해서 유럽과 캐나다 등의 나라도 같은 명분을 내세우며 미국과 전면전을 벌일 가능성이 크다. 실제로 이들은 이미 미국을 향해 무역 보복을 강하게 경고하기 시작했다. 무역전쟁이 전 세계로 확대되면 미국 주식 시장과 금융 시장에 감당하기 힘든 충격이 발생할 수 있다. 이는 트럼프 재선에 치명적이다. 이런 이유로 트럼프가 무역전쟁을 전 세계를 상대로 확대하거나 장기화할 가능성은 적다.

트럼프가 무역전쟁을 통해 얻고자 하는 것은 무엇일까? 두 가지다. 하나는 2017년에 시작한 제조업 리쇼어링, 대규모 감세 정책, 2018~2019년에 실시할 인프라 투자, 북핵 문제의 해결에 필요한 징검다리로 삼는 것이다. 다른 하나는 중국을 휘청거리게 할 결정적 한 방을 성공시키기 위해서 중국의 시각을 분산시키는 연막煙幕, Smokescreen으로 무역전쟁을 이용하는 것이다.

트럼프가 집권 1년 차에 던진 첫 번째 카드는 제조업 리쇼어링이었다. 미국의 경제나 산업은 자본을 투여하더라도 일자리를 만들어내기 힘들고 획기적으로 생산성을 향상시키기 힘들다. 이런 상황에서 트럼프가 일자리를 만들어내고 임금을 올리는 방법은 미국 밖에 나가 있는 자국 기업이나 외국 기업의 목덜미를 잡아끌어서 미국에 공장을 짓도록 하는 것뿐이다. 트럼프는 이 말도 안 되는 일을 강행했다. US스틸, 애플, 캐리어, 월마트, 포드, GM 등 굴지의 다국적 기업들이 미국으로 공장을 이전하거나 일자리를 늘리겠다고 약속했다. 미국뿐만 아니라 한국과 중국 기업들도 미국이라는 시장에서 불이익을 당하지 않기 위해 미국 내 투자를 약속했다. 트럼프는 말을 듣지 않을 경우 관세 폭탄을 날릴 것이라고 서슴지 않고 위협했다. 중국의 의류 기업인 천원의류는 아칸소 주 리틀록에 생산 공장을 설립하겠다고 즉각 반응했다. 사실 중국 기업도 자국 내에서 인건비가 너무 많이 올라 고민 중이었다. 울고 싶은데 뺨을 때려준 꼴이었다. 한국의 삼성, LG, 현대기아차 등도 미국 투자 계획을 발표하지 않을 수 없었다. 트럼프는 이런 억지 전략을 앞으로도 계속할 것이다. 트럼프는 고삐를 늦추지 않을 기세다. 1년이 지나면서 미국 투자 계획을 발표만 하고 머뭇거리는 기업에게 관세 폭탄을 날렸다. 그리고 이렇게 말했다. "반덤핑 과세는 그들로 하여금 미국에 약속한 투자를 행동에 옮기도록 만들 것이다." 이처럼 트럼프는 미국이라는 제국이 가진 힘을 모두 동원해서 상대국에게 무자비하게 몰아붙이는 경제전쟁을 주저하지 않는다.

이어서 트럼프는 미국 근로자의 임금을 끌어 올리기 위해 감세 카드를 꺼냈다. 감세 카드는 제조업 리쇼어링에 추가 동력을 부여하는 것은 물론이고 내수를 떠받치는 근로자 임금을 올리기 위한 핵심 카드로 사용했다. 대부분의 경제학자들은 역사적 사례를 들어가며 트럼프 행정부가 대규모 감세 정책을 실시하더라도 기업이 근로자 임금을 올려주지 않을 것이라고 반박했다. 물론 정상적인 대통령이라면 감세 효과가 임금 상승으로 이어지지 않았을 것이다.

그러나 트럼프는 달랐다. 탁월한 경제적 전략이 있어서가 아니다. 감세를 해주는 대신 확실하게 기업을 압박했다. 지난 1년 동안 트럼프가 보여준 막무가내식 행동이 뜻하지 않은 효과를 냈다. 그동안 트럼프가 보여준 거친 말과 막무가내식 압박은 한편에서 정신병이나 심각한 성격

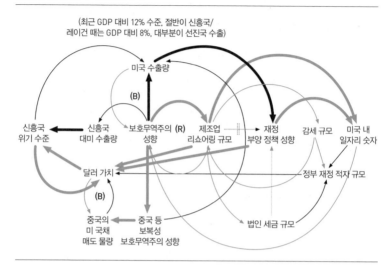

(최근 GDP 대비 12% 수준, 절반이 신흥국/
레이건 때는 GDP 대비 8%, 대부분이 선진국 수출)

장애가 있을 것이라는 평가를 낳았지만, 다른 한편으로는 그 말도 안 되는 행동을 실제로 할지도 모른다는 두려움을 사람들에게 심어주었다. 사람들은 감세라는 당근을 받고도 투자를 늘려 일자리를 만들고 임금을 올리지 않으면 트럼프가 보복을 할지도 모른다는 두려움을 갖게 되었다. 효과는 확실했다. 감세가 확정되자마자 월마트를 비롯해서 미국 기업들이 보너스를 풀고 최저임금을 올렸다. 애플은 외국에 묻어 둔 2,500억 달러를 미국으로 들여와 투자를 늘리고 일자리를 더 만들겠다고 발표했다.

2018년에 트럼프가 꺼낼 최고의 경제 카드는 1.5조 달러에 달하는 인프라 투자다. 더불어 1조 달러에 달하는 핵무기 현대화 사업에 대한 투자도 계획하고 있다. 그러나 역시 많은 경제학자들이 트럼프의 인프라 투자가 결국 실패할 것이라고 평가한다. 트럼프가 공언한 1.5조

달러 상당의 인프라 투자 금액 중에서 미국 정부가 부담하는 비율은 10~20%에 불과할 것이다. 나머지 80~90%를 민간이 투자해야 성공한다. 반대자들은 정부 부담 비율만으로도 미국 정부의 부채가 늘어 장기적으로 큰 부담으로 작용할 것이며, 민간 투자는 총규모가 너무 커서 유치에 실패할 것이라고 예상한다.

하지만 필자는 트럼프의 인프라 투자가 성공할 가능성이 충분하다고 생각한다. 필자의 분석으로는 1.5조 달러의 인프라 투자와 1조 달러의 핵무기 현대화 사업 투자가 성공할 수 있도록 트럼프가 미리 던져 놓은 숨어 있는 신의 한 수가 있다. 1.5조 달러 인프라 투자의 성공 가능성을 높이는 신의 한 수는 바로 예루살렘을 이스라엘 수도로 인정한 조치다. 트럼프 행정부는 많은 반대와 저항에도 불구하고 2018년 5월에 미국 대사관을 예루살렘으로 옮기겠다고 발표했다. 1조 달러의 핵무기 현대화 사업 투자의 성공 가능성을 높이는 신의 한 수는 북한의 김정은과 강대강 대결을 유지한 것이다. 여기서 무역전쟁은 2017년에 소기의 목적을 달성한 제조업 리쇼어링을 촉진하고, 인프라 투자와 북핵 문제의 해결 가능성을 높이는 징검다리다.

트럼프는 무역전쟁을 징검다리로밖에 쓸 수 없다. 가장 큰 이유 중 하나는 수입 물가를 상승시켜 일부 품목에서는 자신의 일자리 확대 정책, 지지층 확대 전략과 충돌하여 역효과가 나기 때문이다. 예를 들어 트럼프와 미국 공화당이 일자리 창출을 위해 우선 과제로 추진하는 '키스톤 XL 프로젝트'가 있다. 이 프로젝트는 샌드오일 산지인 캐나다 앨버타 주와 정유 시설을 갖춘 텍사스 주를 연결하는 1,800킬로미터 길이의 송유관 건설 공사다. 단일 프로젝트로는 일자리 창출 효과가 가장 커서, 42,000개의 새로운 일자리를 만들어낼 수 있다. 2017년 3월, 트럼프 대통령은 키스톤 XL 프로젝트에 투입되는 송유관을 반드시 미국산 철강으로 해야 한다고 주장하다가 업계의 반발이 크자 물러섰다.

왜 신뢰할 수 있는 핵심 지지층 중 한 곳인 미국의 석유·천연가스 업계가 트럼프에게 반발할까? BP, 쉐브론, 쉘, 엑손모빌 등 글로벌 석유 메이저는 송유관 회사를 계열사로 가지고 있다. 언뜻 한국산 철강의 수출을 막으면 미국 송유관 회사에 유리해 보이지만 실제로는 그렇지 않다. 석유·천연가스 업계가 계열사로 거느린 미국 철강 업체는 송유관 시장 규모가 작고 이익도 적어 생산량을 크게 줄였으며, 필요한 물량의 50~60%를 수입한다. 수입산의 비중이 30% 미만인 다른 철강 제품에 비해 송유관은 비중이 훨씬 높다. 무역전쟁으로 수입 단가가 높아지면 석유·천연가스업계의 원가가 높아진다. 트럼프가 14만 개(2015년 기준)의 일자리를 담당하고 있는 철강 산업을 보호하기 위해 오랫동안 철강 무역을 규제하면 미국 내 송유관 건설 프로젝트가 연기되거나 취소될 가능성도 커진다. 2015년 기준 미국 내 석유·천연가스 산업이 창출한 일자리는 1,034만 700개로 전체 일자리 중 5.6%다. 이는 철강 산업보다 70배 많다.[16] 14만 개 표를 얻으려다 70만 개 표를 잃을 수도 있다.

트럼프의 무역전쟁은 대부분 이런 셈법 안에 있다. 트럼프가 무역전쟁을 오래 지속하기 어려운 이유다. 결국 단기적으로는 상대적으로 수출에 불이익을 당하고 있는 업체의 손을 들어 주어 그들의 시장이나 이익을 잠시 늘려준 후, 재선과 연관해서 표가 많은 계층에게 손해가 날 만한 시점에 이르면 무역전쟁에서 한발 뒤로 물러설 가능성이 크다. 따라서 트럼프의 무역전쟁은 징검다리 전략일 뿐이다.

트럼프 정책의 핵심,
인프라 투자의 미래

　　2018년에 트럼프에게 가장 중요한 정책은 무역전쟁이 아니라 인프라 투자다. 트럼프가 표면적으로 무역전쟁을 거론하면서 '최대 압박' 전략을 사용하는 것은 자신이 원하는 무언가를 얻기 위해 판을 크고 시끄럽게 흔들어서 협상력을 키운 다음에 진짜 협상을 시작하는 방법이다. 트럼프에게 무역전쟁은 다른 것들을 얻어내기 위한 압박용 카드다. 미국 외부에서 얻고자 하는 것은 단기적으로는 제조업 리쇼어링, 무역협정 개정, 방위비 분담금이나 무기 구매액 증가이고, 장기적으로는 중국과의 금융전쟁이다.

　미국 내부로 보면 트럼프는 무역전쟁을 통해 인프라 투자의 성공을 위한 교두보를 만드는 것으로 보인다. 트럼프가 심혈을 기울이는 대규모 인프라 투자 계획은 대공황 이후 루스벨트 대통령이 실시했던 '뉴

달'과 비교된다. 트럼프는 당초 공약인 1조 달러에서 규모를 더 키워서 1.5조 달러로 늘렸다. 트럼프가 발표한 1조 달러 상당의 핵무기 현대화 사업 투자와 합치면 총 2.5조 달러에 달하는 엄청난 규모다. 참고로, 미국엔지니어링협회ASCE는 2016년부터 2025년까지 10년간 미국의 노후 공공 인프라 개보수 및 신설에 총 3조 3000억 달러가 필요하다고 주장하고 있다. 트럼프가 추진하는 대규모 투자 계획의 성공 여부에 대해서는 평가가 엇갈린다. 민주당과 주류 경제학자 진영에서는 실패할 수밖에 없다고 평가하고 있다.

하지만 다른 미래 가능성을 생각해보아야 한다. 트럼프가 재선을 위해 전개하는 경제 전략의 맥락에서 보고, 여느 대통령과는 전혀 다른 트럼프만의 독특한 스타일을 고려할 때 성공할 가능성도 충분하다. 2017년에 실시했던 리쇼어링 정책, 감세 정책, 복지 지출 감축과 2018년에 강력하게 밀어붙이고 있는 무역전쟁과 연결해서 생각하면 트럼프가 던진 대규모 투자안은 그의 목적과 전략에 잘 맞는 퍼즐 조각이다. 트럼프는 1차로 11월 중간선거 승리, 최종적으로는 재선 승리를 목표로 하고 있다. 2.5조 달러 규모의 대규모 투자안이 잘 작동할지와는 별개로 그는 최소한 재선의 명분은 차근차근 만들어가고 있다.

먼저 단기적 예측을 해보자. 트럼프가 승부수로 던진 대규모 인프라 투자안은 리쇼어링 정책, 감세 정책, 그리고 2018년에 강력하게 실시하고 있는 무역전쟁과 맞물리면서 2018~2019년까지 상당한 효과를 거둘 듯하다. 현재 미국 경제는 위기 극복을 위해 오바마 행정부가 추진해온 정책 덕분에 회복 추세가 뚜렷하다. 이런 추세와 맞물려 대규모 투자가 시작되면 단기적으로는 거시지표에 분명한 효과가 있을 가능성이 크다. 미국 경제 역사상 최장 기록인 빌 클린턴 행정부 시절의 120개월 연속(1991년 3월~2001년 3월) 경기 확장 기록을 깰 가능성이 크다. 2018~2019년에 단기적 효과가 거시 지표에서 분명한 숫자로 나타난다면 트럼프는 이를 2020년 재선에서 승리하는 데 필요한 경제적 성과로 내세울 수 있다.

중기적 예측을 해보자. 2020년 이후에는 투자의 경제 효과가 감소하고 재정 적자 증가에 따른 부작용이 두드러질 가능성이 크다. 하지만 필자가 예측한 두 가지 변수를 고려해서 계산하면 최종 결과는 달라질 수 있다.

하나는 신흥국과 중국의 경제위기 가능성이고, 다른 하나는 2022~2023년 전후로 미래 산업이 만들어낼 신산업 버블의 경제 효과다. 첫번째 변수는 미국의 수출에 타격을 줄 것이다. 그러나 미국 경제의 상대적 강세가 두드러져 보이는 효과가 낮은 경제성장률의 심리적 리스크를 상쇄할 가능성이 있다. 두 번째 변수는 대규모 투자안의 실행에 따른 재정 적자 규모 증가의 실질적 리스크를 상쇄해줄 가능성이 있다. 대규모 투자의 효과가 끝날 무렵에 시장에 새로운 유동성을 공급해서, 유동성을 유지하거나 증가시킬 요인으로 작용할 가능성이 있다.

이 두 가지 변수는 '2020년경에 트럼프의 대규모 투자안의 효과가 끝나서 경제지표가 장기 하락으로 반전하며 실패할 것'이라는 주류 경제학자 진영의 예측을 빗나가게 만들 수 있는 요소다. 필자는 미국을 포함한 전 세계에서 일어날 미래 신산업 버블의 경제 효과를 크게 두 가지로 예측한다. 하나는 인공지능이 주도하는 미래 자동차와 기타 소프트웨어 및 컨텐츠 산업이 연구나 가능성의 수준을 넘어 본격적인 대규모 생산에 들어가 시장을 키우기 위한 투자가 시작되면서 만들어지는 효과다. 다른 하나는 인공지능보다 약간 늦은 속도로 움직이는 로봇이나 바이오 산업에서 기술혁신으로 1차 버블이 시작되며 시장에 유동성을 공급하는 효과다. 2022~2023년 전후에 두 가지 버블의 경제 효과가 중첩될 가능성이 크다. 필자의 예측이 현실이 된다면, 트럼프는 미국 역사상 가장 운이 좋은 대통령 중 한 사람으로 역사에 기록될 것이다.

장기적으로는 어떨까? 트럼프의 대규모 투자로 인한 재정 적자 증가는 감세안과 더불어 미국의 국가 부채 증가 속도를 빠르게 할 것이 분명하다. 하지만 트럼프가 부채 증가를 무서워할 것이라는 생각을 버려야 그의 행동을 이해할 수 있다. 트럼프는 부채 증가에 눈 하나 깜빡하지 않는다. 트럼프는 자신이 자랑했듯이 평생 빚을 교묘하게 이용해서 사업을 해온 사람이다. 그에게는 미국의 미래 경제를 심각하게 고민할 정도의 애국심이 없다. 미국 자체로도 얼마든지 화폐 가치를 하락시켜서 국가 부채의 실질적 부담을 줄일 수 있는 제1기축통화라는 강력한 무기를 가지고 있는 나라다.

더 중요한 점은 미국이 가지고 있는 자원의 잠재력이다. 미국의 셰일 에너지 매장량은 미국의 국가 부채를 모두 갚고도 남을 정도로 많다. 한국이나 일본의 부채는 미래 경제를 담보로 한 신용 부채에 가깝다. 그러나 미국의 부채는 다르다. 미래 경제의 신뢰도 자체도 다르지만, 실물 자산을 담보로 가지고 있다. 트럼프 정부는 GDP 대비 재정 적자 비중이 2018년 3.5%에서 2019년 4.7%로 늘며 정점을 찍은 뒤로 점차 감소해서 2027년 1.4%, 2028년 1.1%까지 줄어들 것이라고 예측했다. 정치적인 판단과 심리적인 충격을 내려놓고 곰곰히 따져보면, 트럼프의 인프라 투자로 당장 발생하게 될 재정 적자 규모가 실제로 미국 입장에서 엄청난 부담이 될지는 의문이다. 트럼프도 무작정 지출만 늘리지는 않는다. 트럼프는 감세와 인프라 투자로 지출을 늘리는 대신 노령층 의료 지원 서비스인 메디케어에서 약 250억 달러, 국가홍수보험 등 나머지 분야에서 1,110억 달러가량의 지출을 삭감했다. 이 조치로 10년 동안 1조 1,000억 달러의 재정 지출을 줄이게 된다.

미국 민주당도 인프라 투자에는 반대하지 않는다. 민주당도 1조 달러 규모의 인프라 투자안을 가지고 있었다. 인프라 투자에 대한 반대론자들이 공격하는 쟁점은 재정 적자가 아니라 복지 축소와 부자 감세 문제다.

감세의 유불리를 따질 때도 정치인이나 경제학자가 말하기 꺼려 하는, 숨어 있는 요소 하나를 반영해야 한다. 시간이 흐르면서 화폐 가치가 하락하면 명목소득이 올라가게 된다. 그러면 납세자가 자동으로 상위의 고소득 세율 구간으로 이동하여 추가로 세금을 납부하게 된다. 미국의 GDP가 계속 상승하고, 인플레이션이 일어나면 명목소득이 증가하여 세금을 더 걷을 수 있어서 감세 효과의 일부를 상쇄한다. 국민의 실질소득이 줄거나 멈춰도 명목 숫자가 증가하는 것만으로 정부의 세금 징수액은 늘어난다. 이런 일을 막으려면 화폐 가치 하락과 연동해서 세율 구간을 조정해야 하지만, 정부는 대개 그렇게 하지 않는다. 정부의 재정 적자가 느는 이유는 경제성장률을 인위적으로 높이기 위해 정부가 직접 추가로 지출하는 예산, 미래의 문제를 생각하지 않는 포퓰리즘으로 늘리는 복지 예산, 정치적 이득을 얻기 위한 정치인들의 선심성 예산 등이다. 미국은 여기에 중동에서 벌인 전쟁비용이 더해진다. 트럼프는 이런 부분들을 2020년 이후에 얼마든지 조정할 수 있기 때문에 재정 적자 규모나 부채 증가 속도를 통제할 여지가 충분하다는 논리를 펴고 있다.

트럼프의 정책에 우려를 나타내는 학자들의 주장을 세부적으로 들여다보면 과장된 부분들이 있다. 트럼프의 감세 정책은 영구적인 것이 아니라 10년 후에 재평가하여 폐기할 수 있다. 그리고 대규모 투자에 투입되는 중앙정부의 재정은 전체의 20% 미만이다. 정부 투자금의 성격도 일본처럼 수십 년 후에도 사람이 살지 않을 곳에 도로를 깔거나 땅을 메워 건물을 지어대는 매몰적 투자가 아니다. 미국은 고속도로, 공항, 상수도, 교육시설, 에너지 인프라를 개선할 필요가 분명하다. 인프라를 개선하지 않으면 성장에 한계가 있다. 당장 10년 동안 줄어드는 세금 때문에 재정적 부담은 있겠지만 장기적으로 봤을 때 미국 경제에 도움이 되어 회수 가능한 부채라고 봐야 한다. 레이건과 트럼프 감세에는 중요한 차이점이 있다. 우선 레이건 시대와 트럼프 시대를 경제성장률의 절대적 수치만으로 평가해서는 안 된다. 우선 레이건 시대 (1981~1989년)의 미국 GDP는 3~6조 달러였지만 지금은 18조 달러가 넘는다. 레이건 시대의 3% 성장보다 지금의 2% 성장이 규모에서 훨씬 크다. 이런 규모의 차이, 질적인 차이를 고려해야 한다.

감세 정책만 실시한 레이건 시대와 달리 트럼프의 감세 정책에는 숨겨진 장치가 2개 있다. 하나는 리쇼어링 정책의 일환으로 감세를 사용해서 미국 외부에서 돈이 들어오는 길을 강제로 열었다. 다른 하나는 미국 밖으로 돈이 나가는 문을 강제로 닫는 장치가 있다. 미국의 세제를 국제주의(기업의 해외·국내 수익 모두 과세)에서 영토주의(미국 내 수익만

과세)로 바꿔서 미국 기업이 해외 자회사 등으로부터 수령하는 국외 원천 배당소득을 과세 범위에서 제외했다. 그리고 미국 기업 및 해외 관계사가 보유한 무형 자산에 의해 발생한 해외 소득에 대한 세금을 낮추었다. 미국의 높은 세율을 피하기 위해 지적재산권을 세금이 낮은 국가의 관련 회사로 옮기는 것을 규제하려는 목적이다. 이밖에도 미국 기업의 조세 회피 목적의 해외 이전, 고용 유출 등의 문제를 해결하기 위해 세원 잠식 방지세Base Erosion Anti-Abuse Tax, BEAT를 신설했는데 이는 미국에서 영업하는 해외 기업에도 적용된다.[17]

이처럼 트럼프는 무역전쟁과 통화전쟁을 감세 정책과 동시에 구사한다. 추진 방식도 여느 정치인 출신의 대통령과 다르다. 트럼프는 미국이 가진 절대적 힘을 내세워 억지와 협박을 가한다. 욕은 엄청나게 먹지만 실제로 돈은 번다. 트럼프는 재선 승리에 절대적으로 필요한 경제적 성과를 만들기 위해 던진 대규모 투자안이 성공할 수 있도록 계속해서 부수적 전술을 구사할 것이다. 환경보호론자들의 반대에도 불구하고 각종 규제를 철폐하는 것이 그런 예다. 트럼프 대통령은 2017년 8월 15일 전국 도로와 교량 등 인프라 건설과 연관된 환경규제를 철폐하고 인허가 절차를 간소화하는 행정명령에 서명했다. 2018년의 대규모 인프라 투자를 염두에 둔 포석이었다. 트럼프의 행정명령은 연방기관 한 곳에서 절차를 주도하는 '원스톱 시스템'을 도입하여 인허가 일정을 90일 이내로 줄이도록 하는 것이 핵심 내용이었다. 행정명령에 서명한 후 기자회견에서 트럼프 대통령은 이렇게 말했다.

"여기서 몇 블록 떨어진 곳의 엠파이어스테이트 빌딩은 11개월 만에 지어졌다. 그런데 지금 다시 짓는다면 십수 년이 걸릴 수도 있다."

"온갖 규제 때문에 평범한 고속도로를 하나 짓는 데도 수억 달러가 들고 승인까지 17년이 걸릴 수 있다."

"이번 행정명령으로 인해 앞으로 평균 2년 내에 환경영향평가를 끝내게 될 것이다."

트럼프 대통령은 석유 인프라 투자와 관련된 규제 혁신도 밀어붙이고 있다. 오바마 정부는 캐나다 샌드오일을 미국 멕시코만 연안의 정유시설로 수송하는 데 필요한 총 2,700킬로미터의 '키스톤 XL 파이프라인' 프로젝트를 네바다 주 인디언보호구역과 환경보호구역을 가로지른다는 이유로 승인을 보류했다. 트럼프는 환경 단체의 반대에도 불구하고 전격 승인해주었다. 일자리 창출, 석유 산업의 이익, 인프라 투자 활성화 등이 이유다. 에너지전쟁에서 유리한 고지를 선점하기 위한 목적도 있다. 이 프로젝트가 완성되면 하루에 24만 배럴의 새 원유를 걸프 연안에 있는 중질유 정제시설에 투입해 중동산 중질유 수입을 대체할 수 있다.[18]

트럼프는 국내 규제를 제거하는 것은 물론이고 '파리기후변화협정' 같은 국제 협약도 탈퇴한 다음, 소기의 목적을 달성하면 재가입하여 봉합하는 전략을 구사하는 것으로 분석된다. 이런 얄팍한 전술이 먹힐까도 싶겠지만 필자의 분석은 가능하다는 쪽이다. 미국이기 때문에 (비난은 크게 받지만) 성과가 있을 것이다. 트럼프 스스로 국제 협약에 재가입하거나 최종 탈퇴 직전에 무마할 것이다. 그렇지 않더라도 트럼프 이후의 대통령이 모든 책임과 비난을 트럼프라는 전임 대통령에게 돌리고 재가입을 하고 다시 규제하면 아무렇지도 않은 듯 해결할 수 있다. 그러면 오히려 트럼프가 거꾸로 돌린 역사를 바로잡은 대통령이라고 찬사를 받을 것이다.

미국의 패권은 근본적으로 경제적·군사적 힘에서 나온다. 냉정하게 평가하면 트럼프의 정책은 점점 힘을 잃어가는 미국의 경제적·군사적 힘을 강화시키는 쪽으로 작용할 것이다. 단기적으로는 트럼프의 막무가내식 정책으로 미국이 많은 비난을 받겠지만, 장기적으로 이런 일로 국제 사회에서 영향력을 잃지는 않을 것이다. 환경 관련 규제 철폐는 미국의 환경을 더 파괴하겠지만, 미국의 기존 산업이 좀더 버틸 수 있게 해주고, 미국의 미래 산업이 다른 나라보다 더 빨리 움직이도록 하는 데는 큰 도움이 된다. 신산업 버블이 형성되는 시기도 앞당길 수 있다. 규제를 유지하는 데 드는 비용도 절감한다.

트럼프가 던진 신의 한 수,
예루살렘 카드

        무역전쟁은 트럼프가 민간 자본을 대규모 투자에 참여시키는 데 교두보 역할을 할 뿐이다. 트럼프의 대규모 투자안이 성공하려면 민간 자본의 참여가 핵심 변수이기 때문이다. 트럼프는 2017년에 실시한 리쇼어링 정책, 감세 정책, 그리고 2018년에 강력하게 전개하고 있는 무역전쟁으로 민간 자본의 투자 여력을 만들어주었다. 이를 구체적인 투자로 연결하기 위해 트럼프가 사용할 히든카드가 2개 있는데, 하나는 '협박'이고 다른 하나는 '유대인'이다. 선물을 먼저 주었기 때문에 기업들은 트럼프에게 무언가로 보답해야 한다. 트럼프가 원하는 보답은 명백하다. 일자리 늘리기와 인프라 투자 참여다. 지난 1년 동안 트럼프가 보여준 행동은 기업들에게 "선물만 받고 보답은 어물쩍 넘어가면 된다"는 생각을 못 하게 만들었다. 보답을 하지 않으면 받은 선물을 내놓아야 하고 미국 기업이라도 불이익을 받을 것이라는 두려움을 심어주었다.

트럼프 대통령의 투자안은 프랭클린 루스벨트나 드와이트 아이젠하워 전 대통령이 연방정부 예산을 총동원해서 추진한 것과 다르다. 트럼프 행정부는 전체 비용 중 2,000억 달러(222조 8,000억 원)를 10년간 인센티브인 매칭 펀드 형식으로 연방정부 예산에서 지출한다. 나머지는 민간 기업 투자와 지자체 예산으로 추진하도록 할 방침이다. 인프라 투자에 필요한 인허가는 2년 내에 결정되도록 하여 자신의 임기 내에 성과가 나도록 했다. 이 중에서 지방정부 예산이 들어간다는 것에 대한 비판이 만만치 않다. 지자체에 부채를 떠넘김으로써 연방정부의 부채 규모를 줄이는 꼼수라는 지적이다. 하지만 앞에서도 설명했듯이 미국의 인프라 투자는 장기적으로 지방의 세수나 역량 강화에 도움이 되는 생산적인 투자다.

다음으로 민간 투자가 원활하지 못할 것이라는 비판도 적지 않다. 그러나 트럼프는 이런 비판적 예측을 틀리게 만들 신의 한 수를 이미 두었다. 바로 이스라엘 수도로서 예루살렘을 인정한 것이다. 이 카드는 절대로 정치적 실수가 아니다. 고도의 셈법에서 나온 정책이다. 인프라 투자의 성공에 절대적으로 필요한 유대 자본을 염두에 둔 한 수다. 트럼프 행정부는 2018년 11월 중간선거 전까지 미국 대사관의 예루살렘 이전을 완료하여 확실하게 유대인 자본을 압박할 가능성이 크다. 트럼프는 민간 자본이 인프라 투자에 참여하도록 하기 위해 감세라는 카드를 던졌다. 애플(2,568억 달러), 마이크로소프트(1,260억 달러), 구글(924억 달러) 등 미국 다국적 기업들은 2조 6,000억 달러를 본국으로 들여올 예정이다. 이들 기업이 본국으로 들여올 해외 수익금은 '트럼프판 뉴딜 정책'의 종잣돈으로 쓰일 것이다. 유대 자본 역시 트럼프 감세 정책의 큰 수혜자다. 유대 자본이 결정적 기여를 하도록 만들면 된다. 그러면 나머지는 다른 민간 기업들이 앞다투어 채우게 될 것이다.

유대인들은 가장 중요한 성지인 예루살렘의 절반을 종교적 적대국에게 빼앗겼다고 생각한다. 오바마를 포함해서 근래의 미국 대통령들은 선거 과정에서 신이 선택한 민족이라는 '선민사상'을 정체성으로 가지고 있는 유대인의 표를 얻기 위해 예루살렘을 이스라엘의 수도로 인정하겠다는 공약을 남발했다. 트럼프와 경쟁했던 힐러리도 마찬가지였다. 예루살렘의 이스라엘 수도 인정 발언이 새삼스럽지 않은 이유다. 다른 정치인은 대통령에 당선된 다음에 예루살렘의 이스라엘 수도 인정 공약을 이런저런 핑계로 미루었지만 트럼프는 달랐다. 공약을 실행에 옮기고 있다. 유대인과 기독교 보수 진영이 트럼프의 수많은 스캔들에도 불구하고 그를 지지하는 이유다. 유대인들에게는 미국의 미래, 인종, 경제적 성과보다 예루살렘의 완전한 회복이 더 중요하다. 이를 실현해줄 대통령이라면 도덕적 자질이나 언행의 품격과 상관없이 '신God이 쓰는 사람'이라 생각할 수 있다. 이스라엘은 예루살렘의 고속철 정거장 이름을 '트럼프역'으로 명명하며 트럼프를 적극 지지했다. 이것이 유대인의 속내다. 아랍 국가의 속내는 어떨까? 왕위 계승 서열을 무시하고 쿠데타에 준하는 반란으로 모든 왕자들을 제압한 사우디아라비아 빈 살만 왕세자에게는 미국의 지지가 절실하다. 중동의 또 다른 영향력 있는 국가인 이집트는 에너지 문제에서 미국에게 잘못 보이면 경제가 곤두박질치는 곤경에 빠진다.

미국이 패권을 관리하는 전통적 방법은 '긴장을 형성하여 세력 간의 대립을 만들고, 그 구도 속에서 일정한 수준의 갈등을 관리하여 균형을 유지'하는 전략이다. 중동에서는 사우디 대 이란, 유럽에서는 러시아 대 유럽, 동아시아에서는 인도 대 중국, 한국과 일본 대 북한과 중국의 대립 구도가 관리의 기본틀이다. 이런 갈등 구조가 허물어지면 미국의 역할이 필요없어진다. 전통적 전략에 비추어보면 미국이 실제로 원하는 것은 평화로운 세상이 아니라 '미국이 주도하는' 평화로운 세상이다. 즉 미국을 필요로 하는 세상이다. 트럼프와 공화당은 오바마가 만든 이스라엘과 팔레스타인의 화해 무드, 이란과의 화해, 중국과의 차이메리카 관계, 쿠바와의 화해 등이 잘못된 정책이라 평가한다. 그러니 되돌려야 한다. 트럼프의 미국우선주의는 경제적·군사적 패권 모두에서 미국이 독보적인 G1의 지위를 확고히 하는 기본 전략으로의 회귀다. 여기에 트럼프의 방식이 추가된다.

위기를 만들어 문제가 명확히 드러나 상대가 당황할 때가 최적의 거래 시기다.

이런 사고방식을 가지고 있는 트럼프는 판을 흔들기 좋아한다. 판을 흔들고, 뒤로 물러서서 자신에게 유리한 시점이 만들어지기를 기다렸다가, 상대보다 우월한 위치에서 최대 압박을 통해 최대 이익을 얻어내는 협상 전략을 구사한다. 예루살렘을 이스라엘 수도로 인정하는 것과 미국 대사관 이전은 중동 판을 흔드는 일이다. 트럼프 행정부가 중간선거 전에 예루살렘의 미국 대사관을 열면 유대인과 기독교 보수 진영은 트럼프가 더 믿음직스러울 것이다. 트럼프를 재선시켜 4년을 더 집권하게 하고, 그동안 팔레스타인 문제를 자신에게 유리하게 진척시키거나 완전히 해결하려고 들 것이다. 중동에서 이스라엘의 영향력을 강화하는 것은 덤이다. 그들은 국제 사회의 비난과 위협에도 불구하고 이스라엘에 도움이 되는 정책을 트럼프만큼 실행에 옮길 대통령이 앞으로 나오지 않을 것이라는 점도 잘 안다. 트럼프 입장에서도 유대인들의 이런 생각이 나쁘지 않다. 예루살렘으로 미국 대사관을 이전해서 중동이 더 끓어 올라 판이 더 크게 흔들리면 적과 아군을 식별하기도 더 쉽다. 중동의 평화를 깨트리면 미국의 역할은 더 커진다.

미국이 이스라엘을 적극 지원하면 중동의 아랍 진영 국가들이 일시적으로 반격할 수 있다. 하지만 그들의 반격은 성공하기 힘들 것이다. 아랍 국가들이 내세울 수 있는 가장 강력한 카드가 석유를 앞세운 보호무역주의다. 그러나 이미 미국이 보호무역주의 입장을 펴고 있기 때문에 추가적인 영향도 미미할 것이며, 석유전쟁 중에 대미 원유 수출을 줄이면 중동 석유의 시장점유율만 낮추게 될 것이다. 하마스가 지옥문을 열었다며 무력으로 위협하면 어떻게 될까? 아랍 지역에서 이미 무장테러 수위가 높아졌기 때문에 미국이 부담할 실질적 리스크가 더 커지지는 않는다. 하마스가 미국 본토를 공격하기는 거의 불가능하며 이스라엘을 공격하기도 어렵다. 아랍권이 한목소리를 내고, 국제 사회가 우려를 표하겠지만 말그대로 우려의 표명에 그칠 가능성이 크다. 하마스든 중동 국가든 국제적인 여론이든 말폭탄 이외에는 실제 행동에 옮길 카드가 거의 없다. 유엔에서도 미국의 힘이 크다. 트럼프는 이런 역학 구도를 잘 알고 있다.

트럼프에게 실제적 영향을 줄 만한 것은 미국 내의 이슬람 극단주의 지지 세력에게 테러에 대한 동기 부여가 커지는 사태다. 하지만 이 역시 큰 타격이 되지는 않을 것이다. 트럼프가 극단적 이슬람 세력에 대한 강경 입장을 취하고 있어서 트럼프에 대한 이슬람 세력의 반감은 이미 미국 내 상황에 반영되어 있다. 중동 문제에 대해서 미국이 중재자의 지위와 역할을 잃을 것이라는 주장이 있지만, 당분간 G1인 미국의 역할을 대체할 나라나 세력의 출현은 불가능하다. 대안으로 거론되는 러시아나 EU는 중동의 국제관계를 중재할 힘이 모자라다. 중국도 군사력이나 경제력 면에서 중동의 중재자 역할을 하기에는 부족하다. 더욱이 유럽이나 호주 등 미국의 우방들도 중국이 미국보다 더 위험한 나라가 될 것이라고 생각하기 시작하면서 중국을 견제하는 분위기로 돌아서고 있다. 중동의 맏형 사우디아라비아의 권력을 장악한 무함마드 빈 살만 왕세자는 내부에서 권력을 유지하고 외부로 이란을 견제하기 위해서는 트럼프와 밀착해야 한다. 이란을 견제하기 위해서는 이스라엘과의 비공식 정보교환 등 실질 관계도 중요하다. 사우디는 미국이 대사관 이전을 완료하더라도 겉으로 반대하는 모양새만 취하고 소극적인 대응으로 일관할 가능성이 크다. 결국 중동에서의 유일한 중재자는 미국뿐이다. 트럼프에게는 간단히 중동 문제를 해결할 방법이 있다. 팔레스타인이 점령한 동이스라엘 지역에도 미국 대사관을 세워준다고 하면, 중동에서 문제를 일으킨 망나니에서 중동 문제의 해결자로 이미지를 바꾸며 사태를 일시에 정리할 수 있다.

중동이 시끄러워지고 군사적 긴장감이 고조되면 미국은 중국에 대한 견제 효과도 얻는다. 중국의 시진핑은 이스라엘과 팔레스타인 양쪽에 적절한 우호관계를 유지하면서 중동에 공을 들이고 있다. 예루살렘 문제로 인해 중동의 정치적·군사적 불안정 사태가 장기화하면 중국은 어느 한 편을 들기 힘들어진다. 어느 한쪽이라도 잘못 건드리면 불만이 중국으로 옮겨서 분풀이의 대상이 될 수도 있기 때문이다. 이로 인해 중국의 일대일로 전략의 추진 속도가 늦춰질 수 있다.

하지만 트럼프가 예루살렘 수도 인정 문제로 중동을 흔든 이유가 중동 문제 해결자로 평가받거나 중국의 일대일로 전략의 추진 속도를 늦추기 위한 데 있는 것이 아니다. 핵심 이유는 유대인 자본의 지지를 얻어 인프라 투자를 성공시키는 데 있다.

유대인 자본을 활용하는 전략을 처음 구사한 대통령은 트럼프가 아니라 민주당 소속 32대 대통령 F. D. 루스벨트다. 대공황이 미국을 강타하고 있던 1932년 대통령에 당선된 루스벨트는 불황 타개를 위해 정부가 적극 개입하여 경제를 살리는 '뉴딜 정책'을 추진했는데, 문제는 자금이었다. 자금 문제를 해결하기 위해 루스벨트가 내놓은 신의 한 수가 바로 유대인 중용이었다. 당시 유럽에서 세계 전쟁이 벌어지며 반유대인 분위기가 형성되자 많은 유대인 자본과 인재가 미국으로 이주했다. 유럽의 역사를 보면 유대인과 아랍의 자본·기술력이 어느 나라로 이동하느냐에 따라 국가의 흥망성쇠가 달라졌다. 그들에게 종교 박해를 가해 쫓아내는 나라는 몰락의 길을 걸었고, 그들의 종교를 인정하고 받아준 나라는 신흥 강국으로 발돋움했다. 네덜란드, 독일, 영국 등이 대표적인 나라다. 미국의 부흥도 예외가 아니다. 루스벨트 대통령은 '뉴딜'의 성공을 위해 미국 역사상 최초로 유대인을 재무장관에 임명했다. 루스벨트의 뉴딜 정책은 유대인이 미국 정계에 본격 진출하는 계기를 만들어준 사건이 되었다. 2차 세계대전이 벌어지자 원자폭탄 개발에 심혈을 기울이던 루스벨트 행정부는 유대인 과학자 아인슈타인 박사에게 유대계 과학자를 중용하라는 추천도 받는다. 이때의 일을 계기로 미국의 군수 산업에도 유대계 자본과 사람이 뿌리를 내린다.

트럼프가 핵미사일 현대화에 1조 달러를 투자하면 상당한 금액이 유대인이 장악한 군수 산업으로 흘러 들어간다. 트럼프가 예루살렘으로 대사관을 이전하면 1.5조 달러 규모 인프라 투자에 월가의 유대계 자본, 석유 산업을 필두로 한 유대계 기업들의 참여가 가속화할 가능성이 커진다. 결국 트럼프의 대규모 인프라 투자는 재선에 필요한 수준의 성과 정도는 거둘 가능성이 크다.

지금까지는 트럼프가 어떻게 반대자들을 누르고 자신의 인프라 투자 공약을 성공시킬 것인가에 대한 예측이었다. 그러나 우리는 한 걸음 더 들어가야 한다. 필자가 이 책에서 깊게 이런 주제들을 다루는 이유는 한국의 미래 결정에 매우 중요한 힘들이기 때문이다. 한국에 미칠 영향은 한마디로 요약할 수 있다. '고래 싸움에 새우등이 먼저 터진다.' 트럼프가 구사하는 모든 카드는 한국 경제에 직격탄이 될 것이다. 멀리 보면 한국을 잃어버린 20년으로 밀어 넣는 강력한 외부적 요인이다. 미국과 중국은 한국의 미래와 시스템적으로 연결되어 있다. 한국이 트럼프의 공약과 미중전쟁을 강건너 불구경 식으로 바라만 봐서는 안 되는 이유다. 정부는 물론이고 기업과 개인도 트럼프가 사용하는 카드를 분석하고 파급 효과를 예측하여 미리 대응해야 한다. 트럼프의 정책이 성공할 것이냐 아니냐를 논하고 있을 때가 아니다. 트럼프의 행동이 성공하지 못하더라도, 그의 행동은 한국의 기업을 압박하고 무역에서 피해를 줄 것이며, 가계 부채 위기에 방아쇠 역할을 하여 금융위기를 현실화시킬 가능성이 크기 때문이다. 필자가 오래전부터 경고한 금융위기 시나리오가 현실이 되면 현 정부의 일자리 대책은 물론이고, 좀비기업 파산과 자영업자 도산 증가, 부동산 버블 붕괴가 더 빨리 현실화할 것이다(이 부분은 뒤에서 한국의 상황을 진단하고 금융위기 시나리오를 설명하면서 더 자세하게 다루겠다).

5장

금융전쟁

◦

Hegemonic War

◦

금융전쟁,
미중전쟁의 승부처

        무역전쟁을 통해 미국이 노리는 가장 큰 내부적 큰 이득이 인프라 투자 성공이라면, 대외적으로는 중국을 향한 금융전쟁이다. 트럼프가 주도하는 통화전쟁은 금융전쟁이라는 더 큰 공격을 하기 위한 전초전이고, 무역전쟁은 금융전쟁의 격전지로 상대를 몰고 가려는 연막 작전이다. 미국이 노리는 최종 상대는 중국이다. 한국은 중국을 치기 전에 트럼프가 선택한 교두보다. 한국을 먼저 공격하는 것은 두 가지 의미가 있다. 중국에게는 본 공격에 앞서 보내는 경고이고, 한국에는 중국으로 기울고 있는 마음을 돌려 미국의 대중국 전략에 적극적으로 동참하도록 만들려는 의도가 짙다.

  미국은 통화전쟁을 시작하는 순간부터, 낮은 임금과 자원 원가에 의존해서 시간이 갈수록 불리해지는 중국 제조업의 특성과 달러와 비교해서 국제 시장에서 힘이 약한 위안화의 약점을 이용해서 중국을 압박한다는 목표를 세웠다. 미국이 통화전쟁과 무역전쟁으로 중국을 압박하면서 노리는 것은 중국의 완전한 금융개방이다. 이 목표는 장기적이다. 중국처럼 거대한 사냥감은 단숨에 잡을 수 없다. 긴 호흡으로 진정한 의도를 드러내지 않은채 서서히 조여들어 가야 한다.

시간이 오래 걸리더라도 중국 금융 시장이 완전히 열리면, 미국의 첨단 금융지식과 달러의 힘을 바탕으로 일본에 했던 것처럼 중국의 주식과 부동산 시장에서 자산 거품이 극대화하도록 조장할 것이다. 중국의 자산 거품이 최고조에 달하고, 외형적인 부가 극대화하면서 중국 정부와 국민이 자만에 빠져 부자가 된 듯 샴페인을 터뜨릴 때, 트로이 목마 안에 숨어 있던 미국의 금융 자본가 용병이 나서서 화폐 시스템, 주식과 부동산 시장의 거품을 터뜨리는 공격을 감행할 것이다.

여기서 착각하지 말아야 할 것이 있다. 용병들이 바라는 것은 돈이지만, 용병을 고용한 사람은 적국의 굴복을 바란다. 미국의 투자가들이 노리는 것은 중국의 돈이지만, 미국 정부가 노리는 것은 중국의 돈이 아니다. 금융전쟁을 시도하는 미국 정부가 바라는 것은 자산 시장과 금융 시장의 일시적 붕괴를 통해 중국 경제를 정체로 이끌어서 경제적 굴복을 받아내는 것이다. 운이 좋다면 이데올로기 투쟁이나 군사적 다툼 없이도 중국 공산당을 한순간에 무너뜨릴 수도 있다. 자신의 돈을 잃어버린 중국 인민의 거대한 저항이 공산당의 지배력을 무너뜨리고 중국 대륙에 민주주의 깃발을 꽂을 수 있을지 모른다.

물론 중국도 미국의 이런 의도를 잘 안다. 중국은 일본처럼 당하지 않기 위해 대비하고 있다. 하지만 경제구조의 고도화를 위해서는 언제까지나 금융 시장의 문을 걸어 잠그거나 자기들 마음에 드는 쪽의 문만을 살짝 열어 놓을 수는 없다. 금융 시장을 완전히 개방하지 않고는 세계 금융의 패권을 차지할 수도 없다.[1]

그렇다면 중국은 어떤 대비를 하고 있을까? 우선 중국 정부는 은행, 증권, 보험 등 금융당국의 수장들을 50대의 젊은 피로 교체했다. 외국 금융 회사를 유치하려는 노력도 가속화했다. 2009년 5월부터 외국 금융 회사에 처음 2년간 법인세 면제, 이후 3년간 법인세 50% 감면, 푸둥 금융지구에 입주하는 외국은행에 위안화 소매 영업 허가 등 파격적인 인센티브를 제공하면서 외국 금융 회사를 블랙홀처럼 빨아들였다. 미국과 영국 등의 압력을 의식해서가 아니다. 중국 스스로 급변하는 세계 경제판에서 살아남기 위해, 미국이 벌일 수 있는 금융전쟁에 선제적으로 대응하기 위해 자국 금융 산업을 육성하려는 의도다. 중국에게는 선택지가 별로 없다. 밀리면서 금융 시장을 개방할 것인가 아니면, 스스로 과감하게 변화를 주도하면서 준비할 것인가 뿐이다. 밀리면서 금융 시장을 개방하면 자신들에 불리하니 스스로 자국 금융 시장의 변화를 주도하겠다는 판단이다.[2]

최근 중국 금융 시장의 규모는 급속도로 확대되었다. 상하이 증권거래소는 세계 3위에 올랐고, 홍콩과 선전 거래소까지 포함하는 범중국 주식 시장의 규모는 일본을 제치고 세계 2위가 되었다. 기업공개IPO 규모는 세계 최대 수준이다. 금융업종으로만 볼때, 시가 총액에서 세계 1위와 2위가 모두 중국 은행이다. 중국은 여기에 만족하지 않는다. 추가적인 투자 유치를 위해 규제 완화와 세제 혜택 제공, 금융 인력 우대 정책을 더욱 강화하고 있다. 2011년에 중국은 외국 기업 전용 국제 시

중국의 금융 산업 확장과 파급 효과

장을 개설했다. 상하이 증권거래소에 추가로 국유 기업을 상장해서 증권 시장 규모도 계속해서 확대해나가고 있다. 미국과 유럽의 재정 위기, 부동산 버블을 견제하기 위한 중국 정부의 정책 때문에 상장사들이 주식 시장에서 자금을 조달하는 데 어려움을 겪게 되자 채권 발행을 늘려서 채권 시장이 확대되고 있다. 중국 정부도 채권 시장의 구조를 더욱 개선하겠다며 거들었다.

중국이 2008년 금융위기 직후부터 계속해서 금융 산업의 규모를 확장하는 이유가 있다. 국가 금융finance 능력의 기본은 적재적소에 적절하게 자금을 융통시켜주는 것이다. 중국이 금융 산업을 확장하는 단기적 이유는 세계 경제가 불안정하고 시간이 흐르면서 자국의 제조업 경쟁력이 하락하는 상황에서, 자국 기업의 생존을 유지해서 일자리를 보호하기 위함이다. 중장기적 이유는 우주항공, 정보통신, 바이오·제약, 문화산업, 반도체, 미래 자동차 등 신성장동력 산업을 금융의 힘을 매개로 빠르게 확대하기 위해서다. 최근에는 문화 산업에 대한 투자도 적극적이다. 하드웨어 강국을 넘어 소프트웨어 강국을 목표로 한다.

신산업 발전에는 금융 자본의 역할이 매우 중요하다. 신기술이 개발

되면 이를 상용화하기 위해 막대한 투자가 필요하다. 이를 해결해주는 것이 금융 능력이다. 역사적으로도 기술혁신이 이루어지면 반드시 금융 산업이 뒷받침되면서 새로운 시장을 창출해왔다. 탄탄한 금융 산업을 기반으로 실물 경제와 신산업이 발전하면, 고용이 창출되고 소비가 늘어 내수 시장이 확대된다. 내수 시장의 확대는 중국 시장의 미래 성장성에 대한 기대치를 높여 투자 시장까지 확대한다. 기존 산업과 신산업이 안정적으로 성장하면서 이루어지는 주식 시장의 확대는 중국 정부의 자산을 증식시켜준다. 중국 거래소에 상장된 기업의 상당수가 국유기업이기 때문이다(중국의 500대 기업 중 60% 이상이 국유 기업이다). 부동산 가격도 마찬가지다. 중국은 모든 토지가 국가 소유이므로 부동산 가격이 올라가면 국가의 자산이 증가한다. 내수 시장이 커지고 수출의 존도를 낮출 수 있다. 참고로 중국 정부가 소유한, 활용 가능한 재산은 중국 전체 재산의 76%를 차지한다. 이것이 중국이 2008년 미국발 금융위기에서 한발 비켜갈 수 있었던 가장 큰 이유였다.

그러나 일본처럼 금융전쟁에 대한 준비가 되지 않는 상태에서 통화전쟁과 무역전쟁의 공격을 받고, 이어서 금융전쟁에서 결정타를 맞으면 주식과 부동산 시장이 일순간에 붕괴하고, 국유 자산이 순식간에 증발하여 중국 공산당의 존립 자체가 위협을 받는다. 최근 중국의 부동산 버블 붕괴 이야기가 심심치 않게 나오는 상황에서 중국 정부가 부동산 시장을 연착륙시키려고 애를 쓰는 것도 같은 이유다. 부동산 시장이 경착륙하면 단기적으로 중국 정부 자산에 큰 손실을 준다. 장기적으로는 국유 자산을 투자해서 기존 수출 제조업과 신산업을 육성하고 금융자본을 끌어들여 내수 시장을 확대할 기회가 늦춰진다. 이런 모든 상황과 논리를 종합해볼 때 중국은 당분간 정부가 주도해서 전략적으로 금융 산업을 육성할 가능성이 크다.

중국이 금융 산업을 본격적으로 확대하려는 데는 또 다른 이유가 있다. 중국은 내수 시장의 규모를 지렛대 삼아 위안화 국제화를 추진하고자 한다. 먼 미래에는 국제 금융을 주도하는 위치에 올라서서 달러를 제2기축통화로 밀어내고 위안화를 제1기축통화로 만들 속셈을 가지고 있다. 미국도 이를 잘 안다. 미중전쟁이 필연적인 이유다.

제1기축통화를 소유한 국가는 '세뇨리지 효과'를 누릴 수 있다. '세뇨리지 효과'란 화폐 발행을 통해 얻는 새로운 경제적 이익을 말한다. '세뇨리지'라는 용어는 프랑스어로 군주를 뜻하는 '세뇨르'라는 말에서 비롯됐다. 세뇨리지 효과는 옛날 프랑스에서 군주가 재정 적자를 메우려고 금화에 불순물을 넣는 화폐 사기를 벌여서 이익을 얻었던 것에 빗댄 용어다. 현대에 들어서도 제1기축통화를 가진 나라가 자국의 화폐를 국제적으로 통용시킬 때, 발행 비용을 훨씬 초과하는 교환 가치를 획득해서 엄청난 경제적 이익을 얻는다. 모든 화폐는 나름의 세뇨리지 효과를 가지고 있지만, 제1기축통화처럼 국제적 무역 거래에 널리 사용되는 화폐는 화폐 가치를 하락시켜 인플레이션 세금을 걷는 세뇨리지 효과를 글로벌 차원에서 누릴 수 있다. 미국처럼 무역 적자와 재정 적자가 발생하더라도 달러를 계속 찍어냄으로써 물건을 살 수 있는 능력을 갖추게 된다. 손바닥만 한 종이 한 장에 잉크 몇 방울을 묻힌 후, 이 종이돈을 값비싼 노동을 통해 만들어낸 제품과 서비스와 간단히 바꾸어버린다. 개인이 이렇게 한다면 사기꾼으로 감옥에 가지만, 기축통화를 가진 나라의 같은 행동을 현대 경제학에서는 세뇨리지 효과라는 멋진 말

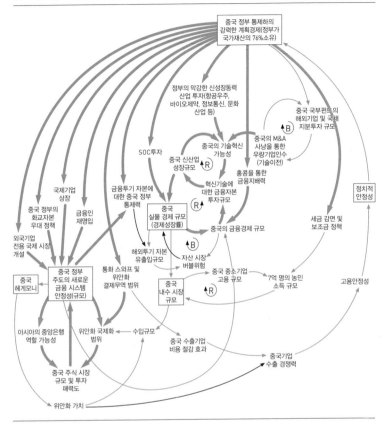

로 포장해준다.

2010년 기준, 미국을 포함한 전 세계에 유통되는 달러 총액은 국채와 달러를 합쳐 28조 달러가 넘었다. 이 중에서 화폐 발행 이익이 99%다. 제1기축통화 발행국은 다른 나라들이 제1기축통화를 많이 사용할수록 손쉽게 다른 나라가 가진 부의 일정 부분을 자국의 이익으로 빼앗아올 수 있다. 중국이 먼 미래에 제1기축통화국의 지위에 오르게 되면, 더 이상 달러에 의지하지 않고 위안화만 가지고도 13억 중국인을 지배하는 공산당의 체제를 안정시키고 국민을 풍요롭게 만들 수 있다. 과거 명나라 시절 정화 장군이 대규모 함대를 이끌고 아시아를 비롯해 인도양을 건너 아프리카까지 30여 국가를 정복한 옛 영광을 재현할 수 있다. 중국몽의 실현이다. 위의 그림은 중국이 구상하고 있는 금융전쟁에서 이겨 제1기축통화국가로 가는 전략이다.

중국은 2009년부터 미국의 금융전쟁 능력에 빈틈이 생길 때마다 놓치지 않고 선제적으로 금융 시장을 확대하는 정책을 추진해왔다. 중국은 3조 달러가 넘는 엄청난 외환 보유액을 가지고 해외 우량 기업을 인수하여 기술혁신을 촉진하고 있다. 3,000억 달러 규모의 국부펀드를 조성하여 헐값이 된 미국과 유럽 등지의 기업을 쇼핑하듯이 사들였고, 지분 투자를 통해 선진 기업의 기술과 인재를 순식간에 흡수했다. 그만큼 미국과의 산업 격차가 줄었다. 2010년 3월 중국의 지리 자동차가 정부의 재정 지원을 등에 업고 스웨덴의 볼보 자동차를 13억 달러라는 헐값에 인수한 것이 대표적인 사례. 중국은 이런 전략으로 선진국들이 오랜 시간을 투자해 일군 핵심 기술을 순식간에 손에 넣고 있다. 이제 중국에게 한국은 더 이상 경쟁국이 아니다. 중국이 경쟁국으로 여기는 나라는 미국뿐이다. 아직 한국을 넘지 못한 분야가 있긴 하지만 단지 시간 문제일 뿐이라고 생각한다.

중국에서 가불, 부채, 빚 등은 모두 부정적인 뜻을 가진 단어다. 돈을 빌리는 것 자체를 부정적인 일로 간주하는 문화적 전통이 있기 때문에 금융이 발달하기 어려운 나라였다.[3] 2005년까지만 해도 중국 증권사들 대부분이 자본 잠식 상태이거나 대규모 적자를 내고 있었다. 하지만 600조 달러가 넘는 파생 상품 시장에서 비롯된 미국발 금융위기를 지켜보며 금융 시스템과 위험 관리의 중요성에 대해 눈을 뜨기 시작했다. 그후부터 본격적으로 안정적인 금융 인프라 구축 작업에 뛰어들었다. 상대적으로 금융 산업이 발달한 홍콩을 통해 자국 금융 회사가 선진 금융기법을 익히도록 하고, 월가 출신의 금융 인재를 (금융위기 직후에는 월가에서 받는 연봉보다 25% 높은 50만 달러의 연봉을 제시하면서까지) 스카우트하여 중국 금융 시스템의 수준을 점차 높여갔다. 또한 금 시장의 규모를 최대한 확장해서 해외 투기 자본의 금융 공격에 대비하는 방어막을 쌓고 있다. 5,400만 명에 달하는 화교 자본을 중국 시장으로 끌어들이는 노력도 병행하고 있다.

그러나 중국의 이런 전략이 성공을 거두려면 한 가지 조건이 갖추어져야 한다. 바로 빠른 시일 내에 무역 대금의 위안화 결제 규모를 최대한 늘리는 것이다. 수출이든 수입이든 위안화 무역 거래의 확장은 중국의 금융 시장 확대 정책에 필수적인 전제조건이다. 내수 시장의 확장이 중요한 이유 중의 하나도 바로 무역의 위안화 결제를 확장하려는 의도와 연결되어 있다. 하지만 앞서 살펴본 그림(62쪽)에서 보듯이 위안화 결제 비율이 빠른 속도로 늘기는 했지만, 아직 미국과 비교해서는 역부족이다. 2015년 기준으로 달러화로 결제한 비율은 44.82%인데 반해 위안화 결제 비율은 2.76%로 16분의 1에 불과하다.

중국은 6,500만 명에 달하는 상위 5%의 최상위 부자들이 해외에 나가서 달러를 사용하는 대신 자국 안에서 소비를 늘리도록 하기 위해 외환 이동에 제한을 가하기 시작했다. 자국 시장이라는 힘을 활용해서 아시아 국가들이 위안화를 무역 결제 통화로 사용하도록 당근과 채찍 전략을 구사 중이다. 중국은 자국 기업들에게는 정책적으로 위안화 결제를 확대할 것을 지시했다. 2009년 7월, 5개 도시 365개 기업을 대상으로 위안화 무역 결제를 시범적으로 시행하기 시작했고 2010년 6월부터는 전국 20개 성시省市로 시범 지역을 확대했다. 2013년 1월에는 위안화 해외 직접 투자를 허용했고, 3월에는 위안화 무역 결제 지역을 중국 전역으로 확대하는 등 정책에 박차를 가하고 있다. 트럼프가 하는 전략과 결코 다르지 않다. 대한무역진흥공사KOTRA가 2011년 4월 대중국 수출입 기업 104개 사, 중국 진출 법인 136개 사를 대상으로 설문 조사한 결과, 설문 대상 기업의 77.5%가 위안화를 도입했거나 도입할 계획이라고 밝혔다. 도입 검토 원인으로 응답 기업의 46%가 중국 바이어로부터 위안화 결제 요구를 받은 경험이 있다고 답했다. 중국 기업의 결제 통화 변경 압력이 상당함을 알 수 있다.[4]

중국의 계산은 간단하다. 막대한 정부 자산을 활용하여 선진 기술을 빨아들이고 그 기술을 바탕으로 국내 실물 경제 규모를 키워 내수 시장을 확대한다. 다음으로 막강한 시장 규모를 활용하여 금융 시장의 덩치를 키워서 다가오는 미국 금융 자본의 공격을 막아내겠다는 전략이다. 세계 최고의 외환 보유액과 공산당 일당 독재 체제에서 오는 빠른 의사결정 속도라는 무기도 최대한 활용할 것이다.

미국은 어떻게
중국의 금융을 공격할까?

미국이 허약해진 틈을 타서 금융 시장을 확대하며 금융 통화 패권을 겨누어 전진하는 중국이 미국으로서는 달가울 리 없다. 중국의 철저한 준비와 역공이 시작된 상황에서 미국의 전략적 공격 지점은 어디로 향하게 될까?

금융전쟁에 대한 중국의 대비는 치밀하고 탄탄해 보인다. 중국의 전략이 성공할 경우 해외 투기 자본이 중국의 금융 시장을 흔들기는 어려워진다. 그러나 어떤 전략이든 아킬레스건이 있다. 중국의 전략에는 두 가지 변수가 있다. 하나는 "중국이 금융 시장을 얼마나 적절한 속도로 개방하느냐?"의 금융 시장 개방 속도 조절 문제이고, 다른 하나는 중국 내수 시장의 성장 속도 조절 문제다.

미국의 금융 공격에 일본이 어떻게 무너졌는지를 알고 있는 중국을

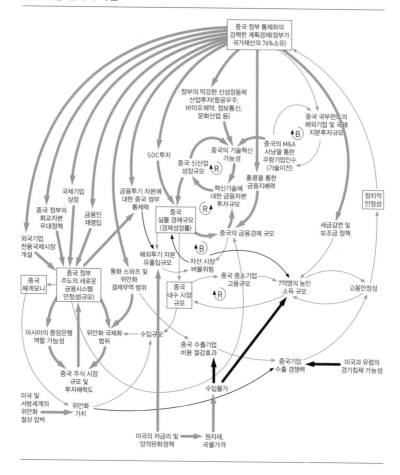

상대하는 미국 입장에서는 이 두 가지 '속도 조절'의 변수가 공격의 포인트가 된다. 중국이 너무 빠르게 금융 시장을 개방하고 내수 시장을 키우면 급격한 투기 자본의 유출입 때문에 시장의 변동성이 커진다. 상대적으로 금융 능력이 뒤처지는 중국으로서는 자칫 경제가 심하게 흔들리면서 금융위기나 외환위기로 치명타를 입을 수 있다. 반대로 너무 속

도를 느리게 가져가면 중국의 금융 시장과 내수 시장은 외국인들에게 변화를 강요당하여 주도권을 잃게 된다.

2018년 1월 기준, 중국의 외환 보유액은 3조 1,610억 달러를 기록했다. 전문가들은 중국의 외환 보유액 중에서 적게는 20%, 많게는 60% 정도를 핫머니로 보고 있다. 만약 중국에서 금융위기 상황이 발발하면 상당수의 핫머니가 탈출하면서 위기가 시작된다. 그래서 중국은 이 핫머니를 법과 제도, 금리, 환율로 단단히 통제하고 있다. 은행과 보험 시장 등을 개방하면서 중국 내로 핫머니가 들어오는 길은 자유롭게 개방했지만 중국 내에서 합법적으로 운용되는지, 이익에 적법한 세금을 내는지, 자금 출처는 분명한지 등을 살피며 운용 과정을 통제하고, 국외로 다시 나가는 길은 철저하게 감시한다. 또한 중국에서는 여전히 외국의 헤지펀드가 마음대로 활동할 수 없다.

중국은 핫머니가 가진 몇 가지 약점을 잘 알고 있다. 첫째, 핫머니는 달러가 중심이다. 따라서 중국이 금 구매량을 늘리면 핫머니의 유동성에 영향을 줄 수 있다. 둘째, 핫머니는 투기가 주 수익원이기 때문에 불법인지 아닌지를 잘 감시하면 활동량을 조절할 수 있다. 만약 중국에서 핫머니가 활동하다가 중국법상 불법 수익을 취하면 정부는 원금과 수익을 모두 몰수할 수 있는 명분을 얻는다. 셋째, 핫머니는 늘 국경을 넘나들기 때문에 유출입비용을 조절하는 것에 부담을 느낀다. 마지막으로 핫머니는 금융 시장의 혼란이 클수록 고수익을 낼 기회가 커진다. 그러므로 중국 정부가 침착하게 움직이면서 금융 시장의 혼란을 최소화하면 수익률이 떨어진다.[5] 이런 약점을 손에 쥐고 있는 것이 중국 정부가 미국과 영국의 핫머니 세력과 싸우는 전략이다.

핫머니의 최고의 수익원은 부동산과 주식, 환율이다. 수익을 크게 하려면 금융위기 같은 큰 변동성의 발생이 유리하다. 외환위기가 발발하면 핫머니에게는 최고의 장이 서는 셈이다. 현재 미국의 금융 자본가들은 중국의 부채를 계산 중이다. 상업용 부채가 미국의 2배이며 전 세계 1위인 것을 주시하고 있다. 부동산 시장에서 크게 부풀어 있는 버블에도 주목하고 있다. 그래서 중국 정부도 주식과 부동산 시장을 철저히 관리하고 있으며, 주식 시장에 상장된 기업의 상당수가 국영 기업이다.[6] 환율도 정부가 의도하는 대로 조절하면서 위험을 최소화하는 선에서 환율을 관리한다. 동시에 미래의 큰 기대 수익에 대한 환상을 만들어 주면서 핫머니들의 애간장을 태운다. 중국은 이미 상당히 지능적으로 금융전쟁을 수행하고 있는 셈이다.[7] 미국과의 싸움에서 승리하기 위해서 중국 정부는 속도 조절에 신중할 수밖에 없다. 미국은 이런 중국의 성공적인 속도 조절을 방해해야 한다. 미중 금융전쟁의 핵심은 이 속도 조절의 싸움이기 때문이다.

미국으로서는 중국의 내수 시장이 적절하게 붕괴했다가 회복하기를 반복하면서 미국이 수출 경쟁력을 회복하고 큰 금융 수익을 얻을 수 있을 정도로만 성장하기를 원한다. 이보다 중국 내수 시장의 성장 속도가 더 빨라져 세계의 자본이 중국으로 급속히 모이면 패권 국가 지위를 넘겨줄 가능성이 커지므로, 그런 사태만은 어떤 수단을 쓰더라도 막으려 한다. 반대로 중국은 자산 시장을 포함한 내수 소비 시장을 대규모 버블 붕괴가 발생하지 않는 범위 안에서 최대한 빠르게 확대하고 싶어 한다. 성공하면 중국은 안정적인 금융 인프라 구축도 가능하다.

하지만 세계화된 시장에서 자국이 원하는 속도로 시장 변화를 조절하기는 불가능하다. 이는 미국이나 중국 모두에게 마찬가지다. 그래서 미국과 중국 간에 벌어질 '장기적 금융전쟁'은 시나리오를 세워서 예측해보아야 한다.

미국의 중국 금융 공격
시나리오 1

        첫 번째 시나리오는 미국이 달러 유동성을 계속 공급하여 달러 가치의 하락을 유도하거나, 통화전쟁과 무역전쟁을 반복하여 위안화 가치를 상승시킴으로써 중국의 물가 상승을 유도하고 중국 내에서 조절하기 힘든 수준의 자산 버블을 유도하는 미래다.

이 경우 중국 내수 시장은 서서히 병들어갈 것이다. 미국은 이 시나리오에 금융 공격과 원유·원자재 가격 등을 활용한 공격을 더하려 할 것이다. 이런 상황에서 중국 자체적으로 가지고 있는 인구 구조 변화, 막대한 부채의 역습, 자산 시장의 잦은 붕괴, 환경 파괴 등의 위기 요소들이 연결된다면 미국에게는 최상의 시나리오가 된다. 다음은 첫 번째 시나리오를 시스템 지도로 표현한 것이다.

2008년 이후 미국은 급격한 경기 침체를 막기 위해 0%에 가까운 저

미국의 금융 공격 시나리오 1

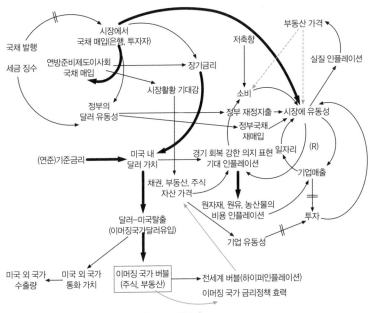

* 미국제조업(2010. 6 기준) 전체 경제 13%(1조 7,000억 달러)
* 중국제조업(2010. 6 기준) 전체 경제 1/3(1조 6,000억 달러)
* 골드만삭스는 향후 4조 달러 추가 유동성 공급 예측(적정금리−7%)
* 연준 2008. 12〜2009. 3(1차 양적완화): 1조 7,000억 달러 대입

금리 정책을 유지하면서 양적완화 정책을 펼쳤다. 미국 채권의 매력도
는 예전과 비교해서 크게 떨어졌다. 시중에 공급된 유동성은 미국 가계
로 흘러 들어가지 못하고 은행권의 급한 불을 끄는 데로만 움직였다. 가
계 대출이 생각만큼 늘어나지 않자 은행과 기타 금융기관은 수익을 내
지 못해서 구조조정을 통해 건전성을 유지했다. 연준이 뿌린 엄청난 규
모의 달러 유동성은 미국보다 금리가 높은 해외 자산 시장으로 흘러갔
다. 한국과 중국 등 신흥국에서 자산 버블이 만들어지고 상업 영역에
서 달러화 부채가 급증했다. 금융 자본가들이 공격하기 좋은 상황이

경제발전 단계별 금융 자본의 공격 포인트

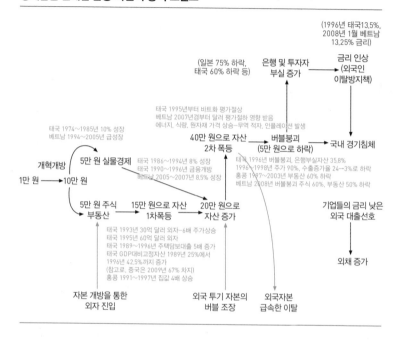

조성되고 있는 것이다. 참고로 위의 그림은 한 나라가 후진국에서 시작
해서 점점 경제가 발전하는 단계에 따라 외국 자본이 금융 공격을 할
수 있는 포인트를 정리한 것이다.

농경사회 수준에 머물러 있는 후진국이 경제발전을 할 때는 반드시
개혁개방을 통해 외국 자본과 각종 지원에 의지해야 한다. 1차 경제발
전기에는 차관이든 무상 원조든 외부 자본을 들여오고, 저렴한 노동
력만을 가지고 할 수 있는 수준의 공장을 가동한다. 선진국들은 수출
의 길도 열어준다. 이런 조건을 갖추고 열심히 일하면 연간 10%가 넘
는 높은 성장률을 기록하면서 잘살 수 있다는 희망이 싹튼다. 중국도
1978년 개혁개방 정책을 채택한 덩샤오핑이 미소 군비 경쟁에서 미국

편을 들어주면서 그 대가로 미국 기술과 자본을 들여오고 미국 시장을 개척하는 데 성공했다. 이렇게 1단계의 경제발전이 성공적으로 진행되면 최초로 빌려온 1만 원의 자본이 10만 원이 되는 성과를 얻게 된다.

다음으로 전개되는 2단계 경제발전기에는 불어난 10만 원의 자본 중 5만 원은 실물 경제에 재투자되고, 나머지 5만 원은 주식이나 부동산, 채권 등의 자산 시장으로 흘러 들어간다. 적은 규모이지만 자체적인 자본이 형성되어 실물 경제와 금융 경제가 본격적으로 성장할 수 있는 기반이 마련된다. 정부가 이 추세를 가속화하기 위해 자본 시장을 개방해서 외자 유입을 한 단계 더 활성화하면서 실물 경제와 금융 경제가 빠르게 확장한다. 하지만 신용을 창조하여 경제를 성장시키는 현대 자본주의의 속성상 돈이 늘어나고 경제발전이 가시화되면 사람들은 열심히 일하는 것보다 자산 시장에 투자해서 부를 증식하는 것이 유리하다는 것을 깨닫게 된다. 국가 경제가 발전한 만큼 사회적 비용이 증가하고 근로자 임금도 상승하면서 저렴한 노동력을 기반으로 한 기존 산업은 성장의 한계에 직면한다. 자산 시장의 매력도가 상대적으로 더 크게 증가하는 이유다. 그러면서 2단계 경제발전기부터 자산 시장이 실물 시장보다 빠른 속도로 성장한다. 결국 자산 시장의 1차 폭등이 일어난다.

3단계 경제발전기는 자산 시장이 주도한다. 외국 투기 자본도 자산 시장의 급속한 팽창을 예측하고 좀더 과감한 투자를 단행한다. 그 결과 자산 시장의 2차 폭등이 일어난다. 그러나 이렇게 이루어진 성장은 자산 버블이 붕괴하면 모래 위에 쌓은 성처럼 무너진다. 대규모 버블 붕괴가 발생하면서 은행 및 기업의 부실이 커지고, 심각한 경우 외환위기로 치닫는다. 이런 위기를 극복하고 노동 집약적 산업에서 벗어나 보편

기술을 가지고 중간재를 생산하는 제조업 구조로 전환하는 데 성공하면 자산 버블 붕괴로 인한 충격을 딛고 일어나 다시 경제성장을 지속할 수 있다. 이를 위해서는 준비된 높은 교육 수준과 탁월한 벤치마킹 능력이 필수적이다. 그렇지 못한 나라는 추가 경제성장을 할 여력을 상실하고 '개발도상국' 혹은 '중진국'의 굴레를 벗어나지 못한 채 성장이 멈추거나 후퇴한다. 한국은 이 단계를 1998년에 겪었고, 중국도 현재 이 단계로 진입하고 있다. 이 단계에서 최대 수혜자는 국가도 국민도 아닌 글로벌 금융 자본가가 된다.

1990년대에 조지 소로스는 동남아시아를 공격했다. 유럽과 일본의 은행들은 1990년대 중반에 태국, 말레이시아, 인도네시아 등이 저임금, 저비용 생산기지로 주목받으며 연간 성장률 8~10%를 기록하자 대출을 급속히 늘렸다. 일본 자금이 동남아시아의 은행, 주식 시장, 직접투자 등으로 급격히 밀려들었다. 각국의 주식 시장이 폭등했고, 부동산 가격도 크게 오르기 시작했다. 외환 보유액 역시 동반 상승했다. 태국은 1984년 19억 달러에 불과했던 외환 보유액이 1996년에 377억 달러로 1,884% 상승했다. 1993년에는 30억 달러의 외자 유치가 이루어졌고, 1995년에는 60억 달러로 늘어났다. 주가는 6배나 상승했고, 주택 담보대출도 5배나 증가했다. 경제는 호황을 누렸고 국민은 부자가 되었다는 착각에 빠졌다.

1995~1997년 달러 대비 엔화 환율이 급속하게 하락하자, 환율을 달러에 고정해 놓았던 아시아의 다른 국가들이 일본 제품과의 경쟁에서 밀리기 시작했다. 낮은 임금을 기반으로 한 노동 집약적 산업의 생산기지로 발돋움하고 있던 동남아시아 국가의 수출은 치명타를 입기

시작했다.[8] 미래에 대한 기대감이 한순간에 사라지자, 무분별한 대출과 투기의 부작용이 곧바로 나타났다. "크레인이 태국을 대표하는 새 national bird"[9]라는 말이 나올 정도로 태국을 비롯한 동아시아는 과도한 건설 붐이 곳곳에서 일고 있었다. 상업용 부동산 시장의 공급 물량은 1986~1995년에만 400% 이상 증가했다.

거품은 언젠가는 꺼지기 마련이다. 1995년부터 태국의 바트화는 평가절상의 압력에 시달렸고, 1996년부터는 대규모 대출 손실이 발생하기 시작했다. 이런 낌새를 알아챈 유럽과 일본의 투자자들은 태국의 주식을 서서히 내다팔기 시작했다. 태국은행Bank of Thailand의 외환 보유액도 점차 바닥이 보이기 시작했다. 1997년 3월 3일에 태국 중앙은행은 자국의 금융 회사 9곳, 주택 대출 회사 1곳이 유동성 문제와 자산 부실 문제가 있다고 실토했다. 그러자 한순간에 태국 바트화의 위기가 수면 위로 급부상했다.

금융 전문가들에게 이런 상황은 돈을 크게 벌 수 있는 최고의 시기다. 조지 소로스는 태국 은행과 금융 회사의 주식을 대량으로 매도했다. 태국 자산에 대한 리스크를 줄이는 과정에서 수익을 극대화하기 위해, 다른 헤지펀드와 힘을 합쳐서 태국의 바트화를 대량 매도했다. 당시 태국의 바트화는 고정환율제에 묶여 있었다. 소로스는 이 점을 활용했다. 소로스를 중심으로 한 헤지펀드들은 태국 바트화를 연합 공격했다.[10] 1997년 5월 핫머니의 공격으로 태국의 바트화는 사상 최저치로 폭락했다.

태국 중앙은행이 싱가포르와 손을 잡고 120억 달러의 자금을 마련한 후, 필사적으로 소로스와 헤지펀드들에 맞섰다. 120억 달러를 풀어

달러 대비 위안화 가치 추세

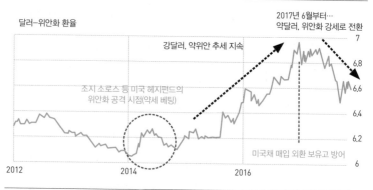

달러-위안화 환율

2017년 6월부터…
약달러, 위안화 강세로 전환

강달러, 약위안 추세 지속

조지 소로스 등 미국 헤지펀드의
위안화 공격 시점(약세 베팅)

미국채 매입 외환 보유고 방어

7
6.8
6.6
6.4
6.2
6

2012   2014   2016

출처 : TRADINGECONOMICS.COM, OTC INTERBANK

바트화를 매입하고, 단기 대출을 중지하고, 금리를 대폭 인상했다. 5월 20일 소로스는 갑작스러운 금융 경색과 금리 인상으로 3억 달러의 손실을 보았고 바트화는 정상 회복되었다. 1차 공격에서 실패한 소로스는 6월 말 더 많은 자금을 끌어모아서 태국의 바트화에 대한 2차 공격을 감행했다.

당황한 태국 정부가 450억 달러를 긴급 투입하자, 소로스와 연합군들은 900억 달러를 퍼부었다. 태국 금융 시장은 아수라장이 되었다. 태국의 위기는 곧바로 금융 쓰나미가 되어 인도네시아, 필리핀, 말레이시아, 한국 등 동남아 시장을 순차적으로 휩쓸었다. 결국 1997년 7월 2일 태국은 고정환율제를 포기했다. 그러자 바트화는 더 크게 폭락했다. 소로스와 헤지펀드 연합은 40억 달러의 이익을 남겼다. 이것이 바로, 금융투자 회사들이 돈을 버는 전형적 방법의 하나다. 전문가들은 이 당시 동남아 외환 시장과 증권 시장에서 발생한 손실이 대략 1,000억 달러를 넘을 것으로 추정했다.[11] 자산 버블 붕괴를 틈탄 헤지펀드의 공격은 더 큰 금융위기를 만들면서 동남아시아를 휩쓸고 러시아까지 번졌다. 1998년 여름 러시아의 금융 시스템도 완전히 붕괴했다.

현재 미국의 금융 사업가들은 1990년대 동남아시아를 휩쓸었던 것과 같은 기회가 중국에서 다시 오기를 학수고대하고 있다. 많은 제조업체가 중국에서 큰 사업 기회를 노리고 있듯이, 금융 사업가들도 언젠가 중국에서 벌어질 자산 버블 붕괴와 경제적 혼란 속에서 발생할 큰 기회를 노리고 있다. 2014년 조지 소로스는 중국의 위기가 시작되었음을 간파하고 똑같은 방식으로 공격을 시작했다. 그러나 중국의 위기가 아직 정점에 달하지 않았고, 중국 정부의 대응력도 견고해서 실패하고 후퇴했다. 하지만 조지 소로스는 포기하지 않고 다음 기회를 노리고 있을 것이다.

미국의 중국 금융 공격
시나리오 2, 3, 4

두 번째 시나리오는 연준의 기준금리 인상에 따른 부담과 트럼프 경제 정책의 부작용이 겹치며 2019년 이후 미국 경제가 빠른 속도로 다시 침체 국면으로 접어들어 중국의 수출과 내수 시장이 급격히 위축되는 시나리오다. 이 시나리오는 미국과 중국의 의도나 전략과는 상관없이 벌어지게 되는 시나리오다. 그렇게 되면, 중국을 포함한 전 세계는 공황 수준의 심각한 디플레이션 위험에 직면할 가능성이 크다. 아직은 빈약한 중국의 내수 시장과 금융 인프라 조건에서 중국 정부의 자금 지원 능력도 한계를 드러낸다. 그 결과 중국의 수출 시장과 내수 시장은 물론이고 금융 시장까지 모두 급격히 위축될 수 있다.

이 시나리오가 현실이 되어도 미국 달러가 굳건하게 기축통화의 위상을 지킬 가능성은 존재한다. 다른 대체 통화가 없는 상황에서 투자

자본이 서서히 미 국채로 다시 몰릴 것이기 때문이다. 반면 중국은 지속해서 일자리를 확보하기 위해 과잉 투자를 해야 하므로 중국의 자산 손실 속도가 빨라지게 된다. 따라서 중국은 미국과의 기축통화 전쟁에서 불리한 위치에 놓이게 될 가능성이 커진다. 이 시나리오가 현실이 된다면, 중국은 미국을 따라잡는 데 수십 년이 걸리거나 전혀 불가능해진다. 미국도 큰 타격을 보겠지만, 상대적으로 모든 나라가 동시에 위기에 빠지게 되어 미국으로서는 그다지 나쁜 시나리오가 아니다.

세 번째 시나리오는 중국 정부의 지속적 지원과 성공적인 금융 시장 확대, 위안화 절상 속도의 성공적 조절로 내수 시장 규모가 적절한 규모까지 큰 부작용 없이 성장하는 경우다. 중국에는 최선의 시나리오다. 이 과정에서도 중국은 내부적으로 2~3번의 작은 버블 붕괴를 겪을 수 있지만 중국 정부가 선제적으로 잘 대응해서 가장 이상적인 상태로 중국 경제가 안착하는 시나리오다.

마지막 시나리오는 미국 달러화의 가치가 갑작스럽게 폭락하면서 중국으로 자본이 급속히 쏠려 중국 금융 시장과 내수 시장이 급격히 성장하는 시나리오다. 미국에는 최악의 시나리오이고, 중국에는 최상의 시나리오다. 미국의 주식 시장과 부동산 시장은 붕괴하고, 소비는 감소하며, 미국 기업의 해외 이탈이 커지고, 실업률이 높아지고, 매년 1~2조 달러 규모의 재정 적자가 오랫동안 지속된다. 국가 부채가 통제 범위를 넘는 속도로 계속 증가하여 늘어난 이자 부담으로 매년 부채 한도의 증액을 둘러싸고 민주당과 공화당의 갈등이 반복된다. 결국 신용 평가사들이 미국의 국가 신용등급을 잇달아 강등한다. 달러화 폭락으로 손해를 본 투자자들이 중국에서 손실을 만회하려고 중국 시장으로 몰려든다. 일시에 중국은 뉴욕을 대체하는 글로벌 금융의 중심지로 부상하고, 중국의 내수 시장도 급격히 성장한다. 미국을 제외한 국가들은 SDR을 초국가적 기축통화로 정하는 결단을 내리고 투자자들은 일시적으로 미 국채를 대량 매도하면서 미 국채 금리가 폭등하고 달러화 가치는 추가 폭락한다. 이때 중국은 착실하게 내수 시장을 확대하고 금융 인프라를 갖춘 후 금융 시장을 적극 개방하면서 SDR 기축통화를 주도한다. 결국 SDR 기축통화라는 임시 체제를 거쳐, 중국 위안화가 달러 패권을 대체하거나 달러와 병존하는 현실이 온다.

하지만 마지막 시나리오는 예상치 못한 결과를 발생시킬 수도 있다. 만약 미국의 달러화가 걷잡을 수 없을 정도로 폭락하면, 미국은 생존을 위해 마지막 카드를 꺼내 들 수 있다. 바로 가장 강력한 보호주의 전략인 '채무불이행' 선언이다.[12] 그러면 중국이 가장 두려워하는 미래가 펼쳐진다. 중국이 가진 미 국채가 일순간에 휴지가 된다. 달러가 휴지 조각이 되면서 전 세계 주식 시장이 동시에 붕괴한다. 금리가 치솟으면서 각종 채권비용이 증가한다. 중국의 외환 보유액도 급감하면서 중국의 부도 위험도가 급상승한다. 전 세계 경제는 대공황보다 더 큰 위기에 빠진다.

결국 이 시나리오가 현실에서 펼쳐져도 미국만 일방적으로 패자가 되지는 않는다. 위기의 당사자인 미국은 부도 선언과 동시에 국제 금융 시장에서 퇴출당하지만, 세계 경제가 한순간에 신용경색 국면으로 진입하기 때문에 미국의 신용 하락과 평판 상실은 장기적으로 큰 문제가 되지 않는다. 2008년 미국발 금융위기 직후를 돌아보라. 미국의 위기가 전 세계의 위기로 전환되어 모두 위기에 빠지면, 상대적으로 기술과 자원에서 우위를 가진 미국이 더 믿을 만하다는 희한한 평가가 점차 시장을 지배하게 된다. 미국이 다시 재기할 수 있게 되는 것이다. 1998년 채무불이행을 선언했던 러시아의 사례를 보라. 불과 3년 후에 국제금융 시장에서는 너도 나도 러시아에 돈을 빌려주겠다고 경쟁했다. 전 세계가 위기에 빠지고, 미국이 부채를 강제적으로 탕감해버리고 나면, 전 세계 투자자들이 다시 미국에 돈을 빌려주겠다고 아우성을 칠 수도 있다. 이 과정을 통해 미국에 가장 많은 돈을 빌려준 중국 경제만 주저앉게 된다. 마지막 시나리오는 당분간은 일어날 가능성이 지극히 적지만, 일어나면 파급력이 엄청나므로 한 번쯤은 반드시 고려해보아야 할 '뜻밖의 미래'다.

PART

2

미중전쟁,
누가 이길까?

6장

북한 핵,
트럼프 재선의
또 다른 승부수

◆

Hegemonic War

◆

미국과 북한이
진짜 원하는 것

          2018년 신년사를 통해 핵 무력 완성을 선언한 북한 김정은은 체제의 운명을 걸고 마지막 승부수를 던졌다. 트럼프 입장에서도 북핵 문제 해결은 재선을 위한 승부수다. 트럼프가 북핵 문제를 해결하면 두 가지 이익을 얻는다. 하나는 북핵 문제 해결 과정에서 얻는 이익이다. 트럼프에게 북핵은 중국과 통화전쟁, 무역전쟁, 금융전쟁 등을 벌이는 데 필요한 도화선이자 압박 수단이다. 중국도 미국의 속내를 안다. 하지만 중국은 미국의 의도에 말려들지 않기 위해 미국을 직접 겨냥하지 않았다. 미국이 한국을 교두보로 삼은 것처럼 중국도 한국을 희생양으로 선택했다. 사드 배치를 빌미로 한 보복은 실제로는 한국이 아니라 미국을 향한 중국의 칼이다. 서로 속내를 간파한 중국 강경파와 미국 강경파는 한목소리로 북핵을 빌미로 한반도에서의 전쟁 가능성을 경고하며, 경쟁하듯 북한 급변 사태에 대비한 군사훈련 강도를 높여왔다. 중국은 미국이 북한을 압박하는 것이 문제라고 주장하며, 미국이 물러서고 양보하면 북핵 문제는 즉시 해결된다고 압박한다. 반대로 미국은 중국이 북핵 문제 해결의 당사자라고 압박한다. 중국이 적절한 역할을 감당하지 않고 있으며 뒤로 북한을 돕거나 묵인하고 있다고 주장한다. 그래서 북한을 제재하는 데 중국을 포함할 수밖에 없다며 통화전쟁, 무역전쟁의 명분을 만들어간다.

트럼프는 북핵 문제를 해결할 경우 얻을 수 있는 또 다른 이익이 있다. 핵전쟁의 위험을 제거한 공을 인정받아 노벨 평화상을 수상하고, 세계에서 가장 어려운 문제를 해결한 탁월한 협상가라는 이미지를 얻을 수 있다. 그렇게 되면 재선 승리 가능성도 매우 커진다.

필자는 2016~2017년 북한의 잇단 미사일 발사와 핵폭탄 실험으로 전쟁 분위기가 고조될 때, 트럼프와 김정은이 원하는 것은 전쟁이 아니라고 예측했다. 긴장을 고조시키는 초기부터 두 사람은 적절한 시기에 협상을 통해 각자 원하는 것을 얻고 싶어 했다. 트럼프는 북한이 핵을 완전하게 폐기하도록 하는 일을 사명으로 생각하지 않는다. 핵 없는 세상을 신념으로 가지고 있는 사람도 아니다. 그에게 북핵 폐기는 정치적 도구의 하나일 뿐이다. 미국의 동아시아 전략에 비추어볼 때도 북한의 '완전하고, 검증 가능하며, 돌이킬 수 없는CVID' 비핵화는 좋은 결말이 아니다. 미국의 기본 전략은 중국, 북한, 한국, 일본 사이에서 긴장이 유지되며 절묘한 균형을 이루는 관계다. 북한이 완전한 비핵화를 하면 미국이 원하는 절묘한 균형이 깨지고, 중국을 군사적으로 압박할 명분도 사라진다.

트럼프가 가장 원하는 것은 재선 승리에 결정적으로 기여할 한 방이 될 수 있는 정치적 퍼포먼스다. 노벨상을 수상하면 완벽하다. 불가능한 일도 아니다(필자는 2017년 초 트럼프가 북핵 압박 정책을 시작할 무렵에 보고서를 통해 트럼프가 북핵 문제를 해결하고 노벨상을 수상할 가능성이 크다고 예측했다). 만약 북한이 핵을 완전하게 폐기하는 단계까지 간다면 트럼프, 김정은, 문재인 대통령이 함께 노벨 평화상을 받을 수도 있다.

김정은이 원하는 것은 핵미사일을 협상의 지렛대로 삼아 경제발전을 도모하는 것이다. 북한의 체제 유지를 위해서 핵무기보다 더 절실하게 필요한 것이 경제발전이다. 경제발전을 위해서는 핵을 포기할 배짱도 가지고 있다. 아버지인 김정일처럼 김정은도 북한의 시장경제가 발전하면 체제에 위협이 된다고 생각해서 어느 순간 경제발전을 포기할 것이라는 주장도 있으나, 필자가 프로파일링한 김정은의 스타일이라면 경제발전과 체제 유지를 분리해서 생각할 가능성도 충분하다. 경제를 발전시키면서도 체제를 유지할 수 있는 다른 방법이 있다는 대담한 발상을 할 수 있는 인물이다.

결국 트럼프와 김정은은 서로 원하는 이득을 극대화할 수 있는 시기에 극적으로 핵군축 협상 테이블에 앉을 것이다. 이를 위해서 2018년에 두 사람에게 공통으로 필요한 것은 세 가지다. 첫째, 2017년보다 좀 더 높은 수준의 군사적 긴장감 조성이다. 둘째, 탐색 대화 채널의 가동이다. 셋째, 협상에서 우위를 점하기 위한 기싸움, 즉 상대방이 먼저 대화의 손을 내밀도록 만드는 일이다. 기싸움에서 지면 불리한 입장에서 협상을 시작해야 한다. 대화는 해야 하지만 둘 다 먼저 손을 내밀고 싶지는 않다. 결국 트럼프와 김정은 모두 제3자가 자신들 사이에서 대화를 중재해주기를 원한다. 그러면 동등한 입장에서 협상 테이블에 앉는 모양새가 된다. 북한과 미국은 탐색 대화 채널과 중재자로 한국을 선택했다. 평창 동계올림픽은 탐색 대화 채널을 만들고 한국을 대화 중재자로 세우는 데 아주 자연스런 계기를 제공했다.

그렇다면 언제 북미 간에 탐색 대화를 끝내고 본격적인 핵 협상을 시작할까?, 트럼프의 목적과 김정은이 버틸 수 있는 한계를 바탕으로 추론해보면 서로에게 가장 적절한 시점을 대체로 예측 가능하다.

북한의 아킬레스건은 에너지다. 미국과 중국도 이를 잘 안다. 그래서 미국은 중국에게 대북 원유 공급을 완전 차단하라고 압박했다. 북한의 원유 정제 총용량은 하루 7만 배럴로 추정된다. 북한의 정유 설비는 하루 3만 배럴을 정제하는 중국 인근 신의주 봉화화학공장과 하루 4만 배럴을 정제하는 러시아 접경의 승리화학공장 둘뿐인데, 승리화학공장은 1990년대 이후 가동이 중단되었다.

중국은 조중우호송유관을 통해 다칭 유전에서 북한으로 원유(중질유)를 보낸다. 그런데 중국 내에서도 석유 수요가 급증하고 있다. 결국 2017년 페트로차이나가 다칭 유전에 대한 투자를 20%로 줄일 정도로 다칭 유전의 생산량이 감소하자 북한으로 보내는 원유량을 줄였다. 줄어든 원유만큼 경유 등 석유 제품을 남포항이나 해주항을 통해 공급하고 있지만, 북한 입장에서는 중국에 대한 기대치가 내려갈 수밖에 없다. 설상가상으로 미국의 셰일 에너지 혁명으로 경질유 가격이 하락하자 중질유 가격이 상대적으로 높아져 다칭 원유의 가치도 하락하고 있다. 이때 북한이 눈을 돌린 나라가 러시아다. 러시아산 원유는 다칭에서 나오는 원유보다 질이 좋아 고도화 설비가 없는 북한에 더 유리하다. 이렇게 러시아와 북한은 가까워졌다.

에너지 공급량만 가지고 김정은이 버틸 수 있는 시간을 계산해보자. 북한은 에너지 소비에서 석유가 차지하는 비중이 7% 선에 불과하다. 근래 북한의 원유 수입량은 380~420만 배럴로 추정된다. 한국은행은 중국이 연간 365만 배럴, 러시아가 35만 배럴의 원유를 공급하는 것으로 추정한다. 1990년에 1,847만 배럴로 최고치를 찍었던 북한의 석유 수입은 경제난이 최고에 달했던 1999년에 233만 배럴까지 하락했다. 최악의 경우에는 233만 배럴로 1년을 버틸 수도 있다는 뜻이다. 2017년 9월, 유엔 안보리는 2375호 결의를 통해 북한에 대한 석유 제품 공급을 연간 450만 배럴에서 200만 배럴로 축소하고, 원유는 420만 배럴을 유지한다는 규제안을 발표했다.[1] 북한이 중국과 러시아와의 밀무역을 통해 에너지를 조달하면서, 군사 부분에 사용되는 석유를 급격히 줄이고, 전기와 운송용 연료 소비를 최소화하면 원유 수입이 3분의 1에서 절반 가까이로 줄어도 최소 6개월에서 1년 이상을 버틸 수 있다. 최악의 경우 원유 공급이 전면 중단되어 원유가 바닥나도 3개월 정도는 버틸 수 있다. 북한이 2018년에 들어서 추가 도발에 신중해진 이유는 원유 공급량의 추가적 제한을 피하려는 의도가 클 것으로 추정된다.

북한은 전방위로 강력한 제재의 그물이 조여오자 암호화폐 해킹을 비롯해서 은행과 ATM 해킹(북한은 1986년부터 해킹을 시작, 1조 원 정도 시도해서 실제로 970억 원 해킹에 성공), 무기 판매, 마약 거래, 달러 등 외국 화폐 위조, 불법 도박 사이트 개설 대행(사이트 하나당 3억 원에 중국 해커에게 판매), 북한 주민에게서 거두는 충성 자금(토끼가죽, 송이 등의 약초,

현금), 심지어는 멸종 위기 동물 포획 등 갖가지 불법 행위를 통해 자금을 긁어모으며 버틸 수 있는 시간을 늘리려고 노력해왔다.

트럼프의 입장에서는 어느 시점에 대화를 시작하는 것이 가장 유리할까? 트럼프 입장에서는 너무 빨라도 정치적 효과가 반감된다. 정치에서는 3~6개월 안에도 여론이 180도 바뀔 수 있다. 트럼프 입장에서 북핵 타결 이슈는 재선 선거일 3개월 이내가 최고의 타이밍이다. 이를 기준으로 역산해보자. 핵군축 협상을 시작해서 타결되기까지 6~12개월이 걸릴 수 있다. 트럼프와 김정은 둘 다 의심이 많기 때문에 협상이 빠르게 진척되지 않을 가능성이 크다. 협상 타결 과정에서 남북정상회담, 북미정상회담, 6자회담 등 큰 이벤트를 치르려면 상당한 준비 기간도 필요하다. 타결안을 정치적 쇼로 전 세계에 보여주는 퍼포먼스를 준비하는 데도 일정한 시간이 필요하다. 결국 핵군축 협상을 시작해서 성과를 자랑하는 정치적 퍼포먼스까지 순차적인 과정을 완성하려면 짧아도 12개월 정도가 필요하다. 협상 중간에 더 많은 이익을 얻기 위해 일시적으로 협상 결렬을 선언하고 퇴장할 가능성도 배제할 수 없다. 협상 테이블에서 트럼프와 김정은은 벼랑끝 전술을 구사할 가능성이 크기 때문이다. 결국, 트럼프 입장에서도 일련의 과정과 필요한 시간을 고려할 때 빠르면 11월 중간선거 직전에 핵군축 협상의 시작을 선언하거나, 늦어도 2019년 상반기에는 테이블에 앉아야 한다.

이 글을 마무리하고 있는 현재, 북한의 김정은 위원장이 필자의 예측보다 빠르게 '비핵화' 전제 북미 대화 가능성과 남북정상회담 제안을 수락했다는 보도가 나왔다. 며칠 후 백악관을 방문한 한국의 방미 특사단과 트럼프 대통령의 면담이 이루어졌다. 트럼프와 만나자는 김정은의 메시지에 트럼프는 "좋다, 만나자!"는 말로 화답했다. 곧 북미정상회담이 열릴 가능성이 크지만, 그렇다고 해도 크게 달라질 것은 없다.

북한과 미국이 전쟁 없이 핵군축 협상을 시작하고 트럼프가 북핵 문제를 해결할 가능성이 크다는 예측 시나리오의 큰 틀을 수정할 만큼의 변화는 없다. 단 북한 김정은의 결단이 처음 필자가 예측했던 것보다 빠르고 대담했으며 트럼프도 이에 즉각 응했다. 하지만 아직은 시나리오에서 북미 간 탐색 기간에 해당하는 단계이기 때문에, 다시 군사적 긴장이 고조되는 상황으로 반전될 가능성을 완전히 배제할 수는 없다.

현재 김정은이 필자의 생각보다 빠르게 대화 속도를 올리는 한 가지 유력한 이유는 추정할 수 있다. 북한이 미 본토를 타격할 수 있는 핵미사일을 완성하기 위해 필요한 마지막 남은 기술인 대기권 재진입과 인공위성 유도 기술을 개발하는 데 필요한 시간이 추가적인 대북 제재를 견딜 수 있는 시간(6~12개월)보다 더 길 것으로 판단했을 수 있다. 그렇다면 대화의 시작을 오래 늦출 필요가 없으며, 현 수준에서 원하는 이득을 얻기 위한 협상 국면으로 빠르게 전환하는 것이 유리하다고 판단했을 가능성이 있다.

김정은과 북한의 이런 파격적 행동이 의도한 몇 가지 노림수가 있다. 북한은 남한 특사단을 파격적으로 환대함으로써 미국과 국제 사회를 겨냥해서 북한이 정상 국가라는 이미지를 표출하고, 지금까지 형성된 악한 독재자라는 김정은의 이미지를 개선하며, 북한 내부적으로는 인민들에게 앞으로 벌어질 비핵화의 명분을 축적하기 위함으로 보인다. 미국을 향한 김정은의 단기적 노림수도 있다. 김정은은 북한에 억류된 미국인의 석방 등 통 큰 선물을 주고, 대화 의지를 보임으로써 핵으로 미국 본토를 타격할 의도가 없음을 보이고, 협상을 통해 핵시설과 미사일을 감축하거나 폐기할 수 있다는 의사를 미국에 전달할 가능성이 크다. 김정은은 통 큰 제안을 통해 미국이 북한과의 대화를 거부할 명분을 제거하고, 협상을 앞두고 김정은이 먼저 남한과 미국에 통 큰 양보를 함으로써 협상에서 우위를 점하는 효과를 볼 수 있다. 북한 조선중앙TV는 2018년 3월 6일, "남조선 대통령 특사 대표단 성원들은 경애하는 최고영도자 동지께서 자기들을 위해 많은 시간을 내어주시고 최상의 환대를 베풀어주시었으며 생각지도 못한 통이 큰 과감한 결단을 내려주신 데 대해 충심으로 되는 사의를 표했다"고 보도했다. 김정은이 3차 남북정상회담 장소로 판문점 남측 평화의 집을 받아들인 것도 아주 의도적이다. 세 번째 남북정상회담까지 문재인 대통령이 평양에 가는 것은 남한에 부담이다. 남한의 부담을 덜어줌으로써 부채의식을 갖게 만들었다. 그렇다고 김정은이 서울까지 오는 것은 신변의 안전 확보가 불확실하다고 보아 군사분계선을 넘은 남쪽 구역이지만 나름대로 중립성을 갖는 평화의 집이라는 묘수를 찾았다. 이를 통해서도 김정은의 대담성과 실용주의 성향을 충분히 확인할 수 있다. 김정은 입장에서는 남한의 비판적인 보수 세력의 허를 찌르는 부수적 효과도 보았다.

김정은이 '비핵화'를 전제로 한 북미 대화를 수락한 속내를 분석해보자. 먼저 북한은 두 가지의 대전제를 내세웠다. 첫째, 핵 무력 완성 선언이다. 북한은 핵을 보유한 정상 국가라는 전제를 세웠다. 둘째, 김정은은 "한반도 비핵화는 선대의 유훈이며, 유훈에 따라 한반도 비핵화 실현에 주력하는 것은 우리의 시종일관된 입장"이라고 말했다. 철저한 기만 전술이다. 1965년 함흥군사학원 개원식에서 김일성은 '또 한 번 조

선전쟁이 발발하면 미국과 일본이 개입한다. 이를 막기 위해선 미국과 일본을 타격할 수 있는 미사일을 보유해야 한다"고 했다. 북한에서는 이 메시지가 유훈으로 이어져서 3대에 걸쳐 핵·미사일 개발을 해왔다. 불과 얼마 전까지만도 북한과 김정은은 "핵무장이 김일성과 김정일의 선대 유훈이고, '핵·경제 병진노선'이 북한의 핵심 전략"이라고 주장했다. 그런데 이 주장을 정반대로 뒤집어 '비핵화'를 위한 북미 대화의 전제로 내세웠다.

두 가지 전제를 가지고 최근 김정은 위원장과 북한의 발언과 반응을 분석해보자. "한반도 비핵화 의지를 분명히 하고 북한에 대한 군사적 위협이 해소되고 북한의 체제 안전이 보장된다면 핵을 보유할 이유가 없다"는 말은 북한과 김정은의 기존 입장을 반복한 것에 불과하다. "비핵화 문제 협의 및 북미관계 정상화를 위해 미국과 허심탄회한 대화를 할 수 있다. 대화의 상대로 진지한 대우를 받고 싶다." 이 말은 김정은이 한국은 물론이고 미국의 트럼프와 대등한 입장에서 핵군축 협상을 하자는 요구다. 단기적으로는 협상 상대를 진지하게 대우한다는 상징적 조치로 대북 제재 일부를 풀라는 요구다. 멀리 보면 비핵화와 북미 수교(북미관계 정상화) 혹은 북미 핵군축 쇼show를 맞교환하자는 속내의 표현이다. "대화가 지속되는 동안 추가 핵실험 및 탄도미사일 시험 발사 등 전략 도발을 재개하는 일은 없을 것이다. 이와 함께 북측은 핵무기는 물론 재래식 무기를 남측을 향해 사용하지 않을 것이다." 이 말은 '대화가 지속되는 동안'이라는 전제를 바탕으로 한다. 만약 북미 탐색 대화가 진행되는 도중에 북한이 군사적 도발을 하면 이는 미국이 대화를 유지하지 않았기 때문이라며 책임을 전가할 논리를 만들어두는 계산된 발언이다. 행간에 숨은 내용을 역으로 이용할 여지도 있다. 핵실험과 미사일 시험 발사는 중지하겠다고 약속했지만, 핵과 미사일 기술 개발과 생산의 중단은 얘기한 적 없다고 말이다.

대북 특사단에게 평창 동계올림픽 기간 동안 한미연합훈련을 연기한 것과 관련해서 "4월부터 예년 수준으로 진행하는 것을 이해한다"는 발언도 했다. 통 큰 양보, 과감한 결단의 모양새를 만듦으로써 대화에 문제가 생길 경우 미국에 책임을 돌릴 수 있는 명분을 잡겠다는 계산이다. "한반도 정세가 안정기로 진입하면 한미연합훈련이 조절될 수 있을 것으로 기대한다"는 발언은 북한이 앞으로 미국에게 제시할 첫 번째 요구 사항을 미리 암시한 발언으로 분석된다.

방북 특사단이 남한으로 되돌아온 3월 6일, 북한 노동당 기관지 노동신문은 논설에서 "핵 무력은 피로 얼룩진 미국의 극악한 핵 범죄 역사를 끝장내고 불구대천의 핵 악마를 행성에서 영영 쓸어버리기 위한 정의의 보검"이라며 기존 주장을 재확인했다. 또한 "미국은 남조선에 숱한 핵무기들을 전진 배치하고 각종 도발 행위들을 일삼으면서 우리 공화국을 노골적으로 위협, 공갈해왔다"라고 말을 통해 미국을 향해 핵 전력을 물리라는 숨은 속내를 드러냈다.

이런 방식의 의사표현은 중국이 자주 쓰던 전술이다. 중국 정부나 시진핑은 겉으로 사드 보복은 중국 정부의 공식 입장이 아니라고 말하면서, 당이 장악한 기관지를 통해서 사드 보복의 원인이 한국에 있다며 공격하는 전술을 구사했다. 북한 《노동신문》은 남한을 향해서는 이렇게 말했다. "조선 반도의 첨예한 군사적 긴장을 완화하고 북과 남 사이의 다방면적인 대화와 접촉, 협력과 교류를 활성화해나가기 위한 문제들에 대해서도 심도 있는 의견을 나누었다." 남한에 대해서는 대북 경제 제재를 돌파할 교류를 원한다는 암시다. 한국과 미국의 틈새를 벌려 전략적 돌파구를 만들려는 전형적인 방식이다. 이런 북한의 반응에 트럼프 미국 대통령은 이렇게 반응했다.

"무슨 일이 생길지 지켜보자We will see what happens!"

환영과 의심이 교차하고 있다는 메시지다. 트럼프 대통령은 트위터를 통해 "그들은 긍정적으로 행동하는 것 같다. 하지만 우리는 지켜볼 것이다" "북한과의 (한국 특사단 간) 대화에서 성과가 나왔다. 모든 관계국은 수년 만에 처음으로 진지한 노력을 맞고 있다. 전 세계는 지켜보고 있고 기다리고 있다. 헛된 희망일 수도 있으나 미국은 어느 쪽으로든 강하게 나갈 준비가 됐다"라고 의견을 피력했다. 다음 단계로 한발 나갈 수 있다는 의지를 보이면서도 의심을 거두지 않고 있다. 트럼프와 미국은 북미정상회담이 실현되더라도 이런 태도를 쉽게 거두지 않을 것이다.

전문가들은 북한이 핵 폐기를 선언한 뒤부터 완전한 핵 폐기를 검증하는 데까지 소요되는 시간을 2년 정도로 계산한다. 빨라도 트럼프 대통령 임기 3년 차 말인 2019년 말에 끝나고 늦으면 재선을 앞둔 2020년 경에나 가능하다. 2년의 시간은 아주 길다. 수많은 변수가 잠복해 있다. 그럼에도 불구하고 북핵 문제는 어떤 모양이든 해결되어 트럼프에게 유리한 성과로 나타날 가능성이 크다.

김정은의 대담한 행보는 그의 의도와 무관하게 남한, 미국, 국제 사회에도 소득을 안겨줄 수 있다. 국제 사회는 대북 강경 제재·압박 정책의 성과를 얻는다. 한국은 예상보다 빠르게 남북정상회담을 성사시키고, 김정은의 입에서 처음으로 "(특정 전제 조건이 붙긴 하지만) "비핵화 논의가 가능하다"는 발언을 이끌어냈다. 북한의 추가 도발을 중지하는 시간을 연장한 것도 부수적 소득이다. 트럼프는 자신의 최대 압박 전략이 역대 어떤 대통령들의 대북 전략보다 큰 효과를 거두었다는 상징적인 성과를 얻었다.

물론 최대 소득은 북한이 가져갔다. 한국이 북한을 대신해서 미국을 비롯한 국제 사회를 설득하게 만들었고, 핵·미사일 기술을 완성하기 위한 추가 시간을 벌었다. 미국이 핵잠수함을 아·태지역에 재배치하는 대북 군사 전략에 대해 북한이 대응책을 마련할 시간도 얻었다. 추가 대북 제재를 멈추게 한 후, 한국·미국과 대등한 입장에서 핵군축 협상을 시작할 수 있는 모양새를 얻었다. 한국과 미국에 통 큰 양보를 함으로써 북미 간 탐색 대화가 시작될 경우 첫 단계에서 우위를 점할 명분도 축적했다. 남북정상회담을 남쪽에서 개최하는 선물(?)을 줌으로써 남북정상회담을 계기로 한국을 지렛대 삼아 대북 경제 압박을 벗어날 탈출구를 마련할 가능성도 열어두었다. 그리고 김정은의 발언과 북한 《노동신문》의 전반적인 논지를 통해 '북한의 핵 보유는 미국이 체제를 인정하지 않고 적대 정책을 폈기 때문'이라는 명분도 유지했다.

김정은 협상 전략

예측

2018년 4월 27일에 3차 남북정상회담에서 발표한 판문점 선언(4·27 공동선언)이 지난 2차례의 공동선언(2000년 김대중 대통령 시절 1차 남북정상회담의 6·15 공동선언과 2007년 노무현 대통령 시절 2차 남북정상회담의 10·4 공동선언)과 다른 핵심적인 내용은 남북정상회담 최초로 '완전한 비핵화', '핵 없는 한반도'라는 문구를 포함했다는 점이다. 지난 2차례의 공동선언에도 포함된 정전 체제 종식과 항구적 평화체제 구축과 관련해서 달라진 점은 정전협정 체결 65년이 되는 2018년에 남한과 북한이 종전을 선언하고, 정전협정을 평화협정으로 전환하고 항구적 평화 체제를 유지하는 방안을 마련하기 위해 남·북·미 3자 또는 남·북·미·중 4자 회담의 개최를 적극 추진해나간다는 구체적 일정을 포함시켰다는 점이다.

기본적으로 미국과 중국을 포함한 다자 간 협상, 협력이 필요한 비핵화와 평화 체제 구축 외에 북한은 남한에게 별도의 경제협력을 요구하고 있음을 판문점 선언을 통해 읽을 수 있다. 남북정상회담에서 북한이 남한에 요구한 최소 조건은 바로 10·4 공동선언에서 합의한 사항의 이행 재개다. 2007년 당시 노무현 대통령과 김정은 위원장은 군사 분야에서 공동어로구역·평화수역 설정을 포함한 '서해평화협력특별지대' 설치에 합의했다. 이는 앞으로 NLL 문제와 연결될 것이다.

또한 경제 분야에서는 개성공업지구 건설, 조선협력단지 건설, 경제특구 건설, 해주항 활용 및 민간 선박 해주 직항로 통과, 한강하구 공동 이용 추진, 문산·봉동 간 철도 화물수송 시작, 개성-신의주 철도와 개성-평양 고속도로 개보수 등에 합의했다. 이런 합의 사항을 살펴보면, 김정은 위원장이 문재인 대통령에게 평창 고속철도를 언급하며 북한의 철도와 도로의 수준이 낮다고 한 발언에 포함된 함의를 파악할 수 있다. 앞으로 북한은 4·27 남북정상회담에서 합의한 내용(10·4 공동선언 합의 사항의 이행 재개 합의)을 근거로 미국과 국제 사회의 대북 경제 제재에도 불구하고 남한에 지속적으로 경제협력을 요구할 가능성이 아주 크다.

4·27 판문점 선언을 어떻게 보아야 할까? 남북 정상은 한반도에서 전쟁을 끝내고 평화 체제를 구축한다는 공동의 목표를 선언했다. '한반도 비핵화는 공동의 목표이며, 각자 책임과 역할을 하고, 국제 사회의 지지와 협력을 위해 적극 노력한다'는 세 가지 내용을 문서로 선언했다. 구체적으로 연내 종전 선언이라는 행동 목표에도 합의했다. 여기까지는 한·미·중의 생각이 일치하기 때문에 김정은이 과감성을 발휘하

면 합의하기 어렵지 않았다. 문제는 북한의 핵 무력을 폐기하는 수준과 속도다. 이 문제에 관한 실질적인 행동의 성과물에 따라 한반도 상황은 많이 달라질 수 있다. 지난 1, 2차 남북정상회담에서 합의된 선언문에 담긴 내용 중 상당 부분이 이행되지 않았다. 이번에는 김정일-클린턴 시기와 비교해서 김정은과 트럼프의 상황이 다르기 때문에 '전부 아니면 전무All or Nothing'의 결말로 치닫지 않고, '다소간의 결과Something'를 낼 가능성이 크다. 필자가 그동안 연구해온 내용에 최근의 변화를 분석하고 모니터링한 결과를 종합하여 김정은의 협상 전략, 협상의 범위와 수준을 예측해보면 다음과 같다.

먼저 중요한 전제가 하나 있다. 필자가 보기에 김정은이 가장 두려워하는 것은 트럼프가 아니라 북한 내부 민심이다. 북한 지도층과 민심을 설득하지 못하면 김정은의 대담한 행보에도 제동이 걸릴 것이다. 군부나 정치인의 엘리트는 총칼로 통제할 수 있지만, 민심을 통제하기 위해서는 여기에 명분이 더해져야 한다. 역사적으로 민심을 이긴 지도자, 독재자는 한 명도 없다. 김일성과 김정일도 민심을 가장 두려워했다. 그래서 김정은도 트럼프만큼 '명분'을 원한다. 명분이 갖춰진다면 실용적인 관점에서 경제 이익을 최대한으로 얻을 수 있는 수준까지 파격적으로 협상을 진행할 수 있다.

민심을 설득할 포인트는 두 가지다. 첫째는 선대의 유훈을 유지하는 것이다. '핵 무력을 가진 사회주의 정상 국가'가 첫 번째 유훈이다. 2018년, 김정은은 신년사에서 핵 무력의 완성을 선언했다. 평창 동계올림픽과 북·중 정상회담을 통해서는 의도적으로 정상 국가로서의 행보를 과시했다. '핵무기를 가진 정상 국가'라는 정치적 메시지를 북한 내부와 국제 사회에 보이려는 철저하게 계산된 정치적 행보다.

그다음으로 핵-경제 병진노선에서 핵 무력은 완성했으니 이제부터는 사회주의 경제 강국 건설에 집중하겠다는 메시지를 일관성 있게 내부에 전달하고 있다. 이것이 선대 유훈의 두 번째이자 민심을 설득할 두 번째 포인트이다. 북한 《노동신문》은 2018년 4월 28일에 총 6개 면 중 4개 면을 할애해서 남북정상회담을 대대적으로 보도했다. 경제 집중의 첫 행보가 남북정상회담이라는 메시지를 북한 내부에 전달하여 민심을 다독이려는 행동이다. 김정은이 정상 국가의 최고 정치 지도자로서 외교 순방을 통해 국제적인 경제협력을 이끌어내는 모양새를 연출하는 것이다. 앞으로 김정은이 남북, 북미, 북중 간의 회담에서 집중할 내용 역시 북한 경제발전 관련 이슈다. 이때 '한반도 비핵화'는 경제적 협력을 이끌어낼 최고의 협상 카드다.

소위 사회주의 경제 강국 건설에 필요한 발판을 마련하기 위해서 북한은 3단계로 나눠서 비핵화 카드를 사용할 가능성이 크다. 1단계는 핵 무력 실험 관련 장치를 폐기하고 강도 높은 국제 사찰을 받는 것이다. 북한, 남한, 미국 등 관련 나라들은 이 단계에서 다양한 정치적 쇼를 만들 수 있다. 이미 핵 무력을 완성했다고 선언한 북한은 '핵 무력 개발'에 필요한 장치(핵실험장, 대륙간탄도미사일 발사, 원자로 등)을 유지할 필요가 없기 때문에 관련 시설을 폐쇄 혹은 파괴해도 되는 명분이 생겼다. 북한 내부적으로도 설득하기 어렵지 않다. 그래서 의외로 쉽게 동의해주고 행동에 옮길 것이다. 속도를 빨리 할수록 김정은의 파격성과 대범함이 부각되므로 전 세계가 김정은을 주목하게 만들 수 있다. 전 세계가 김정은과 북한을 주목할수록 (북한 군부의 불만이 생기더라도) 북한 내부적으로 김정은의 신변은 안정되고 위상이 강화된다. 김정은이 트럼프에게 11월 중간선거 전에 1단계 완료라는 선물을 줄 가능성도 있다. 북한도 올해가 정권 수립 70주년(9월 9일)이다. 김정은은 이 행사를 통해 북한 최고 존엄의 이미지를 대내외에 각인하고 싶어 한다. 김정은은 할아버지와 아버지의 유훈을 완성한 지도자이고, 두 사람이 이루지 못한 사회주의 경제 강국의 꿈을 실현하는 새로운 역사를 만든 위대한 지도자라는 이미지를 만들고자 한다. 김정은과 트럼프의 1차 목적이 서로 맞아 떨어지는 부분이다.

이 단계가 완료되면 중국과 러시아가 미국이 주도하는 대북 경제 재제에서 이탈할 가능성이 크다. 중국과 러시아가 대북 제재에서 이탈하면 북한 경제는 숨통이 트인다. 이것만으로도 연평균 경제성장률을 3~4%로 유지할 수 있다. 장마당도 정상화할 수 있다.

2단계는 이미 만들어진 핵무기 체계 중에서 미국 영토(괌, 하와이, 서부, 동부)를 타격할 수 있는 장거리 및 대륙간탄도미사일 등 핵탄두 운송 시스템의 무력화를 협상 카드로 사용할 것이다. 이 단계의 행동은 미국이 북한을 공격하지 않을 것이라는 명분이 만들어지면 가능한 카드다. 이 단계부터는 미국과 북한 간에 팽팽한 줄다리기가 시작될 것이다. 미국은 엄정한 사찰을 요구할 것이고, 북한은 그만한 경제적 대가를 요구할 것이다. 하지만 김정은의 성향상 이 단계의 조치까지도 대담하게 협상 테이블에 의제로 올릴 가능성이 크다. 미국과 북한 사이의 종전 선언은 미국이 북한을 공격하지 않는다는 상징성을 갖는다. 미국이 북한을 공격하지 않으면 북한도 미국을 공격할 무기를 가지고 있을 필요가 없다는 명분이 생기고, 국제 평화를 위해 김정은이 통 크게 국제 사찰을 받고 핵을 동결 혹은 폐기를 할 수 있다. 이 단계까지도 김정은이 북한 군부의 반발을 최소화하고 북한 국민을 논리적으로 설득할 여지가 충분하다. 이 단계는 트럼프가 기대하는 최소한의 협상 결과일 것이다. 이 단계가 완료되면 국제 사회의 단결된 대북 경제 제재가 크게 흔들릴 것이다. 이 단계를 완성하면 북한은 추가로 3~4%의 경제성장률을 높일 수 있는 발판을 마련하고, 김정은은 북한 엘리트 층과 주민들에게 환호를 받게 된다.

마지막 3단계는 이미 만들어둔 핵폭탄과 남은 핵 무력 시스템을 가지고 협상하는 단계다. 바로 이 단계에서 북미 간에 상대를 향해 그리고 내부를 향해 정치적 속임수가 난무할 가능성이 크다. 미국을 비롯해서 각국의 정부나 핵 전문가들도 북한의 핵폭탄 개수를 정확히 알지 못하기 때문에 속임수를 사용하기 좋다. 또한 역사적으로 핵폭탄의 감축은 협상국 쌍방이 같이 감축했다. 이 단계에서는 북한이 미국에게도 한반도 비핵화를 공세적으로 밀어붙일 여지가 생긴다. 이 단계에서 성과를 거두려면 최소한 미국이 한반도 인근에서 전술핵을 철수해야 한다. 미군의 전술핵 철수는 중국과 러시아도 원하므로 북한 주장에 손을 들어줄 가능성이 크다. 이쯤 되면 국제 사회 여론이 미묘하게 북한에게 유리하게 전환할 가능성도 있다. 미국이 전술핵을 한반도에서 철수하고, 북미 간 수교를 맺고, 북한에 미국 자본을 투자하면 북한 체제를 보장한다는 완벽한 명분이 만들어진다. 트럼프가 통 크게 이런 요구를 수용하면 북한은 핵무기 일부를 내어주고 비핵화를 완료했다고 선언할 것이다. 이 단계까지 이르면, 북한은 연평균 경제성장률이 10%를 넘는 고도성장 단계로 나아갈 수 있다. 김정은은 북한 역사에서 중국의 덩샤오핑같이 개혁개방을 성공시킨 위대한 지도자로 기록될 수 있다. 하지만 여전히 북한에 핵폭탄이 몇 개 더 남아 있는지는 아무도 모른다.

북한은
플랜 B도 준비하고 있다

북한이 협상 모드에서 번 시간과 틈새를 사용하는 법은 크게 두 가지다. 핵 무력 기술 향상과 중국과 러시아를 활용한 '플랜 B'의 준비다. 북한이 미 본토를 타격하기 위한 핵 무력 완성에 필요한 기술은 대기권 재진입 기술과 인공위성 유도 기술이다. 둘 중에서 더 중요한 것은 대기권 재진입 기술이다. 대기권 재진입 기술은 자세 제어 기술과 내열합금·삭마 기술이다. ICBM이 대기권 밖으로 나갔다가 재진입할 때 20~30도 사이의 입사각을 만들어 진입해야 탄두 마찰을 줄일 수 있다. 이를 위해 필요한 것이 자세 제어 기술이다. 자세 제어에 성공해도 대기권에 재진입하는 동안 6,000~7,000도의 열을 견딜 수 있는 소재를 만들 내열합금 기술과 탄두가 열에 깎여 폭발하는 것을 방지하는 삭마 기술이 필요하다. 전문가들은 북한이 대기권 재진입 기술을 완성하는 데 최소 6개월 이상 걸릴 것으로 추정하고 있다.

북한은 시간을 끌면서 미국 본토를 공격할 기술을 확실하게 다지려고 할 것이다. 그렇지 않으면 북미 간의 회담은 '북한의 비핵화 회담'이라는 모양새가 된다. 이런 모양새는 북한에게는 항복 회담이다. 김정은이 원하는 것은 항복을 의미하는 '비핵화 회담'이 아니라, 북한과 미국이 대등한 위치에서 주고받는 '한반도 핵군축 회담'이란 모양새다. 북한은 북한만의 비핵화가 아니라, 남한을 포함한 한반도 전체의 비핵화가 목적이라는 주장을 김일성 때부터 해왔다. 북한이 말하는 '한반도'라는 단어는 북한과 남한 모두를 지칭한다. 한국은 핵무기가 없기 때문에 남한의 비핵화는 주한 미군의 비핵화를 의미한다. 김정은도 이런 주장에서 한 치의 벗어남이 없다.

김정은이 북한 비핵화 카드를 자신 있게 내민 이유는 단지 국제 사회의 대북 제재 효과 때문만이 아니다. 트럼프의 미국이나 현재의 한국 정부가 한국의 육지와 바다에서 미국의 핵 전력을 철수하거나 감축하는 데 동의할 가능성이 있다고 판단했기 때문이다.

주한 미군이 사용할 수 있는 전술핵은 북한이 남침할 경우 대규모 병력의 남진을 저지하기 위해 사용하는 핵무기를 지칭한다. 전술핵은 전략핵보다는 위력이 크지 않고 사거리가 짧다. 전술핵 핵탄두 파괴력은 kt급(히로시마에 투하된 '리틀보이'가 12~18kt이었다)으로, 각종 화포, 지대지·공대지·지대공 미사일 등에 장착하여 북한 전역을 타격할 수 있다. 한반도 주변 바다에서 움직이는 미국과 동맹국 잠수함에 장착된 핵지뢰·핵어뢰도 전술핵에 포함된다. 트럼프가 최근 거론하는 김정은 벙커만을 타격하여 괴멸시키는 신형 핵미사일도 전술핵의 범주에 든다. 반면 전략핵은 파괴력이 통상 한 번에 수백만 명을 살상할 수 있는 100kt 급 이상으로 대륙간탄도미사일ICBM이나 잠수함발사탄도미사일SLBM, 전략폭격기 탑재 순항미사일ALCM 등을 이용해서 원거리에서 공격하는 핵무기를 가리킨다. 미국이 동맹국에 제공하는 핵우산에는 전략핵이 포함돼 있다.

김정은이 앞으로 북미 협상에서 주한 미군 철수가 받아들여지지 않는다고 해서 판을 뒤집을 가능성은 작다. 주한 미군 철수까지는 아니더라도, 북미 수교를 전제로 주한 미군의 비핵화만 이루어도 큰 성과이기 때문이다. 보수 진영에서 미국이 대만 문제로 중국과 갈등을 일으킨후, 북한 문제와 대만 문제를 맞교환하는 전략을 검토할 수도 있다고 주장한다. 그러나 트럼프라면 그런 엄청난 전략을 고려할지 모르지만, 북한이 중국과 혈맹관계를 끊고 완전히 친미로 갈 가능성은 없다. 김정은이 전적으로 친미 정책의 가능성을 거론하고 분위기를 만들더라도 그것은 중국을 향한 압박 메시지일 가능성이 크다. 북한은 중국도 믿지 않지만, 미국은 더 못 믿는다. 트럼프, 미국의 강경파, 미국 정계까지도 수십 년 동안 북한에 속아왔기 때문에 김정은의 말과 행동을 믿지 않는다.

북한은 평화 분위기를 조성하면서도 북미 협상이 결렬될 경우를 대비해서 중국과 러시아를 활용한 '플랜 B'도 준비하고 있을 것으로 추정된다. 김정은이 중국과의 대립 구도를 분명히 하고 있지만, 북한 입장에서 결국 믿을 곳은 미국이나 러시아보다 중국이 우선이다. 중국 시진핑과 북한 김정은이 최근 몇 년 동안 기싸움을 하고 있지만, 이는 서로를 자신에게 유리한 방향으로 길들이기 위한 것이다. 시진핑은 말을 듣지 않는 김정은을 길들이고 한국과 일본에게 핵무장의 명분으로 작용할 북핵을 제거하고 싶어 하지만, 북한의 붕괴는 절대 바라지 않는다. 미중전쟁이 격화하면 중국에게 북한의 가치는 더 커질 것이다. 이를 잘 아는 김정은은 적극적으로 그리고 대담하게 한·미와 통하는 모습을 보이며 중국을 압박하고 있다. 여기에 트럼프의 대중국 무역전쟁과 환율전쟁 압력이 강해지면 중국이 조급해지고, 그만큼 대북 제재의 틈이 발생한다. 김정은이 노리는 부분이다. 북미 협상이 결렬되는 최악의 경우에 대비한 김정은의 '플랜 B'는 중국의 대북 제재 완화나 대북 제재 대열에서 중국의 이탈을 이끌어낼 가능성에 기반하고 있을 것이다. 미중전쟁이 격화하면 중국이 북한을 확실하게 자국 편으로 묶어두기 위해 북한에 '뒷문'을 열어주어야 한다. 이럴 경우 북을 비핵화로 끌어낸 국제적 대북 제재의 공조에 균열이 생긴다. 그에 따라 김정은의 '비핵화 의지'도 사라질 것이다.

북핵, 뜻밖의 시나리오

남북정상회담이 성공적으로 끝나자 한국 사회에서는 북한이 이번에는 약속을 지키고 비핵화를 할 것이며, 통일도 앞당겨질 것이라는 분위기가 커지고 있다. 그러나 시간이 지나며 미묘한 변화와 갈등의 기류도 있다. 2018년 5월 초까지 나타난 미국, 북한, 한국, 중국 고위급 인사들의 발언과 그 미세한 변화를 통해 각국의 속내와 계산을 추론하고 이를 기반으로 뜻밖의 미래 가능성 하나를 예측해보자.

북미정상회담을 앞두고 중국은 "북한의 평화 체제 전환을 지지한다"고 말했다. 이는 주한 미군 철수 요구의 명분을 얻기 위함이다. 정전 협정이 체결되고 평화 체제로의 전환 분위기가 형성되면 중국은 한국에 배치된 사드 철수를 공식적으로 다시 요구할 수 있다. 한국에 대한 북한의 군사 도발 가능성이 사라지면 북한 공격에 대비한 방어용이라는 사드 배치의 명분도 함께 사라지기 때문이다. 같은 시기에 미국은 "주한 미군 감축 혹은 철수 가능성은 북한의 완전한 비핵화(WMD 폐기 포함)가 이루어졌을 때나 논의할 수 있다"고 했다. 이는 (북한의 완전한 비핵화 가능성을 아주 희박하게 보기 때문에) 주한 미군을 감축하지 않겠다는 뜻이다. 이런 미묘한 신경전 속에서, 트럼프가 북미정상회담 개최지와 일정 발표에 뜸을 들이며 압박과 요구의 강도를 높이자 김정은은 다롄으로 날아가 2일 동안 중국 시진핑 주석과 2차 정상회담을 했다.

이런 맥락을 전제로 여기에 필자가 분석한 북한이 비핵화 속임수가 가능할 것으로 내심 여기는 최후 마지노선을 고려해보자. 북한이 전 세계를 속일 수 있는 확률이 가장 높은 지점은 (상대적으로) 북한의 산속 동굴이나 평양 도심 건물 지하 등 어느 곳에나 숨기기 쉬운 고농축우라늄HEU과 최소 20개에서 최대 100개까지 추정할 정도로 정확한 갯수 파악이 안 되는 핵폭탄이다. 악마는 디테일에 있다고 했다. 북핵 문제에서 고농축우라늄HEU과 핵폭탄 갯수가 바로 디테일 속에 숨어 있는 악마일 수 있다.

　이런 속내와 계산들을 반영하여 꼭 점검해볼 필요가 있는 '뜻밖의 미래' 시나리오가 있다. 현재는 북한과 한국이 '우리 민족끼리'를 외치며 함께 손을 잡고 있는 듯 보이지만, 구체적인 행동에 관해 논의되는 본 협상과 핵사찰 실행 단계가 되면 북한은 중국과, 한국은 미국과 손을 잡고 대립 구도를 형성할 가능성이 크다. 만약 본 협상과 사찰이 진행되는 과정에서 미국이 계속해서 대북 압박의 강도를 높이고 핵사찰의 대상(WMD, 위성, 중거리 미사일 등)을 늘려가면, 북한에게 협상과 사찰 파기의 명분을 주게 될 것이다. 북한은 북미정상회담을 넘어 핵사찰까지 일부 진행되는 단계로 상황이 전개되면, 판이 깨지더라도 북한으로서는 절대 손해 보지 않는다는 치밀한 계산을 이미 끝냈을 것이다. 판을 깬 원인 제공자가 미국이고, 이 단계에 이르면 핵개발 중지, 추가 핵실험 포기나 일부 핵시설 파괴 등 중국이 요구했던 수준의 조치를 북한이 실행한 결과가 되기 때문에, 최소한 대북 제재의 한 축을 무너뜨리고, 중국과 다시 경제협력을 추진할 수 있는 명분을 얻는다. 북한은 중국과 경제협력의 길만 열려도 기존의 3~4% 성장률에서 추가 성장의 동력을 얻어서 6~7%대의 중속성장이 가능해진다. 북한은 트럼프 대통령임기가 끝나면, 한국과의 경제협력도 슬그머니 재개할 수 있을 것이라 계산하고 있을 것이다. 결국 북미 협상이 진행되다 중간에 깨질 경우, 완전한 비핵화가 아니라 김정은 정권 초기의 핵 무력 수준으로만 후퇴해도 중국, 러시아, 한국과 경제협력을 재개할 수 있다는 계산을 할 수 있다. 만약 이 시나리오가 현실이 되면 한국을 비롯해서 전 세계가 우려해야 할 가장 안 좋은 뜻밖의 미래가 될 것이다. 이미 핵 무력을 가진 북한이 경제성장을 통해 힘을 키운다면 10~20년 후에 더 큰 위협이 될 것이기 때문이다.

김정은의 성격과
통치 스타일

         트럼프의 승부수가 어떤 결말을 맺을지, 북핵 문제를 해결한 후 김정은이 어떻게 북한을 통치할지를 예측하려면 치열한 수 싸움을 하고 있는 두 사람(트럼프와 김정은)의 성격, 행동 방식, 통치 스타일 등을 분석해야 한다. 먼저 김정은의 개인적 성향을 분석하고 평가해보자.

  필자가 김정은의 말, 행동, 전문가나 측근의 발언과 평가를 종합해서 프로파일링한 결과를 한마디로 정리하면 김정은은 '관리와 승부에 능한 실용주의자'다. 김정은의 특성을 간단히 정리하면 다음과 같다.

- 젊지만 조직 관리력이 뛰어나 권력 획득과 유지 능력이 좋다.
- 승부사이기에 상황 전환이 과감하다.

- 실용주의자이기에 극단적 결과를 피하고 우월 전략을 기반으로 최선의 보수 값pay off(승자에게 지불되는 총금액)을 찾는다.

김정은을 젊은 지도자라고 얕봐서는 안된다. 절대왕조 체제하에서 9세부터 국가 통치자 수업을 받은 인물이다. 더군다나 김정은은 승부를 즐기는 사업가 기질, 사람을 잘 다루고 스스로 책임감을 일찍 받아들이는 관리자 기질을 타고났다. 김정은은 모든 상황을 통제하고 스스로 최종 결정권을 가지고자 하는 스타일이다. 기질상 표준과 신념을 명확히 하는 것을 선호하기 때문에 선택과 결정에서 혼란과 어려움을 상대적으로 덜 느낀다.

김정은은 거대한 최종 목표를 향해 포기하지 않고 구체적 성과를 하나씩 만들어 가며 저돌적으로 밀고 나가는 과업 지향적 일 중독자다. 조직 내외부를 빠르게 파악하고 상황의 핵심을 간파하는 데 동물적 감각을 가지고 있다. 끊임없이 충성심을 요구하고 점검하며, 능력·효율·성과에 가치를 두고 상과 벌을 분명히 하고, 질서와 규칙을 가지고 팀을 효율적으로 관리한다.

사업적 이익을 극대화하기 위해, 확고한 사실에 근거해서 판단하며 실제적 이익을 중요하게 여긴다. 상황 파악 능력이 좋으며 상대가 무슨 카드를 꺼낼지를 탐색하는 동물적 감각도 뛰어난 김정은은 감정에 얽매이지 않고, 자신의 시간 계획을 따라 해야 할 구체적 목록To-Do list을 만들고, 데드라인에 맞추어 체계적이고 계획적으로 행동한다. 하지만 최종 이익의 극대화를 위해서라면 (겉보기와는 다르게) 실용적 응용력(유연성)이 뛰어나고 상대를 속이는 전략적 수완도 잘 발휘한다. 현실적 이득을 만들기 위한 판의 변화, 경쟁 구도와 룰을 자기 주도하에 두기 위한 개혁(변화)을 즐긴다. 김정은은 평소에는 사교적이지만, 직접적이고 과감한 언어와 행동으로 상대에게 위압감을 주는 행동 방식도 꺼리지 않는다.

단점도 있다. 절대적 지위와 통치 스타일로 인해 남의 말을 잘 듣지 않는다. 그래서 다른 사람이 무엇을 생각하고 느끼는지에 대한 충분한 배려나 숙고 없이 속단하거나, 과도한 자신감 때문에 자신이 잘 알지 못하는 낯선 분야에 대해서도 잘못된 결정을 신속하게 내릴 수 있다. 자신의 제안이 거절당할 때 참지 못하고 지나치게 예민해진다는 단점도 있다. 이런 성향 때문에 스트레스 상황에서는 외로움을 크게 느끼고, 자신이 느끼는 절망을 잘 표현하지 못하기 때문에 심장병, 만성병, 직업상의 신경쇠약, 감정적 고갈 등에 시달리기 쉽다. 일과 놀이를 분리하고, 활동 지향적인 스포츠를 관람하거나 직접 하는 것을 즐긴다.

김정은의 통치 스타일은 어떨까? 김일성은 북한에서 주민, 당, 군대, 행정부 모두로부터 높은 평가를 받으며 위대한 지도자로 추앙받는다. 북한에서는 김일성을 부정하거나 반대하는 사람이 별로 없다. 김일성이 공산당을 통치의 중심에 둔 것에 반해, 김정일 국방위원장은 군을 앞세웠으며 특히, 빨치산주의자였다(유격전을 수행하는 비정규군 요원을 지칭하는 빨치산은 프랑스어 '파르티잔Partisan'의 한국어 표기다). 소련이 망하고, 동 유럽에서 체제 전환이 일어나면서 권력 유지에 큰 위협을 느낀 김정일로서는 권력을 유지하기 위해서 군부 장악이 중요했다. 그래서 선군정치先軍政治를 펼치면서 특히 북한에서 역사적 의미가 큰 항일 빨치산을 정체성의 중심에 두었다.

반면 김정은에게는 거대해진 군부가 권력 장악에 방해가 되었다. 그래서 할아버지 김일성이나 중국처럼 군을 공산당 통제 아래에 두는 통치 스타일을 구사한다.[2]

김정은은 아버지 김정일의 체형과 성격을 닮고, 김정철은 체형과 성격이 어머니 고영희를 많이 닮았다.[3] 김정일은 강한 의지력을 가진 치밀한 인물이다. 독한 술을 좋아하고 거의 매일 파티를 즐겼지만 연회석에서 일정 기간 술을 마시지 않겠다고 선언하면 몇 달 동안 단 한 방울도 입에 대지 않을 정도였고 자신이 즐겨 입었던 검소함의 상징인 카키색 군복 점퍼를 직접 디자인할 정도로 모든 일에 철저했다.[4] 이런 아버지를 닮은 김정은은 승부욕이 강하고 매사에 의심이 많고 치밀하다. 후지모토 겐지에 의하면, 김정은이 9세 때 오델로 게임을 하고 있는데 옆에 있던 정철이 "이렇게 해 봐" 하고 말하는 대로 따라 하다가 잘 되지 않자 형의 얼굴에 구슬을 던져버렸다고 한다. 김정은의 과격한 성격에 놀란 후지모토는 이런 일을 당하고도 화내지 않고 서 있는 정철의 온순한 성격을 보고 또 한 번 놀랐다고 한다.[5] 김정철은 성격이 온순하고 나서기를 꺼리고 자기 의견을 내세우는 일이 별로 없는 것이 어머니를 꼭 닮았다. 김정일의 제1비서 역할을 했던 고영희는 매사에 신중하고 세심하게 배려했으며 말참견을 하지 않고 아랫사람들에게 고압적 태도를 취하지 않고 자신의 본분을 벗어나지 않는 삶을 살았다. 이런 어머니의 성격과 태도를 닮았으며 한 어머니 뱃속에서 태어난 핏줄이라는 특성 때문에 김정은이 김정철은 살려둘 가능성이 크다. 후지모토 겐지에 따르면, 1980년대 후반 72호 함흥초대소에서 김정일을 호위하던 부관 한 명이 술에 취해 인사불성이 된 상태에서 김정일 이마에 총구를 겨눈 사건이 벌어졌다. 이때 고영희가 총을 든 부관을 뒤에서 덮쳐서 김정일의 목숨을 구했다.[6] 도처에서 생명의 위협을 받는 김씨 일가는 측근에게 언제 배신당할지 모른다는 두려움에 평생을 산다. 김정은도 마찬가지다. 자신의 아내 이설주가 어머니 고영희를 닮기를 원할 것이고, 한 배에서 태어난 정철, 여동생 여정, 그리고 부인만 믿고 의지할 것이다.

김정은은 두 형과는 다르게 어려서부터 사회적 관심이 강했다고 한다. 10대 중반부터 외국 생활을 하며 북한 사회에 대해 큰 관심을 가졌던 김정은은 2000년 8월 원산에서 평양으로 가는 전용 열차에서 후지모토 겐지와 5시간 동안 공업기술, 지하자원, 전력 문제, 물자 부족 문제, 중국의 개혁개방 정책, 북한의 미래 등 현황에 대한 폭넓은 이야기를 나눴다고 한다. 그때 김정은의 나이는 겨우 17세였다.[7]

이런 성향을 비추어볼 때, 김정은은 늘 국제 사회의 움직임을 주시하고, 철저하게 계산하면서 북한의 미래를 생각하고 있을 것이 분명하다. 김정은의 성향에 비추어볼 때 절대로 핵전쟁을 일으키지 않을 것이며, 오히려 핵미사일 보유국의 지위를 이용해서 어떤 협상을 펼치고 얼마나 많은 것을 얻어내어 북한의 미래를 안정시킬지를 생각할 가능성이 더 크다. 사람을 다루는 기술이 좋고 아버지보다 더 과감한 행동을 충분히 할 수 있는 김정은이다. 극적인 핵군축 협상 판을 열어서 지배 체제를 안정화하고 북한 경제를 발전시키는 데 도움이 될 외국 자본 유치, 차관 협력, 기술자와 노동자를 파견한 해외 외화 벌이 확대, 안정적 에너지 수입, 수출 확대 방안, 장마당을 중심으로 하는 내부 시장 경제 규모의 획기적인 개선 방도를 찾으려 할 가능성이 크다.

2018~2019년,
김정은 행동 예측

　　김정은의 성격과 통치 스타일을 기반으로 그가 북한의 핵과 미사일 문제에 대해 2018~2019년에 취할 행동을 예측해보자. 먼저 북핵을 둘러싼 북미 간의 위기는 처음이 아니다. 김일성이 살아 있을 때인 1985년부터 미국은 인공위성으로 북한의 영변 원자로 건설과 가동을 감시하기 시작했다. 김일성은 1991년 9월 유엔에 가입하고 미·일과의 관계를 개선해서 국제적으로 체제 안전을 보장받으려고 했다. 1991년 12월에는 남북 간 총리를 대표로 하는 고위급 회담을 개최하고 '화해와 협력 및 불가침에 관한 기본합의서'를 채택했다. 하지만 북한은 물밑에서 핵개발에 속도를 내고 있었다. 1985년에 핵확산금지조약NPT에 가입한 북한은 1991년 7월 IAEA의 핵안전조치협정에 합의하고 1992년에 임시 사찰을 받았다. 이 과정에서 북한은 90g의 플루

토늄을 추출했다고 IAEA에 보고했으나 IAEA는 핵무기 2~3개 이상을 만들 수 있는 25~57킬로그램의 플루토늄을 추출해서 은닉한 것으로 보고 1993년 2월 임시 사찰에서 북한이 공개하지 않은 영변 지역의 2개 핵시설 공개를 요구하는 특별 사찰을 촉구했다.[8] 북한은 이에 반발하여 1993년 3월 12일 NPT 탈퇴를 유엔안전보장이사회에 통보했다. 1993년 3월 21일, 유엔 안보리는 대북 특별사찰 요청 결의안을 찬성 25표, 반대 1표, 기권 5표로 통과시켜 북한을 압박했다.[9] 국제 사회의 압박에도 북한이 강력하게 반발하자, 미국은 1993년 5월 11일 유엔 안보리에서 첫 대북 제재 결의안을 통과시키고 1994년 5월에는 영변 핵시설 폭격을 심각하게 고려했었다.[10] 이것이 1차 북핵 위기다.

상황이 불리하게 돌아가자, 북한은 1993년 6월부터 북미 간에 핵개발 문제를 의제로 고위급 회담을 시작했지만 합의를 보지 못했다. 1994년 6월 카터 전 미국 대통령이 평양을 전격 방문하여 김일성을 만나 핵 문제 해결의 돌파구를 마련했다.[11] 이 회담에서 남북정상회담과 부총리급의 실무 접촉을 통해 문제를 해결하기로 합의했는데, 1994년 7월 8일에 김일성이 심근경색으로 갑작스럽게 사망하면서 무산되었다.

김일성을 이어 북한의 통치자가 된 김정일은 3년 상 중에도 핵개발을 멈추지 않았다. 김정일은 1995년 말, 핵 로켓 23기를 완성했다는 보고를 받았고, 1998년 8월 31일에 인공위성 발사를 명령했다. 북한의 핵개발로 인해 북미 간의 군사적 갈등이 점점 고조되었다. 이것이 2차 북핵 위기다. 위기 국면을 맞아 김정일은 2000년 한 해 동안 극적인 변화의 행보를 보였다. 2000년 5월 29~31일에 중국을 전격 방문한 것을 시작으로, 6월 13일에는 김대중 대통령과 평양에서 남북정상회담을 하고,

7월 19일에는 러시아 푸틴 대통령과 평양에서 회담을 했으며, 10월에는 미국 올브라이트 국무장관을 북한으로 불러들였다. 이 모든 일이 불과 5개월 사이에 전광석화처럼 이루어졌다.

두 차례의 북핵 위기에 대한 대응에서 보듯이 북한은 일관되게, 상황을 주도하는 전략을 구사해왔다. 이번 3차 북핵 위기에 대한 대응에서도 김일성과 김정일이 보여준 위기 대응 패턴과 크게 다르지 않다. 오히려 과거 두 번의 경험을 바탕으로 한 단계 더 발전된 전략을 구사하고 있다. 김정은은 할아버지와 아버지의 경험과 교훈을 잘 알고 있으며, 개인적으로는 두 사람보다 더 과감한 승부사 기질을 가진 젊은 지도자다. 관리와 실용적 이익에 밝은 승부사 기질을 가진 김정은은 자신이 준비가 되었다는 판단이 서면서 짧은 기간 내에 남북정상회담, 북미정상회담, 중국 시진핑과 만남, 푸틴 초청, 미국과의 극적인 핵군축 회담 등 깜짝 카드를 연달아 내놓아 효과를 극대화하려고 한다.

갑작스런 평화 분위기 전환에서 우리가 조심해야 할 것이 있다. 김정은이 탐색 대화를 시작했지만 추가 도발 가능성도 여전히 포기하지 않고 있다는 조짐을 여러 군데서 발견할 수 있다. 예를 들어, 2018년 신년사에서 평창 동계올림픽에 참가하겠다는 의사를 밝히고 한반도 평화를 말하면서, 그 시기에 북한은 한 달 만에 ICBM 조립 건물 완성했다. 미국 정찰 위성의 감시를 피해서 도발을 준비할 수 있다는 능력을 과시한 셈이다. 2018년 2월에는 북미 대화 가능성을 말하면서 동시에 풍계리 핵실험장을 보수했고, 원자로 폐연료봉 인출과 재처리가 가능한 영변 핵시설의 시험 가동에 들어갔으며, 미사일 기술을 진일보시켰다. 만약 2018년 6월 초로 예정된 북미정상회담이 결렬되거나, 탐색 대화 과정에서 비핵화 방식과 수준이나 협상의 조건(경제 제재 해제의 조건)에 이견이 생겨 다시 충돌하게 되면 북한은 1~2회의 추가 도발을 감행할 가능성이 크다. 2016년 7월, 북한은 '정부 대변인 성명'이라는 형식으로 나름의 비핵화 5대 조건을 제시했다.[12]

- 남조선에 끌어들여 놓은 미국의 핵무기를 공개하라.
- 남조선에서 핵무기와 기지를 철폐하고 세계 앞에 검증받으라.
- 미국이 조선 반도에 핵 타격 수단을 다시는 끌어들이지 않겠다고 담보하라.
- 우리 공화국에 핵을 사용하지 않겠다고 확약하라.
- 남조선에서 핵 사용권을 쥐고 있는 미군 철수를 선포하라.

이때도 비핵화를 '선대의 유훈'이라 주장했으며, 비핵화를 설명하면서 "조선 반도 전역의 비핵화이며 여기에는 남핵 폐기와 남조선 주변의 비핵화가 포함돼 있다"고 했다.

북한이 주장하는 '대북 적대시 정책의 폐기'도 장벽이 될 수 있다. 유엔을 비롯한 각종 대북 제재 정책의 완화와 연결되기 때문이다. 북미정상회담이나 탐색 대화에서 북한이 이와 관련한 조건 전체에 대한 해결을 주장하면 회담은 100% 결렬될 것이다. 그 일부만을 주장한다면 대상과 순서를 둘러싼 협상 기간이 길어지고, 서로 협상에서 우위를 점하기 위해 미국은 대북 제재를 강화하고 북한은 군사적 긴장을 높이는 행동과 발언을 감행할 가능성이 크다.

트럼프와 김정은의
치열한 수 싸움

　　필자의 프로파일링으로는, 사업가 출신인 트럼프도 김정은과 비슷한 성향을 가지고 있으며, 타고난 감각은 물론이고 경험과 훈련으로 길러진 뛰어난 협상 능력을 가지고 있다. 김정은이나 트럼프 모두 현실적이기 때문에 2018~2019년의 두 해에는 전쟁을 벌일 가능성이 낮지만, 치열한 두뇌 싸움을 벌이며 긴장을 높일 가능성이 크다. 성향이 비슷한 두 지도자가 서로 최고의 맞수를 만났다고 생각할 수도 있다.

　　2018년 신년사에서 김정은은 평창 동계올림픽을 계기로 미국과의 대화를 건너뛰고 남한과 직접 대화하는 채널 복원을 전격 제안했다. 상황을 직접 통제하고 자기 주도하에 두기를 원하는 김정은이 북핵 이슈의 주도권을 트럼프에게서 빼앗아오려는 전략적 노림수였다. 일부에서는 강력한 대북 제재로 궁지에 몰린 김정은이 다급해서 한국에 먼저 손을 내민 것이라고 해석한다. 물론 그럴 가능성을 배제할 수는 없지만 필자는 다르게 생각한다. 김정은은 급하지 않다. 미국과 핵군축 회담을 하려면 북한은 핵 동결이 아니라 핵 폐기를 카드로 내놓아야 한다(물론 과거 사례를 비추어 볼 때 핵 폐기를 약속해 놓고 뒤로는 핵을 보유하려고 시도할 가능성도 있지만). 핵 포기를 카드로 내놓는다면 언제라도 미국과 협상을 시작할 수 있다. 그리고 협상을 시작하는 과정에서 먼저 중국, 러시아와의 무역을 복원하고 경제적 지원을 받을 수 있다. 이것이 북한이 급하지 않은 이유다. 그러나 북한이 대화 대신 대북 제재를 견디면서 추가 도발을 계속 시도해온 이유는 미국으로부터 더 큰 이득과 양보를 얻어내려는 의도가 있기 때문이다. 김정은이 신년사를 통해 한국과의 대화에 나선 것은 다급해서가 아니라 고도의 전략적 계산에 입각한 행위라고 보는 것이 더 타당하다. 김정은은 한국을 미국과의 협상에서 유리한 상황을 만들기 위한 지렛대로 사용하려고 한다.

북한의 핵과 미사일 개발 중지-감축-완전 폐기는 한국에게도 생존이 걸린 문제이긴 하지만 최종적으로는 북한과 미국 사이에서 해결할 문제다. 김정은과 비슷한 성향을 가진 트럼프도 북핵 이슈의 주도권을 자기가 직접 쥐기를 원하고 문제 해결의 최종 결정권자가 자신이어야 한다는 점을 절대 포기하지 않을 것이다. 이 때문에 한국 정부의 운전자론에는 분명한 한계가 있다. 한국의 역할을 인정하고 중국에게 북핵 문제 해결에 나서도록 압박하는 것은 트럼프의 전략적 행동일 뿐이다. 2017년 12월에 트럼프는 미군이 휴전선을 넘게 되더라도 남쪽으로 복귀하겠다고 중국에 약속하며 이 사실을 언론에 흘렸다. 이 메시지의 표적은 김정은이었다. 미군이 휴전선을 넘으면 중국이 즉각 개입할 것이라는 김정은의 계산에 혼란을 주기 위한 고도의 교란 행위였다(물론 부수적으로 중국과의 군사적 충돌을 방지하려는 수순이기도 하다).

김정은도 전혀 물러설 기미가 없다. 2018년 한 해 동안은 더욱 치밀하게 계산하며 한발씩 나아갈 것이다. 이미 내부적으로는 핵과 대륙간 탄도미사일을 완성했다고 선언한 북한이지만 미국과의 핵군축 협상 테이블에서 우위를 점하려면 몇 가지가 더 필요하다. SLBM(잠수함탄도미사일) 발사 성공, 화성-15형 미사일의 정각定角 발사 성공, 대기권 재진입 기술 입증, 인공위성 발사 성공, 추가 핵실험(공중 폭파 역량)이나 수소폭탄 실험 등이다. 이 중에서 최소한 인공위성 발사와 대기권 재진입 기술 실험은 반드시 성공시켜야 미국 본토 전역을 타격할 완전한 능력을 보유했다는 것을 입증할 수 있다. 그래야 대외적으로 실질적인 '핵 보유국'으로서 인정받을 수 있다.

만약 북한이 대화 국면 중간에 추가 도발을 감행해서 레드 라인을 넘으면 트럼프도 북한에 군사 공격을 감행할 가능성도 있다. 북한과 미국의 예상 가능한 우발적 충돌의 범위는 다음과 같다. 북한은 연평도 포격과 같은 방식의 도발, 공해상에서 훈련 중인 한·미 연합 병력에 대한 무력 사용, 미국의 정찰자산에 대한 근접 비행 등의 무력 시위가 있다. 미국이 할 수 있는 범위는 북한이 발사하는 미사일 요격, 북한의 연평도 포격과 같은 방법을 역으로 채택해서 북한 내 일부 기지에 대한 선제 타격, 해상 차단 또는 해상 봉쇄 과정에서 미 해군의 무력 사용 등이다.

당연히 트럼프와 김정은은 모두 전면전을 하게 되면 정치·경제적으로 치명적 피해를 입게 된다는 점을 잘 안다. 전면전은 큰 비용을 치르는데 반해 전쟁을 통해 얻을 이득은 매우 작다는 것을 알기 때문에 전면전이 벌어질 가능성은 크지 않다. 대신 한반도는 물론이고 동아시아를 넘어 전 세계적으로 전쟁의 두려움이 커질수록, 그래서 핵군축 협상이 극적으로 이루어질수록 서로 얻을 이익이 많다는 점을 두 사람 모두 잘 알고 있다.

프로파일링으로 본
트럼프 스타일

프로파일링을 통해 트럼프를 분석한 특성 중 대표적인 것은 다음과 같다.

- 트럼프는 자기애가 강하고 자기 능력을 과신하는 사람이다.
- 트럼프는 문제와 갈등을 피하지 않는다.
- 트럼프는 이익을 얻는 과정에서 기존의 정해진 해법이나 과정을 부정한다.

조금 더 자세히 분석해보자. 트럼프는 문제와 갈등을 피하지 않으며, 오히려 문제와 갈등을 좋아하기까지 한다. 문제와 갈등 속에 가장 큰 비즈니스 이익을 얻을 가능성이 존재한다는 것을 알기 때문이다. 이익을 얻기 위해서는 적과도 기꺼이 손을 잡을 수 있다.

기존의 정해진 규칙이나 틀을 좋아하지 않기 때문에 트럼프는 자신만의 새로운 해법이나 문제 해결 과정을 통해 상황을 주도하려 한다. 기존의 틀을 부정하여 갈등을 만들고, 발생한 갈등을 최대한 증폭하여 자신에게 유리한 고지를 선점함으로써 협상의 주도권을 장악할 수 있도록 상황을 통제하기를 선호한다. 협상 주도권을 장악하면 비즈니스 이익(트럼프의 브랜드 가치 상승도 포함한다)이 많은 쪽으로 문제 해결의 방향을 조절한다.

트럼프는 외향적이고 말하기를 좋아하고 사교적이지만, 충동적이고 직설적이며, 흥분을 잘하고, 힘을 앞세워 남을 지배하는 유형이다. 고집스럽고 사람들과 맞서기를 좋아한다. 호전적이고 위협을 가하며 비난을 잘한다. 야망이 커서 경쟁을 피하지 않고 일단 경쟁하면 지는 것을 극도로 싫어한다. 자신의 소유물을 중요시하고, 자기애와 자기 확신이 강하다. 자신의 능력을 신뢰하고 도전과 모험을 피하지 않는다. 자기가 원하는 것을 가질 수 있다면 남의 눈이나 평가를 크게 의식하지 않는다. 남의 계획에 구속받아 행동하기를 싫어하는 반면 자신의 주위에서 진행되고 있는 일들을 모두 알고 싶어 하며, 열심히 참견하고 영향을 미치길 좋아한다. 사교적이고 활동적이고 낙천적이어서 세상 만사를 심각하게 생각하기를 싫어하고, 운동을 좋아하며, 일 못지않게 여가생활도 중시한다(김정은에게 무력을 동원할 것처럼 위협적인 말을 트위터에 올린 직후에 바로 자신의 리조트로 달려가 골프를 친 적도 있다).

현실적이고 실용적이며 상황 적응력이 뛰어난 트럼프는 협상에 들어가면 논리적 분석보다는 경험이나 인간적 이유, 개인적 가치에 따라 판

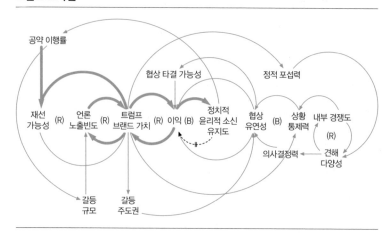

단하는 경향이 강하다. 이론이나 책을 통해 배우기보다는 실제 생활을 통해 배우는 것을 선호하기 때문에 대통령에게 필요한 역량이나 행동도 대통령직을 수행하면서 배우려 한다. 다른 사람을 동원하는 것에 익숙하고 순간 재치가 뛰어나며 연기Acting도 잘하기 때문에 시간이 갈수록 대통령직에 필요한 역량이나 상황 판단력이 향상될 것이다.

결국 트럼프는 구속받기를 싫어하고 자기 확신이 강하기 때문에 참모들의 조언에 의지해서 움직이지 않는다. 최종 결정권을 자기가 가지고 자신의 생각대로 행동할 것이다.

북미 핵군축 협상
시나리오

분석을 종합하면 트럼프와 김정은은 비슷한 특성을 매우 많이 가지고 있다. 북핵 문제와 관련해서 예측하면, 둘 다 현실적이며 효율과 구체적 성과물을 선호하고 상황 적응 능력이 뛰어나기 때문에, 협상을 완전히 깨고 전쟁에 나서지는 않을 가능성이 매우 크다. 그러나 두 사람 모두 순간 판단과 재치가 뛰어나고 규칙이나 틀에 구속되는 것을 싫어하며 이익 극대화의 길을 계산하는 데 민첩하기 때문에 자기에게 유리하도록 판을 바꾸기 위해서 뜻밖의 전략을 과감하게 구사할 가능성도 크다. 그래서 2018~2019년에는 북핵을 둘러싼 상황이 갑작스럽게 바뀌는 경우가 자주 생길 수 있다.

필자가 두 사람을 분석하면서 발견한 특이점이 한 가지 있는데, 바로 김정은이 트럼프보다 사업가적 기질이 더 강하다는 점이다. 알기 쉽게

MBTI 유형에 비교하자면 김정은은 사업가형(ESTJ 유형)에 가까운 반면에 트럼프는 사교형(ESFP 유형)과 비슷하다. 따라서 김정은이 트럼프보다 훨씬 계획적으로 움직이고 목표를 쟁취하기 위해 더 치밀하게 접근하는 특성을 보인다. 성격 특성 외에 김정은이 트럼프보다 더 치밀해야 할 이유가 있다. 김정은은 1989~1991년에 소련을 비롯한 사회주의 국가들이 붕괴하고, 루마니아의 독재자 차우셰스쿠가 처형되는 과정을 접하면서 성장했기 때문에 체제 붕괴에 대한 위기감을 강하게 갖고 있다. 더욱이 27세에 육군 대위로 쿠데타를 일으켜 권력을 잡은 후 42년간 리비아를 통치했던 카다피가 대량살상무기WMD와 핵개발을 포기했다가 권좌에서 쫓겨나 비참하게 죽는 과정도 지켜보았다. 오바마가 풀어준 이란에 대한 제재를 트럼프가 다시 뒤집는 상황도 목격했다.

김정은은 쉽게 미국을 믿지 않을 것이다. 살라미 전술(이탈리아 소시지인 살라미는 짜기 때문에 조금씩 썰어 먹는다. 이에 빗대어 협상에서 안건을 세분화해서 단계적으로 접근해 이익을 최대화하는 전술을 뜻한다)에 능한 김정은은 2018~2019년에 사업가 기질을 발휘해서 겉으로는 통 큰 제안을 하며 과감한 행보를 보이겠지만, 물밑에서는 세밀한 계획을 세우고 사안을 잘게 쪼개서 신중하게 협상해나갈 것이다. 이 과정에서 한국을 이용해 자신에게 유리한 상황을 만들려고 치밀하게 계산된 행동을 할 것이다.

트럼프는 힘을 가지고 남을 지배하는 유형인데 미국의 힘이 이를 뒷받침해주기 때문에 자신의 스타일대로 김정은을 대할 가능성이 크다. 그리고 북미 간의 치열한 두뇌 싸움에서 일벌레에 생각이 많은 김정은보다는 감정적이고 낙천적인 트럼프가 스트레스를 좀더 덜 받을 수 있다. 2018~2019년에 트럼프는 힘으로 상대를 위협하며 강하고 거칠게 밀어붙이고 협상이 자신에게 유리하게 흘러가도록 기다리는 방식으로 행동할 가능성이 크다.

한반도는 물론이고 동아시아를 넘어 전 세계적으로 전쟁 발발 가능성에 대한 두려움을 극대화할수록 그다음에 전개할 극적인 핵군축 협상에서 김정은과 트럼프 모두 더 크게 얻을 수 있다. 트럼프는 재선과 노벨평화상을 얻을 수 있다. 김정은은 장기집권과 경제발전의 이득을 얻을 수 있다. 김정은 집권 초인 2012년 2·29 합의 당시 북한은 핵 동결과 미사일 시험 발사 유예의 대가로 미국에 대북 인도적 지원(24만 톤의 영양식 공급) 정도만 요구했다. 그러나 2017년에는 한·미 연합 군사 훈련 중단, 대북 적대시 정책 철회 등 요구하는 보상의 수준을 대폭 끌어올렸다. 만약 2018년에 북한이 핵과 미사일 전력을 완성하면 김정은의 요구는 상상을 뛰어넘는 대담한 수준이 될 수 있다. 김정은이 만들고자 하는 최상의 협상 카드는 핵미사일 한두 개가 아니라 미국 본토를 동시다발로 핵으로 타격할 수 있는 역량이다. 전문가들은 북한이 이미 적게는 10개 미만, 많게는 100여 개 정도의 핵탄두를 보유한 것으로 추정한다. ICBM의 대기권 재진입 기술을 확보하면 이미 준비된 수십 개의 핵탄두를 대륙간탄도미사일에 장착하여 미국 본토를 겨냥할 수 있다. 이런 조건에서 비핵화를 협상 가능한 카드로 제시할 경우 북한은 엄청난 규모의 현금을 포함한 경제 지원은 당연하고, 미국과의 수교, 항구적인 한반도 평화 정착을 명분으로 정전 체제에서 평화 체제로의 전환, 주한 미군 철수, 미군 전략자산의 일본이나 괌 후퇴까지 요구할 가능성이 있다.

트럼프의 협상 전략과 속내도 고려해야 한다. 처음에는 낙관적으로만 보이던 북미 간 협상에 시간이 지날수록 미묘한 변화가 일어나고 있다. 한국을 대하는 트럼프의 태도에도 약간의 변화가 있다. 그것이 트럼프 스타일이다. 트럼프에게는 동맹국도 하나의 협상 대상이고, 자신의 목적을 쟁취하는 데 필요한 카드일 뿐이다. 트럼프가 상대를 향해 엄지를 치켜세우며 웃음과 칭찬으로 대할 때는 조심해야 한다. 트럼프 같은 협상가는 최대 압박에도 능하지만, 과도한 칭찬도 적절히 활용한다. 북미 핵군축 협상에서 트럼프는 문제의 핵심이자 미래의 결과를 좌우할 방향타다. 필자는 트럼프에 대해 처음 프로파일링한 이후에도 트럼프 취임 이후에 벌인 기후 협상, 이란과의 핵 협상, 미중 무역 협상 등 그가 한 말과 행동을 계속 추적해왔다. 이를 근거로 트럼프가 협상을 전개하는 대표적인 과정을 정리하면 다음과 같다.

기존 틀 부정으로 시작 → 판 깨기 → 자기 부각 → 극단적 압박(지지층 기대감 상승, 국제 여론 불안감 상승) → 일시적 방관이나 협상 상대에 대한 과도한 칭찬(상대의 수 읽기에 혼란 주기) → 압박 카드보다 낮은 수준에서 갈등 봉합 시도 → 성공과 실패 평가가 애매모호한 수준에서 협상 타결 → 협상에 성공했다는 자평 → 명분이나 지지층만 실리를 얻게 하고, 공약 이행 강조 → 지지 언론 통해 자신의 성과 확대 재생산 → 트럼프 개인의 정치적, 경제적 실리 획득으로 마무리.

이런 모든 요소와 가능성을 고려하여 북미 핵 협상 시나리오를 구성하면 다음의 네 가지를 생각할 수 있다.

시나리오 1. 2018~2019년에 물밑에서는 핵 무력 시험 및 개발을 지속하며, 겉으로는 대화와 탐색 반복, 극히 복잡하고 위험한 단계로 치달은 후 극적인 타결

평창 동계올림픽 이후 북미 간 탐색 대화 시작. 탐색 대화가 유지될 경우 물밑에서 핵과 ICBM 최종기술 개발 완료 후 → 2018년 말~2019년 북미 핵군축 본 협상 극적 시작 → 추가 개발 포기 및 (추가 생산을 포기하겠다는 의지 선전용) 핵시설 일부 파괴 → 대북 제재 해제 및 금융 지원 → 북한 정권 안정기 진입 → 북한 경제성장률 증가 → 김정은 정권 장기집권 가능성 증가로 상황이 전개되는 미래

이 시나리오에서 초기에 탐색 대화가 결렬될 가능성이 있다. 이 경우에는 북한의 추가 도발 → 동아시아 긴장 증가 → 미국, 대중국 군사 압박 증가 → 한국에 대한 중국의 보복 강도 증가로 연결될 수 있다.

시나리오 2. 북한이 미국의 경제 제재에 굴복(a Wildcard, 아주 낮은 확률의 미래)

북미 간 대화 결렬 → 미국 경제 압박 수위 증가 → 북한의 추가 도발 → 동아시아 긴장 증가 → 미국의 대중국 군사 압박 증가 → 한국에 대한 중국의 보복 강도 증가 → 중국의 원유 공급 단절과 밀무역 원천 봉쇄, 러시아 중립 선언 → 장마당 경제 붕괴로 북한 경제위기 심화 → 중국의 대북한 기득권 상실 → (기술력의 한계로 인한 개발 속도 지연으로) 핵과 장거리 미사일 시험 및 개발 중단 선언 → 2018년 말~2019년 북미 협상 극적 시작 → 핵시설 및 장거리미사일 기술 파괴 → 대북 제재 해제 및 금융 지원 → 북한 정권 안정기 진입 → 북한 경제성장률 증가 → 김정은 정권 장기집권 가능성 증가

시나리오 3. 북한 기술력 한계로 개발 속도 지연, 중국의 대북 제재 미온 (a Possible Future, 가능한 미래)

북미 간의 대화 결렬 → 미국 경제 압박의 지속으로 북한 경제위기 장기화 → 북한의 추가 도발 중지로 북핵 위기 및 해결은 답보 상태로 장기화

시나리오 4. 북한의 핵과 장거리미사일 완성, 중국의 미온적 대북 제재, 북미 대화 실패, 미국의 군사 옵션 미사용(a Possible Future, 가능한 미래)

평창 동계올림픽 이후 북한의 추가 도발 → 동아시아 긴장 증가 → 미국의 대중국 군사 압박 증가 → 중국의 한국 보복 강도 증가 → 북한의 핵과 ICBM 최종 기술 개발 완료 → 미국이 공식적으로는 북한 핵과 장거리미사일 완성을 불인정하나, 비공식적으로 파키스탄처럼 북한의 핵 보유국 지위 획득 → 김정은 정권 장기집권 가능성 증가

김정은과 트럼프가 어느 선에서 핵군축 협상을 타결할지를 예측하려면 먼저 두 사람이 두려워하는 것이 무엇인지를 분석하는 데서 시작해야 한다. 트럼프가 두려워하는 것은 타고난 재능이 없으며 성공하지 못한 사람이라고 평가받는 것이다. 트럼프는 자신이 원하는 것은 무엇이든 할 수 있다는 생각이 강하다. 끊임없이 자신의 그런 이미지 연출하여 다른 사람들의 관심을 받고, 찬사를 받고 싶어한다. 따라서 트럼프는 자신이 북핵 문제를 해결하지 못하고 실패했다는 평가를 받는 것을 가장 두려워할 것이다. 성과의 크기도 중요하지만 그가 가장 중요하게 여기는 것은 '성공이냐 실패냐'의 결과다. 트럼프는 누가 봐도 성공했다고 얘기할 수 있는 증표를 김정은으로부터 받고 싶어 할 것이다. 만

약 김정은이 트럼프가 원하는 것을 주면, 트럼프는 남북평화협정과 북미 수교는 물론이고 주한 미군 철수까지도 내줄 수 있는 인물형이다.

김정은은 자신이 통제당하거나 다른 사람에게 해를 입게 되는 것을 가장 두려워한다. 자신을 보호하고 자신의 삶을 스스로 결정하며, 통제당하는 상황에서 벗어나기를 원한다. 그가 호전적인 이유는 통제당하지 않으려는 성향의 다른 표현이다. 필자는 매주 발간하는 예측 보고서에서, 미국이 완벽하게 북한을 통제하면 김정은의 두려움이 극에 달할 수 있다고 예측했다. 성격과 행동 양식의 유형에 비추어볼 때 김정은은 본능적으로 자신의 신변 안전과 체제 보장에 대한 두려움을 김일성이나 김정일보다 더 크게 갖고 있다. 그래서 김정은이 원하는 최소한의 결과는 남북한 평화협정과 북미 수교이고, 최대치는 주한 미군 철수가 될 것이다. 더불어 김정은은 실용적이기도 해서 최대한의 경제 지원을 세부적으로 요구할 것이다. 2016년 7월에 북한은 남한 내 미국 핵무기의 공개 및 검증, 미군 전략자산의 한반도 전개 중지, 대북 핵 공격 위협 중지, 주한 미군 철수 등을 북한 비핵화의 조건으로 내세운 바 있다. 트럼프의 스타일상, 핵 문제를 확실히 해결할 수 있다는 확신이 들면 김정은이 제안하는 조건을 파격적으로 수용할 가능성도 있다.

김정은과 트럼프의 스타일의 분석 결과와 서로의 보수값payoff, 김정은이 신년사에서 비핵화 요구를 받아들이며 대화를 선언한 일련의 행동을 종합하면 김정은과 트럼프는 신뢰를 명분으로 하나씩 주고받는 협상을 할 가능성이 크다. 주한미군을 타격할 ICBM을 폐기하고 부분적인 경제협력(남한과의 협력, 중국이나 러시아와의 관계 개선)을 받고, 미국이 신뢰를 지키면 1993년 3월에 탈퇴한 NPT(핵확산금지조약)에 전격적으로 재가입하고, IAEA와 '핵안전협정'을 체결 가능성도 있다. 더 나아가 얻어내는 이득에 따라서는 핵을 폐기하고, 핵시설까지도 불가역적으로 영구히 폐기하는 식의 단계별 협상도 가능하다. 트럼프에게는 과거 어떤 미국 대통령도 하지 못한 일, 즉 북한을 압박해 핵 공격력을 빼앗음으로써 미국을 보호하는 성과를 자신이 이루어냈다는 명분만 주면 된다. 그 첫 번째 요소가 ICBM의 포기다. 그러면 일단 북한은 미국 본토를 공격할 수 없다. 다음은 추가 핵실험 포기와 완성된 핵폭탄 폐기다. 이렇게 하나씩 주고받는 비즈니스식 협상을 할 가능성이 크다. 김정은은 신년사에서 남북정상회담 개최까지의 수순을 통해 자신이 할아버지나 아버지와는 다르게 거래가 가능한 인물이라는 메시지를 트럼프에게 전달했다.

북미 협상 결과 예측:
내쉬균형점 예측

내쉬균형점이란 상대방의 전략을 예상할 수 있을 경우 자신의 이익을 최대화할 수 있는 전략을 선택해 형성된 균형 상태를 의미한다. 상대의 대응에 따라 (자신이 얻을 이익에 대한) 최선의 선택을 하면, 균형이 형성되어 서로 자신의 선택을 바꾸지 않는 상태를 말한다.

북미정상회담에서는 표면적으로 비핵화 방향이 제시되고 비핵화 일정에 대한 큰 그림도 나올 것이다. 그러나 트럼프가 철강 관세 부과, 국제환경단체 탈퇴, FTA 협상 카드 등에서 보인 행동으로 볼 때 트럼프의 완전 비핵화 발언을 액면 그대로 믿기는 힘들다. 트럼프가 원하는 최상, 즉 보수값은 비핵화가 아니라 재선에 도움이 되는 이익이다. 김정은도 트럼프와 미국 정치권을 믿지 않는다. 트럼프와 김정은의 완전 비핵화는 협상용 수사에 불과하다. 완전 비핵화를 협상 결과물로 선전하더라도 정치적 쇼에 불과할 것이다. 외교야말로 고도의 정치적 행위다. 협상 결과에 대해서는 다음의 다섯 가지 시나리오가 가능한데, 실질적으로는 중간 단계(3간계) 정도에서 최종 결과물이 나올 가능성이 가장 크다.

시나리오 1. 핵 동결로 핵 보유 비공식 인정

현재 긴장 강도로는 불가능한 결과다. 북미 협상이 결렬된 후, 북한이 추가 도발을 감행하여 핵전쟁 발발(3차 세계대전 직전) 가능성을 최고조로 만들 정도가 되어야 가능한 타협점이다. 트럼프는 전쟁을 막았다는 명분으로 체면치레를 하는 수준의 결과다.

시나리오 2. ICBM 파기, 핵개발 중단

경재 제재의 부분적 해제. 트럼프가 중간선거를 위해 얻을 수 있는 이익의 마지노선이자 중국이 수용할 수 있는 마지노선이다. 김정은이 시진핑과 화해 제스처를 취한 것은 2단계 정도는 충분히 수용할 의사가 있음을 암시한다.

시나리오 3. ICBM 등 장거리미사일 전량 파괴, 영변 핵시설 파괴 쇼, 국제 핵사찰 허용, 핵폭탄 감축(과거와 차별화)

미군 전략자산(전술핵) 철수가 반대급부로 제공될 것이다. 3단계 수준이면 트럼프가 노벨평화상을 받을 수 있는 최소 조건이 된다. 트럼프 재선을 위한 이익의 마지노선이다. 트럼프는 과거 2차례 핵 협상 결과 이상을 원할 것이다. 그래야 차별화가 가능하다. 이 시나리오가 필자가 예측하는 내쉬균형점이다.

시나리오 4. 핵폭탄 전량 폐기

북미 간에 정전 및 평화 협정 체결과 수교. NLL무력화가 반대급부로 제공될 것이다. 김정은이 파격적으로 제안할 수 있는 최대치가 4단계까지일 가능성이 있다. 참고로 NLL은 한국전쟁 중 그어진 군사 작전상의 해상 분계선이다. NLL이 무력화되면, 유엔 해양법에 따라 12해리 영해 원칙이 적용된다. 이럴 경우 북한 영해에 인접한 한국의 서해 5도에 대한 안보가 위협받는다.

시나리오 5. 완전 비핵화(핵 기술까지 폐기)

주한 미군 철수가 반대급부로 제공될 것이다. 확률적으로 아주 낮은 결론이다. 북한과 미국 모두 이 단계까지 결론을 내릴 필요가 없기 때문이다.

남북통일
시나리오

지금 한국 정부와 기업은 두 가지를 생각해야 한다. 하나는 통일 가능성이고, 다른 하나는 김정은 정권의 장기집권 가능성이다. 북미 간에 극적으로 핵군축 협상이 타결되면 갑작스런 통일 가능성은 줄어든다. 대신 김정은 정권의 장기집권(20~30년) 시나리오가 급부상한다. 한국 정부와 기업은 대북 전략을 완전히 새로 짜야 한다.

현재 북한의 수령절대주의 체제(김정은 절대주의)가 유지되는 조건에서는 무력 충돌 없이 남북한이 통일될 가능성은 없다. 역사적으로도 권력의 분점을 용납하기 어렵고 절대자를 우상화하는 절대주의 체제를 가진 나라가 전쟁 없이 협상을 통해 자발적으로 다른 나라에 주권을 내준 경우는 없다. 즉, 남북한이 전쟁 없이 통일을 이루려면 어떤 방식으로든 북한의 수령절대주의 체제가 바뀌어야 한다. 그래서 남북통일 시나리오를 구축할 때는 '전쟁 발발 후 남한의 승리로 통일' 시나리오와 '김정은 사후, 남한의 흡수 통일'이라는 2개의 큰 방향으로 나누어 시작하는 것이 바람직하다.

두 방향 중에서 남북한이 전쟁을 벌이는 시나리오는 논리적으로 그럴듯한 미래, 혹은 확률적으로 가능한 미래 시나리오로 삼기에는 가능성이 매우 낮다. 남한이 북한을 향해 전쟁을 벌일 가능성은 거의 없다. 미국도 마찬가지다.

따라서 북한이 전쟁을 일으키지 않으면 전쟁을 매개로 한 통일 시나리오로 갈 확률은 아주 낮아진다. 하지만 가능성은 낮지만 발생할 경우 엄청난 파장을 미치기 때문에 완전히 무시하기보다는 뜻밖의 미래 시나리오로 상정하고 생각해보는 것이 좋다. '전쟁 발발 후 남한의 승리로 통일' 시나리오를 뜻밖의 미래(확률적으로 발생 가능성은 지극히 낮지만, 발생할 경우 매우 큰 충격을 줄 미래)로 상정한다면, 이제 남은 것은 '김정은 사후, 남한의 흡수 통일'이라는 시나리오다.

'김정은 사후, 남한의 흡수 통일'이라는 틀에 대해서는 2단계로 나눠 생각해보아야 한다. 첫 번째 단계에서는 김정은 정권이 앞으로 20~30년 동안 장기집권을 할지, 아니면 10년 이내에 미국이나 중국 등 외부의 힘에 의해서 무너지거나 혹은 내부의 군사 쿠데타나 측근에 의한 암살 등으로 붕괴하는 시나리오다. 10년 이내에 김정은 정권이 무너질 가능성은 얼마나 될까?

2011년 11월 17일 오전 8시 30분, 김정일 국방위원장이 사망했다. 당시 전문가들 사이에서는 어린 김정은이 북한 권력 장악에 실패해서 급변 사태가 발생하여 북한 정권이 무너질 가능성이 크다는 의견이 많았다. 하지만 필자는 다르게 예측했다. 김정일 국방위원장의 사망이 공식적으로 발표된 후 필자는 다음과 같은 시나리오를 SNS를 통해 발표했다.

김정은 단기적인 정권 장악에 필요한 8부 능선을 넘은 것으로 분석된다. 김정은 정권이 안정적으로 정착할 것이다.

김정일의 사망은 51시간 30분이 지난 후 세계에 알려졌다. 짧지만 가장 중요한 바로 '그' 시간에 북한에서는 많은 사람이 우려한 것과 같은 급변 사태가 일어나지 않았다. 이는 김정은이 북한의 권력을 장악하기 위한 8부 능선을 넘었다는 것을 의미한다. '권력 장악'에서 김정일 사후 51시간 30분이란 시간은 '김정일의 사인'과 관련된 '명분 싸움'에서 가장 중요한 시간이었다.

필자는 김정은 세력이 권력 장악을 위한 가장 중요한 첫 번째 싸움에서 김정일의 사인이 암살이 아닌 자연사라는 것을 부검을 통해 최종적으로 객관화함으로써 반대 세력에 승리한 것으로 판단했다. 51시간 30분이라는 짧은 시간에 권력 장악에 필요한 최초의 단계를 완성했다는 점을 볼 때, 김정일이 사망하기 최소 1년 전부터 김정은을 보호할 세력의 정, 관, 군 포진이 완성된 것이 분명하다. 그리고 공식적으로 김정일의 사망을 발표하기 전까지 군 강경파의 충성을 확인하고, 반 김정은 세력에 대한 기습적인 제압과 주변 국가 대응 전략을 완료했을 것으로 추론했다. 아버지 김정일도 1994년 7월 8일 2시 김일성 사망 시에도 '부검'을 함으로써 사망에 대한 의혹을 빠르게 차단했고, 무려 34시간 동안이나 미국과 한국 정부가 김일성의 사망 사실을 인지하지 못할 정도로 철저한 보안을 유지하면서 내부 장악에 성공했다.

또한 김정은과 정권의 행보에 대해 이렇게 예측했다. 김정은은 겉으로 3년 상을 지내면서 '유훈 통치'를 시행할 것이고, '개혁개방과 같은 유화적 통치' 정책을 구사할 가능성이 크다. 반면 내부적으로는 더 강력한 군부 감시와 주민 통제를 시행할 것이다. 통치 초반에는 유훈 통치와 함께 사실상 북한 군부와 정치를 장악하고 있는 고모부 장성택을 전면에 내세워 자신의 정치적 기반을 안정적으로 다져나가는 전략을 구사하면서 대내외적으로 어려운 시기를 돌파할 가능성이 크다. 하지만 정권을 안정화한 뒤에는 반드시 장성택을 숙청할 것이며, 군부 내 강경파의 지지를 유지하기 위해 간헐적으로 미국과 중국의 비위를 크게 상하게 하지 않는 범위에서 미사일 발사나 국지적 도발을 할 가능성이 크다. 실제로 이후 필자의 예측대로 김정은은 고모부 장성택을 전격적으로 숙청했고, 연평도에 포격을 가하는 대담성도 보였다.

물론 지금이라도 북한에 급변 사태가 발생할 가능성이 전혀 없지는 않다. 언론이나 정부가 사용하는 '북한 급변 사태'라는 개념은 "어떤 이유로든 북한 정권이 붕괴함으로써 정부 부재 상태나 무정부적 상태가 전개되고 이를 수습하기 위해서 한미 연합군의 군사적 개입이 이루어지는 상황"[13]을 일컫는다. 만약 김정은이 죽더라도 곧바로 다른 계승자가 나타나 북한에 새로운 정부가 구성되거나, 쿠데타를 일으킨 군 세력이 정권 장악에 성공해서 한미 연합군의 군사적 개입이 이루어지지 않으면 급변 사태가 종료된다고 본다.[14] 김정은 암살이나 쿠데타 같은 급변 사태가 발생할 경우 우려되는 상황은 군벌 간의 내전 발생 가능성, 북한의 반정부군이나 각종 군벌 세력이 명분을 얻거나 내부 위기를 벗어나기 위해 남한으로 분쟁을 확산시킬 가능성, 내전과 대규모 자연재해로 인해 북한 내부에 인도적 위기가 발생하고 중국과 남한으로 대량 난민이 탈출할 가능성(대략 50~70만 명 추정), 대량살상무기의 통제력 이완, 중국 군대 개입으로 한미 연합군과 군사적으로 충돌할 가능성 등을 생각해볼 수 있다.[15]

군사 쿠데타로 급변 사태가 발생하려면 몇 가지 조건이 갖추어져야 한다. 군부의 반란, 북한 내부 국민의 반란, 주변국의 외면이라는 세 가지의 조건이 한꺼번에 발생해야 한다. 국민의 불만이 거국적인 정치적 소요로 확장되기 위해서는 생생한 정보를 순식간에 전달할 수 있는 핸드폰과 같은 통신 수단, 마을 단위에서 일어나는 국민의 소요를 전국적으로 확장할 수 있는 네트워크의 연결, 정치적 소요가 표출될 수 있는 공간 등이 필요하다. 북한은 핸드폰 보급이 약 400만 대에 이르긴 했지만 정부가 철저하게 통신과 인적 네트워크를 모두 감시하고 있다. 북한은 여전히 매우 정교한 감시와 통제 시스템을 가지고 있으며, 고급 간부로 올라갈수록 이중삼중의 감시 체계 안에 가두어두기 때문에 쿠데타를 일으키기 힘들다. 이런 감시 체제하에서는 반체제 인사가 있더라도 힘을 규합하지 못한 채 고립된 개별 존재로 머물러 있을 가능성이 크다.

앞의 세 가지 조건의 성숙 없이 군부의 쿠데타로만 김정은 체제를 전복하는 일은 결코 쉽지 않다. 게다가 평양의 중심부인 중구역과 모란봉구역은 대동강으로 둘러싸인 호리병 형태를 띠고 있다. 쿠데타 세력이 전차와 대규모 병력을 평양으로 진입할 수 있는 곳은 칠성문 승리거리뿐이다. 이 길목에는 호위사령부와 평양 방위사령부가 철통같이 버티고 있다. 이 길목 이외에 평양 중심부 진입이 가능한 통로는 평양 남쪽에 있는 5개의 대동강 다리들이다. 그런데 이 다리들은 규모가 크지 않아서 대규모 병력이 진입하기 어렵다. 평양의 이런 지형적 특성은 진압군 방어에 매우 유리하게 작용하여 쿠데타의 성공 가능성을 더욱 낮춘다.

군사 쿠데타로 평양에서 김정은을 축출하더라도 상황이 끝나지 않는다. 평양에는 탈출을 위한 지하갱도와 해저통로가 있다. 평양에는 편도 4차선 지하갱도가 있는데 200만 명의 주민과 군대가 들어가 2개월 동안 버틸 수 있는 규모다. 쿠데타 세력이 평양에 진입하기 전에 김정은이 지하갱도를 통해 해안가로 나와 잠수함으로 탈출할 수 있다. 평양에서 남포까지는 해저갱도가 있어서 남포로 탈출해서 잠수함으로 도피할 수도 있다. 북·중 접경 지역인 자강도·양강도에는 중국과 연결된 대피 통로가 있다. 만약 김정은이 중국이나 러시아로 도망하여 전쟁을 벌이면 어떻게 될까? 지금 같은 상황이라면 중국이 골칫거리 김정은을 받아들이기 어려울 수 있기 때문에 러시아로 도피할 가능성이 크다.

이처럼 북한에서는 쿠데타가 일어나 성공하기 어려운 조건이 훨씬 많다. 더욱이 장성택 숙청은 누구라도 배신하면 숙청당하며, 장성택처럼 권력을 가지고 있는 치밀한 사람도 김정은을 이길 수 없다는 생각을 심어주었다.

북미 간에 극적으로 핵군축 협상이 타결되면 군사 쿠데타로 인한 체제 붕괴 가능성은 상대적으로 작아지고, 반대로 김정은이 장기집권할 확률적 가능성이 매우 커진다. 심혈관 질환 쪽에 가족 병력이 있는 김씨 일가는 김일성이 82세, 김정일이 70세를 살았다. 젊어서부터 술과 담배를 즐겨 하고 몸집이 비대해진 김정은이지만 최고의 의료 관리를 받는다는 것을 감안할 때 최소 60세 이상은 생존할 가능성이 크다. 앞으로 20~30년 동안 김정은이 장기집권할 수 있다는 계산이다.

현재 북한 국민의 충성심은 극도로 약해졌다. 북한 주민은 대규모 탈북자를 통해서 남한의 소식을 많이 듣게 되었고, 약 400만 대의 휴대전화가 보급되면서 정보 교류가 훨씬 더 빨라졌다. 그러나 PC에서 스마트폰에 이르기까지 모두 북한의 고유한 운영 체제os인 '붉은별'을 기반으로 하는데, 북한 정부는 '붉은별'의 모든 코드를 개발자 통제 아래에 두며, 통화나 문자 메시지, 사진 등도 모두 감시할 수 있는 조지 오웰식 감시 체계를 구축하고 있다.[16]

중동의 민주화 물결처럼 국민 주도의 혁명이 일어나려면 불만을 품은 주민이 대규모로 모일 수 있는 계기가 마련되어야 하는데 북한은 철저한 감시와 통제 시스템을 통해 이를 원천적으로 봉쇄하고 있다. 체제에 극도의 불만을 품은 북한 주민이 할 수 있는 유일한 반항은 집단적 봉기가 아니라 개인적 탈북밖에 없는 셈이다.

북핵 문제가 해결되면 김정은은 주민들의 불만을 달랠 무기를 얻을 수 있다. 대규모 경제개발과 원조 및 차관을 비롯해 일본으로부터 과거사 배상금 등을 얻어내는 데 성공하면 북한은 한동안 연평균 10% 이상의 경제성장을 기록할 가능성이 크다. 북한 주민들은 현재보다 몇 배 이상 잘살게 된다. 주민들이 김정은을 끌어내릴 이유가 없어진다.

군사 쿠데타에 의한 급변 사태 가능성이 매우 낮은 뜻밖의 미래라면, 확률적으로 가능성이 높은 통일 시나리오는 김정은 사후에 김정은 일가나 백두 혈통 중에서 새로운 지도자가 나와 권력을 장악하여 수령 절대주의 체제 혹은 왕정 체제를 유지하는 경우와 김정은의 죽음과 동시에 수령절대주의 체제도 함께 붕괴하는 시나리오를 생각할 수 있다.

참고로 김정은이 살아 있는 동안에 '북한과 한국의 연방제 통일 시나리오'로 가는것은 논리적으로 가능하기는 하지만 발생 확률은 매우 낮다. 앞서 이야기했듯이 역사적으로 무력에 의한 강제 없이 스스로 권력(국권)을 양도한 절대자는 없다. 그리고 한국이 '한국식' 통일을 염원하듯, 통일에 대한 북한의 관점도 전혀 변하지 않았다고 생각하는 것이 상식이다. 시대 환경이 바뀌고 통치 세력이 조금 더 영리해져서 적화통일이라는 말 대신 '한민족'이라는 말로 표현을 바꾸었을 뿐이다. (중국이나 베트남을 보라. 필요에 의해 시장경제를 받아들일 뿐 공산당 일당지배를 스스로 포기하겠는가?)

마지막으로 다른 가능성을 검토해보자. 북핵 문제가 해결되고 경제 제재가 풀려서 북한이 개혁개방을 통해 경제성장을 하면서 외부 문화와 정보가 들어가면서 생길 수 있는 자체적인 변화다. 이때 김씨 정권에 대한 북한 주민들의 환상이 깨지고 체제가 붕괴하거나, 혹은 체제 위협을 두려워한 김정은이 어느 순간 아버지 김정일처럼 개혁개방을 중단할 경우 이에 불만을 품은 장마당 세대가 들고일어나면서 체제가 붕괴할 것이라는 예측이다. 물론 합리적으로 추론할 수 있는 가능성이지만, 주관적 희망을 담은 단선적인 예측에 머물지 말고 다른 가능성도 함께 생각해보아야 한다. 북한 주민들이 조선 시대 백성들처럼 김씨 일가를 지배 왕조로 여기고 있다면, 백두 혈통의 국가통치권과 경제 환경을 별개로 생각할 수도 있다. 김정은이 북한 주민에 대한 공포정치를 포기하고 개혁개방을 통해 경제발전에 헌신하는 착한 군주의 모습을 보이면 체제 붕괴가 일어나지 않을 수도 있다. 김정은 입장에서 과거와는 다른 체제 유지 방식을 대담하게 선택할 가능성도 있다. 예를 들어, 형식적으로는 영국의 여왕이나 일본의 천황처럼 자신을 상징적 존재로 만들지만, 실질적으로는 이슬람 최고지도자가 대통령을 넘어서는 종신직 최고권력자로 군림하는 이란과 같이 막후에서 내각이나 대통령을 조정할 수도 있다. 이때 대통령이나 내각 수반은 자신이 뽑을 것이다. 또는 중국식 정치 체제를 변형해서 장기집권이 가능한 체제를 만들 수도 있다.

만약 김정은이 미국과 극적으로 핵군축 협상에 성공하여 미국과 수교를 하고, 남북한이 정전 협정을 맺고, 중국과의 관계를 회복하여 미국, 중국, 한국, 러시아 등으로부터 경제원조와 협력을 얻어내고, 일본에게 전쟁 배상금 등을 받으며, 남한 정부와 기업의 투자를 유치해 제조업 국가로 도약한다면 김정은이 더 이상 공포정치를 고집해야 할 이

유가 없어진다. 그리고 오히려 정보가 더 개방되어 남한의 화려한 모습만이 아니라, 치열한 경쟁과 빈부격차 등의 현실적인 문제점까지 함께 접하게 된다면 남한에 대한 환상 대신 북한 고유의 체제를 정당화하는 이데올로기를 만들 수도 있다. 지금 중국이 바로 그렇게 하고 있다. 북한에서도 과연 이런 일이 현실이 될 수 있을까?

김정은의 30년 장기집권을
대비해야 한다

군사 쿠데타가 일어나지만 않는다면, 앞으로 북한과 미국 간에 핵군축 회담이 타결되면 북한은 어떤 시나리오를 통해서든 10%가 넘는 경제성장률을 기록하며 장기 고성장 추세로 진입할 가능성이 크다. 지금까지 보여준 행동으로 판단해볼 때, 김정은이 김일성이나 김정일과 다른 점이 하나 있다. 바로 대담성이다.

김정은의 대담성은 세 가지로 영역에서 작용한다. 첫째, 군사적 대담성이다. 아버지 김정일 생존 시기에 도발한 천안함 폭침, 김정은이 정권을 획득한 후 벌인 연평도 포격, 핵과 미사일 개발 등에서 군사적 대담성을 읽을 수 있다. 둘째, 협상의 대담성이다. 협상의 대담성은 앞으로 1~2년 동안 계속해서 확인할 수 있을 것이다. 김정은이 앞으로 보여줄 대담성 중 하나는 북미 간 핵군축 회담이 타결된 후 진행할 개혁개방의 대담성일 것이다.

김정은의 통치 스타일은 할아버지나 아버지와 다르다. 김정은은 부족한 정치적 기반과 혈통적 약점을 보완하기 위해 아버지의 유훈을 충실히 따르는 효자(?)의 모습, 김일성의 이미지를 연상시키는 외모와 스타일, 그리고 젊고 개혁적이며 개방적인 자신만의 이미지를 교묘하게 섞어서 새로운 스타일의 군주로 보이려고 노력 중이다. 김정은이 정권을 잡은 이후에 했던 일련의 행동과 정책을 분석해보면 김정은의 개혁개방 의지도 김일성이나 김정일보다 높고 대담하다.

북한은 김정은 집권 이전부터 개혁개방을 추진해왔다. 김대중 정부 시절, 김종석 신경정신과 박사는 남북정상회담을 앞두고 융C.G Jung의 심리학적 유형론을 분석틀로 사용하는 2쪽짜리 「김정일의 성격 분석」이란 제목의 문서를 작성하여 청와대와 국가정보원에 보고했다.[17] 이 보고서는 김정일을 가장 잘 분석한 보고서로 평가받는다.

김종석 박사의 분석과 다른 전문가들의 분석을 종합하면 김정일의 성격은 '외향적', '현실적', '감각형'으로 요약할 수 있다. 늘 신변의 위협을 받았기에 은둔자 생활을 했지만 김정일은 외향적 성향을 가지고 있어서 솔직하고 호탕하며 당당한 카리스마가 있었고, 현실적 사실과 경험에 의존하기 때문에 덩샤오핑처럼 '실사구시' 정책을 추진했다. 논리적으로 깊게 사고하는 유형은 아니지만, 직관력이 뛰어났기 때문에 핵심 사항을 잘 파악하고 간결하게 요점을 정리하는 능력이 뛰어났다. 재치가 번뜩이고 유머 감각도 좋으며 기계를 다루는 솜씨가 뛰어나 첨단기기에 대해서도 많은 관심을 가졌다. 임기응변이 뛰어나고, 음악적 재능도 뛰어나 오케스트라 연주에서 반음이 틀리는 연주자를 찾아내는 재주를 발휘할 정도의 김정일이었지만 감각적 판단에 의존해서 행동에 일관성이 없는 경우도 적지 않다. 김종석 박사는 김정일이 핵무기를 수단으로 미국과 협상에서 상당한 성과를 올린 것은 이러한 성격의 장점을 잘 활용한 덕분이라고 분석했다.[18]

김정일의 이런 성향은 과감한 개혁개방 정책의 실시에도 영향을 주었다. 1994년 김일성의 죽음으로 권력을 물려받은 김정일은 1995~1997년에 참담한 기근과 아사 사태로 체제 붕괴의 위기감을 크게 느끼게 되었다. 1990년대 후반에 북중관계를 개선한 김정일은 2000년에 전격적으로 남북정상회담을 해서 정치적 안정과 경제적 원조의 발판을 마련한다. 그리고 2002부터 과감하게 개혁개발을 시도했다. '7·1경제관리 개선조치(2002)', 신의주 경제특구 지정(2002. 9), 금강산관광특구 지정(2002. 10), 개성경제특구 지정(2002. 11) 등의 정책을 쏟아냈다. 하지만 개혁개방으로 나타난 부작용에 겁을 먹은 김정일은 2006년부터 한발 뒤로 물러서며 핵실험(2006, 2009), 시장 단속, 화폐 개혁(2009) 등 체제 단속으로 돌아서고 말았다.[19] 2008년 뇌졸증으로 쓰러졌다가 겨우 일어난 김정일은 개혁개방보다는 안정적인 후계 승계를 위해 체제 안정에만 힘을 기울이다 2011년 12월에 과로로 인한 급성심근경색과 심장 쇼크로 사망했다.

김정일 사후 3일 만에 권력 안정의 8부 능선을 넘은 김정은은 아버지보다 더 과감하고 빠르게 개혁개방을 추진했다.[20] 김정은은 권력을 넘겨받은 직후부터 2012년 6·28 조치와 2014년 5·30 조치 등을 통해 개혁개방을 시도했다. 김정은식 개혁개방의 핵심은 공장, 기업소, 협동농장에 자율경영권을 부여하는 것이다. 2012년 6·28 조치를 통해 시범

운용을 한 다음, 2014년 5·30 조치를 계기로 전 공장과 기업소와 협동 농장으로 확대 적용했다. 2014년 9월 25일에는 가족 1명당 땅 1,000평을 지급하고 소득은 국가가 40%, 개인이 60%를 갖는 농업 개혁도 단행했다. 그리고 2013년 5월 29일 '경제개발구법'을 제정한 뒤 19개의 경제특구를 추진했고, 북한 곳곳에 자생적으로 생긴 장마당을 인정하면서 시장경제 체제도 부분적으로 실험 중이다. 개혁개방의 결과로 북한의 경제성장률은 3~4%를 기록하고 있으며 식량 생산량도 증가하여 식량 부족분이 2011년에 109만 톤에 이르던 것이 2014년에는 34만 톤으로 감소 추세를 기록 중이다.[21] 북한에서는 개인이 장사를 해서 큰돈을 벌어 아파트를 사고 사업도 할 수 있는 정도의 자유시장 체제가 만들어지고 있다. 평양 고급 아파트는 25만 달러에 거래되고, 집을 사서 고급 인테리어를 한 다음 되파는 부동산 투자를 하는 큰손들도 등장했다. 가정에 평면 TV, 양문형 냉장고, 고급 소파, 진공청소기 등을 갖추고 한국의 여느 집과 같은 생활을 하는 사람들도 늘고 있다. 휴대전화 사용도 늘어서 2008년 12월 3세대 통신 서비스를 시작한 후 2017년 기준 350만 명이 휴대전화를 사용하고 있다. 오토바이가 시장경제의 운송 수단으로 확산되고, 석탄 수출로 큰돈을 벌어들인 일명 돈주라고 불리는 신흥 부자들 사이에서는 개인 택시, 부동산 투자 등이 인기를 끌고 있다. 자녀 교육 열풍도 일고 있어서 평양 대학생이 지방 간부들의 자녀를 대상으로 한두 달 불법 과외를 해주고 1,000달러를 버는 일도 벌어진다.[22]

만약 북한에 대한 경제 제재가 풀리고 에너지 공급과 자본 투자가 확대되면 북한 경제는 빠르게 성장할 가능성이 크다. 한국전기연구원의 분석에 따르면 북한의 전기 생산량이 1억kWh 증가할 때마다 0.26%씩 경제성장률이 높아진다. 1% 경제성장률을 높이는 데 필요한 에너지 증가폭은 1.6%다.[23] 2016년 북한은 에너지 공급이 늘지 않고 경제 제재가 실행된 상태에서도 3.9%의 경제성장률을 기록했다. 한국이 개성공단을 재개하면서 규모를 3배 이상 늘리고, 북한의 29개 경제특구에서 대규모 경제개발이 시작되고, 원조 및 차관으로 막대한 자본이 투입되고, 일본에게 식민 지배 배상금까지 얻어내면 경제성장률 10%를 넘기는 것은 거의 확실하다.

김정은 정권하에서 고도의 경제성장이 장기간 지속하면 대중적 지지기반이 강화된다. 그리고 북한 주민들의 대규모 봉기만 일어나지 않는다면(고도성장이 지속할수록 그 가능성은 더 줄어든다) 지배층은 김정은과 운명공동체로 남는 것이 더 유리하다고 판단할 수밖에 없다. 자칫 김정은 체제가 붕괴해서 남한에 흡수 통일될 경우에는 기득권을 모두 박탈당하는 것은 물론이고 전범으로 몰려 재판을 받고 평생을 감옥에서 보내거나 죽을 수도 있다는 공포감이 크다. 김정은은 앞으로 20~30년 이상 장기집권이 가능해진다.

7장

군사 패권전쟁

○

Hegemonic War

○

미국 동맹국과 중국의
군사적 충돌 가능성

      미국에게 북핵 해결은 그 자체로 당면한 위기 이슈이기도 하지만, 장기적으로 중국과 군사 패권 경쟁에서 우위를 유지하는 데 도움이 되는 사건이기도 하다. 중국은 21세기 내내 미국에게 군사적 위협을 줄 나라가 될 가능성이 크다. 더 나아가 21세기 중후반부터 시작될 지구 밖 우주에서 벌어질 스타워즈Star-Wars에서도 강력한 경쟁 국가가 될 것이다. 역으로 중국에게 미국 역시 마찬가지다. 21세기 내내, 미국과 중국은 서로 군사적으로 주적이 될 가능성이 크다. 그럼에도 불구하고, 미국과 중국이 (누군가의 우발적인 실수가 없는 한) 군사적으로 전면전을 벌일 가능성은 거의 없다.

  21세기 초반에 미중 두 나라는 군사적인 전면전 대신 군사력을 앞세운 강력한 패권전쟁을 벌일 가능성이 크다. 중국은 2018년 3월에 열린 전국인민대표대회에서 국방비를 전년 대비 8.1%를 올린 1조 1,289억 위안(한화 192조 8,000억 원)으로 확정했다. 이는 중국의 경제성장률 목표치 6.5%를 넘어서는 수치다. 국방비 지출 세계 3위인 러시아의 2배고, 중국 역사상 역대 최대 규모다. 다분히 미국을 의식한 군비 증강이다.

21세기 미국과 중국의 군사 패권 경쟁은 20세기 냉전시대에 벌어진 구소련과 미국의 대립보다 더 치열할 것이다. 미국과 중국은 21세기 초반 내내 세계 곳곳에서 동맹국을 앞세워서, 전쟁이 일어나지 않을 범위 안에서, 상대방에게 가장 큰 위협을 보여주려고 할 것이다. 동아시아에서는 미국과 중국이 직접 부딪힐 가능성이 크다. 미국은 한국, 일본, 필리핀 등의 동맹국을 전면에 내세울 수 있지만, 중국은 미국의 동맹국과 직접 충돌할 수밖에 없다. 중국과 미국의 동맹국 사이에서 벌어진 군사적 긴장과 국지적 충돌은 내륙에서는 인도, 바다에서는 이어도, 센카쿠 열도, 대만 해협, 난사 군도, 시사 군도 등의 영토 분쟁 지역에서 극대화될 것이다. 남중국해를 포함한 동아시아의 바다는 미국의 영토가 아님에도 2010년 당시 힐러리 클린 국무장관은 "남중국해에서 벌어지는 국가 간 분쟁은 미국의 국가 이익에 중대한 영향을 미친다"고 선언했다. 중국의 해양 국경선에 인접한 분쟁 지역은 미래의 자원이 대량으로 묻혀 있는 곳이기 때문이다. 중국, 대만, 필리핀, 말레이시아, 베트남에 둘러싸여 있는 남중국해에서 확인된 석유 매장량만 해도 대략 170억 톤(1,246억 배럴)이다. 전문가들은 대략 300억 톤의 원유와 5,600만 세제곱미터의 천연가스가 매장되어 있을 것으로 추정한다. 석유 외에도 다양한 광물 자원이 묻혀 있으며, 해상 교통로서의 전략적 가치도 크다.[1] 중국에게 남중국해는 미국에게 중동 지역과 같은 지정학적 의미를 갖는 곳이다. 미국은 필요하다면 전쟁도 불사하며 중동 지역에 영향력을 유지해왔다. 중국 역시 남중국해를 포기할 수 없다는 의미다.

일차적으로는 분쟁 당사국들끼리 국지적인 무력 충돌을 벌이겠지만, 이는 중국과 미국의 대리전에 불과하다. 실제로 2013년 초에 중국과 일본이 센카쿠 열도(중국명 댜오위다오)에서 군사적 초긴장 상태에 돌입하자 미군은 즉각 공중조기경보통제기AWACS를 투입해서 동중국해에서 중국 전투기와 전함들의 동향을 감시했다. 중국 전투기가 미국의 P3C 초계기와 C130 수송기를 뒤쫓았기 때문이라고 했지만 이는 명분일 뿐 실제로는 중국군의 움직임을 면밀하게 감시하고자 하는 의도가 짙었다.

역사적으로 중국은 내부가 안정되면 언제나 주변국을 침략하고 군사적 위협을 가했던 나라다. 21세기 들어 중국이 급성장하는 경제력을 바탕으로 경제, 군사 등 모든 분야에서 영향력 확장을 시도하면서 아시아 주변국의 반발도 커지고 있다.[2] 필리핀은 스카버러 섬에서 중국과 영유권 분쟁 중인데, 무력 충돌이 일어나면 미국과 필리핀의 상호방위조약에 따라 자동으로 미군이 개입할 수 있다. 일본과는 센카쿠 열도를 둘러싸고 분쟁 중인데 양국이 충돌하면 미일안전보장조약에 따라 자동으로 미군의 개입이 가능하다. 그리고 난사 군도와 시사 군도에서는 베트남이 중국과 영유권 분쟁 중이고, 이어도에서는 중국과 한국이 분쟁 중이다.

2011년 7월 19일, 대만은 국방보고서를 통해 중국의 군사력이 아시아·태평양 지역의 군사적 균형을 허물어뜨릴 수준에 이를 정도로 큰 변수가 되었다고 분석했다. 현재 중국과 대만은 양안경제협력이 급물살을 타면서 1949년 분단 이래 가장 좋은 분위기다. 그래서 당장의 군사적 충돌 가능성은 낮아졌지만, 대만은 군사적 위협 수준이 더 커졌으며 대만을 병탄併呑할 중국의 욕구가 더 커졌다고 느낀 것이다.[3] 중국은 한 번도 대만을 자신의 영토가 아니라고 생각해본 적이 없다. 중국은 공산당과의 내전에서 패한 국민당 세력이 대만으로 도피할 때, 미국이 국민당을 지원해서 통일을 방해받았다고 보고 있고 따라서 현 상태는 임시적인 분단 상황일 뿐이라고 생각한다. 실제로 중국은 본토에서 불과 1킬로미터밖에 떨어져 있지 않은 대만 영토 진먼 섬을 가장 먼저 탈환하려고 끊임없이 공격하면서 호시탐탐 무력 점령의 기회를 노리고 있다. 1996년 3월에는 대만해협에서 중국과 대만-미국 연합군 사이에 전면전이 발발하기 직전까지 대치 상황이 벌어지기도 했다. 이 일을 계기로 중국은 군사력 증강에 더욱더 힘쓰기 시작했다.

중국과 일본의 센카쿠 열도(중국명 댜오위다오) 분쟁 사례도 비슷하다. 중국 정부는 인민해방군에게 일본과의 전쟁을 준비하라고 노골적으로 말한다. 중국 국민들도 중국 정부가 영토 분쟁에서 절대로 밀리지 말아야 하며, 전쟁을 통해서라도 자존심을 지켜야 한다고 생각한다. 중국이 일본처럼 강력한 자위 능력을 갖춘 나라와도 드러내 놓고 전쟁을 말하는 상황이니, 일본보다 군사력이 약한 나라들로서는 미국의 손을 잡을 수밖에 없게 되었다. 이에 화답이라도 하듯 미국은 2011년에 호주 북부 다윈에 해군기지를 건설하고 해병대 2,500명의 배치를 약속했다. 그리고 영토 분쟁 국가와 분쟁 지역은 모두 미국의 공동 방위 대상이라고 선언하고 연합 군사훈련을 시행 중이다. 2012년 1월에는 한 보고서를 통해 중국의 급성장이 미국 경제와 안보에 큰 위협 대상이라며 국방의 축을 아시아·태평양으로 옮긴다고 선언했다.

중국은 주변국에 대한 경제적 원조나 기업 진출을 빌미로 각종 광물자원에 대한 독점개발권을 장악하고, 대중국 수출 물량을 이용해 압력을 가하는 방법도 사용한다. 예를 들어 중국은 센카쿠 열도를 둘러싼 무력 충돌 시에 "한국은 누구 편이냐?"고 물으면서 한국에 경제적 압박을 가했다. 주변국들은 중국에 위협을 느낄수록 미국과의 관계 개선에 나서게 되고 이는 다시 중국과 미국의 대립을 강화시킨다. 중국으로서는 미국이 대만에 무기를 판매하고, 일본의 군국주의화 경향을 방관하며, 남중국해 영유권 갈등에 개입하고, 대중국 첨단 기술 수출 금지를 조장한다는 사실만으로도 충분히 불쾌하다. 결국 동아시아의 모든 군사적 긴장과 경제적 불균형은 미국과 중국의 불편한 관계로 귀결될 것이다.

미국과 중국의
군사력 비교

　　　　　　가능성은 낮지만 반드시 검토해보고 넘어가야 할
시나리오가 있다. 군사 패권 경쟁을 넘어 미국과 중국이 지금 전면전
을 벌인다면 과연 누가 이길까? 옆의 그림에서 보듯이, 미국은 전 세계
70개가 넘는 국가에서 800개 가까이 되는 군사기지를 운영하는 세계
최고의 군사 강국이다.

　미국의 국방비 지출 규모도 세계 최고다. 2011년, 어려운 경제 상황
에서도 미국은 7,125억 달러의 국방비를 지출했다. 이는 중국의 5배,
러시아의 10배, 독일의 15배였다.[4] 이후 2017년까지 6,000억 달러 수준
으로 줄었지만 트럼프가 집권하고 2018년부터 다시 국방비를 늘리기
시작했다. 현재 미국은 전 세계 무기 계약의 70% 가까이를 점유하고 있
다.[5]

미국의 해외 군사기지 현황

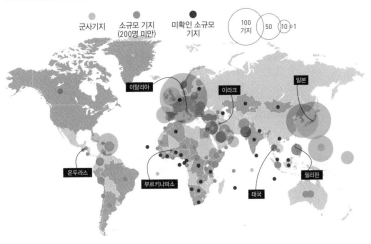

- 미국은 70개국 이상에 약 800개의 군사기지를 유지하고 있다.

출처: https://www.politico.com/magazine/story/2015/06/us-military-bases-around-the-world-119321

미국의 국방비 지출 규모 추이

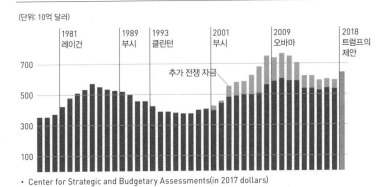

- Center for Strategic and Budgetary Assessments(in 2017 dollars)

출처: 뉴욕타임즈(https://www.nytimes.com/interactive/2017/03/22/us/is-americas-military-big-enough.html)

전 세계 항공모함(18척)의 국가별 보유 현황

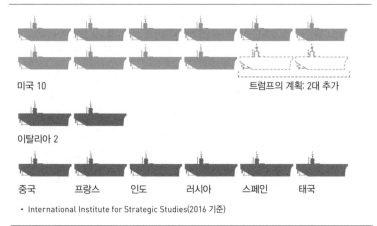

미국 10   트럼프의 계획: 2대 추가

이탈리아 2

중국   프랑스   인도   러시아   스페인   태국

• International Institute for Strategic Studies(2016 기준)

출처: 뉴욕타임즈(https://www.nytimes.com/interactive/2017/03/22/us/is-americas-military-big-enough.html)

미군의 총병력 수는 140만 명이 넘는다. 전투기 3,700대를 포함한 9,000대 수준의 유인 작전기, M1A2 전차 8,700대 등을 보유하고 있다. 현재까지 자국의 방어를 넘어서 전 세계 어느 곳에서든지 대규모 연합 훈련을 하고 자국 군대를 주둔시킬 수 있는 경제력과 군사력을 가지고 있는 나라는 미국뿐이다. 미국은 세계 어느 곳이든지 120시간 이내에 사단 규모의 병력을 파병할 수 있다.

21세기에 국제 교역의 90%는 해상을 통해 이루어진다. 세계를 지배하려면 바다를 장악해야 하는 이유다. 해군력에서도 미국은 부동의 1위다. 미국은 2016년 기준 항공모함 10척을 보유하고 있고 트럼프는 2척을 더 건조하려 한다. 순양함과 구축함과 호위함이 총 93척, 공격용 잠수함 54척, 수륙양용전함 31척, 해군 전투기 900기를 보유하고 있다. 해병대를 포함한 전체 해군 병력은 33만 5,822명이다.[6] 이 모든 것

국가별 해군 주력 함대 규모

	순양함, 호위함, 구축함	잠수함*	수륙양용함
미국	93	54	31
중국	78	52	4
러시아	32	49	
인도	28	14	1
프랑스	23	6	3
영국	19	7	6

* Attack/guided missile submarines.
• International Institute for Strategic Studies(2016 기준)

출처: 뉴욕타임즈(https://www.nytimes.com/interactive/2017/03/22/us/is-americas-military-big-enough.html)

을 합하면 미국 해군력은 전 세계 해군력의 60% 이상을 차지한다.

미국의 군사 능력은 양적 규모뿐만 아니라, 질적인 수준에서도 세계 최강이다. 예를 들어 2013년 4월 초 미국은 북한의 핵 위협과 국지전 발발 징후가 포착되자 'SBX-1'로 불리는 탄도미사일 탐지 전용 레이더가 달린 해상 레이더 기지를 한반도 해역으로 급파했다. SBX-1은 미국 미사일 방어MD 시스템의 핵심 장비로 거대한 석유시추선에 실려 있는 대당 1조 원짜리 이동용 레이더 기지다. 최대 4,800킬로미터 떨어진 야구공을 탐지할 수 있는 능력을 보유하고 있어서 마하 20(음속의 20배)의 속도로 날아오는 대륙간탄도미사일을 수천 킬로미터 밖에서 탐지해서 요격할 수 있게 해준다.

또한 레이저로 미사일을 격추하는 ABLAirborne Laser 시스템을 보잉 747-400F에 탑재하여 운용하고 있으며, 록히드마틴 사가 개발한 외골

세계 핵무기 보유 현황

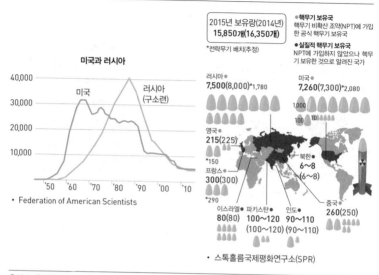

2015년 보유량(2014년)
15,850개(16,350개)
*전략무기 배치(추정)

●**핵무기 보유국**
핵무기 비확산 조약(NPT)에 가입한 공식 핵무기 보유국
●**실질적 핵무기 보유국**
NPT에 가입하지 않았으나 핵무기 보유한 것으로 알려진 국가

미국과 러시아

40,000
30,000
20,000
10,000

미국
러시아
(구소련)

'50 '60 '70 '80 '90 '00 '10

• Federation of American Scientists

러시아 ●
7,500(8,000)*1,780

미국 ●
7,260(7,300)*2,080
1,000
100 10

영국 ●
215(225)
*150

북한 ●
6~8
(6~8)

프랑스 ●
300(300)
*290

중국 ●
260(250)

이스라엘 ● 파키스탄 ● 인도 ●
80(80) **100~120** **90~110**
(100~120) (90~110)

• 스톡홀름국제평화연구소(SPR)

출처: 뉴욕타임즈(https://www.nytimes.com/interactive/2017/03/22/us/is-americas-military-big-enough.html), 연합뉴스, "그래픽: 세계 핵무기 보유 현황", 2015. 6. 15

격 로봇 블릭스BLEEX는 병사가 90킬로그램의 군장을 지고도 시속 16킬로미터로 달릴 수 있게 해준다. 이밖에도 미국은 공중 급유 한 번으로 어디든지 날아가 핵 폭격을 할 수 있는 B2 스텔스 폭격기(핵폭탄 16발 장착 가능)를 20대나 보유하고 있으며, 무인 기갑 로봇과 무인 정찰기 및 무인 전투기, 원격 조종 로봇 병사 등도 곧 실전에 배치할 예정이다. 미국의 차세대 주력기 중 하나인 F-22 랩터는 스텔스 능력을 갖추고 있어 적의 레이더에 탐지되지 않고, 적외선 탐지율도 낮다. 그래서 전투기의 기능뿐만 아니라 초소형 조기 경보기 역할도 담당할 수 있다. 대당 가격은 1,008억 원 정도이고, 최대 속도가 시속 2,655킬로미터, 비행 반경은 3,700킬로미터나 된다. 랩터는 모의 공중전에서 241 대 2의 승리

라는 절대적인 위력을 발휘했다. 미국은 핵무기와 수소폭탄 등의 대규모 살상무기를 제외하고도 이런 능력을 보유하고 있다. 미국이 더욱 무서운 점은 전쟁이 나면 이런 무기들을 계속해서 생산해낼 수 있는 군수 조달 능력까지 보유하고 있다는 점이다.

미국은 IT, 생화학, 나노, 로봇, 사이보그 및 항공 우주 기술 등을 활용한 미래형 무기 개발에서도 세계 최고의 능력을 보유하고 있다. 예를 들어 '신의 지팡이'라는 별명을 가지고 있는 무기는 우주 위성에서 지상으로 핵미사일급 위력의 폭격을 전개할 수 있다. 미군은 무인 지상 차량 1만 2,000대, 무인 항공기 7,000대도 보유하고 있다.[7]

압도적인 군사력은 단순히 패권전쟁에서의 승리에만 기여하는 것이 아니다. 세계 곳곳에서 군사적 긴장이 높아지면 무기 수출이 중요한 무역 거래 품목이 된다. 미국은 2008~2012년 전 세계 무기 수출의 30%를 차지했다. 특히 2012년에는 태평양사령부 관할 지역 국가들과의 무기 판매 계약 규모가 전년 대비 5% 증가한 137억 달러(14조 6,000억 원)에 이르렀다. 뒤를 이어 러시아가 26%로 2위, 독일이 7%로 3위, 프랑스가 6%로 4위를 기록 중이다. 중국은 5%로 영국을 제치고 5위에 올라섰다.

군사기술의 수준은 산업기술 수준과도 아주 밀접한 관계에 있다. 미래 산업을 이끌 다양한 핵심 기술이 가장 먼저 적용되는 곳이 군대다. 지금 상용화된 컴퓨터, GPS, 인터넷, 레이더, 전자레인지, 내시경 등의 혁신적인 제품들은 모두 처음에 군사기술로 개발해서 사용하던 것들이다. 로봇, 사이보그, 입는 로봇, 투명 자동차, 무인 비행기와 무인 자동차 기술, 헬멧에 장착하는 헤드업HUD 디스플레이, 미래형 내비게이션 시스템 등을 지금 군대에서 연구하고 시험적으로 사용하고 있다.

미래에는 영화 속에서 본 아이언맨처럼 병사들이 입는 로봇을 입고 전쟁을 할 것이다. 수십 킬로그램의 군장을 짊어져도 무게를 거의 느끼지 않고, 수백 킬로그램의 포탄을 자유롭게 들고 다니는 기술이 이미 군대에서 실험 중이다. 미국은 2020까지 로봇 군대나 사이보그 기술을 활용한 군인을 전체 병력의 30%까지 실전 배치할 계획이다.

중국 역시 최근 급성장한 경제력을 기반으로 군사력을 대폭 증강하고 있다. 중국은 2002년 200억 달러였던 국방비를 2011년에는 1,200억 달러(130조 원)까지 10년 사이에 6배나 늘리며 GDP의 2%를 국방비로 지출하고 있다. 2018년 3월의 전국인민대표대회에서는 전년 대비 8.1% 올린 1조 1,289억 위안(한화 192조 8,000억 원)을 확정했는데, 이 증가 폭은 다른 아시아 국가들의 국방비 증가 총액보다 큰 수치다.[8]

중국은 최근에 미국을 의식해서 은연중에 군대의 규모를 드러내고 있다. 중국 인민해방군의 병력은 230~250만 명에 이를 것으로 추정한다. 2012년 중국의 국방백서에 의하면 중국은 18개 군단 85만 명의 육군을 보유하고, 해군 23만 5,000명, 공군 39만 8,000명, 포병 수만 명, 무장경찰 병력 80~100만 명 규모를 자랑하고 있다. 전통적으로 중국은 엄청난 인구를 기반으로 병력 수에서 타의 추종을 불허했다. 1949년 중화인민공화국이 수립될 당시에는 군 병력이 무려 627만 명에 달했다.

인류의 오랜 전쟁 역사를 되돌아보면 언제나 병력의 숫자가 전쟁 승패의 결정적인 역할을 했다. 한국전쟁에서도 중국은 일명 '인해전술'을 앞세워 거의 패배 직전까지 몰렸던 북한을 구해냈다. 그런데 현대전은

국가별 공군 전투기(세대별) 보유 현황

	2세대	3세대	4세대	5세대
미국			1,226	193
러시아		275	855	1
중국		484	509	
인도	245	214	311	
프랑스			259	
일본			217	
영국			146	1

• Includes only active and non-training aircraft. | • FlightGlobal and Teal Group(2016 기준)

출처: 뉴욕타임즈(https://www.nytimes.com/interactive/2017/03/22/us/is-americas-military-big-enough.html)

병력의 수가 절대적인 변수가 아니다. 근래에 일어났던 중동 전쟁들을 보라. 현대전에서는 첨단 무기를 통한 조준 타격과 대규모 공습 등을 통해 적이 군대를 움직일 여유를 주지 않고 전쟁을 끝낸다. 폭격의 위력도 예전과 달라서, 핵폭탄 한 방을 터뜨리면 한순간에 수십만 명에서 백만 명 이상을 살상할 수 있다. 핵폭탄이 아니더라도 엄청난 파괴력을 지닌 포탄과 미사일이 많아서 병력의 숫자는 과거보다 훨씬 더 중요도가 떨어졌다.

무기 수준이 미국보다 1~2세대 정도 뒤처져 있는 중국은 신무기의 지속적인 개발과 개량에 박차를 가하고 있다. 스텔스기, 미국 본토까지 날아가는 신형 대륙간탄도미사일 둥펑-41(사거리 1만 1,000킬로미터), 둥펑-31A 탄도미사일, 폭격기에 장착하고 마하 1.5-2~5의 속도로 날아가는 사거리 1,500킬로미터의 창젠-20 등이 그런 노력의 결과물이다. 러시아에서 인수한 항공모함을 수리해서 첫 항공모함인 랴오닝호를 정식 취역했고, 추가로 2~3척을 더 건조 중이다. 그리고 유사시 미군의 항공모함을 타격할 수 있는 사거리 2,000킬로미터급인 DF-21D 대함 對艦 탄도 미사일, 원자력 추진 잠수함, 초음속 대함 크루즈 미사일을 장착한 스텔스 구축함, 조기 경보 통제기 KJ-2000 등의 전력을 증강 중이다. 사이버전이나 전자전 능력도 강화하고 있으며, 5년 이내에 달 착륙이 가능한 수준까지 올라온 우주 기술을 기반으로 한 레이저 무기, 위성 요격 무기 등 우주전 전력 강화에도 집중 투자하고 있다.

중국의 관심은
영토전쟁

　　　　　중국은 미국과 달리 영토전쟁을 염두에 두고 있다. 현재 중국의 경제, 금융, 학술, 산업의 중심은 모두 연안 지역에 집중되어 있다. 그러니 중국 해안에서 불과 1킬로미터 떨어진 진만 섬이나 대만 연안에 적이 진을 치고 대량살상 무기를 포진시키는 상황은 중국에게 마치 목에 칼을 들이대는 것과 같은 위협이 된다(1960년대에 소련이 쿠바에 미사일 기지를 건설하려다가 미국과 소련 간에 핵전쟁 발발 직전까지 갔던 상황을 생각해보라). 지난 50여 년간, 중국에 관한 첩보를 수집하는 데서 대만은 미국의 중요한 동반자였다. 중국에게 영토전쟁은 자국 연안지대의 안전 확보, 미래 자원의 확보, 세계를 지배할 권력의 획득이라는 세 가지의 목적을 동시에 충족하기 위한 것이기 때문에 결코 포기하지 않을 것이다. 21세기에는 과거 같은 영토전쟁이 일어나지 않고 사이

좋게 공존하며 살 것이라는 생각은 순진한 생각이다.

　미국과 중국의 군사 패권전쟁은 한국, 일본, 동남아 등 주변국의 군사비 지출도 증가시킨다. 특히, 일본의 군국주의를 강화하는 명분을 제공해주면서 동아시아의 군사적 긴장을 극대화하는 쪽으로 발전할 가능성이 크다. 2012년 기준으로 전 세계 무기 수입의 30%를 아시아 국가들이 담당하고 있다. 중국, 파키스탄과 패권 경쟁을 벌이고 있는 인도가 12%로 1위 수입국이고, 중국이 6%, 파키스탄이 중국에 버금가는 5%, 한국이 5%, 싱가포르가 4%의 비중을 차지하고 있다. 미중 군사 패권전쟁 외에도 군국주의 기치를 공공연히 내걸고 있는 일본의 군비 증강과 더불어 북한 김정은 정권의 도발적 행동 때문에 아시아의 군비 증강은 당분간 지속될 것이다.

　북한은 핵보유국 지위 획득에 명운을 걸고 있으며, 미국 본토까지 도달할 수 있는 대륙간탄도미사일을 보유했다. 이런 행보는 미국을 포함한 주변국에 큰 위협이다. 하지만 묘하게도 북한의 움직임이 미국에는 중국을 견제하는 데 매우 유리한 기회를 만들어준다. 미국은 우방 국가들의 영토 분쟁에 간섭하는 것만으로는 아시아 지역에서 군사력을 증강할 명분이 부족하다. 그래서 북한의 무력 도발 전략을 역이용하고 있다. 북한이 국지적 도발이나 핵무기 실험을 계속해서 한반도의 군사적 충돌 위협이 커질 때마다 한반도 안정과 미국 본토 방어를 명분으로 한국, 일본, 필리핀, 호주 등에서 미군의 전력을 증강해나가고 있다. 미국의 핵무기 현대화에 1조 달러를 투자해야 한다는 트럼프의 논리도 여기서 나온다. 중국을 지속적으로 견제하고 싶어 하는 미국에게 북한은 좋은 명분이다. 미국은 국제 사회 여론을 움직여 북한에 강력한 경

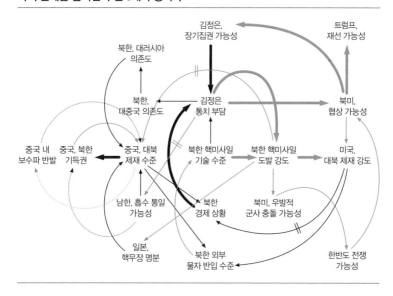

제 제재를 가하면서, 북한을 견제한다는 명분으로 한국에 사드를 배치했다(10년 전에 미중전쟁 시나리오를 발표하면서 필자는 북한이 군사 도발을 감행하고 미사일과 핵실험을 반복할 때마다 미국이 한반도 주변에 핵무기와 첨단무기를 재배치하면서 중국을 코앞에서 견제하려 할 것이다, 북한이 도발할 때마다 유엔 안보리에서 대북 제재 결의를 주도하면서 국제적 영향력을 공고히 하고 북한의 전통적 우방인 중국의 입장을 난처하게 만드는 효과를 얻으려 할 것이다, 이를 잘 알고 있는 중국도 나름의 대응에 나설 수밖에 없을 것이다라고 예측했다. 10년이 지난 지금, 필자의 예측은 현실이 되었다).

북한과 미국 사이에 핵전쟁 위기가 수그러들더라도, 동아시아에서 벌어지는 군비 경쟁 추세가 쉽게 변하기는 힘들다. 미국과 중국이 군사 패권전쟁을 벌이는 동안, 동아시아 국가들은 최소 10~20년간 정부 재

미국의 무기 판매 규모 추이

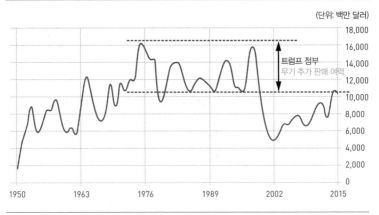

(단위: 백만 달러)

출처: www.tradingeconomics.com

정에 큰 부담이 될 정도로 국방비를 늘려야 한다. 동아시아에서 군비
경쟁이 치열해 질수록 미국 군수 산업의 매출은 커진다.

국가 재정의 건전성을 해칠 정도의 국방비 증가 압력은 한국, 일본,
중국 등 아시아 국가의 경제력을 소진해 또 다른 금융위기를 불러오게
될 것이다. 일본, 한국, 중국은 순차적으로 고령화가 진행되는 나라다.
잠재성장률은 점점 하락하고, 저축은 줄고, 내수 시장의 기반은 약해
지며, 복지비용이나 의료비용은 갈수록 크게 증가한다. 이처럼 수입은
줄고 지출이 늘어나는 국면에서, 자국의 방위를 위해 국방비를 증액하
면 경제 전반이 크게 위축된다. 미국은 동아시아 패권을 유지하기 위해
서 자국의 국방비를 늘리기보다는 동맹국에 군사비용을 전가할 것이
다. 그래서 동아시아 국가들은 이중의 국방비 증가 부담을 짊어지게 된
다.

8장

중국의 대응

Hegemonic War

시진핑의 첫 번째 승부수,
일대일로

2011년 기준 중국은 GDP의 70%를 대외 교역에 의존하고 있는데, 그 물동량의 85%가 바다를 통해서 이루어졌다. 특히 식량, 석유 등의 전략적 물자 수송은 대부분 해양 수송에 의존하고 있다. 만약 트럼프가 무역전쟁이나 중국과 영토 분쟁을 벌이는 동아시아 우방국을 돕는다는 명분으로 인도양과 말라카 해협의 수송로를 봉쇄하면 중국 경제는 심각한 타격을 받는다. 셰일 에너지 혁명으로 중동 의존도를 낮출 수 있게 된 미국은 육지와 해상에서 중국을 포위하여 동아시아 패권을 유지하는 데 집중하기 시작했다.

중국은 미국의 포위망 돌파가 매우 중요하다. 이에 시진핑이 꺼내든 승부수가 일대일로一帶一路 전략이다. 2013년, 시진핑 주석은 신新 실크로드 전략을 발표했다. 중앙아시아를 지나 중동을 통해 유럽까지 이어

중국의 '일대일로' 구상도

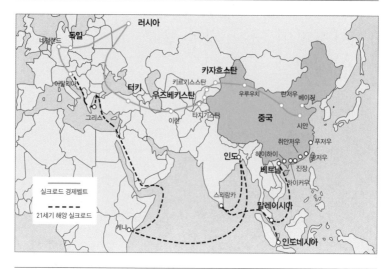

출처: bj.house.sina.com.cn

지는 육상 실크로드인 일대─帶, One Belt와 명나라 정화의 대선단이 개척
한 남중국해와 인도양을 거쳐 아프리카까지 이어지는 해상 실크로드인
일로─路, One Road를 회복하겠다는 것이다. 일대일로 정책이 노리는 중요
한 목적은 미국의 포위망을 돌파하고 미래에 벌어질 에너지전쟁에 대비
하는 것이다.

　일대일로 전략은 표면적으로는 정책 소통政策沟通, 인프라 연결设施联通,
무역 확대贸易畅通, 자금 조달资金融通, 민심 상통民心相通 등 5대 중점 과제
를 바탕으로 추진된다. '정책 소통'은 정치적 신뢰와 부처 간 실무 협력
을 기반으로 정책 교류를 확대하여 국가 간 협력과 발전에 도움을 주는
것이다. '인프라 연결'은 주요 거점별로 육로, 수로, 항만 등 교통 인프라
를 건설하고 공동으로 국가 간에 기초설비 건설과 기술표준 체계의 연

계를 강화하는 것이다. '무역 원활화'는 일대일로에 연결된 국가들의 무역 활성화를 위해 장벽을 제거하는 것이다. '자금 융통'은 아시아 통화 안정을 위해 금융협력 시스템을 강화하고, 국제금융기구(AIIB, ADB, BRICs 등)들과의 협력을 강화해나가는 것이다. 마지막으로 '민심 상통'은 인적 교류, 문화관광 교류, 학술 교류, 과학기술 교류 등을 확대해나가는 것이다.[1]

하지만 중국의 속내는 따로 있다. 중국은 일대일로에 포함된 65개 국가를 에너지를 수출하거나 수입하는 나라라는 공통의 이해관계로 묶었다. 중국을 제외하고도 일대일로상에 있는 나라들에 매장된 원유는 전 세계 매장량의 70%, 천연가스는 72%에 이른다. 중국은 이미 이들 나라들로부터 원유의 66%, 천연가스의 86%를 수입하고 있다. 중국은 다섯 가지 정책이라는 명분을 가지고 65개 국가에 자금을 빌려주고 중국 시장에 수출할 수 있는 기회를 주는 대가로 안정적 에너지 공급 능력을 확보했다. 일대일로는 중국의 에너지 확보를 위한 생명줄이다. 에너지 확보는 중국몽을 실현하고, 미국과의 패권전쟁에서 승리하기 위한 필수 조건이다.

해상 실크로드인 일로—路도 미국이 말라카 해협을 봉쇄할 경우에 대비해 중국의 에너지 운송 리스크를 줄이는 생명선이다. 일대일로 전략에서 중국의 핵심 파트너는 파키스탄과 스리랑카다. 파키스탄은 육상 파이프라인은 물론이고 해상 루트 확보에도 중요한 지정학적 요충지인 동시에, 미국이 지원하는 인도를 견제하는데 꼭 필요한 국가다. 인도는 에너지의 45.8%를 석탄에 의존한다. 석유는 22.4%이고 천연가스는 5.2%에 불과하다. 인도가 발전하려면 에너지 가격과 수입 물량의 안정이 반드시 필요하다. 미국은 에너지가 절대적으로 부족한 인도를 지원하면서 현재 세계에서 가장 큰 시장과 인력을 가진 중국을 대체할 나라로 키우려 한다. 스리랑카는 호르무즈 해협을 빠져나온 중국의 원유 수송선이 지나가는 핵심 길목이다. 이곳에 대한 지배권을 미국에게 빼앗기면 중국의 해상 수송로는 완전히 봉쇄된다.[2]

미국이 중국의 속내를 모를 리 없다. 미국은 일본, 호주, 인도를 끌어들여 반反일대일로 전선을 형성했다. 유럽도 일대일로 전략을 통해 유럽을 분열시키고 영향력을 키워가려 한다는 중국의 의도를 알아채고 경계하기 시작했다.

일대일로 전략 추진 자체에도 문제가 생기고 있다. '일대일로' 사업 참여를 미끼로 중국에게서 대규모 투자와 지원을 받은 저개발 국가들이 빚더미에 올라앉는 일이 벌어지고 있다. 국제 개발 원조를 연구하고 있는 글로벌개발센터CGD는 2013~2017년 동안 중국이 일대일로 프로젝트에 참여하는 68개국에 지원한 자금은 총 8조 달러(약 8552조 원)였다. 중국은 엄청난 돈을 68개국에 빌려주고, 그 돈으로 중국의 기업들과 공동으로 인프라 투자를 하도록 해서 투자금의 상당한 부분을 다시 중국으로 회수했다. 이 과정에서 23개국은 중국에서 빌린 투자금 때문에 심각한 수준의 부채를 안게 되었다. 파키스탄, 라오스, 몽골, 몰디브, 키르기스스탄, 타지키스탄, 지부티, 몬테네그로 등 8개국은 빚을 갚기 어려운 상태까지 몰렸다. 중국에게 620억 달러를 빌린 파키스탄이 가장 위험하다. 67억 달러를 빌린 라오스도 어렵다. 일대일로에서 중국의 아프리카 진출 관문 역할을 맡을 동아프리카의 지부티는 중국에 진 빚이 GDP 대비 91%에 이른다. 중국을 발칸 반도와 연결하는 핵심 요충지인 몬테네그로도 매우 어렵다. 부채 위기에 빠진 이 나라들은 일대일로 사업에서 전략적인 핵심 국가다. 이들이 중국에 대한 채무로 목덜미가 잡혔다. 부채 위기가 갈수록 커진 스리랑카는 2016년에 스리랑카항만공사 지분 80%를 중국 국유 항만기업 자오상쥐에 매각하고 99년간 항구 운영권을 넘겼다.[3]

시진핑의 두 번째 승부수,
장기집권

              트럼프의 미국우선주의와 대중국 압박에 대응하고자 시진핑이 던진 두 번째 승부수는 장기집권 카드다. 시진핑 자신이 미국의 포위망을 뚫고 중국굴기를 완성해서 중국을 21세기 패권국으로 올려놓을 때까지 장기집권하겠다는 승부수다. 2018년 3월 11일 중국의 제13기 전국인민대표대회(전인대)에서 국가주석의 임기에 대한 '2기 10년' 제한 규정을 삭제한 헌법 개정안이 압도적인 찬성으로 통과됐다.

  50년째 중국을 연구해서 '중국학의 개척자'이자 '학계 최고의 중국 전문가'로 불리는 고려대 서진영 명예교수는 시진핑이 2012년 11월 집권하자마자 오랜 시간이 필요한 '중국몽'이라는 거대 비전을 정치적 목표로 내세운 것을 보면 장기집권 계획이 즉흥적인 생각이 아니라고 분석했다.[4] 주석을 10년 주기로 바꾸던 집단지도 체제의 핵심은 세 가지였다. 첫째, 임기제다. 국가 주석은 2연임으로 제한되어 있었다. 둘째, 연령제. 정치국 상무위원은 67세까지만 가능하고 68세 이상은 안 된다는 칠상팔하七上八下 규칙이다. 임기제와 연령제는 절대권력을 방지하는 제도다. 마지막으로 차차기 후계자를 미리 정하는 격대지정隔代指定의 전통이다. 권력 투쟁을 순화하기 위한 안전장치다. 시진핑은 덩샤오핑이 40년에 걸쳐 구축한 이 세 가지를 지난 집권 1기에 모두 무력화시켰다.

시진핑의 입장에서는 패권을 두고 미국과 본격적으로 대결을 해야 하는 중요 시기에 집단지도 체제보다는 1인 절대권력을 가지고 장기적으로 일관된 전략을 가지고 대응하는 것이 중국에 유리하다고 판단한 듯하다. 과거 한국의 박정희 대통령의 생각과 비슷하다. 그런데 과연, 이러한 정치적 행동이 성공할까? 한국의 박정희 대통령은 실패했다. 26년간 장기집권한 싱가포르의 리콴유 총리는 성공했다. 그러나 싱가포르는 작은 도시국가다. 중국은 수많은 민족이 모인 거대한 나라다. 천안문 사태 같은 민주화 운동의 역사적 경험도 있고, 소수민족의 독립 투쟁도 여전히 지속되고 있는 나라다. 성공보다 실패할 가능성이 더 크다.

5~10년 정도의 짧은 시기로 보면 권력 유지가 가능하고 더 효과적일지도 모른다. 하지만 장기적으로 보면 권력 투쟁이 격화하고 어느 시점에 폭발할 가능성이 크다는 것이 역사가 주는 교훈이다. 민주주의는 권력의 퇴장이나 퇴출이 선거라는 평화적 방법으로 보장되어 있기 때문에 국가나 체제를 전복하지 않고도 국민의 불만을 해소하면서 안정

을 유지할 수 있다. 그러나 독재는 그렇지 않다. 서진영 교수는 이렇게 분석했다.

> 2020년까지 전면적 소강(샤오캉)小康 사회를 달성하고, 2035년 기본적인 현대화 실현, 2050년 사회주의 '강국' 건설을 주장했다. 시진핑은 중국 몽 달성을 위해선 최소 2035년까지는 집권해야 한다고 내심 생각하는 듯하다.[5]

시진핑은 지금 리콴유 총리처럼 장기집권을 꿈꾸는 것이다. 시진핑이 장기집권을 할 경우, 중국을 대하는 유럽과 아시아의 태도는 확연히 달라질 것이다. 미국에서는 중국 위협론이 더욱 강화될 것이다.

중국 정치사에서 공직자 연령제와 임기제가 도입된 것은 1982년 '헌법'이 제정되면서부터다.[6] 2007년 17차 공산당 대회에서는 최고지도자 선출과 관련해서 추가로 '연령 규정'을 정했다. 68세 이상은 정치국 상무위원회 등 당정 최고 직위에 선임할 수 없고, 63세 이상은 '신임' 정치국원으로 선임할 수 없다는 규정이다. 당 대회에서 연령 규정을 정한 이유는 종신제를 폐지하고 권력 퇴출 근거를 마련하여 쿠데타나 비정상적인 권력 획득 행위 없이 세대 간의 평화적 권력 교체 기반을 마련하기 위해서였다.[7]

시진핑 주석은 과거 지도자들보다 권력 기반이 더 공고하다는 평가를 받는다.[8] 그러나 자신의 권력 기반을 과신해서 '연령 규정'을 깨고 3연임을 통해 종신제 야망을 드러냈으니(물론 중국 공산당은 공식적으로는 '임기제 폐지가 종신제 부활을 의미하는 것은 아니라고 설명한다) 이로써 중국의 엘리트 정치 시스템에 큰 균열이 생겼다. 앞으로 자리 분배 싸움을 넘어 권력 장악을 목표로 하는 파벌 싸움이 벌어지면서 정치 혼란이 가중되고 반대파가 쿠데타나 비정상적인 권력 찬탈 행위를 도모할 가능성이 커졌다.[9]

2022~2025년,
중국 최악의 권력 투쟁 가능성

　　　　필자는 2015년부터 중국의 체제 붕괴를 초래할 민주화 가능성에 대한 시나리오를 연구해서 발표해왔다(『2030 대담한 도전』(2016)이라는 저서에서도 소개했다). 필자는 그 가능성이 부각될 첫 번째 시기를 2022~2025년경으로 예측한다. 시진핑의 장기집권은 체제 붕괴 시나리오의 확률적 가능성을 높이는 사건이 될 것이다.

　역사적으로 중국의 거대한 영토와 인구, 다양한 민족, 여러 종교와 이념 사이의 갈등을 잠재우고 하나로 묶을 수 있는 것은 '국가중심주의'와 '평등'이라는 가치뿐이었다. 이는 현재 공산당도 마찬가지다.[10] 문제는 자본주의적 사고가 중국 인민의 삶과 정신 등 모든 영역으로 빠르게 침투해 들어가면서, 인권과 경제 면에서 평등의 가치가 빠르게 무너지고 있다. 국가중심주의의 가치도 심각한 수준의 관료 부패와 권력 남용으로 위협받고 있다. 이런 문제를 해결하는 방법으로 시진핑은 1인 절대권력을 선택했다.

사회주의와 자본주의를 혼합하려는 중국의 체제 실험은 인류 역사상 최초의 시도다. 현재까지는 절반의 성공과 절반의 실패로 볼 수 있다. 경제성장이 절반의 성공이라면, 불공평한 권력 분배와 부패의 만연은 절반의 실패다. 겉보기의 정치적 안정이 절반의 성공이라면, 비효율적인 경제 및 정치 구조는 절반의 실패다. 대기근에 4,000만 명이 굶어 죽던 절대적 빈곤에서 벗어난 것이 절반의 성공이라면, 심각한 부의 불균형 분배는 절반의 실패다. 양적 성장이 절반의 성공이라면, 구조적 불균형의 심화는 절반의 실패다. 중국의 미래는 이 절반의 실패에 따른 문제를 어떻게 해결하느냐에 달렸다고 해도 과언이 아니다. 현재까지는 절반의 실패를 고도 경제성장과 일자리 창출의 성과로 덮으며 버텨왔다. 하지만 빠르게 변하는 환경에서 중국 국민은 부의 불균형 분배 해소, 정치적 기득권의 독점 타파, 정치 민주화 요구를 멈추지 않을 것이다. 1989년의 천안문 사태는 한국의 1980년 광주민주화 운동과 비견되는 중국의 중요한 민주화 운동 경험이다. 2019년은 천안문 민주화 운동 30주년이 되는 해다.

시진핑은 이런 위기 가능성을 차단하기 위해 경제성장과 반부패 개혁의 기치에 꺼내 들었다. 하지만 필자는 시진핑의 반부패 개혁이 성공할 확률이 낮다고 예측한다. 첫째, 부패가 최고위층에서 하급 관료까지, 중앙에서 지방까지 만연해 있기 때문이다. 시진핑의 친척들이 희토류 생산 회사의 주식, 부동산 등으로 보유한 재산이 4억 달러에 이른다는 추정이 있을 정도다.[11] 중국이 개혁개방을 시작하면서 소련과 스탈린식 제도의 잔재가 그대로 남아 있는 상태에서 자본주의 체제를 접목하자 부패라는 부작용이 발생했다. 관료들 사이 또는 관료와 작업자 간 경쟁은 가끔 생산에 대한 강한 의욕을 불러일으켜 높은 실적을 만들어낼 수도 있다.[12]

하지만 대체로 중국의 현실은 정반대로 돌아갔다. 하나는 기만과 과장이었다. 하위 관리자나 작업자는 그의 상위 관리자에게 자신이 형편없는 재료로 훌륭한 상품을 만들었다고 과장한다. 상위 관리자는 하위 관리자나 작업자가 사용한 재료나 만든 상품을 엄밀하게 관찰하고 파악하기 힘들다. 상위 직급으로 올라갈수록 관찰 기회는 더 적어진다. 그럴수록 하위자와 작업자는 자신의 실적을 사실보다 더 과장할 수 있었다.

다른 하나는 은밀한 공모였다. 공모는 상위 서열 관료들 사이에서 먼저 시작되었다. 국가 관리 경제 체제하에서 만들어진 기득권과 권력을 유지하면서 서구 자본주의식 사유재산권을 접목하자 상위 서열 관료들이 집단적 공모를 통해 이익을 사유화했다. 은밀한 공모를 통해 사유재산을 축적하고 상당 기간이 지나자 이들은 더욱 커진 자신들의 자본 역량을 강화하고 지키기 위해 정치적으로 세력화되었다. 고위 관리자, 특정 산업의 기업 관리자 간의 은밀한 공모는 하위 직급으로도 계층을 따라 흘러 내려갔다. 공모는 상호 이득을 주고받는 수준까지 이르렀다. 절대적 빈곤이 해소되는 속도보다 은밀한 공모를 통해 떼어먹기와 제 몫 챙기기 속도가 더 빨랐다. 권력의 크기가 곧 부의 크기를 결정했다. 자신이 전면에 나서지 않으면, 자녀나 친척을 동원해서 부를 축적했다. 중앙정부와 지방정부를 가리지 않고 집단적 공모로 발전했다.

2012년 12월 26일 《블룸버그》는 "중국 '8대 원로' 자녀들이 '귀공자'가 되어 중국 사회의 부를 독점하고 있다"며 8대 원로의 직계 자손과 그 배우자 등 103명의 학력, 직업, 가족관계 등을 자세히 조사해 보도했다.

8대 원로 자손들 중 26명이 중국 국영 기업 CEO를 맡고 있다. 이 중 덩샤오핑의 사위 허핑賀平, 천윈의 아들 천광陳光, 왕전의 아들 왕쥔王軍 세 사람이 보유하고 있는 자산만 1조 6,000억 달러인 것으로 조사됐다. 8대 원로 자손들 중 43명은 기업 임원을 맡고 있으며, 최소 18명이 역외 기업을 운영하고 있다. 이들은 지난 1980년대 국유 기업 경영을 맡았고 1990년대에는 부동산, 석탄, 철강 등 인기 사업에 종사했으며 최근에는 사모펀드 등 투자 업계에서 활약하고 있다.

태자당 3대들, 즉 8대 원로 손자와 그 배우자 31명은 현재 30~40대다. 이들은 화려한 집안 배경과 해외에서 받은 교육을 바탕으로 사업체를 운영하고 있다. 이들 중 최소 11명은 민영 기업 CEO이며 대부분 금융이나 기술 산업에 종사하고 있는 것으로 나타났다. 시티그룹이나 모건스탠리를 포함한 미국 월가 은행에 채용된 사람도 있다. 또 최소 6명이 사모펀드와 벤처캐피털 회사에서 일하고 있다. 이러한 기업은 비즈니스 과정에서 커넥션을 이용하기 위해 중국 엘리트층에서 인재를 모집하기도 한다.

중국 8대 원로 자손들은 절반 이상 해외에서 거주하거나 유학 또는 사업을 하고 있다. 미국은 이들에게 가장 매력 있는 국가다. 100여 명의 8대 원로 자손들 중 23명은 미국 하버드대, 스탠퍼드대 등 명문 대학에서 교육을 받았으며, 18명은 미국에서 일하고 있고 12명은 미국 부동산을 소유하고 있다.

《블룸버그》는 시진핑 총서기도 이들과 같은 '귀공자'라며 시 총서기의 일가가 총자산 3억 7,600만 달러와 홍콩 부동산 5,500만 달러를 소유하고 있다고 보도했다.[13]

이것이 폭발적인 경제성장률 이면에서 벌어진 일이었다. 부패가 광범위하고 깊게 뿌리 내린 상황에서 시진핑은 경제적 부패 세력을 향해 지난 5년 동안 강력하게 반부패전쟁을 전개했다. 성과는 얼마나 될까? 중국은 2017년 부패로 처단한 공직자 인원이 52만 7,000명이라고 발표했다. 과거 2010년, 중국 공산당 규율 감사 위원회는 1년 동안 직무 태만 등의 당규 위반으로 처분한 당원이 14만 6,517명이고, 그중 5,373명은 뇌물수수 등 범죄에 관련되어 사법 처리를 했다고 발표했었다. 이와 비교하면 2017년의 부패 척결 규모는 매우 커 보이기는 해도 강력했다고 평가하기는 어렵다. 2016년 기준, 중국 공산당원은 8,944만 명이다. 이 중 52만 7,000명을 숙청했다면, 전체 공산당원 대비 0.5%를 조금 넘는 비율에 불과하다. 중국 공산당 내에 널리 퍼진 부패와 직무 태만과 권력 남용 수준과 비교하면 턱없이 적은 비율이다.

시진핑의 부패 척결이 성공하기 어려운 또 다른 이유는 부패가 전 영역에서 만연한 상황에서 일부 부패자들을 숙청하는 행위는 반대파를 제거하는 정치 보복으로밖에 보이지 않는다는 점이다. 지금은 시진핑의 서슬 퍼런 칼날에 잠시 엎드려 있지만, 집권 2기 임기 말이 되면 반대파의 정치 투쟁이 다시 발생할 수 있다. 덩샤오핑은 개혁개방을 추진하는 한편 3개 파벌을 육성하여 정치 체제에서 견제와 균형을 꾀했다.[14] 공청단파共青團派, 태자당파太子黨派, 상하이방파上海幇派의 3개 파벌이 정치국 상무위원 자리를 각각 3명씩 차지하고 서로 견제하면서 균형을 이루게 했다.[15]

공청단은 1922년 중국사회주의청년단으로 출발했고 중국 공산 혁명의 전위대 역할을 해온 최대 파벌이다. 후진타오가 대표 인물이다. 태자당은 공산 혁명을 주도한 원로의 자녀들이 주축을 이룬다. 시진핑이 대표 인물이다. 상하이방은 상하이를 중심으로 이념보다는 경제를 중시하는 파벌이다. 상하이에서 시장, 당 총서기를 지냈던 장쩌민 주석의 후광으로 급성장했다. 1981년에 실권을 장악한 덩샤오핑은 주석직 임기를 10년으로 제한하고, 현 주석이 한 세대 건너서 차차기 주석을 지명하는 격세간택隔世簡擇 제도를 도입하고, 자신은 후진타오를 선택했다. 장쩌민은 시진핑을 선택했다. 현재 주석이 한 대를 걸러 미래 주석을 임명하여 정치 보복 가능성을 낮추려는 의도였다.

2011년 11월에 주석직에 오른 시진핑은 2012년부터 3년 동안 정치국 상무위원인 저우융캉周永康, 전 통일전선공작부장 링지화令計劃, 전 중앙군사위 부주석 쉬차이허우徐才厚, 태자당파에서 떠오르던 전 충싱시 당서기 보시라이薄熙來 등 최고위 간부와 가족들을 숙청했다. 시진핑이 숙청한 사람들은 '태자당─상하이방 교집합' 세력이다. 시진핑은 태자당파에 속한다. 그런데 왜 자신이 속한 태자당파를 제거했을까?

시진핑은 중국 공산 혁명 원로인 시중쉰習仲勛(1913~2002) 전 부총리의 차남으로 태어났다. 하지만 1962년에 아버지 시중쉰이 펑더화이彭德懷(1898~1974)의 실각 때 반동분자로 몰려 함께 숙청되면서 시진핑은 농촌을 돌아다니면서 고된 노동을 하며 성장했다. 시진핑은 문화대혁명이 끝난 후 아버지가 복권되면서 베이징으로 돌아올 수 있었고, 칭화대에서 화학공학을 전공하고, 법학박사 학위까지 수료했다. 2007년에 상하이 당서기와 제17대 정치국 상무위원에 올랐다. 이후 상하이 시 당서기에 취임해서 전 당서기였던 천량위陳良宇 가의 비리 사건을 잘 수습하여 공청단과 상하이방 양쪽에서 정치력을 인정받았다.[16]

상하이방파의 수장이었던 장쩌민 전 주석은 격세간택의 규칙을 따라 시진핑을 선택했다. 상하이 당서기 출신이라 자신의 영향력 아래 있고, 과거 부친의 일로 태자당파 안에서의 지지가 약하며, 공산주의 청년단인 공청당의 지지를 받고 있어서 순혈 공청단 출신인 리커창보다 자신이 통제하기 쉽다고 생각했다. 하지만 장쩌민의 이런 정치적 계산이 어긋나면서 시진핑으로부터 강력한 역습을 당했다.

덩샤오핑의 개혁개방 이후 상하이방과 태자당은 권력과 재물을 양손에 쥐는 최대 수혜자가 되었다. 개혁개방 이후 경제성장을 빠르게 추진하기 위해 공산당 권력자들은 자녀들에게 주요 기업을 설립하게 했다. 그리고 당의 명령을 빌어 공기업과 정부기관으로 하여금 자신의 자녀들이 설립한 기업에 엄청난 특혜를 주도록 했다. 외국계 금융기관과도 결탁하여 불법, 편법 금융 지원을 하도록 했고, 자녀들을 통해 만든 비자금을 외국계 금융기관을 통해 해외로 빼돌렸다. 이것이 중국 공산당의 고위 간부들이 부를 축적한 전형적인 방식이다.

시진핑이 숙청한 세력은 이런 방식으로 엄청난 부를 축적한 태자당과 상하이방의 권력자들이었다. 태자당 소속이지만 오히려 공청단의 지지를 받는 시진핑은 과거에 자기 아버지와 가족을 핍박했고, 지난 20여 년간 부정부패의 온상이었던 '태자당―상하이방 교집합' 세력에 칼을 빼들었다. 다음으로 칼을 겨눈 곳이 상하이방과 태자당 자녀들의 기업, 그들과 손잡은 홍콩 재벌 리카싱李嘉誠 등 화교 자본가 그룹이다. 하지만 시진핑의 최종 목표는 그들의 대부인 장쩌민과 후진타오다. 하지만 이들 세력과 자녀들은 중국 정치와 경제에 막강한 영향력을 행사하고 있다.[17] 외부로 흘러나온 시진핑 암살 시도가 몇 건이나 될 정도로 저항도 만만치 않다. 시진핑이 아무리 무소불위의 권력을 가지고 있지만 이들 세력을 뿌리 뽑기는 불가능하다.

이런 이유 외에 시진핑의 부패 척결에는 본질적인 한계가 있다. 부패를 척결해서 OECD 국가 수준의 투명성과 청렴한 공직사회를 만든다는 것은 민주화와 자유화를 추진한다는 것이고, 이는 곧 중국을 민주주의 사회로 바꾸는 결과가 된다. 그래서 철저하게 추진할 수 없다.

부패 척결에 실패하면 시진핑이 장기집권을 할 명분 하나가 무너지는 것이다.

중국의
금융위기 가능성

　　부패 척결이라는 시진핑 장기집권의 핵심 명분 중 하나가 무너진 상태에서 경제라는 다른 한 축마저 무너지면 시진핑의 권력은 크게 흔들린다. 필자는 10년 전부터 중국의 금융위기 가능성을 경고해왔는데, 예측 시나리오의 큰 틀은 여전히 변함이 없다. 필자가 예측하는 중국의 금융위기 발발 시점은 2021~2022년경이고, 그 충격이 지속되는 시기까지 합치면 2025년까지 위험 구간이 된다. 금융위기는 상업 영역에서 발발하고, 여기에 부동산 1차 버블 붕괴까지 겹칠 가능성이 크다.

　　시진핑 정부는 모든 국민이 편안하고 경제적으로 잘사는 사회인 '소강 사회'를 실현하고, 주요 도시의 주택과 콘도의 엄청난 공실률(2016년 기준 24%)를 메우기 위해 2025년까지 농촌에서 2억 5,000만 명을 추가로 도시로 이주시키겠다는 계획을 발표했다. 이는 현재 문제를 미래 문제로 덮는 최악의 정책이다. 중국은 2005년부터 매년 220만 채의 주택이 과잉 건설되었다. 2013년 발간된 「중국 주택금융조사」에 의하면 이미 주택 소유율이 89.7%(농촌 92.6%, 도시 85.4%)로 전 세계 평균 63%(미국 65%, 일본 60%)를 능가해서 세계 최고 수준에 이르렀다. 중국의 연평균 주택 수요 증가량은 580만 채에 불과하지만 2012년 상반기에만 1,900만 채 주택이 착공되었다. 적정 수요에 비해 무려 3.3배나 과잉 건설한 것이다. 이미 중국 국민의 도시 거주율은 전체 인구 대비 56%(7억 6,000만 명)에 이르는데 이들 중 67.5%만 도시 거주자로 등록되어 있다. 중국의 인구 증가는 2011년부터 둔화하기 시작했고, 2025년부터는 그 하락 속도가 더 빨라진다.

2007년 이후 중국의 GDP 대비 은행 대출 비율은 감소하기 시작했고, 2012년 이후에는 증가세가 멈췄다. 대신 그림자 금융 대출이 급격히 늘어나면서 2014년에는 GDP 대비 60%까지 높아졌다. 2014년 기준, 중국의 총부채 비율은 GDP 대비 283%, 기업 부채는 GDP 대비 125%, 금융권 부채는 GDP 대비 65%에 달했다. 총부채 규모는 2000년 2조 1,000억 달러에서 2016년에 34조 5,000억 달러로 16.4배 증가했는데 기업 부채가 가장 큰 비중을 차지한다.[18]

미국 서브프라임 모기지의 위기를 예측하고 폭락장에 베팅하여 큰돈을 번 해이먼 캐피탈Hayman Capital의 카일 베스Kyle Bass 대표는 2016년 2월 3일 CNBC 방송에 출현해서 중국의 악성 부채 위기는 미국 서브프라임 모기지의 위기보다 5배 이상 더 심각하고, 부동산 버블이 붕괴하면서 금융위기가 발발하여 자산 시장이 폭락한다면 위안화 가치는

15~30% 하락하고, 은행들이 자본을 재구성하는 데 5~10조 달러의 자금이 필요하다고 경고했다.[19]

중국의 평균 저축률은 소득의 30%다. 상위 10%의 부자들은 소득의 66.5%를 저축하고, 상위 5%의 최상위 부자들은 69%를 저축한다. 이들의 저축이 전체 저축의 74.9%를 차지한다. 이렇게 막대한 돈을 저축해둔 부자들이 부동산 구매와 투기에 유동성을 계속 공급한다. 상위 10%가 가계 부동산 자산의 84.6%를 장악하고 있으며, 이 상위 10%의 부자들이 부동산 가격을 마구잡이로 끌어올리고 있다. 런던의 부동산 가격 비율이 소득 대비 16배, 벤쿠버가 10배, 시드니가 9배, 샌프란시스코가 8배이지만, 홍콩의 부동산은 소득 대비 가격 비율이 37배, 베이징은 33배, 상하이는 27배, 광저우는 25배를 넘어섰다. 중소도시와 상대적으로 부동산 가격이 덜 비싼 도시를 포함한 중국 도시의 부동산 가격도 소득 대비 15.7배다.[20] 중국에는 2015년 기준 높이 150미터 이상의 고층빌딩이 470개가 있으며, 332개가 건설 중이고, 516개가 건설 예정이다.[21]

엄청난 거품이 낀 주택 가격과 도시물가 상승으로 소득 하위 25%(소득 1분위)는 대출 비율이 소득 대비 32.4배에 이른다.[22] 이에 반해 소득 하위 25~50%(소득 2분위)는 대출 비율이 소득 대비 13.5배, 소득 상위 25~50%(소득 3분위)는 3.6배, 소득 상위 25%(소득 4분위)는 3.2배다.[23] 부채 비율로만 보더라도 도시에 올라온 농민공과 서민들에게는 미래에 대한 희망이 전혀 보이지 않는다. 도시에 거주하는 중국인들 중 32.5%는 도시 거주자로 등록조차 못하고 있다. 2억 4,700만 명에 이르는 미등록 거주자들은 불법 이주자로서 교육, 의료 등 사회복지의 사각지대

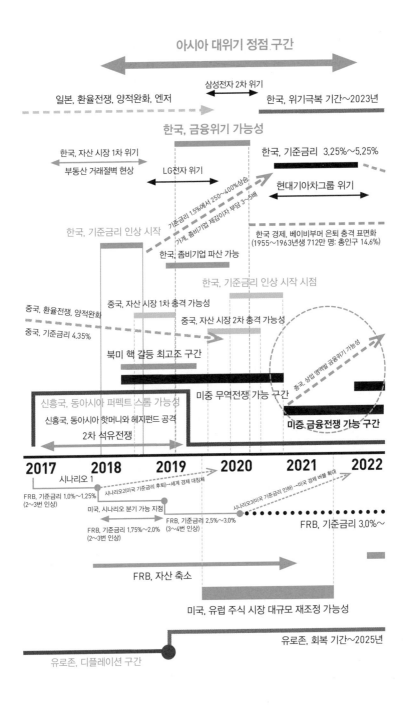

아시아 대위기 정점 구간

삼성전자 2차 위기

일본, 환율전쟁, 양적완화, 엔저

한국, 위기극복 기간~2023년

한국, 금융위기 가능성

한국, 자산 시장 1차 위기

한국, 기준금리 3.25%~5.25%

부동산 거래절벽 현상

LG전자 위기

현대기아차그룹 위기

기준금리 1.5%에서 250~400%상승

가계, 좀비기업 제감이자 부담 3~5배

한국, 기준금리 인상 시작

한국 경제, 베이비부머 은퇴 충격 표면화
(1955~1963생 712만 명: 총인구 14.6%)

한국, 좀비기업 파산 가능

중국, 자산 시장 1차 충격 가능성

한국, 기준금리 인상 시작 시점

중국, 환율전쟁, 양적완화

중국, 자산 시장 2차 충격 가능성

중국, 기준금리 4.35%

북미 핵 갈등 최고조 구간

중국, 상업 영역별 금융위기 가능성

신흥국, 동아시아 퍼펙트 스톰 가능성

미중 무역전쟁 가능 구간

신흥국, 동아시아 핫머니와 헤지펀드 공격

미중 금융전쟁 가능 구간

2차 석유전쟁

2017　2018　2019　2020　2021　2022

시나리오 1

FRB, 기준금리 1.0%~1.25%
(2~3번 인상)

시나리오2(미국 기준금리 후퇴)-세계 경제 대침체

미국, 시나리오 분기 가능 지점

시나리오3(미국 기준금리 인하)-미국 경제 버블 확대

FRB, 기준금리 1.75%~2.0%
(2~3번 인상)

FRB, 기준금리 2.5%~3.0%
(3~4번 인상)

FRB, 기준금리 3.0%~

FRB, 자산 축소

미국, 유럽 주식 시장 대규모 재조정 가능성

유로존, 회복 기간~2025년

유로존, 디플레이션 구간

에 있다.[24] 중국의 금융위기가 현실이 되면 이들의 충격과 불만은 중국 정부가 견디기 힘들 정도로 엄청나게 폭발할 것이다.

시진핑이 무서워하는
일곱 가지 가치

시진핑은 "서양의 일곱 가지 가치와 싸워 이겨야 한다"고 강조했다. 바로 서구 시민사회, 자유시장, 민주주의, 독립된 미디어, 언론 자유, 인권, 사법부 독립 요구의 일곱 가지 가치다. 시진핑은 장기집권기 내내 이것들에 맞서 싸울 것이다. 문제는 시진핑이 꼽은 중국의 공산당 체제를 위협하는 일곱 가지 가치가 천안문 민주화 운동을 통해 중국 국민이 요구한 가치와 같다는 점이다. 그래서 장기집권이라는 무리수에도 불구하고 미중전쟁에서 승리하지 못하고, 경제 불균형 해소와 공산당의 반부패 개혁에 성공하지 못하면 민주화 세력이 다시 봉기할 수 있는 명분을 줄 수 있다.

높은 실업률과 극심한 부의 불평등을 경험하고, 사회복지 혜택의 사각지대에 있는 농민공과 대졸 실업자들의 불만이 커다란 사회적 소요로 변질될 촉매가 될 가능성이 크다. 시진핑의 장기집권이 표면화하자, 언론 통제에도 불구하고 중국 내외에서 학생들을 중심으로 반대 의사가 터져 나오고 있다. 이들이 반정부 시위, 민주화 요구 시위에 가담하면 전 국민적 저항 운동으로 확산할 수 있다. 여기에 이슬람 지하드 세력과 연계된 소수민족들이 반체제 운동 연합전선을 형성하면 사태는 걷잡을 수 없다. 이 모든 세력을 묶는 구심점은 중국이 경제적, 정치적으로 약화되는 시기에 만들어질 가능성이 크다. 불과 100년 안에 2개의 중국 정부가 무너졌다. 1911년에 청 왕조, 1949년에 국민당 정부가 무너졌다. 2022~2025년에 중국 역사상 최악의 권력 투쟁이 일어난다면 중국 정세가 어떻게 흘러갈지는 아무도 모른다.

중국에서 경제위기는 잠재된 수많은 사회 문제가 분출하는 기폭제가 될 것이다. 중국사회과학원의 발표에 따르면, 중국 내 시위 횟수는 2006년 6만 건, 2007년 8만 건에서 2008년에는 12만 7,000건으로 증가해왔다. 시위의 대부분은 도시에서 일하는 농촌 출신 노동자인 농민공이 주도하고 있다. 비록 대부분의 시위가 소규모이지만 정부와 사회를 향한 항의가 늘어가고 있다는 점이 중요하다. 시위가 늘어날수록 중국 정부의 통제력은 한계에 도달할 것이고, 시위의 양상도 점점 더 반정부 성향과 폭력적인 양상을 띠게 된다.[25]

유럽의 스페인, 아시아의 대만과 한국, 아프리카의 이집트, 시리아 등의 민주화 운동 역사를 보면, 대개 1인당 GDP가 2,000~4,000달러 정도가 될 때 민주화 요구가 커질 가능성이 크다. 1936년부터 40년 독재하에 있던 스페인이 1970년 1인당 GDP가 2,000달러, 한국과 대만도 2,000달러, 이집트와 시리아가 4,000달러가 넘어서면서 민주화 물결이

거세게 일어났다. 물론 민주 정부가 수립되기까지는 그 이후로도 상당한 시간이 필요하다. 한국은 1993년에 이르러서야 진정한 민주 정부가 출범했다. 당시 한국의 1인당 GDP는 물가 기준으로 8,195달러였고, 구매력(PPP) 기준으로는 10,361달러였다.[26] IMF가 발표한 2017년 중국의 1인당 GDP는 8,582달러 수준이므로 중국 국민 사이에서도 민주화 요구가 상당한 수준에 올라와 있을 것이다.

경제성장과 민주화 요구 사이에 깊은 연관 관계가 있는 이유는 무엇일까? 경제성장이 이루어진다는 것은 (부의 불균형 분배가 심한 경우라도) 절대다수 시민의 생활 수준이 향상되고 있다는 말이다. 시장경제가 발전한다는 것은 시장의 주도적인 구성원인 절대다수의 시민에게 전보다 더 많은 기회, 다양성에 대한 포용력의 확장, 사회적 지위에서의 유동성 증가, 공정성의 확대, 민주적 선택권에 대한 확장, 더 높은 가치 체계로의 성장 등을 기대하고 헌신케 한다는 말이다.[27] 즉, 경제성장은 단순히 소득이 높아졌다는 것을 넘어 '풍요롭고 가치 있는 인간 존재'에 대한 자각이 높아진다는 뜻이기도 하다.

중국인들도 단지 한 푼 더 손에 쥐여주는 정부를 원하는 것이 아니다. 전인적 생활 수준을 향상시켜줄 정부를 원한다. 좀더 개방적이고 관대하고 자유로운 선택의 권리가 허용되는 '향상의 시대Age of Improvement'를 원한다. 정부가 이런 시대를 만들어줄 수 있다는 국민의 '확신'은 다시 위대한 국가, 지속 가능한 경제성장을 이어가는 국가로 발전할 수 있는 근본적인 힘으로 전환해서 성장의 선순환을 만든다. 그래서 벤저민 프리드먼은 『경제성장의 미래The Moral consequences of Economic Growth』(2009, 현대경제연구원)라는 책을 통해 "(도덕에 기반을 둔) 민주적 자유의 '부재'는 경제성장을 '방해하며' 그에 따른 장기침체는 다시 사회를 훨씬 더 편협하고 비민주적으로 만든다"[28]고 확신을 가지고 이야기한다.

중국 공산당 정부도 미래에는 지금보다 더 확장된 민주주의 정치를 시행해야 함을 알고 있다. 중국은 민주화의 물결이 불가피하다면, 대만이나 싱가포르처럼 정부가 주도하는 민주주의 사회로 전환을 꾀할 것이다. 중국 정부는 민주화 과정에서 통제 불가능한 사회 혼란을 막고 싶어 한다. 혼란을 막을 수 있는 유일한 도구는 총칼이 아니라 달콤한 경제적 성과라고 믿고 있다. 이 때문에 경제위기는 중국 정부가 가장 무서워하는 상황이다.

2018년에 장기집권이 가능한 개헌에 성공한 시진핑은 당분간 강력한 언론 통제와 사회 단속으로 불만을 잠재우고, 6%대 중속 성장으로 경제를 이끌어갈 수 있을 것이다. 문제는 시진핑의 집권 2기 임기가 끝나는 2022년경부터 불거질 가능성이 크다. 시진핑은 2022년에 3연임을 행동으로 옮기면서 장기집권의 행보를 시작할 것이다. 이 시기에 중국에 금융위기가 발생하여 부실 기업이 무너지고, 은행권에 충격이 발생하며, 부동산과 주식 시장에서 버블이 붕괴하면 중국 중산층이 상당한 부를 잃게 된다. 실업률은 높아지고 농민공들의 삶은 더욱 피폐해진다. 이런 틈을 타 시진핑의 장기집권을 반대하는 젊은이들을 중심으로 민주화 운동이 재발하고, 사회 하층으로 전락한 농민공들이 합세하면 숨죽이고 있던 정치 세력들도 역습에 나설 수 있다. 정치는 살아 움직이는 생물이다.

중국의 미래,
네 가지 시나리오

　　　　　　세계 패권을 노리는 강대국으로 부상하는 중국 굴기中國堀起를 바라보는 한국을 비롯한 세계 각국은 생각이 복잡하다. 중국을 (마치 유럽 국가들이 과거 전쟁을 일으킨 독일을 떠올리며 두려워하듯) 과거 주변국을 오랑캐나 속국으로 대하고 조공을 요구했던 패권주의 중국의 부활로 보는 '중국 위협론'의 반대편에는 '중국 붕괴론'도 있다. 1당 독재 국가가 자본주의를 받아들이면 오래가기 힘들다는 역사적 경험, 미국이 중국의 추격을 두고만 보고 있지 않을 것이라는 기대, 수많은 소수민족의 독립 투쟁이 지속되는 가운데 시장경제의 폐해가 심각해지고 다양한 사회 문제가 발생하면서 공산당의 신뢰와 안정성이 떨어지고, 결국 대규모 민중 봉기가 발생하여 구소련처럼 체제가 붕괴할 것이라는 추론이 '중국 붕괴론'의 근거다.

그런가 하면 경제적으로 부상하는 중국을 기회의 나라로 보자는 관점에서 근거 없는 낙관론에 기대어 만들어진 '중국 기회론'도 있다.[29] 중국의 경제가 2030년경이면 미국과 같아지고, 2040년이면 미국을 추월할 것이라는 가설은 중국의 경제성장률이 2040년까지 높게 유지될 것이라는 전제에서 출발한다. 예를 들어 2010~2020년까지는 연평균 8.5%, 2020~2030년까지는 7.5%, 2030~2040년까지는 6.5%, 2040~2050년까지는 5.5%의 경제성장률을 기록할 것이라고 전제하는 견해가 대표적이다.[30] 하지만 2015년의 경제성장률이 6.9%를 기록하며 7% 밑으로 떨어진 후 2016년 6.7%, 2017년 6.9%를 기록하면서 2020년까지 연평균 8.5%의 높은 성장률을 유지할 것이라는 중국 기회론의 가정부터 틀리기 시작했다.

중국은 자유, 민주, 인권 등의 가치로 새로운 세계 질서를 만든 미국 Pax Americana에 맞서 21세기 중반에 중국적 가치를 내세우며 세계 제1의 패권국을 꿈꾸고 있다.[31] 시진핑이 중국몽을 처음 공식적으로 천명하고 이를 실현하기 위해 장기집권 카드까지 꺼내 들었지만, 현대 중국의 다른 지도자들도 과거 천하를 호령했던 중국의 위대함을 회복하려는 노력을 포기하지 않았다.

1949년 중화인민공화국을 수립한 중국은 대약진 운동, 문화대혁명 등을 추진하면서 야심차게 도약을 꿈꿨지만 빈곤과 혼란에서 벗어나지 못했으며, 1991년 소련이 붕괴하면서 '사회주의의 꿈'은 완전히 실패하고 만다.

중국은 1997년 15차 당 대회에서 새로운 꿈, '중화 민족의 위대한 꿈'을 선포한다. 사회주의 혁명을 일으킨 1세대 지도자 마오쩌둥과 심각한 민생 문제를 해결하기 위해 따뜻하게 입고 배부르게 먹는다는 '온포溫飽'를 외치며 개혁개방을 시작하여 현대의 중국을 있게 한 2세대 지도자 덩샤오핑에 이어,[32] 15차 당 대회에서 3세대 지도자로 등장한 장쩌민은 본격적으로 시장경제를 도입하며 '책임지는 강대국'이라는 목표를 제시했다.

중국은 아시아의 강대국으로 부상하면서도 '화평굴기和平崛起'를 외쳤던 4세대 지도자 후진타오 때까지만 해도 자신을 드러내지 않고 때를 기다리며 실력을 기른다는 '도광양회韜光養晦' 전략을 유지한 채 국제 사회에서 몸을 낮췄다. 하지만 2012년 11월 15일 18차 공산당 전국대표대회(당 대회)에서 총서기로 선출된 5세대 지도자 시진핑은 강력한 권력 기반과 세계 2위 경제 대국이 된 국력을 기반으로 제1패권국 복귀라는 야망을 공식적으로 국제 사회를 향해 선언한다. 그것이 바로 중국몽이다.

시진핑은 지도자로서 세 가지 특성을 가지고 있다. 탈혁명형 지도자, 개혁개방형 지도자, 인문사회형 지도자 특성이다. 1950년대에 출생한 시진핑은 사회주의 혁명과 직접적인 관련이 없는 세대다. 1970년대 말에 대학 교육을 받았고 중간 당정 간부로 개혁개방을 농촌 현장에서 직접 추진하고 성공시킨 경험을 가지고 있다.[33] 독실한 사회주의자이며 실용적 민족주의자인 시진핑은 기술 관료 시대의 막을 내리고 등장한 최초의 인문사회형 지도자다. 시진핑은 칭화대 화학공학과를 졸업한 이공계 출신이지만 졸업 후 맡은 업무가 전문 기술직이 아니었으며, 대학원에서는 사회과학을 전공하고 법학박사 학위를 받았다. 또한 시진핑 체제에서 7명의 정치국 상무위원 중 5명이 인문계 출신이다.[34] 시진핑은 2012년, 새로운 중국의 최고지도자로 선출된 이후 최초의 공개적인 대외 행사를 혁명박물관에서 열린 '중흥의 길'이라는 특별 전시회 관람으로 잡았다. 최고 권력 집단인 7명의 상무위원을 대동한 그 자리에서 시진핑은 중국 전 국민과 민족, 전 세계를 향해 '중국의 꿈'이라는 유명한 연설을 한다.

제 생각으로는 중화 민족의 위대한 중흥을 실현하는 것이 근대 이래 가장 위대한 꿈입니다. 이 꿈은 몇 대에 걸친 중국인의 숙원을 응축한 것이고, 중화 민족과 중국 인민 전체의 이익을 체현한 것이며, 모든 중화 자녀의 공동의 기대입니다. (중략) 나는 굳게 믿습니다. 중국공산당 창당 100주년(2021년)에 소강 사회 완성이라는 목표가 꼭 실현될 것입니다. 중국 건국 100주년(2049년)에는 부강하고 민주적이며 문명화된 조화로운 사회주의 현대화 국가라는 목표가 실현되어 중화 민족의 위대한 중흥의 꿈이 꼭 이루어질 것입니다."[35]

미국의 마틴 루터 킹 목사의 '나는 꿈이 있습니다I have a dream'라는 연설이나 에이브러햄 링컨 대통령의 '국민을 위한, 국민에 의한, 국민의 정부'라는 게티즈버그 연설에서 잘 드러나듯이 미국의 꿈은 '민주, 인권'의 정신에 기반을 둔 국가다. 시진핑이 혁명박물관에서 한 연설은 '사회주의 부국강병' 정신에 기반한 국가를 꿈꾸는 그의 사상을 드러내준다.[36] 19차 중국 공산당 전국 대표대회에서 시진핑은 한 단계 더 강한 발언으로 중국몽의 실체를 드러냈다. 세계에 대한 중국의 영향력을 과시하면서 국제 사회와 협력해나가겠지만 중국의 핵심 이익을 지키기 위해서라면 무력 충돌도 불사하겠다는 의지도 피력했다. 낮은 자세로 때를 기다리던 도광양회韜光養晦 전략을 벗어버리고, 과감하고 적극적으로 중국의 영향력을 국제 사회에 행사하며 핵심 이익을 쟁취하겠다는 분발유위奮發有爲로 대외정책을 전환하겠다는 선언이었다. 이 목표를 달성하기 위해 2020년까지 모든 국민이 편안하고 배부르게 잘사는 소강 사회를 이루고, 2035년까지 사회주의 현대화 완성 등으로 세계 최고의 경제 강국에 도달하며, 2050년에는 미국을 넘어서는 초일류 군대의 전면 건설을 통해 군사 강국이 되겠다는 열망과 야심을 드러냈다.[37] 그리고 2018년에는 개헌을 통해 장기집권 야망을 드러내고 미중전쟁 2라운드를 열었다.

과연 그 꿈대로 21세기 중반에 중국이 미국의 시대Pax Americana에 종지부를 찍고, 사회주의 현대국가라는 중국적 가치로 세계 제1의 패권국이 되어 중국 주도의 세계 질서Pax Sinica를 건설할 수 있을까? 미래를 예언하여 한 치의 틀림도 없이 맞출 수는 없지만, 미래학의 연구 방법론을 가지고 논리적·확률적으로 미래의 가능성을 예측해볼 수는 있다. 이에 중국의 장기 미래 시나리오로 다음의 네 가지를 생각해볼 수 있다.

시나리오 1

(현재의 부의 불균형 분배가 해결되지 않고) 공산당과 일부 계층이 풍요와 특권의 대부분을 누리는 상태에서 국제 사회와의 협력과는 상관없이 중국의 핵심 이익을 철저하게 확보하며 사회주의 부국강병과 현대화의 꿈을 이뤄 G2의 지위를 유지한다.

시나리오 2

서구식 자본주의와 다르게 시장경제를 유지하면서도 부의 불균형 분배 문제를 해결하여 국민 전체가 골고루 잘사는 안정적 상태에 이르고, 중국이 핵심 이익만을 이기적으로 탐하지 않고 이웃 나라와 국제 사회 전체에서 요구되는 책임을 감당하며 사회주의 부국강병과 현대화의 꿈을 이뤄 G1의 지위를 얻는다.

시나리오 3

(현재의 부의 불균형 분배가 심화되고 부패 척결과 불공정에 대한 개혁이 실패하여) 보편적 민주주의 사회로 전환된 후, 부국강병과 현대화의 꿈을 이뤄 G2의 지위를 유지한다.

시나리오 4

보편적 민주주의 사회로 전환된 후, 부의 불균형 분배 문제를 해결하고 정치적·시민적 권리가 보장되며 국민 전체가 골고루 잘사는 안정적 상태에 이르러, 이웃 나라와 국제 사회의 우려와 불신에서 벗어나 초강대국의 책임을 감당함으로써 G1의 지위를 얻어 새로운 중국몽을 이룬다.

필자의 결론을 먼저 말하면, 시진핑이 원하는 미래는 '시나리오 2'이지만 실현 가능성이 점점 낮아지고 있으며, (현재로서) 확률적으로 현실이 될 가능성이 가장 높은 미래는 '시나리오 1'이다. 미국이 가장 원하는 중국의 미래는 '시나리오 3'이다. 시진핑이 원하는 '시나리오 2'와 중국의 또 다른 이상적인 미래인 '시나리오 4'는 현실화할 가능성이 매우 작다.

필자가 이렇게 예측하는 데는 근거가 있다. 시진핑의 중국이 구사하는 전략의 핵심은 두 가지다. 첫째는 2020년 소강 사회, 2035년 세계 최고의 경제 강국, 2050년 세계 최고의 군사 강국이 되는 것이다. 부국 강병이 중국 국민과 중화 민족의 자존심을 고취시켜 중국 공산당의 통치를 정당화해줄 것이라는 계산이다. 다른 하나는 서구처럼 보편적 민주주의 체제로 전환하지 않고도 싱가포르처럼 법치주의를 강화하여 부패를 척결하고 위기관리 역량을 높여 안전하고 신뢰할 만한 사회를 만들면, 지속적으로 일고 있는 중국 내 보편적 민주주의에 대한 욕구와 국민 불만을 누그러뜨리고 중국 공산당의 통치를 정당화할 수 있을 것이라는 계산이다.[38]

그러나 필자의 분석과 예측으로는 시진핑의 계산대로 미래가 전개되지 않을 가능성이 더 크다. 시진핑이 구사하는 두 가지 핵심 전략은 양날의 칼과 같아서 실패할 경우에는 거꾸로 최대의 약점이 되어 자신을 찌르게 될 것이다. 경제발전에 문제가 생기고, 부의 불균형 분배가 심해지고, 금융위기가 발발하면 국민의 불만이 증가하게 된다. 야심차게 추진하고 있는 법치주의 강화 전략으로 공산당 세포 조직까지 뿌리 깊이 침투한 부패를 해결하지 못할 경우 공산당 통치에 대한 불만을 더 키울 것이다.

중국은 매년 2,000만 명 이상 시장에 쏟아져나오는 신규 노동력의 일자리 문제를 해결해야 한다. 한 단계 더 나아가 단순히 일자리 숫자를 채우는 것을 넘어 도시 생활이 가능한 수준의 높은 임금과 직업 안정성을 보장하는 '좋은 일자리'를 계속해서 만들어내야 한다. 이를 위해서는 앞으로 최소 10년 동안은 연평균 7~8%의 경제성장률을 유지해야 한다. 필자의 예측으로는 이것이 불가능하다. 금융위기가 발발하지 않더라도 달성하기 어렵다.

성장률이라는 양적 목표뿐만 아니라 경제가 성장하면서 나타나는 부작용도 해결해야 한다. 대표적인 부작용은 부의 불균형 분배의 심화에서 오는 '상대적 박탈감'과 '불공정 경쟁에 대한 불만'이다. 자유경쟁 시장에서 이 두 가지 문제를 해결하려면 한쪽에서는 생산성이 떨어지는 부문을 시장에서 퇴출하는 '파산, 부채 디레버리징'이라는 네거티브 시스템Negative System이 작동해야 하고, 다른 한쪽에서는 기득권 세력의 저항을 이기고 '공정한 세금 징수, 정밀하게 계산된 복지 시스템'이라는 포지티브 시스템Positive System이 균형 있게 작동해야 한다. 중요한 것은 두 가지 축 중에서 하나라도 문제가 생긴다면 '상대적 박탈감'과 '불공정 경쟁에 대한 불만'은 해결되지 않는다는 점이다.

복지 시스템 구축은 저출산 고령화로 빠르게 늘고 있는 중국 정부의 재정 부담에 엄청난 압박 요인으로 작용할 것이다. 공정한 세금 징수 역시 쉽지 않다. 미국 역사에서도 부의 불균형 분배를 극적으로 해결하여 국민의 불만을 잠재우고 중산층을 되살린 사례는 딱 한 번 있었을 뿐이다. 1929년 발발한 대공황과 이어지는 2차 세계대전을 거치며 상위 1%의 부자가 미국 전체 부의 50% 이상을 차지할 정도로 부의 불균형 분배가 심각해지자, 루스벨트 대통령이 최고 소득세율을 79%, 법인세율을 50%, 최고상속세율을 77%까지 올렸다.[39] 만약 루스벨트의 극단적인 세금 정책이 없었더라면 미국의 시대는 20세기에 끝났을지도 모른다. 과연 중국에서도 이런 수준의 극적인 조세 정책을 실시할 수 있을까?

시장경제 시스템을 도입한 중국은 1997년 15차 당 대회부터 '의법치 국依法治國' 방침을 선언하고 법치주의에 기반해서 깨끗하고 효율적인 정부, 엄격한 법 집행으로 공정하고 분배가 잘 이루어지는 사회로 바꾸기 위한 개혁을 추진 중이다.[40] 특히 시진핑 정부는 대규모 숙청을 벌이면서 부정부패와 싸우고 있다. 일부 영역에서는 기득권 세력의 저항을 뚫고 가시적 성과를 내고 있지만 사회 전체로 침투한 부패를 해결하려면 앞으로도 수십 년이 더 필요하다. 오랜 세월에 걸쳐 사회에 깊게 뿌리내린 기득권 집단의 지능적인 저항도 만만치 않다. 중국은 수천 년의 역사를 통해 강력한 중앙 권력의 등장에도 지방 권력의 힘은 여전히 강하게 유지되어왔다. 지금도 베이징 중앙 권력의 힘이 약하게 작용하는 곳에서는 토착 지방 권력이 국민의 재산을 갈취하고 법의 원칙을 무너뜨리는 뇌물과 폭력과 인맥에 의한 유착이 만연해 있다.

중국 경제계도 마찬가지다. 중국에는 3대 경제 기득권 세력이 있다.[41] 먼저 혁명 가문 출신의 비즈니스 집단이 있다 이들은 덩샤오핑 이후 개혁개방의 핵심 과실을 독점하다시피 한 '권귀 집단權貴集團'이다. 일부 언론에서는 이들이 장악한 영역을 '권귀자본주의'라고 부르기도 한다. 중국 정부가 부패한 권귀자본주의를 해체하지 못하면 부의 불균형 분배가 미국을 비롯한 서구 자본주의 국가보다 훨씬 더 심화할 가능성이 크다. 다른 두 기득권 집단은 독점 국유 기업과 유사 금융 그룹이다.

이 세 집단은 정경유착을 통해 부의 열매를 독식하고, 막대한 자본과 정보력을 기반으로 주식과 부동산 등의 자산 시장에서 버블을 부풀리고 있다. 이들은 카르텔을 형성해서 중앙 정부의 부패 사정 칼날에 대응하고 있다.

중국 경제는 부의 독점과 자산 버블을 막지 못하면 '중간소득 함정 Middle-income Trap'에 빠질 가능성이 크다. 일명 중진국 함정이라고도 부르는 이 현상은 세계은행이 2006년 「아시아경제발전보고서」에서 처음 제기한 개념으로, 중국과 같은 개발도상국이 경제발전 초기에는 순조롭게 10~15%의 고도성장을 지속하다가, 중진국 수준에 이르러서는 어느 순간부터 성장이 6%대로 하락하면서 장기간 정체하는 현상을 말한다. 세계은행은 1인당 국민소득 기준으로 4,000~1만 달러 범위에 속한 국가를 중진국이라 부른다. 세계은행은 '중진국 함정'이 나타나는 원인으로 크게 두 가지를 꼽고 있다. 하나는 짧은 기간에 압축 성장을 주도했던 경제 관료의 경직된 사고다. 다른 하나는 소득이 일정 수준 도달하면 임금과 물가 등이 상승하면서 경제 체제가 '고비용·저효율 구조로 바뀌는데, 이 시점에 완전 자율경쟁 시장경제 제도의 도입을 소홀히 하는 것이다. 전자는 사고 전환의 실패이고, 후자는 경제 시스템 전환의 실패다.

역사적으로 볼 때 '중진국 함정'에 빠진 나라가 탈출에 성공한 확률은 5~10%에 불과하다. 브라질, 아르헨티나, 칠레, 소련 등 대부분의 나라가 탈출에 실패하고 경제발전 단계가 후퇴했다.[42]

2012년 2월, 중국 정부는 「2030년 중국: 현대적이고 조화로우며 창조적인 고소득 사회의 건설」이라는 보고서를 발표했다. 보고서는 1960년대 이후 중진국 함정에서 탈출한 국가는 101개 국가 중에서 13개 국가에 불과했다고 분석하면서 중진국 함정에 빠지지 않으려면 매년 7%대의 성장률을 2023년까지 유지해야 한다고 대책을 제안했다.[43] 중국 정부도 2012년 11월 18차 당 대회에서, 2020년까지 연평균

7~7.5%의 경제성장 목표를 제시했다. 하지만 이 목표는 이미 실패했다. 필자의 예측으로는 앞으로 5~10년 동안은 6%대 성장률을 기록하고, 그 이후에는 3%대 성장률로 하락할 가능성이 크다.

이미 중국은 경제성장률이 하락하면서 그 부작용으로 계층 상승의 사다리가 붕괴하는 현상이 나타나고 있다. 사회 계층이 굳어져 계층 간 이동이 어려워지는 사회로 빠르게 이행 중이고, 계층이 대물림되는 현상도 보편화하기 시작했다.[44]

중국은 16차(2002), 17차(2007) 당 대회를 통해 연거푸 "당내 민주로 인민 민주를 이끈다"는 방침을 재확인했다.[45] 소위 중국 특색의 민주주의다. 하지만 공산당내의 민주주의만으로는 국민의 갈등을 해소하는 데 한계가 있다. 심리적 박탈감과 불평등이 심해지고 계층 이동이 단절되고 가난의 대물림이 보편화할수록 당내에서 민주적이고 투명한 절차를 통해 사람의 교체를 넘어서는, 양당제를 통한 시스템, 정책과 노선, 혹은 이념의 교체가 가능한 정치적 자유, 삼권분립·사법 독립·군대의 국가화(중국 인민해방군은 공산당의 군대로 공산당 중앙군사위원회가 통제한다), 연방제, 언론의 자유 등이 가능한 서구식 보편 민주주의를 원하는 목소리가 커질 것이다.

중국 내부에서도 비슷한 문제 제기가 있다. 2012년 8월 30~31일, 공산당 중앙당교신문인 《학습시보》의 부편집장인 덩위원鄧聿文은 인터넷에 게재한 '후진타오, 원자바오의 정치 유산'이라는 기사에서 아직도 해결되지 못한 열 가지 심각한 문제들을 지적했다. 덩위원은 2013년 2월 영국 《파이낸셜 타임즈》에 '중국은 북한을 버려야 한다'는 칼럼을 기고했고, 중국이 대만을 무력으로 통일해야 한다는 생각을 가지고 있으며, 한국의 사드 배치 문제를 강력하게 비판한 학자다. 이런 극우파 학자가 지적한 중국의 열 가지 문제는 다음과 같다.

- 경제 구조 조성과 소비 사회 건설 실패
- 두터운 중산층 형성 실패
- 호적제도 개혁의 실패와 도농 간 격차 확대
- 낙후된 인구 정책과 노령화의 가속화
- 교육과 과학 연구 정책의 실패
- 환경오염의 심화
- 안정적인 에너지 공급 체제의 수립 실패
- 사회 도덕의 붕괴
- 외교 전략의 부재
- 정치 개혁과 민주화 추진의 실패[46]

중국,
뜻밖의 미래

중국이 이런 문제들을 해결하지 못한다면 어떤 일이 벌어질까? 정확히 문제에 직면할 경우 중국이 할 수 있는 뜻밖의 선택 가능성을 살펴봐야 한다. 제임스 마틴James Martin[47]은 미국과 유럽의 100년 정책 설계에 관여했던 미래학자로서 앨빈 토플러 이후 가장 뛰어난 미래학자 중의 한 사람으로 평가받는다. 그는 1977년에 퓰리처상 후보로까지 오른 예측서 『선으로 연결된 사회The Wired Society』에서 30년 후에는 개인용 컴퓨터와 휴대폰, 인터넷이 대중적으로 보급될 것이라는 점을 예측했다. 영국 옥스퍼드대에서 '제임스 마틴 과학 및 문명 연구소'를 운영 중인 제임스 마틴은 '2040년 미국과 중국의 대립에 대한 시나리오'를 이렇게 제시했다.

시기는 2040년이다. 미국과 중국이 거의 비슷한 수의 핵무기를 보유하고 있다. 중국은 부유하지만 인구 폭발 직전이다. 중국의 인구 밀도는 러시아의 20배, 캐나다의 50배다. 세계가 자원 부족에 시달리는 상황이고 중국도 예외는 아니다. 석유, 우라늄, 구리, 물 부족에 시달릴 뿐 아니라 국민이 먹을 식량도 충분하지 않다. 중국은 그렇게 어려운 상황을 어떻게 벗어날 수 있을까? 중국이 그에 대한 타개책으로, 우선 몽골을 평화적으로 합병하고 티베트를 무력으로 침공했던 것처럼, 미얀마를 침략한다고 가정하자.

많은 나라가 중국의 무력 사용을 비난하지만, 누구도 선뜻 나서서 군사 행동을 취하지는 않는다. 만일 핵전쟁이라도 일어난다면 미얀마를 도움으로써 얻을 수 있는 이익보다 훨씬 큰 피해가 생길 수 있기 때문이다. 그렇다면 미얀마를 구할 방법은 없을까? 미얀마를 점령한 중국은 상하이를 재창조한 건축가들을 동원해 미얀마의 양곤 근처 해안에 미래형 첨단 도시를 건립한다.

중국은 이에 그치지 않고 카자흐스탄과 타지키스탄의 대표적 회교 도시들, 우즈베키스탄과 아름다운 키르기스스탄을 침략할 준비를 한다. 그 국가들은 중국이 침공을 감행한 직후 힘없이 무너질 것이다. 미국은 중국의 무력 침공에 경고를 보낸다. 중국이 다른 국가들을 침공하면 미국은 군사 행동을 취할 것이다. 그러나 중국은 미국에게 남의 일에 간섭하지 말라고 한다.[48]

1969년에 이미 8억 명을 돌파한 중국 인구는 2012년 기준 13억 5,404만 명이다. 앞으로 중국 인구는 어느 정도까지 증가할까? 중국 사회과학원은 2021년 13억 8,000만 명을 정점으로 인구가 감소할 것으로 본다. 유엔은 중국 인구가 2020년에 14억 5,000만 명에 이를 것으로 전망한다. 이런 자료들을 종합하면 중국의 인구는 14억 명 이내에서 정점을 찍고 감소할 것으로 예측할 수 있다. 중국 역사상 가장 큰 영토를 보유하고 있는 현재 상황을 고려할 때 이 정도의 인구는 충분히 감당할 만하다.

따라서 중국이 주변국을 침공한다면 그 이유가 인구 폭발 때문은 아닐 것이다. 14억 명에 이르는 중국의 인구가 더욱 더 편리한 자본주의의 혜택을 맛보기 위해 도시로 밀려드는 것이 모든 문제의 출발점이 될 가능성이 크다. 엄청난 인구가 도시로 밀려들지만, 경제성장의 성과는 평등하게 나눌 수 없다. 2008년 금융위기 이후 '월가를 점령하라'는 구호를 외치며 들고일어났던 미국 시민들보다 더 격한 불만이 중국 국민 안에서 일어날 가능성만 크다. 중국과학원이 발표한 「2012 중국 신형 도시 보고서」에 의하면, 2011년 중국의 도시화율은 51.3%에 이르렀다. 중국과학원은 중국의 신중국 도시화 발전 과정을 6단계로 분류했다.

- 1949~1957년 도시화 초보 발전 단계
- 1958~1965년 도시화 굴곡 발전 단계
- 1966~1978년 도시화 정체 발전 단계
- 1979~1984년 도시화 회복 발전 단계
- 1985~1991년 도시화 안정 발전 단계
- 1992~2011년 도시화 고속 발전 단계

중·미·일의 도시화율 및 서비스업 비중

(단위: %, 달러)

	중국			미국			일본		
	1970	1990	2010	1970	1990	2010	1970	1990	2010
도시화율	17.4	27.4	44.9	73.6	75.3	82.3	53.2	63.1	66.8
서비스업 비중	24.3	31.5	43.1	66.4	73.4	80.0	–	60.2	72.0
1인당 GNI	–	341	4,382	5,060	22,987	47,394	1,982	24,894	40,554*

* 2009 기준
출처: 한국은행 국제경제정보, '중국부동산 가격의 평가 및 전망'(한국은행, 2011, 11), 10 재인용

이런 추세라면 2020년경 중국의 도시화율은 60%를 넘어설 것으로 예측된다. 이 정도가 되면 중국에는 인구 1,000만 명 이상의 대도시가 8개, 100만 명 이상의 도시는 약 220개가 될 것이다.

이처럼 급격한 도시화율은 중국 정부가 두려워하는 문제들을 가속화하는 부작용을 만들어낼 것이다. 도시화율의 증가는 내수를 촉진하고 중산층이 증가하는 주된 동력이 되는 동시에 심각한 사회 변혁의 위험을 키운다. 산업의 구조가 빠르게 혁신 산업으로 재편되면서 농업이 약화하고, 신주류로 부상한 중산층이 사회의 전면에 등장하면서 더 많은 자유와 부의 축적을 원하게 된다. 도시와 농촌의 격차가 심해지고

중국 도시화 현황 및 전망

	2001	2006	2011	2015	2020	2025	2030
도시인구 (억 명)	4.80	5.82	6.9	7.4	8.1	8.6	9.2
도시화율(%)	37.66	44.34	51.3	54.2	58.7	61.2	63.7

출처: 김동하, 「Chindia Journal」(2012), 17 재인용

부의 불균형 분배는 가속화한다. 도시화는 공업화를 촉진해 환경오염을 증가시키고, 부동산 가격의 급격한 상승과 물가 상승 및 인플레이션 위험, 자원의 급격한 소비를 촉진한다. 자원 부족, 물 부족으로 말미암은 식량 생산량의 감소 문제도 계속해서 제기될 것이다. 중국이 민주주의 체제로 전환해서 국민의 불만을 직접선거제를 통해 해소할 출구를 마련하지 못하면 제임스 마틴의 시나리오처럼 공산당은 자연스럽게 무력으로 주변국을 공격하는 방법에서 탈출구를 찾을 수밖에 없어진다.

9장

앞으로 30년,
누가 이길까?

Hegemonic War

미국과 중국의
7개 전쟁터

        필자는 미중전쟁이 미국의 승리로 끝날 가능성이 더 크다고 본다. 이유는 간단하다. 지금까지 분석한 요소 외에도 미국이 중국을 압박할 카드가 더 있기 때문이다. 뒤에 나오는 그림은 미중전쟁의 7개 전쟁터인 군사, 무역, 환율, 금융, 원가, 산업, 인재 영역을 한눈에 보여주는 시스템 지도다.

  필자가 보기에 중국은 최소 10년 정도는 더 몸을 낮추고 힘을 길렀어야 했다. 그랬다면 미중전쟁은 누가 이길지 모르는 예측 불허의 승부가 되었을 것이다. 중국은 2008년을 기점으로 성급하게 미국을 향해 포문을 열었다. 처음 미국에서 위기가 발발했을 때만 해도 중국이 세계 경제의 구세주처럼 보였다. 미국의 소비 감소분을 중국의 과잉 생산과 투자, 소비 진작으로 메울 수 있을 것처럼 보였다(필자는 2009년부터 미국발

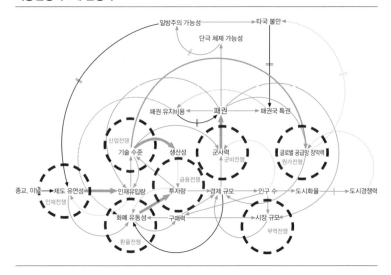

금융위기를 거치며 미국의 패권이 다시 강화되는 아이러니한 상황이 전개될 것이라는 예측 시나리오를 발표했다).

　그러나 상황은 기대와 다르게 전개되었다. 세계은행의 자료에 따르면 금융위기가 발발하기 전인 2007년 기준으로 미국의 GDP는 약 13조 8,000억 달러, 중국의 GDP는 3조 4,000억 달러였다. 미국의 소비 비중은 GDP 전체의 75%였으므로 약 10조 350억 달러였다. 그런데 2007년 중국의 GDP에서 가계소득이 차지하는 비중은 약 40% 정도인 1조 4,356억 달러였다.[1]

　이를 바탕으로 생각해보자. 미국의 소비가 20% 준다면 금액으로는 2조 달러에 해당한다. 이 감소분을 메우려면 중국의 소비가 단번에 70%가 늘어나거나 혹은 중국 GDP가 30% 늘어나야 한다. 그런데 미국의 위기가 유럽으로까지 번지면서 미국보다 GDP가 약간 더 큰 유로존의 소비마저 침체하기 시작했다. 쌍발 비행기의 양쪽 엔진이 한꺼번에 꺼진 형국이 된 것이다. 미국의 소비 감소도 혼자서 상쇄하기는 어려운 중국이 유로존의 소비 침체까지 동시에 감당하기는 불가능하다. 이를 감당하려고 무리를 하면 중국은 높은 인플레이션과 버블 붕괴라는 엄청난 후폭풍을 맞게 된다. 더욱이 앞에서 살펴봤듯이 중국 경제 안에서도 위기의 징후가 곳곳에서 포착되고 있었다. 결국 중국도 두 손을 들고 말았다.

2008년 글로벌 위기 직후에는 미국만 위기에 빠진 줄 알았으나, 시간이 지나면서 전 세계가 함께 위기의 늪에 빠져들게 되었다. 상황이 이렇게 변하자 오히려 미국이 그나마 세계에서 가장 믿을 만한 나라로 평가받는 아이러니한 일이 벌어졌다. 이제 전 세계는 위기를 극복하는 데 중심 역할을 해줄 국가로 중국이 아니라 미국을 바라보기 시작했다. 불신의 대상이었던 미국의 국채 가치가 다시 높아졌다. 유로존이 위기 탈출의 실마리조차 찾지 못한 채 겨우 버티는 동안, 중국에서는 다시 부동산 버블과 물가 인상에 대한 경고가 터져 나오기 시작했다. 그 사이 미국은 사태를 수습하고 세계에서 가장 빨리 위기 극복의 신호를 발신하기 시작했다.

'달러보다 좀 더 신뢰할 만한 제1기축통화를 만들자', 'SDRSpecial Drawing Rights(IMF 특별인출권)을 초국가적 기축통화로 하자', '달러를 대체할 글로벌 기축통화 메커니즘을 만들자'는 주장이 흔적도 없이 사라졌다. 대신 각국이 앞다퉈 달러를 사모으기 시작했다. 미국 국채에 대한 수요도 다시 치솟았다.

독일 시사주간지 《디 차이트》의 발행인 요제프 요페는 미국 쇠망론이 오래전부터 반복적으로 제기되었던 점을 날카롭게 지적했다.

"소련이 미국을 제치고 세계 최초의 인공위성 스푸트니크 1호를 쏘아 올린 1957년, 리처드 닉슨 대통령과 헨리 키신저 국가안보보좌관이 미소 양강 시대를 대신할 5강 체제의 도래를 전망한 1960년대 후반, 지미 카터 대통령이 TV 연설에서 느닷없이 '미국은 신뢰의 위기에 빠졌다'고 해 국민을 충격에 빠뜨린 1979년, 폴 케네디 교수가 저서 『강대국의 흥망』 (1997, 한경비피)에서 미 제국의 쇠퇴를 예고한 1987년, 그리고 부시 행정부 말기부터 최근까지" 여러 차례 미국 쇠망론이 되풀이되었지만 미국의 쇠퇴를 뒷받침할 실질적인 근거는 없다.[2]

요제프 요페는 오히려 미국이 아직 건재하다는 근거가 더 많으며, 역으로 중국이 미국을 능가하는 힘을 갖기도 전에 '늙은 나라'가 될 가능성이 더 크다고 보았다. 필자는 요페의 견해에 동의한다. 모든 자료들을 분석하고 종합한 결과, 중국은 미국을 능가하는 힘을 갖기 전에 스스로 무너지거나 혹은 미국이 가하는 한두 번의 결정적인 경제적 타격으로 주저앉을 가능성이 더 크다. 또한 앞으로 30년 동안 미국의 시대가 지속될 가능성이 크다.

중국은 패권 국가로 성장하기에는 많은 약점을 가지고 있다. 중국의 패권적 태도는 국제 사회에서 많은 충돌을 낳고 있다. 특히 남중국해를 비롯한 동아시아에서 인접한 나라와의 영토 분쟁, 한국의 사드 배치에 대한 보복 등에 경제력과 군사력을 동원하여 긴장감을 높이고 있다. 이런 중국의 패권적 공세에 대해 해석이 분분하다.

- 중국 외교는 변한 것이 없는데, 미국이나 일본 등의 상대 국가가 도발하여 어쩔 수 없이 대응하는 것이라는 주장
- 드디어 강대국으로 부상한 중국이 패권을 장악하려는 야심을 드러낸 공격적 현실주의Offensive Realism(강대국이 세력 유지를 위해 분투하는 방어적 현실주의에 대비되는 용어로 강대국이 상대적 힘의 극대화와 패권을 추구하는 정책)라는 해석
- 중국의 공세적 행위는 국가 기관이나 정부 부서, 지방과 중앙 간의 정책 조정 문제나 협력의 부재에서 비롯된 것뿐이라는 관료정치 모델 Bureaucratic Politics Model의 해석
- 실사구시적 행동이라는 해석 등[3]

현재 중국의 패권주의적 태도에는 이 네 가지가 모두 들어 있다. 중국 정부는 공식적으로는 자신들의 외교는 변한 것이 전혀 없으며 미국이나 일본 등의 일부 국가가 도발하여 어쩔 수 없이 분쟁이 발생했다고 주장하며 외부의 의심과 비난을 무마하고 있다. 하지만 마음 속 깊이 공격적 현실주의 입장을 잠재 욕망으로 갖고 있다. 그리고 실사구시적 목적(예를 들어 사드 보복을 통해 자국 기업을 보호하려는 의도처럼)도 있고, 관련 부처 간의 정책 조정 실패와 협력의 부재라는 문제도 계속 발생하고 있다.

서울대 국제대학원에서 중국 전문가로 재직 중인 조영남 교수는 중국의 세 가지 한계를 지적한다. 중국은 부국강병의 길을 차근차근 나가고 있지만 '불균등하고uneven' '지역적이고regional' '취약한fragile' 세계 강대국이다. 중국의 역량은 불균등하다. 경제는 미국을 맹렬하게 추격하고

있지만, 군사력은 지역 강대국 수준을 못 벗어나고 소프트 파워는 앞으로 20년 후에도 제3세계 국가 중심으로 그 영향력 행사가 한정될 것이다. 그에 따라 중국의 주요 관심과 활동은 앞으로도 오랫동안 자국을 비롯해 아시아와 제3세계 국가 일부에만 집중되는 지역적 한계를 벗어나기 힘들다. 또한 강대국이 되면서 점점 문제들이 다양해지고 커지는 것은 당연하지만 중국은 미국이나 유럽과 비교해서 문제의 수준이 심각하다는 치명적 약점도 갖고 있다.[4]

트럼프 대통령뿐만 아니라, 미국의 미래 대통령들도 대중국 전략을 바꾸지 않을 것이다. 시진핑이 장기집권을 강행하여 G1 전략을 가속화하면 미중전쟁은 더욱 치열해질 것이다. 권력은 절대로 나누어 가질 수 없다는 이치는 패권 경쟁에서 더욱 강하게 작용한다. 지금껏 미국은 G1 지위에 도전하는 어떤 세력의 등장도 허용하지 않았다. 21세기에도 미국은 아시아 시장의 확보와 안보라는 국익을 유지하고 확장하고자 지역에 대한 접근 능력 및 항해의 자유를 확보해야 할 필요성이 있다. 더불어 '민주, 인권, 자유시장경제' 등의 미국적 가치를 아시아 지역에 확산하기 위해 노력할 것이다.

미국이 중국을 상대하는 전략은 '관여'와 '위험 분산'이라는 두 가지 틀일 것이다.[5] '위험 분산' 전략은 만약을 대비해서 중국을 견제하는 동맹 체제를 견고하게 유지하고 보호하는 것이다. '관여' 전략은 중국과 적극적인 협조를 통해 중국이 미국이 주도하는 국제 질서에 순조롭고 얌전하게 편입되도록 유도하는 것이다. 혹은 강제적 수단을 사용해서 중국을 미국이 주도하는 국제 질서에 순응시키는 것이다. 미국이 사용할 강제적 수단이란 바로 경제전쟁이다. 그리고 미국의 카드는 아직 더 있다. 미중전쟁의 전반전이 통화전쟁, 무역전쟁, 금융전쟁이었다면, 후반전은 미래산업전쟁, 미래인재전쟁, 미래자원전쟁(원가전쟁)이 될 것이다.

미래
산업전쟁

       미국의 제조업 능력을 과소평가하는 경향이 있다. 그러나 선진국 중에서 제조업이 가장 강력한 나라는 독일이나 일본이 아니라 바로 미국이다. 이는 미래에도 바뀌지 않을 것이다. 4차 산업혁명이 만들어낼 미래 제조업, 미래 산업 전쟁에서 가장 유력한 승자는 미국이다.

  미국 제조업의 역사는 아크라이트가 뉴잉글랜드에 미국 역사상 최고의 방직 공장을 세우면서 시작된다. 1812~1814년 미영전쟁이 끝난 뒤 영국이 공업제품의 대미 수출을 제한하자 미국 내에서 공업 제품의 생산이 본격화되었다. 1861~1865년 남북전쟁이 북부 산업자본의 승리로 끝나면서 미국의 공업화는 가속 페달을 밟게 된다. 이후 헨리 포드의 대량 생산 체제를 거쳐, 2차 세계대전 동안 군수, 항공, 선박, 자동

명목 GDP 부문별 비중(2012)

(단위: 백억 달러)

순위	나라	GDP	농업		산업		서비스업	
	전 세계	7,171	423	5.9%	2,187	30.5%	4,561	63.6%
1	미국	1,568	19	1.2%	300	19.1%	1,250	79.7%
2	중국	823	83	10.1%	373	45.3%	367	44.6%
3	일본	596	7	1.2%	164	27.5%	426	71.4%
4	독일	340	3	0.8%	96	28.1%	242	71.1%
5	프랑스	261	5	1.9%	48	18.3%	208	79.8%
6	영국	244	2	0.7%	51	21.1%	191	78.2%
7	브라질	240	13	5.4%	66	27.4%	161	67.2%
a	러시아	202	8	3.9%	73	36.0%	122	60.1%
9	이탈리아	201	4	2.0%	48	23.9%	149	74.1%
10	인도	182	31	17.0%	33	18.0%	119	65.0%
15	대한민국	115	3	2.7%	46	39.8%	66	57.5%

출처: GDP(nominal): International Monetary Fund, World Economi Putlook Database, April 2012)
재인용

차 등의 분야가 급격하게 성장하면서 미국은 세계 최대의 공업국가가 되었다. 미국 제조업은 1968년에 GDP의 35%를 점하며 정점을 찍었다. 그 후 제조업 비중이 점차 줄기 시작하여 2012년에는 19% 수준으로 낮아졌다.

위의 표는 2012년 IMF와 CIA가 발표한 전 세계 주요 국가들의 GDP 규모 대비 농업, 제조업(에너지, 비료 포함한 상품 생산), 서비스업의 점유율을 보여준다. 이 표를 보면 농업과 서비스업을 제외한 나머지 산업 규모에서 중국은 3조 7,000억 달러가 넘어 규모 면에서 1위를 차지한다. 미국은 중국에 1위 자리를 내주었지만, 아직도 3조 달러 가까운 규모를 보인다. 산업 규모에서 순수 제조업 규모(2010년 기준)만으로 보면, 중국 2조 4,000억 달러, 미국은 1조 9,000억 달러 정도를 차지하여 역시 중국이 미국을 앞선다.[6] 하지만 미국의 제조업 규모는 아직도 3위를 달리는 일본의 1조 달러보다 2배 가까이 되고, 4위의 독일보다는 3배나 크다. 이탈리아나 한국, 프랑스, 영국 등과 비교하면 10배 가까이 큰 규모다.

미국의 산업은 제조업 중심의 경제발전 단계를 넘어서, 2008년 기준으로 서비스 부문이 GDP의 67.8%를 차지하고 2009년 기준 전체 노동인구 1억 5,440만 명 중에서 81%(미국 정부의 고용 규모 2,240만 명 포함)가 서비스 부분에 종사할 정도로 탈脫 산업화 단계에 진입해 있다.[7]

그럼에도 미국은 여전히 제조업 강국이다. 미국 산업의 경쟁력을 단순하게 숫자로만 평가할 때 우리는 함정에 빠진다. 예를 들어 미국의 농업은 전체 GDP의 1.2%에 불과하지만, 옥수수나 콩은 세계 최대 생산국이다. 또한 옥수수, 콩, 석유, 천연가스, 철광석 등의 주요 자원들에 대한 가격결정권이 미국과 미국의 우방들 손에서 결정될 정도로 막강한 영향력을 가지고 있다.

미국의 제조업 역시 중국의 제조업과는 차원이 다르므로 숫자로 단순 비교하는 것은 무리가 있다. 중국이 미국 제조업의 생산 규모를 추월했지만, 제조업의 질과 미래 성장 가능성 측면에서 미국을 따라가려면 수십 년이 걸릴 수 있다. 더욱이 전문가들은 중국 근로자의 평균 임금이 2015년까지 매년 18%씩 상승하고, 위안화도 매년 3.5%씩 평가절상될 것으로 예측하고 있다. 이렇게 되면 저임금을 기반으로 한 중국 제조업의 미래는 매우 불투명해질 수 있다. 딜로이트 컨설팅은 2020년

에는 제조업 경쟁력 순위도 미국이 중국을 제치고 1위를 되찾을 것이라고 예측했다.[8]

미국 제조업의 큰 특징 중 하나는 풍부한 천연자원을 자체로 보유하고 있다는 점이다. 현재 미국은 타이트 오일과 셰일 오일의 규모를 합치면 세계 최대 산유국이다. 전기, 핵 에너지, 천연가스, 황, 인지질, 소금 등의 생산에서도 세계 1위다.[9] 미래 에너지 기술도 최고 수준이다. 오랫동안 기반 시설을 잘 닦았고, 선진화된 경영 능력과 세계 최고 수준의 노동생산성, 지속적인 기술혁신 능력도 갖추고 있다. 제조업을 뒷받침할 풍부한 인적·물적 자원과 막강한 금융 자본도 가지고 있다.

세계 최고 수준의 첨단과학과 기술력을 기반으로 군수 분야뿐만 아니라, 산업 영역에서도 혁신적 제품을 지속해서 생산해내는 기업들이 많다. 세계 최강 기업들이 즐비하다. GM, 포드, 크라이슬러 등의 자동차 빅3를 필두로, 전기전자업계의 부동의 글로벌 강자인 GE, 혁신의 대명사 IBM, 애플, 아마존, 구글, 페이스북 등이 모두 미국 기업이다. 석유 업계에서는 엑손모빌이 1위를 굳건히 지키고 있고, US스틸은 철강 산업, 듀폰은 화학 산업, 보잉은 항공기 제조에서 세계 1위를 지키고 있다. 전체 제조업에서 중화학 공업이 차지하는 비중도 51%로 일본보다 높다. 제조업 수출 규모 역시 매년 1조 3,000억 달러를 기록 중이다.

미국의 제조업은 이런 튼튼한 기반 위에 서 있다. 미국이 아무리 서비스 중심 국가가 되었다고 해도, 항공, 군수, 우주 산업뿐만 아니라 IT 융복합, BT, 로봇, 사이보그, 나노 등의 미래형 산업에서도 여전히 세계 최고다. 최소한 21세기 중반까지는 이런 지위가 흔들리지 않을 것이다. 제조업의 생산성 역시 세계 최고 수준이다.

미중 간 제조업 경쟁력

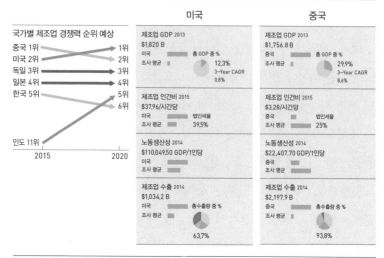

출처: 딜로이트 글로벌(https://www2.deloitte.com/in/en/pages/manufacturing/articles/global-manufacturing-competitiveness-index.html)

제조업 발달 3단계

	기술과 노동력 수준	제품 수준	대표 국가
3단계	고도 혁신 기술, 창의 노동력	부품, 소재 생산	미국, 일본, 독일
2단계	보편 모방 기술, 숙련 노동력	중간 제품 생산	한국
1단계	저급 습득 기술, 단순 노동력	단순 조립형 제품 생산	중국

 트럼프의 강력한 보호무역 정책으로 미국은 제조업체의 본국 회귀, 즉 리쇼어링Reshoring 현상이 진행되고 있다. 최근 중국의 인건비가 상승하고, 중국 근로자들의 서비스업 선호 현상이 나타나면서 제조업의 구인난이 심화하고 있다. 중국의 대표적인 제조업 생산기지인 광둥성 주

장 삼각주 일대에 있는 공장 대부분이 지난 10년 동안 이어진 매년 두 자릿수 임금인상률로 원가 부담을 안고 있다. 많은 외국계 회사들이 생산직 근로자의 숫자를 많게는 50%까지 구조조정하거나 베트남이나 인도 등으로 공장을 옮기려는 계획을 세웠다. 베트남 등의 인건비는 중국의 절반에 불과하다.

여기에 더해 기술 유출의 위험이 크고, 현지 협력업체들이 성장하면서 강력한 경쟁자로 돌아서고, 연구개발과 생산 현장이 가까워야 혁신에 유리하다는 인식의 전환이 이루어지고, 트럼프 행정부의 일자리 창출 압력이 커지면서 해외로 나갔던 미국 기업과 공장들이 미국 내로 다시 돌아오고 있다. 미국 정부도 국내로 돌아오는 기업을 위해 세제 혜택과 규제 완화 등의 지원 정책을 강화하고 있다. GE, 애플, 페이스북, 구글, GM, 포드, 오티스 등 100여 개가 넘는 미국 기업이 중국과 인도 등에서 자국으로 유턴했다. 지금도 강력한 경쟁력을 가지고 있는 미국의 제조업 역량에, 리쇼어링하는 기업과 미래 산업의 독보적인 역량이 더해지면 미국은 더 강력한 제조업 국가로 회생할 가능성이 크다.

미국이 미래 산업전쟁에서 승리할 가능성이 크다는 또 다른 근거들이 있다. 미국은 제1기축통화를 가지고 전 세계 경제 금융의 판을 주도하고 있다. 또한 미래 기술의 흐름을 주도하고 세계에서 가장 뛰어난 창업 문화와 기업가정신도 있다.

미국은 산업스파이전쟁에서도 우위에 있다. 1991년 구소련이 붕괴한 다음부터 '산업스파이와의 쫓고 쫓기는 전쟁'은 훨씬 치열해졌다. 계속된 경제위기 속에서 합법적 기업 인수합병을 통한 산업 기밀 유출도 빈번해졌다. 인재를 스카우트하여 생산성을 높인다는 전통적인 목적

주요 산업스파이 사건 내역(2010)

용의자	피해 기업	유출 내용
맹훙	듀폰	화학 공정
후앙 켁슈	다우 케미컬 연구소	살충제 제조법 등
두산산, 친위	GM	하이브리드 자동차 기술
판샤오웨이 외 4명	모토로라	휴대전화 핵심 부품
샨홍웨이, 리리	미상	항공우주 관련 마이크로칩
위샹동	포드	자동차 엔진과 관련 핵심 기술
량양	마이크로소프트	위성에 사용하는 반도체 기술

외에도 합법적 혹은 불법적으로 산업 기밀과 노하우를 흡수하기 위한 인재전쟁이 치열해지고 있다. 세상의 변화와 기술혁신의 속도가 빨라지면서 제품이나 회사의 수명은 점점 더 짧아지는 시대에는 기술을 자체적으로 처음부터 개발하는 전략은 비효율적이다. 애플이나 구글처럼 기술을 개발한 다른 기업을 계속해서 인수합병하여 기술 개발의 시간을 줄이거나, 다른 기업이 완성시킨 첨단 기술을 훔치는 방법이 가장 효과적이다.

2010년 한 해에만 미국 기술을 훔친 중국 산업스파이 사건이 10건이 적발되었다. 특히 2010년에 발생한 중국 산업스파이 사건은 듀폰, 다우케미컬, 모토로라, GM, 포드, 마이크로소프트 등에서 암호 장비, 휴대전화 핵심 부품, 아날로그 디지털 컨버터, F-35전투기에 사용되는 마이크로 칩 등 전략적인 기술을 빼가려는 시도였다. 전략적 미래 예측 전문회사인 스트래트포Stratfor는 이런 스파이 사건이 주로 중국 정부의 지시를 받은 중국인이 미국 회사와 거래하거나 취업해서 핵심 기술을 빼낸 것으로 분석했다.[10] 2013년 5월 28일에도 중국 해커들이 미국 첨단무기 설계 정보를 대거 해킹했을 가능성이 크다는 기사가 《워싱턴 포스트》에 보도되기도 했다. 이처럼 중국발 산업스파이 사건이나 해킹 사건이 급증한 이유는 중국이 미국의 선진기술, 특히 군사기술에 흥미를 느끼고 있기 때문이다. 그래서 수출 금지 품목을 판매하거나 기술을 훔치는 사건을 수사하는 일이 근래 FBI의 중요한 임무가 되었다.

미국 역시 산업스파이 활동을 잘한다. 도요타 리콜 사태의 배후에는 미국에서 전략적으로 양성한 한 사람의 변호사가 있던 것으로 드러났다.[11] 미국 정부는 디미트리오스 빌러라는 변호사를 포드의 법무팀으로 보내 법률과 자동차 제조 지식을 연결하는 특별 훈련을 시켰다. 준비가 완료되자 1997년 포드는 빌러를 해고했다.

이후 로펌에 들어간 빌러는 6년 동안 단 한 번도 패소하지 않는 승률 100%의 신화를 썼다. 빌러의 능력에 포드의 물밑 작업이 더해져서, 2003년 도요타는 빌러와 수석 고문 변호사 계약을 했다. 그 후 4년 동안 빌러는 미국에서 발생한 12개의 소송에서 모두 승리하여 회사의 신임을 크게 얻었다. 잠복 임무를 성공적으로 수행한 후 빌러는 2007년 9월 도요타를 떠났다.

2년 후 미국 경제가 금융위기에 빠지고, 그 여파로 미국의 자동차 회사들이 부도 위기에 몰렸을 때 빌러는 미국 정부와 포드의 편에 서서 도요타를 공격했다. 2009년 7월 24일 도요타를 고발하는 75쪽에 이르는 고소장이 미국 캘리포니아 로스앤젤러스 동부지방법원에 제출되었다. 사태를 반전시켜 위기에 빠진 미국의 자동차 회사를 구하기 위한 회심의 카드였다. 도요타의 신뢰는 바닥에 떨어졌고, 결국 도요타는 2009년 12월 380만 대의 차량을 리콜했다. 미국의 자동차 회사들은 구조조정을 추진하고 반격을 준비할 시간을 벌었다. 2010년 1월 포드의 판매량은 25% 증가했고, GM 역시 13% 늘었다. 반대로 도요타의 자동차 판매량은 16% 하락했다.

생산성은 미국이 중국과의 산업전쟁에서 큰 우위를 점하고 있는 요소 중 하나다. 미국 제조업체의 1인당 노동생산성은 2003년부터 2015년까지 40%가량 상승했다. 같은 기간 독일의 생산성 상승률은 25%, 영국은 30%였다. 하지만 중국 제조업체는 노동생산성 면에서 경쟁력이 점점 약화하고 있다. 상품 하나를 만드는 데 필요한 인건비를 측정하는 단위 노동비용에서조차 미국과 비교해서 겨우 4% 정도의 우위를 점하고 있을 뿐이다. 중국은 임금상승률이 생산성증가율을 추월한 상태다. 트럼프 시대에 들어서 미국 제조업체는 유연한 노동 시장, 값싼 에너지, 거대한 내수 시장이라는 세 가지 혜택을 등에 업고 경쟁력을 높이고 있다. 일부에서는 미국 업체의 생산성 향상 속도가 더 높아지기 어려울 것이라고 분석한다. 필자는 동의하지 않는다(양보해서 그 주장을 받아들인다고 해도 미국 제조업의 생산성 향상 속도가 정체하는 만큼 중국 업체의 생산성 향상도 한계에 직면할 것이다. 오히려 미국보다 더 빠르게 하락할 가능성도 있다).

인류 역사를 돌아보면, 경제는 일정한 속도로 꾸준하게 성장하지 않는다. 어떤 특별한 시기에 특별한 이유로 매우 빠르게 성장하는 시기가 있다. 로마제국 멸망 이후 영국을 비롯한 유럽 전체는 8세기까지 경제성장이 거의 멈췄다. 경제성장 연구 분야의 세계적 권위자인 매디슨은 서기 1년부터 1820년까지 유럽의 연평균 경제성장률을 0.06%로 계산한다.[12] 이 시기 중 중상주의 정책 덕분에 상대적으로 성장 속도가 빨라졌던 14세기부터 18세기까지 영국의 실질 생산량은 2배 증가했다. 그러나 20세기 들어서 미국은 32년마다 2배의 속도로 성장했다.[13] 18세기 중반 영국에서 시작된 1차 산업혁명으로 본격적인 생산성 증가의 토대가 만들어지고, 20세기에 들어서며 미국에서 시작된 2차 산업혁명으로 폭발적인 성장이 시작되었다. 노동과 자본 투입량에 따른 생산성 향상 정도를 측정하여 혁신과 기술 진보의 속도를 평가하는 지표인 '총요소생산성TFP, Total Factor Productivity' 지표는 1920~1970년 시기에 3배 증가했다.[14] 역사상 처음 경험하는 20세기 미국의 경이로운 경제성장 속도는 전적으로 철도, 증기선, 전기통신, 내연기관 등 혁신적 기술 덕택이었다.[15]

미국의 생산성 향상이 둔화하기 시작한 때는 1970년대 이후부터였다. 1940~1970년 사이에 진행된 2차 산업혁명의 발명품들이 모든 가정에 유입되는 시기가 끝나면서 양적 성장도 함께 둔화되어 자동차, 가전제품 등의 제조업부터 주택, 항공, 건강과 의료 등에 이르기까지 대부분의 산업 성장세가 꺾였다.[16] 시장이 포화 상태에 들어가고, 기존의 기술들이 만들어내는 생산성 향상이 수확체감의 법칙에 발목을 잡히면서 성장은 급격하게 둔화했다.

1990년대에 들어서는 전자정보통신ICT 산업이 성장 속도를 높여나갔다. 그러나 미국인 1인당 생산성 증가에 기여하기보다는 노동시간의 단축을 불러왔고 부의 불균형 분배를 가속시켰다. 수확체감의 법칙이 작동하는 시기에 들어가면 총생산량이 증가해도 부의 분배는 불균형하게 흘러간다. 실제로 1970년 이후부터 21세기 초까지 '총요소생산성

TFP' 지표는 그 이전의 50년(1920~1970)과 비교하면 3분의 1 정도 추가 성장했을 뿐이다.[17] 겨우 서비스업과 금융업만이 미국 경제성장률을 견인했다.

생산성 정체에서 벗어나려면 두 가지 조건이 필요하다. 첫째, 1870~1970년의 100년 동안 집중해서 일어난 것과 같은 급격한 기술혁명이 다시 일어나야 한다. 또한 급격한 인구 성장을 통한 시장의 형성이 필요하다.[18] 즉, 21세기에 미국 기업의 생산성 향상이 계속될 것인가, 이를 토대로 미국의 추가 경제성장이 일어날 것인가를 예측하려면, 21세기 미국의 기술 분야에서 퀀텀 도약이 일어나서 수확체감의 법칙에 빠진 산업의 한계를 돌파할 수 있는가와 시장이 계속해서 폭발적으로 성장할 것인가를 물어야 한다.

기술혁명이 진행된 1870~1970년의 100년은, 혁신적 기술이 태동하여 성장한 전반기 50년과 완숙한 경지에 도달한 기술이 생산성을 높이면서 상품과 서비스 전반으로 확산해나가는 후반기 50년으로 다시 나눌 수 있다. 필자는 21세기 전반기 50년은 20세기의 패러다임을 바꾸는 기술이 출현해서 좁은 영역에서 성장하는 시기가 될 것으로 예측한다. 전반기 50년 중에서 특히 2030~2050년의 시기는 기술혁신, 아시아가 견인하는 시장의 성장, 부의 불균형 분배를 해결하려는 제도 개선의 노력과 자본의 질 개선을 통한 근로자의 소득 불균형 완화가 결합되면서 폭발적 성장의 기반이 마련될 것이다.

21세기의 후반기 50년 동안에는 혁신적 기술의 실용화가 빠르게 진행되면서 가파른 가격 하락이 시작되고, 생산성이 비약적으로 향상되며, 거의 모든 산업 영역에서 혁명적 기술이 광범위하게 적용되어 생명,

의식주, 문화, 이동통신과 네트워크에 대한 개념이 완전히 바뀌는 혁명적 진보가 완성될 것이다. 이런 21세기의 혁명적 변화를 주도할 나라는 미국이 될 것이다. 중국이 아니다.

미래
자원전쟁

      트럼프의 미국이 전개하는 무역전쟁으로 위안화 가치가 올라가도 이것이 중국에 꼭 나쁜 것만은 아니라는 일부 주장에 대해 생각해보자. 위안화가 절상되면 중국이 수입하는 상품과 원자재, 기계 설비의 가격이 낮아므로 수입업체가 이득을 보고, 물가가 내려가며, 원자재나 중간재를 수입해서 가공·조립해 수출하는 중국 제조업체들에게도 유리한 점이 있다. 그런데 누군가가 광산물, 석유, 천연가스 등의 원자재와 에너지, 농수산물의 국제 가격을 올리면 어떻게 될까?

    위안화가 절상되어 수입 가격이 내려도 수입품의 절대가격 자체가 오르면 가격인하 효과는 반감되거나 아예 없어진다. 지난 2010년에 국제 철광석 가격이 150달러로 전년 대비 2배 가까이 올랐다. 이후에도 계속 철광석 가격이 고공행진을 하자 중국 정부는 최대 철광석 수입선인 호주의 리오틴토 관계자를 불러 왜곡된 시장독점 구조를 좌시하지 않겠다고 경고했다. 철광석 가격 급등이 근본적으로 철광 산업체의 독과점 구조와 수급 불안을 이용한 국제 금융투기 세력의 시세 조종 때문이라고 보았기 때문이다.[19] 이것이 바로 자원전쟁 혹은 원가전쟁이다.

미국이 통화전쟁과 함께 자원 공급을 조절하는 전쟁(원가전쟁)을 동시에 벌이면 중국의 수출 기업과 수입 기업은 동시에 타격을 입게 된다. 『차이나메리카』(2010, 지식프레임)를 쓴 헨델 존스는 필요한 원자재의 원활한 조달 능력을 '부의 구축을 위한 여덟 가지 필요 조건' 중 하나에 포함할 정도로 중시했다.[20] 중국 기업이 세계 시장에서 수출 경쟁력을 높이고, 높은 시장점유율을 유지하려면 제품을 만들고 공장을 돌리는 데 필수 요소인 원자재와 에너지, 원료 등을 낮은 가격에 원활하게 구할 수 있어야 한다. 이 지점에 미국이 중국을 겨냥해서 사용할 수 있는 또 다른 카드가 있다.

먼저 농수산물을 살펴보자. 중국은 13억이 넘는 인구 대국이지만 식량 부족 문제가 크게 대두한 적이 없었다. 2007년 중국의 식량 총생산량은 5,000억 킬로그램을 돌파했다. 2008년에 전 세계가 식량 대란을 겪는 중에도 중국은 큰 문제가 없었다. 중국은 전통적으로 쌀 수출 강국이었다. 중국의 농촌·농업·농민 문제 전문가인 리창핑은 2008년에 쌀, 옥수수, 밀 등이 앞으로 10~20년 동안은 절대로 부족하지 않으리라고 예측했다.[21]

하지만 2011년부터 상황이 크게 달라졌다. 지난 15년간 옥수수 순수출국이었던 중국이 2010년에 발생한 극심한 가뭄으로 생산량이 대폭 줄어서 옥수수를 대량 수입하게 되었다. 콩도 5,480만 톤이나 수입하면서 세계 최대의 콩 수입국으로 전환했다. 중국은 콩을 자급자족 목표 농작물에서 아예 제외해버릴 정도가 되었다. 2011년의 밀 수입량 은 300만 톤에 육박해서 전년 120만 톤의 2배가 넘었다.

중국의 식량 자급 문제가 불거진 데는 몇 가지 이유가 있다. 첫째는 중국 내 인구 증가이고, 둘째는 가뭄 등 빈번한 자연재해다. 하지만 아 주 중요한 또 다른 원인이 있다. 지구촌 총인구의 증가와 빈번한 자연재 해, 도시화로 말미암은 농지 상실 등으로 인한 수급 불안을 이용해서 투기 세력이 머니 게임을 벌였다는 점이다. 국제금융센터의 발표에 따 르면 2010년 1월 25일 곡물의 비상업용 순매수 포지션은 3만 5,000건 으로 집계돼 2007년 8월 이후 최고치를 기록했다. 이는 헤지펀드 등 투 기성 자금의 유입이 늘어났다는 것을 뜻한다. 또한 중간 유통상 역할 을 하는 전 세계 4대 곡물 메이저 기업인 미국의 ADM, 벙기, 카길, 프 랑스의 루이드레퓌스 등의 사재기도 한몫을 했다.

중요한 것은 전 세계 주요 금융투기 세력과 가격결정권을 가진 곡물 메이저 기업들의 국적이 미국, 영국과 이들의 동맹국들이라 점이다. 이 들은 마음만 먹으면 얼마든지 국제 곡물 가격을 쥐고 흔들 수 있다. 이 것이 도시화로 농토가 줄고, 농업 인구가 줄어드는 인구 대국 중국이 안고 있는 또 다른 고민이다.

글로벌 투기 자금은 금융 시장과 곡물 시장, 원자재 시장을 가리지 않고 투자한다. 금융 시장이 침체하면 곡물 시장과 원자재 시장을 옮 겨 다니며 투기를 한다. 경기 침체로 산업의 회복이 더디자 투기 세력 들은 원유나 광물 시장에서 빠져나와 대거 곡물 시장으로 옮겨갔다. 2011년에는 밀 선물 옵션에 대한 투기 세력의 순매수 포지션이 5월

17일 6,212계약에서 5월 30일에 2만 8,020계약으로 351.1%나 급등했다. 대두 선물 옵션과 대두유 선물 옵션에 대한 투기 세력의 순매수 포지션도 같은 기간 각각 108.4%와 21.0% 상승했고, 옥수수 선물 옵션에 대한 투기 세력의 순매수 포지션도 17.6% 올랐다.[22] 앞으로도 이런 일들이 종종 일어날 것이다. 그런데 곡물 가격의 급등이 단지 투기 세력들이 사적 이익을 얻고자 취한 행동의 결과가 아니라 더 큰 정치적 힘이 배후에서 작동한 결과라면 문제의 성격이 전혀 달라진다.

곡물 국제 가격의 변동성이 커지면서 중국의 소비자물가지수CPI에서 약 30% 정도의 높은 비중을 차지하는 식품 가격의 상승률이 두 자릿수를 기록하는 일이 흔해졌다. 특히 중국인이 가장 좋아하는 돼지고기는 소비자물가지수에서 20%를 차지하기 때문에 돼지고기 가격을 포함한 육류 가격의 상승은 큰 문제가 된다. 지금 중국은 경제가 발전하면서 입맛의 서구화가 빠르게 진행되고 있다. 전통적으로 고기를 좋아하는 민족이지만, 수입이 늘고 서구 문화의 영향을 받으면서 고기 수요가 폭발적으로 증가하고 있다.

1980년에 비해 2007년 기준 중국인의 우유와 소고기 소비량은 12배나 증가했고, 돼지고기는 4배, 수산물 소비량은 4.9배 증가했다. 이런 소비 패턴 변화는 중국 내 소와 돼지 사료용 곡물의 수요를 자연스럽게 자극한다. 옥수수 등 사료용 곡물은 1980년 6,779만 톤에서 2007년 1억 2,019만 톤으로 2배 가까이 증가했다.[23] 2014년 미국 농무부USDA는 중국의 육류 소비 증가 추세가 앞으로 10년간 지속돼 2023년에는 2013년보다 20.5% 증가한 9100만 톤 수준에 달할 것으로 전망했다. 그리고 육류 소비의 증가와 함께 곡물 사료를 주로 사용하는 기업형 축산의 확산으로 중국의 사료 곡물 수입 규모도 2023년에 대두는 2013년보다 62.7% 증가한 1억 1,200만 톤, 옥수수는 340% 증가한 2,200만 톤에 달할 것으로 예상했다.[24]

각국의 인플레이션 지수에서 서민 경제에 직결된 식품이 차지하는 비중을 비교해보면 유럽 15%, 미국 10%, 한국 10%인 데 비해 중국은 30%나 된다. 바로 이 점이 중국의 새로운 아킬레스건이다. 만약 투기 세력이 앞으로도 지속해서 곡물 가격을 올리면, 중국에서 돼지를 키우는 농가의 원가 상승 압력이 커진다. 중국 농민들은 하는 수 없이 돼지고기 가격을 올릴 수밖에 없고, 이는 다시 물가 상승을 부추기는 악순환 구조를 만들게 된다.[25]

원가전쟁은 농산물 영역에만 국한하지 않는다. 2011년 기준으로 중국 GDP의 40%가량을 차지하고 있는 공업 관련 제품은 국제 철광석 가격이 원가에 큰 영향을 미친다. 철광석의 국제 가격은 전체 공급량의 40%를 장악하고 있는 BHPB라는 회사가 좌지우지한다. 이 회사는 영국과 오스트레일리아의 합작 기업이다. BHPB 철광석 부문장인 지미 윌슨Jimmy Wilson은 중국의 철강 생산이 2020년 초까지 25% 증가할 뿐만 아니라 인도 등 신흥국의 철강 생산 증가율이 중국을 상회할 것으로 예상했다(이처럼 수요가 늘면 철광석 가격 인상 압력으로 작용할 수 있다). 그런데 중국 철강 업계의 세전이익률은 2007년 약 8%까지 개선되었으나, 글로벌 금융위기 발발 후 2012년 0.04%, 2013년 0.48%, 2014년 1~8월(0.67%)까지 하락하며 이익 제로 국면이 고착화되는 양상을 보이고 있다.[26] 그만큼 중국 철강 업계를 비롯해 제조업 전반이 철광석 국제 가격 인상에 취약하다는 뜻이다.

미국의 원가전쟁 구조도

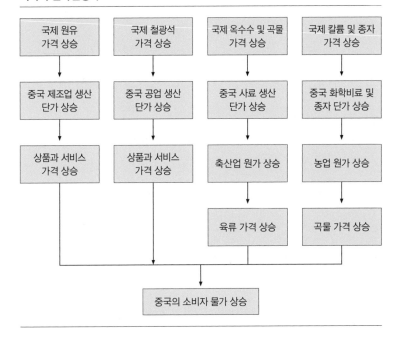

또한 중국은 곧 세계 최대 원유 수입국이 된다. 전 세계에서 거래되는 원유의 많은 물량이 중동과 미국, 영국의 손 안에 있다. 더욱이 미국은 앞으로 타이트 오일, 셰일 오일과 셰일 가스를 등에 업고 세계 최대의 산유국이 될 것이다. 1980년대 중반 이후 국제 유가의 급락과 함께 OPEC는 실제적인 원유 가격 통제력을 잃었다. 원유 가격 통제력은 미국으로 넘어갔다. 뉴욕상품거래소에서 서부텍사스산원유WTI를 기준으로 수요와 공급, 금융 상황, 기상 조건 등의 정보를 취합하여 그날그날 전 세계 석유 시장의 가격이 결정되는 것이 상식이 된 지 오래다. 여기서도 월가의 투기 세력이 핵심적인 역할을 한다. 천연가스와 원유, 나아

가 석탄 가격의 상승은 중국의 중화학공업부터 생필품과 생활용 에너지 가격에 이르기까지 큰 영향을 미친다.

여기까지 살펴본 것만으로도 중국의 물가 상승이 일시적인 것이 아니라 미래에도 지속될 현상임을 예측할 수 있다. 미국의 원가전쟁 방식을 정리하면 옆에 있는 구조도와 같다.

미국이 보호무역주의와 위안화 평가절상 압력으로 중국의 수출 경쟁력을 낮추면서 동시에 중국의 수입 물가와 소비자 물가를 계속 높은 수준으로 묶어두면 고성장을 계속해온 중국의 경제는 큰 부담을 안게 된다. 석유, 원자재, 곡물 가격을 올리는 것만으로도 중국의 실질 구매력을 하락시킬 수 있다. 전 세계 4대 곡물 메이저 기업 중 3곳이 미국 기업이며, 곡물, 원자재, 유가의 선물 시장이나 주요 투자 금융기관도 미국을 중심으로 활동한다. 미국과 호주가 철광석을 독점하고 있기 때문에 철광석의 최종가격결정권자도 결국 월스트리트다.[27]

인류 역사를 되돌아보면, 원자재를 사재기해 큰 부를 쌓거나 한 나라를 공격하는 무기로 삼은 경우는 많다. 핵을 개발한 북한을 압박하기 위해 국제 사회가 하는 일도 바로 이런 품목들의 대북한 공급을 제한하는 것이다. 중국이 성장하면서 미국을 위협할수록 미국의 자원전쟁을 통한 압박의 강도 역시 따라서 높아질 것이라는 생각이 이치에 잘 들어맞는 예측이다. 트럼프의 무역전쟁에 대한 대응으로 중국이 미국산 대두에 무역 보복을 거론하지만, 원가전쟁의 큰 그림이 뒤에 존재하기 때문에 전면적인 무역전쟁으로 번지면 중국이 더 큰 피해를 보게 된다.

미국이 준비하고 있는 또 다른 자원전쟁(원가전쟁) 카드로는 탄소세가 있다. 미국과 유럽이 주도하고 있는 저탄소 이슈는 앞으로 계속해서

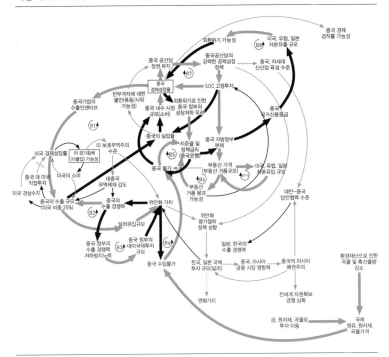

확산될 것이다. 그 가장 큰 수혜자는 미국과 유럽이며, 가장 불리한 나라는 최대 이산화탄소 배출국인 중국이다(개발도상국들도 어려움을 겪을 것이다).

2009년 6월 26일 미국 하원은 왁스먼-마키Waxman-Markey 법안이라는 '미국 청정에너지 및 안보법American Clean Energy and Security'을 통과시켰었다. 그 핵심 내용은 2020년부터 미국에 상품을 수출하려면 상품을 만드는 전 과정에서 발생하는 이산화탄소 배출량에 따라 탄소 관세를 추가로 지불하도록 규정한 것이다(이 법안은 1톤당 10~70달러 정도에서 탄소세를 정하도록 했다). 물론 이 법안은 상원을 통과하지 못했지만, 비슷한 법안이 앞으로도 계속해서 제안될 것이다.

트럼프는 집권 초기에 자기 지지층의 이해를 대변해서 파리기후변화 협약 등의 국제 협약을 탈퇴하는 등 환경 문제를 외면했다. 하지만 미래의 어느 날 탄소세가 현실화한다면, 철강, 건설, 조선, 화학 등 탄소 배출량이 큰 중화학 공업 중심의 중국이 가장 큰 피해자가 된다. 철강 1톤을 생산할 때 1.8톤의 이산화탄소가 배출된다. 시멘트 1톤 생산에 1톤의 이산화탄소가 배출되고, 옷 한 벌을 생산하는 데 5킬로그램이 배출된다. 계속되는 도시화로 중국은 세계에서 철강과 시멘트 소비가 가장 많다.[28] 중국 가정당 매년 2.8톤의 이산화탄소가 배출되는데, 이를 13억으로 곱해보라. 마돈나가 세계 순회 공연을 할 때 1,635톤의 이산화탄소를 배출한다고 비난을 받았는데, 13억 명의 중국인들이 여행을 하면 얼마나 많은 이산화탄소가 배출될까?

2009년 WTO 산하 무역기술장벽위원회TBT를 통해 보고된 환경보호 및 에너지 절약 등 녹색 기술 관련 규제는 269건으로 10년 전보다 3배 이상 증가했다. 선진국들은 '녹색'이라는 가면 아래 새로운 보호무역주의 장벽을 준비 중이다. 중국이 미래의 탄소세 폭탄을 피하기 위해서는 지금부터 선진국들이 정해 놓은 탄소 관세 표준에 부합하는 기술과 시설을 도입해야 한다.

중국은 현재 막대한 돈을 들여 풍력, 태양력에 의한 발전 사업을 추진하고 있다. 그런데 태양력, 풍력, 친환경 자동차, 에너지 그리드 등 다양한 이산화탄소 저감 기술 및 에너지 효율화 기술의 상당수가 미국, 유럽 등 선진국 특허와 연결되어 있다. 이런 기술을 사용하는 나라는 실질적으로 이미 탄소세 절감비용을 물고 있는 셈이다. 기존 화석 에너지는 이미 월스트리트의 금융투기 세력 손안에 완전히 장악되어 있고, 미래의 친환경 에너지도 선진국들이 선점하고 있는 형편이니 중국은 꼼짝없이 당하는 구조에 발목이 잡혀 있는 셈이다.

미래
인재전쟁

"미래의 제국은 인재의 제국이 될 것이며 미래의 국가들은 부존자원이 아닌 인재를 놓고 치열한 전투를 벌일 것입니다."

2차 세계대전 중이던 1943년 가을, 윈스턴 처칠이 하버드대 졸업식 연설에서 한 말이다.

미국과 중국의 미래경쟁력을 결정하는 가장 심층에 있는 기반은 결국 사람, 즉 인재의 수준이다. 미국과 중국이 벌이는 군사 패권전쟁, 무역전쟁, 환율전쟁, 금융전쟁, 산업전쟁 등에서 승리하기 위해 필수 불가결한 조건도 인재다. 인재는 모든 가치 창출의 원동력이자 전쟁의 승패를 좌우하는 핵심 전력이기 때문이다.

미국이 영국을 제치고 세계 최강국이 된 것도 유럽과 아시아에서 최고의 인재을 계속해서 받아들였기 때문이다. 구소련이 붕괴한 후에도 수많은 과학자와 기술자가 미국으로 망명했다. 미국은 이런 인재들을 기반으로 학문에서 산업과 정치에 이르기까지 거의 모든 분야에서 세계 최고에 올라섰다.

전통적으로 인재에 큰 혜택을 주었던 미국 정부는 2011년 5월에는 외국인 이공계 학생이 석사 학위만 따도 영주권을 받을 수 있도록 이민법을 바꾸었다. 미국 학생들의 이공계 기피 현상을 해소하려는 정책이다. 미국은 미래 신산업의 성패가 과학, 기술, 공학, 수학STEM(Science, Technology, Engineering, Mathematics) 분야의 실력에서 판가름난다는 것을 잘 알고 있다. 반이민 정책을 구사하는 트럼프도 미국 국익에 유익이 되는 인재를 영입하는 이민법만은 건드리지 않고 오히려 문호를 더 넓히고 있다.

중국 역시 인재의 중요성을 잘 알고 있다. 미국에서 금융위기가 발발하자, 중국은 월가에서 퇴출당한 인재들을 대거 스카우트하여 금융 능력을 순식간에 향상시켰다. 2010년에도 중국 기업들은 미국에 이어 두 번째로 많은 기업 인수합병을 진행했다. 2,696억 달러(286조 1,804억 원)를 들여 2,556건의 M&A를 성공했다.

그 이전부터 중국은 자국 내에서 최고의 인재를 양성하기 위한 시스템을 구축하고 폭넓은 투자를 하고 있다. 1990년대 후반부터 꾸준히 해외 인재를 유치해온 중국은 2006년 9월에 '111계획'을 발표했다. 세계 100위권 내 대학과 연구소의 석학 1,000명을 초빙, 중국 내 상위 100위권 대학에 10명씩 배치해, 세계 최고의 연구 네트워크를 만들겠다는 계획이다. 2011년 기준으로 혁신 인재는 880명, 창업 인재는

263명을 해외에서 유입하는 데 성공했다.[29]

이들을 통한 성과도 가시화되고 있다. 스이궁은 새클러 국제생물물리학상을 받았고, 야우싱퉁은 필즈상을 받았다. 2010년 중국 최대 갑부인 리옌훙은 베이징대 정보관리학과를 졸업하고 미국 뉴욕주립대에서 컴퓨터공학으로 석사를 취득한 후 실리콘밸리에서 근무하다 1999년 귀국하여 인터넷 포털 사이트인 바이두를 설립했다. 중국 반도체기업 창업자인 덩중한은 중국과학기술대를 졸업하고 미국 버클리대에서 5년 만에 전자공학 박사, 경제학 석사, 물리학 석사 등 3개 학위를 취득한 후, IBM에서 수석 엔지니어로 근무하다 1999년 귀국하여 중싱웨이뎬쯔Vimicro를 설립했다. 유인 우주선 발사와 우주 유영, 차세대 스텔스기인 '젠-20'의 두 차례 시험 비행의 성공도 이런 기반에서 이루어진 것이다. 여기서 멈추지 않고, 중국은 인공지능 분야의 세계적 학자인 앤드류 응 박사를 스카우트하는 등 4차 산업혁명을 선도할 인재들을 계속해서 유입 중이다.

중국은 1999년부터 과학기술 발전을 위해 예산을 매년 20%씩 늘렸다. 2011년 기준으로 중국의 과학기술 예산은 1,000억 달러를 넘는다.[30] 과학 인력의 저변도 두텁다. 중국의 대학에서 과학과 기술공학을 전공한 학생 수는 이미 150만 명을 넘었다. 골드만삭스는 "중국은 높은 R&D 투자, 과학기술 인재의 글로벌화를 통해 글로벌 혁신에서 새로운 허브가 될 것이다"라고 했다.[31] 예일대 스티븐 로치 교수도 중국이 선진국이 될 수밖에 없는 열 가지 이유 중 하나로 중국 인적 자원의 우수성을 지적했다.[32]

미래 인재전쟁에서 중국의 경쟁력은 미국을 제외한 다른 국가들을 압도할 가능성이 크다. 하지만 미국과 비교하면 대등한 추격자가 될 가능성은 충분하나 미국을 넘어서기는 쉽지 않을 것이다.

10장

미중전쟁과
한국의 미래

Hegemonic War

미중전쟁에 휘둘린 한국,
잃어버린 20년 간다

"무협 소설 같습니다!" 2009년 필자가 처음 미국과 중국의 경제전쟁 시나리오를 전개했을 때 적지 않은 사람이 이렇게 평가했다. 2008년 글로벌 금융위기를 겪은 이후에도 많은 사람이 '차이메리카'의 시대가 오래 지속될 것이라며, 미국과 중국의 동반자 관계가 21세기에 세계 경제의 번영을 이끌 것으로 생각했다.

차이나China와 아메리카America의 합성어인 '차이메리카'라는 단어는 하버드대 교수 니알 퍼거슨Niall Ferguson과 독일 베를린자유대 모리츠 슐라리크Moritz Schularick 교수가 2007년 12월 국제경제정책 학술지 《국제금융》에 게재한 글에서 처음 사용한 신조어다. 두 사람은 「차이메리카와 글로벌 자산 시장 붐」이라는 제목의 글에서 전 세계 육지 면적의 13%, 인구의 4분의 1, 세계 GDP 총액의 3분의 1을 차지하는 미국과 중국, 두 나라의 경제적 공생관계가 21세기 초에 세계 경제의 활황을 이끌었다고 분석했다. '미국은 중국이 생산하는 제품을 사주고, 이로 인해 중국은 두 자릿수 성장을 지속한다. 미국은 대중국 무역에서 적자를 떠안지만, 중국이 수출로 번 달러로 미 국채를 매입해줌으로써 늘어나는 미국의 재정 적자 일부를 메워준다. 이런 양국의 공생관계, 경제적 동반관계를 차이메리카라고 불렀다.[1]

최초로 미중전쟁 예측 시나리오를 발표했을 때 많은 사람이 비현실적이라고 평가했다. 미국이 무역 적자를 만회하기 위해 중국을 경제적으로 공격하면 중국이 미국 국채를 팔아치우는 반격을 해서 미국도 몰락할 것이므로 현실성이 없다는 논리였다. 반대로 중국이 미국과의 경제전쟁 없이 곧 G1의 자리에 올라설 것이라는 주장도 적지 않았다. 경제위기에 빠진 미국이 변변한 반격도 못하고 스스로 무너지면서 중국이 빠르면 10년, 늦어도 20년 안에 미국을 추월할 것이라는 전망이 쏟아졌다.

그러나 필자는 당시 미래 예측 시나리오를 전개하면서 전혀 다른 전망에 도달했다.

"미국이 차이메리카를 깨고, 미중전쟁을 시작할 것이다!"
"미중전쟁의 결과로 중국은 40년 안에 미국을 넘어설 수 없다!"

지금 '미중전쟁'은 누구도 부인할 수 없는 현실이 되었다. 전쟁의 결과는 어떻게 될까? 필자는 예측 시나리오의 기본 틀을 여전히 유지한다. 미중전쟁의 결과로 중국은 40년 안에 미국을 넘어설 수 없으며, 21세기 전반부에 미국의 새로운 부흥의 시대가 열릴 가능성이 크다.

여전히 미래 예측을 '예언'으로 잘못 이해하는 경우가 많아서 다시 강조하는데, 필자의 시나리오는 예언이 아니다. 미래 예측에서는 가장 확률이 높은 기본 미래 외에 또 다른 미래an Alternative Future도 얼마든지 가능하다. 즉, 중국이 미국을 뛰어넘어 G1이 되는 미래도 가능하다. 그러나 그 가능성은 점점 작아지고 있다. 중국은 앞으로 10년 동안 경제, 사회, 정치적으로 몇 개의 큰 산을 넘어야 한다. 반면에 미국은 재도약의 문턱에 가까이 다가서고 있다. 현재로서는 필자가 이 책에서 전개한 시나리오가 확률적으로 가장 가능성이 높은 '가장 그럴듯한 미래a Plausible Future, 즉 기본 미래a Baseline Future다.

여기에 우울한 예측 한 가지를 추가한다. 한국은 '잃어버린 20년'에 빠질 가능성이 크며, 미중전쟁이 한국을 잃어버린 20년으로 빠뜨리는 방아쇠Trigger 역할을 할 것이다. 왜 그럴까?

- 한국은 미중전쟁의 포화 속에서 미국과 중국의 보호무역주의 협공을 받으며 제2차 제조업 공동화가 일어난다.
- 중국의 추격으로 10~15년 내에 글로벌 시장에서 기존 산업이 가지고 있던 시장 점유율의 50~80%를 잃게 된다.
- 북미 간의 극적인 핵군축 회담 이후에 김정은에게 30년 장기집권 가능성이 열리면서 한국은 추가적 성장동력 확보 시기가 늦춰질 것이다.
- 브렉시트, 트럼프의 정책 변화 등으로 인해 지연된 부동산 가격 정상화가 2020년 이후 본격적으로 시작된다.
- 저출산·고령화·OECD 국가 중 가장 빠른 조기은퇴와 준비되지 않

은 평균 수명 100세 시대, 생산 가능 연령 인구 감소 시작과 경직된 노동시장 구조로 인해 20년 동안 저성장을 벗어날 출구를 찾기 힘들 것이다.

설상가상으로 생산 가능 인구 감소와 자본 과잉이 겹친 상황에서 현 정부가 들고 나온 소득 주도 성장 정책이 실패하면 '잃어버린 20년'은 거의 확실한 미래로 굳어질 것이다.

문재인 정부 경제 정책의 핵심인 소득 주도 성장론은 최저임금 인상, 노동시간 단축, 비정규직의 정규직 전환을 통해 근로자의 임금소득을 향상시킴으로써 경제발전의 물꼬를 튼다는 전략이다. 이 정책은 1930~1940년대 미국의 루스벨트 대통령이 했던 것처럼 근로자의 임금소득을 올려서 부의 분배 시스템을 근본적으로 고쳐 부의 불균형 분배를 해결하고, 소비 능력을 키워서 경제성장률을 높이려는 정책이다. 나름의 명확한 논리적 근거가 있다.

내수 시장을 떠받치는 한국 국민은 대부분 임금 수입에 전적으로 의존한다. 그런데 한국은 OECD 국가 중에서 소득불평등지수는 4번째, 저임금 노동자 비율은 2번째로 높다. 1990년대 초반까지 한국은 경제성장률과 임금인상률이 비슷하게 올랐지만, 1997년 외환위기 이후 격차가 빠르게 벌어졌다. 2008년 글로벌 금융위기 이후에는 격차가 더욱 벌어졌다. 2008~2014년에 GDP가 24.5% 성장한 반면, 실질 임금은 4.8% 증가했다. 매년 비정규직에서 정규직으로 전환되는 비율도 10명 중 1명에 불과하다. 2000~2014년에 한국 경제는 74% 성장했지만, 자영업자의 수익은 오히려 −18%를 기록할 정도로 줄었다. 그 결과

외환위기 이후 국민총소득에서 가계소득이 차지하는 비중이 70%에서 60%로 줄었다. 유일하게 기업소득만 17%에서 25%로 증가했다. 이런 지표를 보면 근로자의 낮은 임금소득, 자영업자의 소득 하락이 중요한 문제임은 분명하다. 당연히 이들의 소득을 올려야 내수 시장을 살리고 경제성장률을 높일 수 있다.

기업 성장에 기댄 낙수효과가 작동하지 않았으니, 이제는 반대로 해보자는 논리가 전혀 잘못된 것은 아니다. 그렇지만 실제로 효과가 있을까?

1990년대 이후 한국 경제는 대기업 위주의 시스템으로 굳어졌다. 한국 대기업은 기업 전체 매출의 36%, 순이익의 67%를 차지하지만, 고용은 7.6%에 불과하다. 100대 기업으로 좁히면 전체 매출의 29%, 순이익은 60%를 차지하지만, 고용은 4%에 불과하다. 통계청 자료에 따르면 2016년 한국의 법인 사업자는 약 83만 개이다. 한국 경제에서 차지하는 비중을 고려할 때 대기업이 사내유보금을 쌓아 놓고 투자와 고용을 늘리지 않는다는 비판도 일리가 있으며, 대기업이 더 노력해야 한다는 점은 분명하다.

그러나 대기업이 직면하고 있는 미래 상황이 달라졌다는 점도 인정해주어야 대안을 찾을 수 있다. 필자의 예측으로는 앞으로 10~15년 이내에 거의 모든 대기업이 기존 산업에서 지금 점유하고 있는 글로벌 시장의 50~80%를 중국에게 빼앗기고, 한국 내수 시장의 급격한 위축에 시달리면서 절반이 무너질 수 있다. 대기업이 무너지면 중소기업 상당수도 생존 위기에 내몰린다. 이런 상황에서 일방적으로 소득 주도 성장 정책을 밀어붙이면 단기적으로는 효과가 나타나겠지만, 중장기적으로 문제가 더 심각해질 수 있다. 옳고 그름의 가치 판단을 떠나, 현실에서 어떻게 작동할지를 보아야 한다. 정부, 근로자와 대기업 모두 현실의 위기를 직시하고, 서로 양보하고 협력해야 한다. 어느 한쪽만 강화하면 문제가 해결되는 것이 아니라 더 악화된다.

루스벨트 대통령의 정책이 부의 불평등을 개선하고 소비 능력을 확충하는 효과를 거둔 것은 단순히 소득만 올려서 이룬 것이 아니다. 미국은 1890년에 반독점법인 셔먼법을 제정하고 1914년에는 반독점 행위에 대해 민사적 손해배상을 인정한 크레이튼법을 만들어 기업의 독주를 막았다. 동시에 연방무역위원회법을 제정하여 불공정한 무역 관행에서 미국 기업을 보호하는 정책도 실시했다. 미국의 루스벨트는 이런 기반 위에서 일을 시작한 대통령이었다.

1933년 3월 4일 취임한 루스벨트 대통령은 세계 경제가 대공황에 빠져 엄청난 숫자의 기업이 파산하고, 미국의 실업률이 25%를 넘으며, 농수산물 가격이 60% 폭락하는 등 역사상 최고의 불황기에 대처해야 했다. 이에 뉴딜 정책을 실시했고, 사회보장제도를 강화하고, 소득세·법인세·초과이윤세 등을 대폭 인상했다. 1938년에는 공정노동기준법Fair Labor Standard Act를 제정하여 주당 노동시간을 44시간으로 줄이고, 초과근무시간의 임금을 정규임금의 1.5배로 정하고, 최저임금을 올리는 정책을 실행했다. 1936년에는 사내유보금에 과세하는 정책을 실시하고, 연방소득세 최고 세율도 기존 63%(100만 달러 이상 소득자에 적용)에서 79%(500만 달러 이상의 소득에 적용)로 인상했다. 1945년에는 최고세율이 91%를 넘었고 법인세는 최고 52%까지 높였다. 모두 심각해진 부의 불균형 분배 문제를 해결하기 위해 실행한 정책이다.

루스벨트는 분배 구조를 재조정하는 한편, 기업에도 반대급부를 확실하게 주었다. 노동유연성을 보장해주고, 새로운 시장을 만들어주고, 수출 경쟁력을 갖도록 보호해주었다. 이런 혜택을 받은 기업은 자본생산성 향상과 생산설비 성능 향상, 기술혁신 등으로 위기를 돌파했다. 루스벨트 행정부 아래에서 이 모든 정책을 시행하는 과정에서 노사정이 균형과 합의의 원칙을 철저하게 지켰다.

당시 미국에서 부의 불균등 분배를 고치는 정책이 성공한 데는 시장 환경도 중요하게 작용했다. 1940~1950년대는 경제 환경이 최악의 상황을 벗어나고 있었다. 전쟁에 의한 수요 증가에서 시작하여 기술혁신으로 인한 생산성의 획기적 향상, 그리고 새로운 제품과 서비스의 개발에 의한 시장의 확장이 뒷받침되었다.

독일이 통일 이후 유럽의 병자로 불리면서 '잃어버린 20년'의 위기에 직면했다가 극적인 반전의 신화를 만든 것도 노사정 합의체를 만들어 정부가 어느 한쪽으로 치우치지 않은 정책을 일관되게 추진한 덕분이었다. 기업은 투자와 고용을 늘리고 임금을 인상하는 대신, 노동유연성과 정부의 보호를 받았다. 국제 경쟁력을 회복하기 위해 자동화나 로봇화를 추진하더라도 고용이 창출될 수 있는 정책을 실시했다. 독일은 이런 정책을 지금까지도 유지하고 있고 인공지능과 로봇이 기존 일자리를 빠르게 잠식할 것으로 예측되는 미래에도 지속하겠다고 한다.

한국개발연구원 수석 이코노미스트인 김주훈 박사의 분석에 따르면 독일의 고용률(15세 이상 인구 중 취업자의 비율. 구직 활동을 포기한 인구도 포함하기 때문에 실업률보다 더 고용 사정을 잘 반영한다)은 2005년 65.5%에서 2015년 74.0%로 높아졌다.

현재 독일은 4차 산업혁명 시대에 주도권을 잡기 위해 '인더스트리 4.0'이란 산업 전략을 세워서 유럽에서 가장 적극적인 정책을 추진하고 있다. 정부 주도로 IoT, 로봇, 인공지능 등의 기술을 활용해서 스마트 제조업을 강조하고 있다. 제조업에 미래 기술을 도입하고 스마트 공장 등을 확대하면 고용률이 줄 것이라는 일반적 우려와는 달리 독일은 고용률이 증가하고 있는데, 여기에는 다섯 가지 이유가 있다.

첫째, 노사정이 철저하게 균형과 합의의 원칙을 지켰다. 둘째는 제조업에 인공지능이나 로봇을 도입하여 인간의 일자리가 줄어들 상황을 인식하고 정부와 기업이 공동으로 근로자에게 인공지능이나 로봇과 같이 일할 수 있는 새로운 업무를 개발하고 근로자의 직무 전환을 빠르게 유도하고 있다. 셋째는 신기술과 신산업 형성 과정에서 요구되는 새로운 인적 자본 수요를 파악하여 적극적으로 인재를 육성한다. 예를 들어 4차 산업혁명에 따라 인재 수요가 커지는 소프트웨어 분야는 청년 취업률을 높일 수 있는 확실한 영역이다.[2] 넷째는 정부가 독일 기업의 수출 경쟁력을 강화하는 정책을 지속적으로 실행한다. 마지막으로 유럽 통합과 글로벌 경제 호황으로 경제 환경도 우호적으로 작용했다.

한국은 이미 시스템 혁신의 시기를 많이 흘려보낸 탓에 앞으로 한 발만 삐끗하면 일본처럼 잃어버린 20년이라는 늪으로 추락한다. 더 큰 위기를 막으려면, 미국이나 독일처럼 노사정이 한국 경제의 미래에 대한 큰 구상에 합의하고 일관된 원칙을 세워서 시스템을 혁신해나가야 한다. 이것을 해보고 안 되면 다시 새로운 정책으로 바꿔볼 시간적 여유가 없다. 그리고 급하다고 한쪽 손만 높게 들어주는 정치적 고려가 작용하면 안 된다. 현 정부나 일부 진보 경제학자는 가계소득 증대로 소비가 늘고 세수 증대로 국가 경제가 성장하는 멋진 모습을 꿈꾸고 있을지 모르지만, 현실은 다를 것이다.

소득 주도 성장론은 단순하고 멋진 논리로 뒷받침되고 있지만, 현실은 단순하지 않다. 기업 이익의 60% 이상을 100대 기업이 독점하지만 일자리 비중은 4%에 불과한 현실에서 최저임금 인상, 노동시간 단축, 비정규직의 정규직 전환을 대기업과 중소기업 구분하지 않고 동일하게 적용하면 무슨 일이 일어날까? 시장을 키우고 수출 기업의 글로벌 경쟁력을 강화할 정책을 동반하지 않는 채 법인세만 올리면 어떤 역효과가 일어날까? 미국이 회복 추세로 전환하고 있는 것은 분명 우호적인 환경이지만, 미국 기준금리 인상과 아시아의 부채 디레버리징이라는 어두운 터널 역시 피할 수 없다면 어떻게 될까?

대기업은 해외로 나가거나(오프쇼어링) 아웃소싱을 늘리고 인공지능과 로봇 도입을 늘릴 것이다. 한국의 고용률은 2005년 63.7%에서 2015년 65.7%로 큰 변화가 없다. 한국 기업이 투자를 계속해도 청년 고용이나 신규 고용이 늘지 않는 이유는 일부 기업주의 부도덕성이나 탐욕 때문만이 아니다. 중국 등 후발국의 추격을 따돌리기 위해 인건비가 낮은 국가나 수출 시장이 있는 국가로 공장을 이전하고, 국내에서는 로봇 도입률을 계속 높이기 때문이다. 한국 기업의 산업용 로봇 사용률은 세계 최고 수준이다. 해외로 나갈 수 없는 중소기업은 이익률이 더 낮아져서 일자리를 줄이고 자동화 비율을 늘리는 수밖에 없다. 정부가 원하는 정책 효과를 거두기 전에 이런 부작용이 먼저 발생할 가능성이 크다.

현 정부가 남은 임기를 소득 주도 성장 정책으로 허비하는 사이, 외부 환경은 미중전쟁이 치열하게 펼쳐지면서 생각보다 더 나빠질 것이다. 다음 정부는 더욱 힘들어질 것이다. 결국 한국은 잃어버린 20년의 늪으로 빠질 가능성이 점점 커지고 있다.

뜻밖의 반전,
마지막 희망이 있다

역사를 보면 절체절명의 위기에서 반전을 이뤄낸 경우가 적지 않다. 1950년 7월부터 두 달간 벌어진 낙동강 방어선 전투는 가장 위험한 순간이었다. 낙동강 방어선이 뚫리면 한국은 제주도까지 철수해서 제2의 대만이 되거나 해외에 망명정부를 수립해야 할 최대의 위기였다.[3] 그러나 한국군과 유엔군은 북한의 공격을 결사적으로 막아내 낙동강 방어선을 지키는 데 성공했다. 하지만 진짜 위기는 그 뒤에 왔다.[4] 1990년에 미국에서 기밀 해제된 한 문서에는 1951년 1월 초, 미국이 한국전쟁에서 손을 떼고 물러날 카드를 몰래 준비했다는 내용이 들어 있었다.

1950년 7~8월에 낙동강 방어선 전투에서 승리한 연합군은 9월 15일 인천상륙작전에 성공하면서 결정적으로 전세를 뒤집었다. 북한

군은 후퇴를 거듭했고 통일이 눈앞에 다다른 듯했다. 하지만 1950년 10월 19일에 26만여 명의 중공군이 압록강을 건너와 북한군과 연합하면서 전세는 다시 연합군에게 불리하게 돌아갔다. 인해전술로 몰아붙이는 중공군의 기세에 공포감을 느낀 미군과 유엔군은 공세 2번 만에 38선 일대까지 후퇴했다. 1950년 10월 25일이었다. 상황이 급반전하자, 미국 본토에서는 경천동지할 계획을 검토하기 시작했다. 바로 한국전쟁에서 미군이 철수하는 카드였다.

1950년 12월 22일, 미국 합동참모본부는 유엔군이 금강까지 밀리면 약 200만의 한국인을 제주도로 옮기고 대만처럼 임시정부를 수립한 후 반격을 도모하거나, (최악의 경우) 미군은 전쟁을 포기하고 본국으로 철수하는 계획을 비밀리에 검토했다. "중공군의 참전 의도가 한반도에서 유엔군을 완전히 몰아내려는 것이 명백해진 이상, 유엔군은 한반도를 포기하고 완전히 철수한다"는 계획을 구체적으로 검토하기 시작한 미국 합동참모본부는 연합군의 동요를 우려해서 이 계획을 한국 정부와 유엔군 사령부에 곧바로 알리지는 않았다.

이런 상황에서 중공군의 3차 공세가 시작되었다. 유엔군은 1951년 1월 4일 서울을 다시 내주고 1월 10일경 평택–삼척을 잇는 37도 선까지 밀려났다. 한국군과 유엔군 사령부는 전열을 재정비했지만, 중공군의 4차 공세가 시작되면 50킬로미터 후방의 금강까지 후퇴한다는 쪽으로 생각이 기울었다. 미국 합동참모본부가 검토한 전쟁 포기 계획은 실제로 시행될 수도 있었던 한국전쟁 최대의 위기 순간이었다.[5]

대한민국이 지도상에서 사라지거나 대만처럼 섬나라로 전락할 최대 위기의 순간, 뜻밖의 일이 벌어졌다. 중공군이 한 번 더 밀어붙이면 유엔군은 저항하지 않고 금강까지 후퇴한 후 전쟁을 마무리하고 철수하겠다는 마음을 품을 정도로 전의를 상실했던 순간, 갑자기 중공군이 진격을 멈췄다. 중공군에게 속도전과 인해전술을 뒷받침할 보급에 문제가 발생했던 것이다. 미국 합동참모본부의 속내를 파악하지 못한 중공군은 평택-삼척을 잇는 37도 선에서 한 달 정도 진격을 멈추고 보급 문제를 해결해야 했다.

열흘 동안 중공군이 움직이지 않자, 신임 미8군 사령관으로 부임한 매튜 리지웨이 장군은 1951년 1월 15일에 1개 전차대대와 포병 및 공병을 증강한 미 25사단 27연대 전투단을 투입하여 소규모 전투를 벌였다. '울프하운드Wolfhound' 작전이었다. 작전을 명령한 매튜 리지웨이 장군은 중공군이 반격을 가하면 곧바로 금강까지 후퇴할 계획이었다.

하지만 한국을 살린 2번째 뜻밖의 일이 벌어졌다. 한국전쟁을 포기하고 미군을 본국으로 철군시킬 작전을 시행할지 말지 그 여부를 마지막으로 판단하기 위해 방한한 미 육군참모총장 콜린스Lawton Collins 대장이 지켜 보는 가운데, 공군의 엄호를 받으며 오산에서 1번 국도를 따라 수원까지 이틀간의 수색 작전을 실시한 25사단 27연대 전투단이 큰 저항 없이 진격에 성공했다. 중공군은 산악 지대로 숨기에 바빴다. 이 작전으로 연합군은 중공군의 보급에 심각한 문제가 생겼다는 점을 파악했다. 콜린스는 이 사실을 본국에 즉각 보고했다. 연합군의 진격은 계속되었고 1951년 2월 서울을 재탈환했다. 한국전쟁의 가장 위험했던 순간은 이렇게 뜻밖의 두 가지 사건으로 해결되었다.[6]

한국은 지금 군사전쟁이 아니라 경제전쟁 속으로 빨려 들어가고 있다. 미중전쟁이 벌어지고, 한국 기업은 글로벌 시장에서 중국의 공세에 후퇴를 거듭하며 시장을 빼앗기고 있다. 반도체와 디스플레이 등 일부 IT 산업에서 마지막 방어선을 구축하고 있다. 내부적으로도 한계에 직면한 성장 시스템의 혁신이 지체되면서 '금융위기'와 '잃어버린 20년'의 위기 가능성이 커지고 있다. 트럼프의 미국과도 크고 작은 갈등이 이어지고 있다. 한국이 전세를 뒤집을 가능성은 적어 보인다.

하지만 역사에서 보듯 내부에서 위기를 극복할 역량이 부족하더라도 상대방에게 뜻밖의 사건이 일어날 수 있다. 필자의 예측으로는 이번에도 중국 내부에서 문제가 생기면서 파죽지세로 진격하던 중국 기업이나 중국 경제가 잠시 멈추는 뜻밖의 일이 벌어질 가능성이 있다. 중국에 대한 막연한 환상이나 두려움에서 벗어나서 실체를 마주할 필요가 있다.

필자가 처음 미중전쟁 시나리오를 발표할 때의 예측 배경을 정리하면 이렇다. 중국과 미국의 '적과의 동침'은 결코 오래가지 못할 것이다. '차이메리카'는 특정한 조건에서의 한시적인 모습일 뿐이다. 1979년 1월에 정식으로 수교한 미국과 중국은 서로 군사전쟁을 하지는 않을 것이다. 1979년 12월 소련이 아프가니스탄을 침공하자 미국이 중국에 비非살상무기를 수출할 정도로 군사적인 협력을 한 경우도 있었다. 하지만 미국은 어떤 방법을 사용해서라도 중국이 구소련과 같은 힘을 갖지 못하도록 선제 대응할 것이다. 이런 상태를 '미중전쟁'이라고 부른다. 앞으로도 미국과 중국의 아름다운 동반자 관계가 지속될 가능성이 전혀 없는 것은 아니다. 하지만 필자가 예측하는 21세기 전반기인 50년 동안 미국과 중국의 미래 시나리오 중에서 가장 일어날 확률이 높은 것은 글로벌 패권을 놓고 치열하게 다투는 '미중전쟁 시나리오'다. 미중전쟁은 군사전쟁은 아니다. 미중전쟁의 핵심 전쟁터는 경제다. 미국과 중국의 전쟁은 앞으로 20년 부의 흐름을 좌우하는 가장 중요한 방향키가 될 것이다.

북인북

미중전쟁에
대처하는
우리의 전략

Hegemonic War

창의적 전술과 맞춤형 목표로
위기를 돌파하라

한국의 기업과 개인은 어떻게 대응해야 할까? 고래들끼리 싸우면 주변의 새우들 등이 먼저 터지는 법이다. 한국은 미중전쟁과 직접 연관된 나라다. 미국의 경제전쟁이 전략적으로 노리는 목표는 중국이지만, 무역전쟁이나 통화전쟁은 한국에게도 직격탄이 되어 날아온다. 미국이 기준금리를 올려 경제회복에 속도를 내면 한국은 금융위기에 빠진다. 그 틈을 타고 미국의 금융 자본가들이 한국에 침투해 금융전쟁을 벌여 치명타를 입힐 수도 있다. 한국이 잃어버린 20년이라는 늪에 빠지기 시작하면 2차 제조업 공동화 현상도 발생할 것이다. 청년실업 문제를 넘어 모든 세대가 일자리 문제에 직면하게 된다. 그래서 미중전쟁은 곧 한국의 전쟁이기도 하다.

한국에게 더 이상 배울 것이 없다고 생각하면 중국은 한국을 경제

속국으로 대할 수도 있다. 과거에는 군사력 격차에 의해 속국이 되었지만, 지금은 경제와 소프트파워의 차이로 결정된다. 중국은 경제와 소프트파워 모두 미국에는 뒤지지만, 한국은 압도한다. 중국에게 속국 취급을 받지 않고 미래 글로벌 시장의 파고를 넘으려면 내수 시장 축소, 4차 산업시장의 비동기화에 대응하기 위한 수출 기업의 선진 시장 현지화, 한국 인재를 활용한 글로벌 아웃소싱 기회에 대비해야 한다.

미중전쟁이 벌어지면 한국에게 위기도 오지만 기회도 찾아올 것이다. 한국을 절체절명의 위기를 벗어나게 해주는 뜻밖의 사건이 발생할 수 있다. 우리는 그 기회를 놓치지 않고 반격할 수 있는 준비, 창의적 전술과 그것을 수행할 역량을 준비해야 한다. 반격할 기회는 잠시 열렸다가 곧 사라질 것이기 때문이다. 필자의 예측으로는 앞으로 5년이 바로 그 기회의 시기다. 한국의 생존, 한국 기업의 생존은 앞으로 5년에 달려 있다. 과연 어떤 기업이 뜻밖의 기회를 창의적으로 이용하여 더 나은 미래를 만들 수 있을까?

여기서 이스라엘에 연이어 전쟁에서 패하고 수에즈 운하 연안 지역까지 빼앗겼던 이집트가 4차 중동전쟁을 통해 반격에 성공한 사례를 살펴볼 가치가 있다.

1973년 10월 6일, 이슬람의 라마단과 유대인의 속죄일이며 최대 명절인 욤 키푸르Yom Kippur 기간에 이집트 대통령 안와르 사다트는 이스라엘 군을 공격하는 기습적인 합동 작전을 벌인다. 과거 몇 번의 전쟁에서 쓰라린 패배를 맛본 이집트는 4차 중동전쟁에서 전술과 목표를 바꾸었다. 이스라엘 군대를 완전히 격멸하겠다는 이전까지의 전쟁 목표를 버리고, 수에즈 운하를 장악한다는 단 하나의 목표를 세웠다.

당시 이스라엘 군은 수에즈 운하를 둘러싼 모래 방벽인 바레브 라인 뒤로 물러난 상태였다. 이스라엘은 세 번의 중동전쟁으로 국제 여론도 좋지 않고 미국의 압력도 받고 있었다. 그래서 이스라엘은 바레브 라인에 배치된 병력을 줄이고, 아랍군의 선제 공격을 허용한 뒤에 반격한다는 전략으로 바꿨다. 이집트 군대는 이 전략의 허점을 창의적으로 활용했다.

선제 공격에서 유리한 입장을 최대한 살려서 바레브 라인을 돌파한 후 국제 사회의 중재를 통해 전쟁을 중지하고 수에즈 운하를 장악한다는 목표를 세운 이집트 군은 바레브 라인에 대한 공격 전술에서도 창의성을 발휘했다. 39미터 높이의 모래 방벽을 그냥 타고 넘으면 하루가 걸려 이스라엘 전차부대와 항공기의 반격을 받을 가능성이 컸다. 그래서 이집트군은 독일에서 수입한 고압 살수차로 거대한 모래 방벽에 물을 뿌려 통로를 확보하고 공병 부대가 부교를 놓아 순식간에 대규모 병력을 도하시켜 이스라엘군의 허를 찔렀다. 2만 명 정도의 희생을 각오하고 시작한 도하 작전에서 이집트군의 사망자는 단 200명뿐이었다. 이스라엘의 불패 신화가 끝나는 순간이었다.[1]

이스라엘은 즉각 전투기를 출동시켜 이집트 지상군에 폭격을 가하며 반격에 나섰다. 그러나 이집트군에는 대비책이 있었다. 지난 3번의 전쟁에서 완벽을 자랑했던 이스라엘 전투기는 이집트의 지대공 미사일에 격추당했다. 이스라엘 전투기들이 이집트의 지대공 미사일에 맥을 못 추고 단 하루 만에 전체 공군기 290대 중 180대가 격추되고 말았다. 하늘에서 이스라엘 전투기들이 맥없이 격추당하는 동안, 땅에서는 이스라엘의 막강 탱크부대가 보이지 않는 곳에서 날아오는 포탄에 맞아 폭발했다. 순식간에 이스라엘 2개 기갑여단이 전멸했다. 이집트군 탱크의 2배가 넘는 장거리 포격 능력을 가지고 있는 이스라엘 탱크를 괴멸시킨 것은 2인 1조로 참호를 파고 매복해 있다가 탱크포의 사정거리 밖에서 공격하는 TOW라는 소련제 유선 유도식 대전차미사일이었다.

이집트군은 초기에 일방적인 승리를 거두었지만, 운하 동쪽으로 13킬로미터만 진격하고 멈추었다. 철저한 계획에 따른 움직임이었다. 지난 3번의 중동전쟁에서 참패한 이집트는 상대방의 약점을 치밀하게 분석하고, 사막전에서 제공권과 기갑 전력이 절대적으로 열세임을 인정하고, 현실에 맞는 맞춤형 목표와 창의적 전술을 개발했다. 그 위력은 생각보다 엄청났다. 이스라엘이 핵 공격 카드를 고민할 정도로 3일 만에 수에즈 운하 주변에 배치된 이스라엘의 지상군과 공군 전투력이 소모되고 말았다.[2] 결국 이스라엘은 남은 병력을 총동원해서 이집트의 공세를 저지하고 가까스로 전쟁을 교착 상태로 만드는 데 성공했다. 그러는 사이 10월 22일 유엔의 중재안이 발표되었다. 10월 24일 이스라엘이 다시 수에즈 운하를 포위하는 데 성공했지만 미국과 소련 간의 군사적 긴장감이 최고조에 이르자 결국 10월 25일 휴전안이 발표되고 전쟁은 마무리되었다.[3]

4차 중동전쟁을 길게 이야기한 이유가 있다. 필자의 예측으로는 미중전쟁 중에 한국에게 뜻밖의 반전 기회가 열릴 수 있다. 이때 간결한 목표와 상황에 따른 창조적 전술로 생존의 길을 열어야 한다. 기업과 개인의 입장에서는 미중전쟁 양상을 잘 분석하고 역이용할 방법을 찾아서 준비해야 한다. 개인에게는 (암호화폐 같은 투기에 자신의 미래를 맡기지 않아도) 50년 만에 한 번 올 수 있는 큰 투자 기회가 찾아올 수 있다

(개인 투자에 대해서는 필자의 저서 『부자의 시간』(2017) 참조).

4차 중동전쟁에서 이집트가 승리한 표면적 원인은 맞춤형 목표와 창의적 전술이다. 하지만 진정한 승리의 원동력은 목표에 맞춰 준비한 전술을 한 치의 오차도 없이 실행할 수 있도록 한 '훈련'에 있었다. 2만 명 정도의 희생을 예상했지만 단 200명의 전사자만으로 성공시켰던 도하 작전은 300번이 넘는 도하 훈련에서 나온 결과였다. 단 하루 만에 전체 공군기 290대 중 180대를 격추시키고, 무적의 이스라엘 전차부대 2개 여단을 순식간에 궤멸시킨 성과도 1만 명이 넘는 소련인을 초빙해서 실시한 지대공미사일과 유선 유도식 대전차미사일 훈련에서 나왔다.

시급한 훈련,
시나리오와 시스템 사고

              우리가 미중전쟁의 와중에 생길 뜻밖의 기회를 잡으려면 무슨 훈련을 해야 할까? 모든 성과는 생각에서 시작한다. 여러 환경 요인과 힘이 작용하지만, 그것은 조건일 뿐 궁극적으로 미래를 결정하는 것은 인간의 생각이다. 아무리 상황이 좋더라도 생각이 잘못되면 성과도 잘못된다. 상황이 최악이라도 생각만 올바르고 정확하다면 솟아날 구멍을 만들 수 있다. 불확실성 시대에 가장 필요한 생각 훈련은 '시나리오와 시스템 사고'다.

    먼저 '시나리오 사고Scenario Thinking'다. 변화가 무쌍하고 환경이 급변할 때는 최종 목표를 이루는 데 필요한 모든 상황을 예측하고 세부 계획까지 철저하게 수립하고 경영하기 힘들다. 변화의 시기에는 과거의 성공 경험에서 얻은 지혜를 바탕으로 미래 계획을 세우는 방식도 잘 들어 맞지 않는다. 미래가 과거와 다르기 때문이다. 새로운 패러다임으로 변화하는 과정에서 과거에 경험하지 못한 사건이나 상황이 전개되기 때문이다. 이런 경우에 특히 효과적인 것이 시나리오 사고다.

시나리오는 먼저 미래 가능성들에 대해 다양한 생각을 해본 후에 원하는 최종 목표를 설정한다. 먼저 미래 가능성을 다양하게 생각해보는 이유는 과거의 경험을 기반으로 한 목표 설정 방식이 위험하기 때문이다. 미래가 완전히 달라지는 시기에는 과거의 성공 공식이 미래에 통하지 않을 수 있다. 거꾸로 과거의 성공이 미래의 실패가 될 수도 있다.

새롭게 최종 목표를 설정한 다음에는 최종 목표를 이루기 위해 필요한 징검다리 목표가 무엇인지를 추정한다. 예를 들어 설을 맞아 서울에서 고향인 부산으로 귀향하는 여정을 생각해보자. 평상시에는 서울에서 부산으로 이동을 할 경우에는 경부고속도로를 타고 가면 그만이다. 하지만 설이나 추석 등의 명절에는 다양한 가능성을 먼저 생각해보아야 한다. 경부고속도로로 가는 시나리오, 국도를 타고 가는 시나리오, 고속도로와 국도를 오가며 가는 시나리오 등 다양한 가능성들을 먼저 생각해보아야 한다. 이렇게 다양하게 생각한 시나리오들을 한데 묶어 미래 지도를 만들어야 한다(요즘은 사람 대신 내비게이션이 이 역할을 수행하지만, 기본적인 원리는 동일하다).

미래 지도가 만들어지면, 자신의 역량(출발시간, 스타일, 가족 수, 비용 등)을 고려해서 가장 적합한 귀향 경로(시나리오)를 하나 선택하고, 그 경로를 따라 도중에 경유할 징검다리 목표를 생각해본다. 징검다리 목표란 선택한 경로(시나리오)를 따라 성공적으로 최종 목적지에 도착하기 위해 반드시 경유해야 하는 중간 목표지들이다. 예를 들어 고속도로에서 국도로 빠져나가는 톨게이트나 도시, 혹은 쉬어갈 휴게소 등이다.

이렇게 큰 그림을 그리고 난 후, 가족을 태우고 출발하지만 마음속에서는 교통 상황이 내 예측대로 척척 맞아떨어지면서 고향에 편하게 갈 것이라는 기대는 크지 않다. 큰 그림과 방향은 설정했지만, 내비게이션을 켜고, 교통방송을 들으면서 시시각각 변하는 상황에 적절하게 대처하면서 유연성 있게 경로를 변경하며 가겠다고 생각할 것이다. 순간 새롭게 변하는 상황이 벌어지면 다양한 시나리오들을 종합해서 만든 미래 지도를 다시 펼쳐 놓고 현재 위치를 점검하고 새로운 최적 경로를 재설정하는 일을 반복하여 고향을 간다.

한국 사람이면 이런 경험들은 최소 한 번 이상은 해보았을 것이고, 아주 익숙한 장면일 것이다. 이것이 시나리오 전략이다. 큰 변화의 시기에는 이런 방식을 경영에도 반드시 사용해야 한다. 큰 변화의 시기에는 치밀하고 짜임새 있는 계획을 세우는 데 에너지를 소비할 필요가 없다. 그건 낭비다. 한 손에는 미래 지도(시나리오들)을 들고, 다른 한 손에는 상황 변화를 실시간으로 모니터링하는 도구를 들고 유연성 있게 미래로 나가는 전략을 구사해야 한다.

시나리오는 미래 연구, 미래 예측에서 가장 빈번하게 사용하는 도구다. 그러나 시나리오 예측은 한 치의 오차도 없이 미래를 정확히 맞추는 데 목적을 두지 않는다. 미래를 정확히 맞출 수 있는 사람은 없다. 시나리오의 진정한 가치는 미래에 대한 생각을 확장하는 데 있다. 시나리오는 충분한 근거를 가지고 논리적 추론을 해서 만들거나, 근거가 불충분할 때는 가설추론 사고를 통해 만든다. 그러나 아무리 충분한 근거를 가지고 논리적 추론을 잘 하더라도 미래를 그리는 데는 한계가 많다. 그래서 시나리오와 미래 현실은 다를 수 있다. 대담한 가설로 구축한 시나리오라면 얼마든지 틀릴 수 있다. 명절에 귀향을 위한 시나리오를 세우지만 언제나 당신의 예측대로 상황이 오차도 없이 완벽하게 전개되는 것은 아니다. 그러나 아무런 생각 없이 무작정 고향으로 길을 떠나는 것보다는 훨씬 이롭다.

시스템 사고는
예리한 칼이다

불확실성 시대에 필요한 또 다른 생각 훈련은 '시스템 사고System Thinking'다. 변화의 시대에는 두 가지 영역에 반드시 시스템 사고를 사용해야 한다. 하나는 변하는 외부 상황에서 기회를 포착하는 데 시스템 사고는 예리한 칼이 될 수 있다. 또한 시스템 사고를 사용하여 내부 조직을 시스템 관점에서 통찰하고, 외부 환경 변화에 맞는 새로운 적합성이 무엇인지를 파악하여 조직 시스템을 개선할 수 있다. 변화에 빠르게 대응하는 조직 시스템으로 발전시키는 데 사용한다. 시스템 사고가 비즈니스 기회를 포착하는 강력한 무기라는 점을 더 자세하게 설명해 보자.

비즈니스 기회는 '문제'와 '위기' 속에 감춰져 있다. 문제를 세밀하게 나누면 돌출(Problem), 소망(Desire), 부족(Lack)으로 분류할 수 있다.

'Problem(돌출)'은 어원적으로 'through'(~를 지나서), 'forward'(앞으로)의 의미를 가진 'pro'와 돌출 혹은 숫나사(凸)를 뜻하는 'bol-'의 줄임말인 'bl'과 장소를 뜻하는 'em'의 합성어로 '갑자기 앞으로 튀어나와 불편한 것'이다. 'Desire'(욕구, 소망)는 'from'(~로부터)이나 'away'(시간, 공간적으로 ~에서 떨어져)의 의미를 가진 'de'와 별을 뜻하는 'sire(sider)'가 결합되어 (별을 보고 소원을) 간절히 바라는 것이고, 'Lack'(결핍)은 지금은 불편하지는 않지만 부족하고 충분하지 않아서 반드시 해소되어야 하는 결점이다. 비타민 결핍이 이에 속한다.

위기는 변화Change에서 발생한다. 문제가 '특정 대상(유무형)'과 관련된다면, 위기는 '특정 상황'과 관련된다. 상황의 변화 자체가 위기다. 외부 상황의 진행Behavior에 변화가 발생하거나, 외부 상황의 시스템 구조의 변화가 일어나면서 위기가 발생한다. 문제와 위기를 파악하려면 시스템을 볼 줄 알아야 한다. 특정 대상의 시스템, 특정 상황(환경)의 시스템을 간파해야 발견한다.

'시스템System'이란 서로 연관된 지체들Parts이 어떤 특별한 행동Behavior을 만들어내기 위해 '한 몸처럼 연합된 상태'다. 우리 몸이 대표적 시스템이다. 우리 몸은 각 장기들Parts과 작은 세포들Parts이 서로 밀접하고 복잡하게 연관이 되어 한 몸이 된 상태다. 서로 연관되어 있을 뿐만 아니라 서로 '영향'을 주며 상호 작용Interaction을 한다. 지체들이 서로 연합하며 상호 작용을 하면서 걷게도 뛰게도 웃게도 울게도 만든다. 걷기 위해서 어느 한 부분만 작동하지 않는다. 한 발짝을 걷기 위해서도 몸의 모든 세포들과 지체들이 함께 작동해야 한다. 작은 한 부분이라도 고장이 나서 제 기능을 못하면 걷지 못하는 사태가 발생할 수도 있다.

우리 몸 전체가 하나의 시스템이기 때문이다.

또 다른 대표적 시스템은 자연이다. 겉으로 보기에는, 자연에는 수많은 존재들이 독립된 것처럼 보인다. 하지만, 돌 하나까지 서로 연관이 되어 아름다운 자연이 된다. 우주도 마찬가지다. 지구는 단독으로 존재할 수 없다. 우주 안에 있는 모든 별들과 정교하도록 관계를 맺고 있다. 인간관계도 상호 연결되어 있고, 비즈니스도 상호 연결되어 있고, 글로벌 경제도 부자 나라부터 가난한 나라까지 상호 연결되어 있다. 세상이 이렇게 되어 있고, 사회가 이렇게 되어 있고, 사람들의 마음들이 이런 방식으로 상호 연결되어 있다.

이런 세상은 단순한 인과관계만으로 설명할 수 없다. '상호 연결'의 시각에서 보는 습관을 훈련해야만 한다. 상호 연결의 시각, 나무보다는 숲 전체를 보는 시각을 시스템 사고라고 한다. 비즈니스 혁신, 실타래처럼 얽힌 문제와 위기를 근본적으로 해결하기 위해서는 시스템 사고가 필수다.

단순한 원인-결과적 사고   시스템 사고

'원인-결과적 사고'는 A는 원인이고 B는 단지 원인에 의한 결과일 뿐이다. 하지만 '시스템 사고'에서는 A와 B가 단순히 하나는 원인이고 다른 하나는 결과라는 이분적 구별이 아니라 A와 B가 서로 상관관계를 가지고 동시에 영향을 미치고 있는 것이라는 것이 중요한 차이점이다.

복잡한 관계로 얽혀 있는 문제와 난해한 위기 상황은 단순한 원인

결과의 인과적 사고만으로는 파악이 불가능하다. 시스템 사고를 통해 문제나 위기의 근본을 찾아야 확실한 해법을 찾아 구사할 수 있다. '나비 효과Butterfly Effect'라는 말이 있다. 미국의 기상학자이자 수학자인 에드워드 로렌츠E. Lorenz가 기상 현상에서 일어나는 복잡계Complexity 창발Emergent 현상을 설명할 때 사용한 비유다.

"마이애미에서 나비 한 마리의 날갯짓이 지구 반대편 베이징에 우박을 동반한 폭풍을 일으키는 심각한 기상 이변 원인이 된다"

시시각각 변하는 기상 현상은 미세한 초기값 차이만으로도 결과값이 하늘과 땅 차이로 달라진다. 문제와 위기의 근본은 미세한 초기 값처럼 보잘것없어 보이거나 보이는 현상 이면에 숨겨 있다. 나비 효과를 꿰뚫어보고 핵심 문제와 위기의 실체를 발견하는 데 필수적인 도구가 시스템 사고다. 시스템 사고를 통해 전체를 보고, 표면적 증상 치료에서 벗어나 문제와 위기의 근본Leverage을 정확하게 겨냥해야 근본적 해결을 얻을 수 있다.

"시스템 사고는 각 부분들the Parts을 이해하기 위해 전체the Whole를 본다. 특별히 각 부분들이 어떻게 연결Connection되어 있는지를 통해 전체를 본다."

시스템 사고를 한마디로 정의한 문장이다. 시스템 사고는 '각 부분들이 어떻게 연결되어 상호 작용을 하면서 전체를 이루는가?'를 보고 '전체 속에서 각 부분의 역할과 의미를 이해하고, 핵심 레버리지가 무엇인 지도 파악하는' 사고 기술이다. 시스템 사고 훈련을 하면 다음과 같은 효과가 나타난다.

첫째, 시스템 사고는 문제와 위기의 핵심을 파악하도록 도와 문제 해결력을 높여준다. 시스템 사고에는 '지렛대Leverage 원리'가 있다. 지렛대 (레버리지) 원리는 시스템 사고에서 얻는 중요한 통찰이다. 지렛대 원리는 작고 간단하지만 문제의 핵심을 정확히 찌르는 해결책을 일컫는다. 작은 노력으로 큰 결과를 얻을 수 있는 해결책이다. 어떤 문제나 위기를 만나더라도 지렛대의 포인트 즉, '레버리지'를 찾기만 하면 근본적 해결을 시도할 수 있다. 문제를 해결하는 두 가지 방법이 있다. 하나는 두더지 게임을 하듯이 두더지들(문제들)이 여기저기 튀어나오는 데로 망치로 두드리듯이 대응하는 방법이다. 게임이 끝날 때까지 팔만 아프다. 만약 게임이 끝나지 않으면 영원히 두드려야 한다. 다른 한 방법은 도미노 게임을 연상하면 된다. 수천 개의 도미노라도 지렛대 포인트가 되는 도미노 하나를 쓰러뜨리기만 하면 나머지 수천 개의 도미노는 '스스로' 알아서 넘어진다. 이런 식으로 문제를 해결을 하고 싶다면, 시스템 레버리지를 공략하라. 이것이 시스템 사고의 마법이다.

둘째, 발견된 문제의 핵심을 서로 동일하게 납득할 수 있는 의사소통 Communication을 가능하게 해서, 불필요한 비난이나 자책 혹은 불필요한 다툼이 없어지게 하여 창조적 해결 방법을 찾는 데만 집중할 수 있게 해준다.

셋째, 발견된 문제를 가장 효과적이고 창의적으로 치료할 수 있는 해답을 제시해준다.

넷째, 회사 안의 직원들이나 자원들Resources을 가장 효율적으로 배치Networking하고 혁신적으로 관리할 수 있는 지혜를 얻게 해서 창의와 혁신을 위한 최적의 상태를 가능하게 한다.

마지막으로, 가장 놀라운 장점은 당신의 회사나 회사가 만든 제품의 미래를 예측할 수 있다. 점쟁이처럼 예언하는 신비적 힘을 얻는 것이 아니다. 시스템은 그 자체가 예측 가능한 것이기 때문이다. 쉽게 이야기해서, 자연 시스템Nature System, 경제 시스템, 사회 시스템, 심리 시스템들의 작동 원리와 방법을 이해하면 할수록 어떤 일이 계속 일어나는지, 고장이 난다면 어디가 확률이 높은지, 시스템 한쪽이 변하면 전체에는 어떤 변화가 있을지 등에 나름대로 통찰력을 발휘할 수 있다는 말이다. 자연 시스템의 이치와 구조에 대한 상식이 있을 때 집을 나서기 전 하늘에 먹구름이 가득하면 얼마 가지 않아 비가 올 것이라는 예측을 충분히 할 수 있는 것과 마찬가지다. 더 나아가 오늘 내릴 비가 농업에 얼마나 영향을 미치고 경제에 어떤 파급을 줄지도 예측할 수 있다. 비 피해를 입게 될 지역이라면 미리 준비를 할 수 있다.

참고로, 시스템 사고에 대해서 자세하게 학습하고 싶은 독자는 필자의 저서『부자의 시간』(2017)과 필자의 연구소 연구원들이 번역한『생각의 미래, 미래를 통찰하는 시스템 사고』(2017)'를 참조하라.

대담한
가설 추론

       마지막으로 한 가지 더 추천한다면, 대담한 가설 추론을 해보라는 것이다. 지난 10여 년 동안, 필자는 한국 정부, 기업과 개인을 둘러싼 위기 상황 전체를 시스템 관점에서 보고 논리적이고 확률적인 미래 사고기술들을 활용해서 다양한 시나리오들을 강의와 저서를 통해 발표했다. 필자의 예측은 논리적이지만 확률적 가능성을 기반으로 한 시나리오이거나 현재로서는 근거가 충분하지 않아서 대담한 가설 추론을 전개하여 구축한 시나리오이기에, 현실에서는 다르게 나타난 경우도 있었다. 현존하는 모든 정보와 지식을 섭렵할 수 없는 한계를 가진 인간이기에 시나리오 구축에 한계가 분명했기 때문이다.

  모든 학문은 미래 연구와 같은 한계를 가진다. 과학도 가설에서 시작한다. 가설과 실제가 다른 경우가 많기 때문에, 과학자는 가설을 수립하고 조정하고 실패하는 것을 수없이 반복한다. 미래 탐구도 마찬가지다. 현재에 나타난 미미한 신호를 관찰하고, 충분치 못한 근거를 기반으로 최대한 논리적이고 확률적으로 혹은 대담한 가설 추론으로 해야한다. 가설 추론이 '한 번 생각해보는 것'이기 때문에 재조정하고 실패하여 버리는 과정을 수없이 반복해야 한다. 미래학자는 이런 과정을 수없이 반복하면서 시나리오 예측과 미래 현실 사이의 간극을 메우기 위해 부단히 노력한다. 쉬지 않고 미래 신호를 추적하고, 새롭게 발견한 미래 징후를 반영하여 시나리오를 최적화한다. 예측과 미래 현실 사이의 간극을 좁히는 다른 방법(왕도)이 없기 때문이다.

필자가 지난 10년 동안 발표한 예측들 중에서 미래 가설의 일부를 수정할 정도로 '유의미한 재구성'을 한 내용이 두 가지 있다. 하나는 제2의 외환위기 가능성이고, 다른 하나는 삼성의 위기 시나리오다. 2009년에 필자는 한국 경제의 미래 시나리오들 발표하면서 그중에서 '제2의 외환위기 가능성' 시나리오를 최악의 시나리오로 거론했다. 여전히, 부채 디레버리징 과정에서 벌어질 한국 경제의 위기가 시작도 안했기 때문에 '제2의 외환위기 가능성'은 여전히 제로가 된 것은 아니다. 하지만 2009년 이후 외환 보유액 확충, 단기 차입금 비중 축소와 통화 스왑 확대 등으로 어느 정도는 제2의 IMF 구제금융신청 사태 재발에 대한 위기 대비가 되었다.

이제 제2의 외환위기 가능성 시나리오는 발생 확률에 대해 수정이 필요하다. 물론 한국의 위기 상황이 끝나지 않았기 때문에 그 시나리오를 폐기할 정도는 아니다. 1~2년은 트럼프가 달러 강세를 억누를 가능성이 크고 유럽의 긴축 정책 시작이 예측되기 때문에 원화 강세가 한국

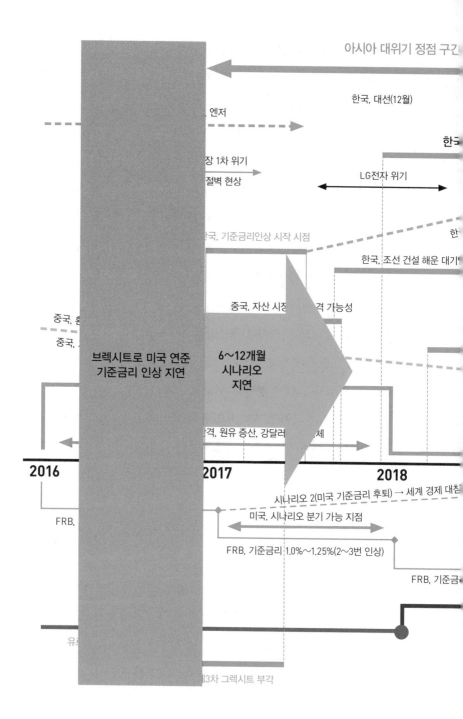

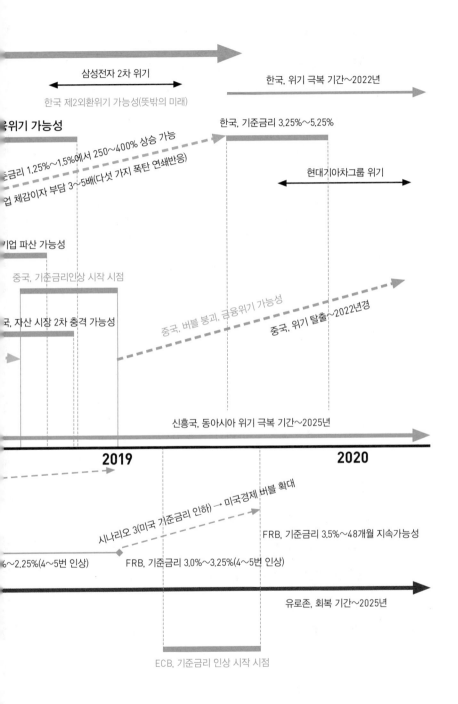

삼성전자 2차 위기

한국, 위기 극복 기간~2022년

한국 제2외환위기 가능성(뜻밖의 미래)

융위기 가능성

한국, 기준금리 3.25%~5.25%

준금리 1.25%~1.5%에서 250~400% 상승 가능

현대기아차그룹 위기

업 체감이자 부담 3~5배(다섯 가지 폭탄 연쇄반응)

기업 파산 가능성

중국, 기준금리인상 시작 시점

국, 자산 시장 2차 충격 가능성

중국, 버블 붕괴, 금융위기 가능성

중국, 위기 탈출~2022년경

신흥국, 동아시아 위기 극복 기간~2025년

2019

2020

시나리오 3(미국 기준금리 인하) → 미국경제 버블 확대

FRB, 기준금리 3.5%~48개월 지속가능성

%~2.25%(4~5번 인상)

FRB, 기준금리 3.0%~3.25%(4~5번 인상)

유로존, 회복 기간~2025년

ECB, 기준금리 인상 시작 시점

수출 기업의 경쟁력 하락이 지속되면서 경상수지에 문제가 발생할 수 있으므로 경계를 늦출 수 없다. 만약 경상수지에 문제가 발생하고, 미국과 유럽의 긴축이 빨라지면 신흥국 경제에 대한 의구심이 치솟으면서 국내에 유입된 자본이 유출되고 가계 부채에 불이 붙어 금융위기 국면이 시작되면, 일시적으로 환율이 급락하여 외환위기 가능성이 제기될 여지는 아직 남아 있다. 필자가 이 글을 쓰고 있는 현재 원화 강세가 지속되면서 수출 기업에 부담이 되고 있으며, 해외 자본의 국내 주식투자 규모가 증가하고 은행의 해외 차입도 빠르게 늘고 있다. 한국같이 개방성은 높지만 경제 규모는 작은 나라는 통화 가치 고평가가 주는 리스크에 대한 경계를 늦추면 절대 안 된다. 제2의 IMF 구제금융 사태 재발 가능성이 아주 낮아졌음에도 한국의 금융위기 가능성은 아직도 확실성의 범주에 있기 때문이다.

'삼성의 위기 상황 시나리오'는 뜻하지 않은 브렉시트의 영향으로 미국 기준금리 인상 속도가 지연되고, 미국 45대 대통령으로 트럼프가 당선되면서 기존 변화 방향에 인위적 개입이 일어났으며, 삼성이 1차 위기를 맞은 이후 생각보다 잘 버티고 있는 역량 등을 필자가 간과했기 때문에 간격이 발생했다. 필자가 용한 점쟁이나 탁월한 예언자가 아니기 때문에 예측 능력에 한계로 좀 더 깊게 미래 시뮬레이션을 하지 못했기 때문이다. 그러나 삼성의 위기 시나리오 역시 폐기할 시기는 아니다. 시간 측면을 재조정하면 여전히 유효하다. 삼성의 위기는 해결된 것이 아니라 시기가 늦춰졌을 뿐이다.

이런 아쉬움에도 불구하고 필자가 쉬지 않고 미래 신호를 추적하고, 새롭게 발견한 미래 징후를 반영하여 시나리오를 최적화하는 과정을 반복하면서, 시나리오 예측과 미래 현실 사이의 간극을 메우기 위해 부단히 노력한 결과로 독자들에게 의미 있는 미래 통찰을 제시하는 영광도 얻었다. 예를 들어, 김정은의 장기집권 가능성 시나리오, 김정은 집권 3년 내 장성택 숙청 가능성, 2010~2012년 유럽의 금융위기 발발, 차이메리카의 시대가 끝나고 미중전쟁 시대의 도래, 2014년 이건희 회장의 건강 이상으로 시작된 삼성의 1차 위기, IT 기업인 펜택과 다음 Daum의 위기와 몰락, 1차 오일전쟁에서 국제 유가의 30달러대 급락 이후 상당 기간 40~60달러대 박스권 유지, 2015년 이후 발생한 미국의 반격 프로세스(양적완화 축소 및 중지, 기준금리 인상, 보호무역주의, 신산업 버블 형성의 단계별 진행 순서), 한국 건설과 조선 회사들의 대규모 구조조정, 한국의 부동산 시장 변화, 정부 대응에도 불구하고 1,400조를 넘어 2019년에는 1,600조까지 계속 증가할 가계 부채, 달러당 120엔을 넘는 급격한 엔저 충격, 2014~2015년 오일 포함 상품 가격 하락으로 베네수엘라 등 신흥국의 1차 금융위기 및 외환위기, 최근에 일어난 중국의 사드 보복 기간의 장기화, 2017년 말 한국의 기준금리 인상 시작, 생각보다 빠르게 진행될 인공지능과 자율주행자동차의 충격 시나리오 등을 한발 빠르게 예측했다.

이런 시나리오를 발표할 당시에는 고개를 끄덕일 만한 논리적 추론이라는 평가를 받기도 하고, 다른 일면으로는 너무 대담한 예측, 대담한 가설 추론이 아니냐는 반문을 경험하기도 했다. 하지만 필자가 발표한 시나리오 중 상당수는 예측에 그치지 않고 현실이 되었다. 이것이 논리적이고 확률적 사고의 힘이고, 더 나아가 대담한 가설 추론이 가져다 준 유익함이다.

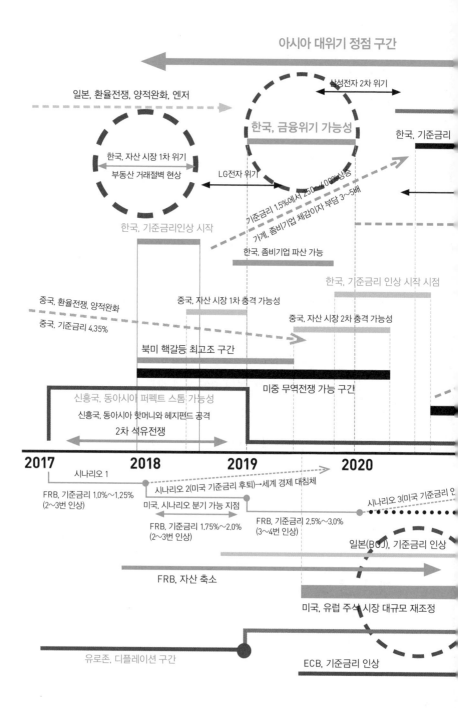

아시아 대위기 정점 구간

일본, 환율전쟁, 양적완화, 엔저

삼성전자 2차 위기

한국, 금융위기 가능성

한국, 기준금리

한국, 자산 시장 1차 위기
부동산 거래절벽 현상

LG전자 위기

기준금리 1.5%에서 2.50~4.00%상승

가계, 좀비기업 체감이자 부담 3~5배

한국, 기준금리인상 시작

한국, 좀비기업 파산 가능

중국, 환율전쟁, 양적완화

중국, 자산 시장 1차 충격 가능성

한국, 기준금리 인상 시작 시점

중국, 기준금리 4.35%

중국, 자산 시장 2차 충격 가능성

북미 핵갈등 최고조 구간

미중 무역전쟁 가능 구간

신흥국, 동아시아 퍼펙트 스톰 가능성

신흥국, 동아시아 핫머니와 헤지펀드 공격

2차 석유전쟁

2017　　　**2018**　　　**2019**　　　**2020**

시나리오 1

FRB, 기준금리 1.0%~1.25%
(2~3번 인상)

시나리오 2(미국 기준금리 후퇴)→세계 경제 대침체

미국, 시나리오 분기 가능 지점

시나리오 3(미국 기준금리 인

FRB, 기준금리 1.75%~2.0%
(2~3번 인상)

FRB, 기준금리 2.5%~3.0%
(3~4번 인상)

일본(BOJ), 기준금리 인상

FRB, 자산 축소

미국, 유럽 주식 시장 대규모 재조정

유로존, 디플레이션 구간

ECB, 기준금리 인상

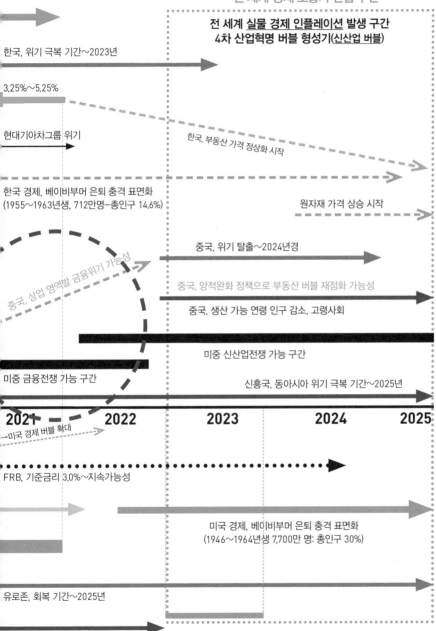

전 세계 경제 호황기 진입 구간

전 세계 실물 경제 인플레이션 발생 구간
4차 산업혁명 버블 형성기(신산업 버블)

한국, 위기 극복 기간~2023년

3.25%~5.25%

현대기아차그룹 위기

한국, 부동산 가격 정상화 시작

한국 경제, 베이비부머 은퇴 충격 표면화
(1955~1963년생, 712만명-총인구 14.6%)

원자재 가격 상승 시작

중국, 상업 영역발 금융위기 가능성

중국, 위기 탈출~2024년경

중국, 양적완화 정책으로 부동산 버블 재점화 가능성

중국, 생산 가능 연령 인구 감소, 고령사회

미중 신산업전쟁 가능 구간

미중 금융전쟁 가능 구간

신흥국, 동아시아 위기 극복 기간~2025년

2021　　**2022**　　**2023**　　**2024**　　**2025**

미국 경제 버블 확대

FRB, 기준금리 3.0%~지속가능성

미국 경제, 베이비부머 은퇴 충격 표면화
(1946~1964년생 7,700만 명: 총인구 30%)

유로존, 회복 기간~2025년

미중전쟁이라는 험난한 파도를 넘어가야 하는 한국 기업은 지금이라도 대담한 가설 추론을 기반으로 미래 연구를 전문적으로 할 부서를 만들어야 한다. 미래 연구는 예언이라는 오해에서 벗어나야 한다. 예측은 불가능한 영역이라는 생각에서도 벗어나야 한다. 좋은 예측은 잘 맞추는 것이라는 편견도 벗어나야 한다. 예측은 맞추는 것이 아니라, 미래에 대한 논리적이고 확률적인 가설 추론 연구다. 가설이기에 틀릴 수 있다. 하지만 가설을 세우는 이유는 탐색, 탐구하기 위해서다. 가설 추론의 중요성은 가설이 틀릴 수도 있지만, 이런 연구 방식으로 중요한 것을 발견할 수 있고 그것으로 인류 문명을 발전시킬 수 있기 때문이다. 지금 한국 기업은 불확실성이 증가하는 미래를 스스로 탐색·탐구하는 역량이 필요하다. 그래야 미중전쟁의 파고를 넘어 '더 나은 미래'를 만들어갈 수 있다.

미주

들어가는 말 패권은 절대로 나누지 않는다
1 한겨레, 2013. 6. 2, "투키디데스가 의심받는 이유".
2 그레이엄 앨리슨, 예정된 전쟁, 정혜윤 옮김, 세종서적, 2018

1장 미중 경제전쟁 예측 시나리오
1 한겨레, 2013. 11. 12, 김지석, "4불 경제".
2 전병서, 금융대국 중국의 탄생, 밸류앤북스, 2010, 214.
3 한국경제, 2013. 6. 10, "부풀려진 중국 수출 되엔 핫머니 있었다".
4 폴 케네디, 21세기 준비, 변도은 옮김, 한국경제신문사, 1993, 298.
5 경향신문, 1962. 2. 10, "소련의 경제성장률 80년대엔 미국과 비슷".
6 니얼 퍼거슨, 금융의 지배, 김선영 옮김, 민음사, 2010, 310.
7 TV조선, 2013. 6. 7, "중국, 미국 앞마당에 운하 건설".
8 2009년 1월 스위스에서 열린 다보스 포럼 기조연설에서 중국의 원자바오와 러시아의 푸틴 총리
   발언 중에서. 러시아 푸틴 총리는 "Today the pride of Wall Street's investment banks have
   virtually ceased to exit. They have suffe red losses surpassing their total revenues
   of the last 25 years, cumulative." 중국의 원자바오 총리는 "This crisis is attributable to
   a variety of factors, including the inappropriate macro-economic policies of some
   economics, their unsustainable models of development characterized by prolonged
   low savings and high consumption."
9 China as the World's "Largest Economy", Wayne M. Morrison, Congressional Reaserch
   Service, January 29, 2015.
10 전병서, 금융대국 중국의 탄생, 밸류앤북스, 2010, 33.
11 백창재, 미국 패권 연구, 인간사랑, 2009, 14.
12 백창재, 미국 패권 연구, 인간사랑, 2009, 14.
13 네이버, 두산백과, 항해조례(http://terms.naver.com/entry.nhn?docId=1161842&cid=40942&category
   Id=31720).

2장 통화전쟁
1 CCTV경제30분 팀, 무역전쟁, 홍순도 옮김, 랜덤하우스, 2011, 175.
2 CCTV경제30분 팀, 화폐전쟁 진실과 미래, 류방승 옮김, 랜덤하우스, 2011, 120.
3 문재현, 지금 당장 환율공부 시작하라, 한빛비즈, 2008, 51.
4 류쥔뤄, 월스트리트의 반격, 황선영 옮김, 에쎄, 2010, 177.
5 CCTV경제30분 팀, 화폐전쟁 진실과 미래, 류방승 옮김, 랜덤하우스, 2011, 187.
6 쑹훙빙, 화폐전쟁1, 차혜정 옮김, 랜덤하우스, 2008, 324.
7 쑹훙빙, 화폐전쟁1, 차혜정 옮김, 랜덤하우스, 2008, 325.
8 CCTV경제30분 팀, 무역전쟁, 홍순도 옮김, 랜덤하우스, 2011, 249.

9 쑹훙빙, 화폐전쟁1, 차혜정 옮김, 랜덤하우스, 2008, 326.
10 조명진, 우리만 모르는 5년 후 한국경제, 한국경제신문, 2010, 256.
11 세일러, 흐름을 꿰뚫어보는 경제 독해, 위즈덤하우스, 2009, 16.
12 최용식, 회의주의자를 위한 경제학, 알키, 2011, 227-230.
13 이지효, 한국경제 기회는 어디에 있는가, 북포스, 2010, 9.

3장 석유전쟁
1 이종헌, 에너지 빅뱅, 프리이코노미북스, 2017, 28-29.
2 이종헌, 에너지 빅뱅, 프리이코노미북스, 2017, 56-57.
3 이종헌, 에너지 빅뱅, 프리이코노미북스, 2017, 67.
4 노엄 촘스키, 촘스키 세상의 물음에 답하다 1권, 이종인 옮김, 시대의창, 2005, 99.
5 CCTV경제30분 팀, 무역전쟁, 홍순도 옮김, 랜덤하우스, 2011, 167.
6 중앙일보, 2014. 12. 24, 하현옥, "유가 20달러 돼도 감산 없다. 무자비한 사우디".
7 문화일보, 2015. 12. 11, 박준희, "미, 셰일 원유 '역대 최대 생산'".
8 중앙일보, 2015. 12. 17, 채병건·고정애, "석유 수출금지 풀리는 미국, 저유가 치킨 게임 뛰어들까".
9 이종헌, 에너지 빅뱅, 프리이코노미북스, 2017, 49.
10 이종헌, 에너지 빅뱅, 프리이코노미북스, 2017, 45, 48, 87, 109.
11 이종헌, 에너지 빅뱅, 프리이코노미북스, 2017, 85, 88.

4장 무역전쟁
1 스티븐 로치, 넥스트 아시아, 이건 옮김, 북돋움, 2010, 495-501.
2 빌 보너·에디슨 위긴, 세계사를 바꿀 달러의 위기, 이수정·이경호 옮김, 돈키호테, 2006, 128.
3 Z. 브레진스키, 미국의 마지막 기회, 김명섭·김석원 옮김, 삼인, 2009, 101.
4 앤서니 아노브 엮음, 촘스키 지의 향연(The essential Chomsky), 이종인 옮김, 시대의창, 2013, 467-
   513; 원제: Imperial Grand Strategy, New York: Metropolitan Books, 2003; 노엄 촘스키, 촘
   스키 세상의 물음에 답하다 1권, 이종인 옮김, 시대의 창, 2005, 96.
5 한겨레, 2009. 4. 20, "펑펑 쓰던 미국 빚 경제 바꾼다".
6 브레진스키, 미국의 마지막 기회, 김명섭·김석원 옮김, 삼인, 2009, 211.
7 앤서니 아노브 엮음, 촘스키 지의 향연(The essential Chomsky), 이종인 옮김, 시대의창, 2013, 168;
   원제: The Rule of Force in International Affairs, Yale Law Journal 80, no. 7(June. 1971).
8 앤서니 아노브 엮음, 촘스키 지의 향연(The essential Chomsky), 이종인 옮김, 시대의창, 2013, 348.
   원제: Containing the Enemy, Cambrigde, MA: South End Press, 1989, 21-34.
9 노엄 촘스키, 촘스키 세상의 물음에 답하다 2권, 이종인 옮김, 시대의창, 2005, 87.
10 후안강, 2020년 중국, 이은주 옮김, 21세기북스, 2011, 52.
11 마오쩌둥, 마오쩌둥 선집(Selected Works of Mao Zedong), vol. 5, 312; 후안강, 2020년 중국, 이은
   주 옮김, 21세기북스, 2011, 81.
12 에드워드 스타인펠드, 왜 중국은 서구를 위협할 수 없나, 구계원 옮김, 에쎄, 2011, 411.
13 파리드 자카리아, 흔들리는 세계의 축, 윤종석 외 옮김, 베가북스, 2008, 197.
14 노엄 촘스키, 촘스키 희망을 묻다. 전망에 답하다, 노승영 옮김, 책보세, 2011, 20-21, 80-88, 92-
   95.

15 조선일보, 2018. 2. 19, "트럼프발 신 냉전 오나… 중국의 무역보복 시나리오".

16 조선일보, 2018. 2. 27, 조지원, "미 철강 규제에 현지 석유업계 반발… '관세 부과하면 일자리 감소'"(http://biz.chosun.com/site/data/html_dir/2018/02/26/2018022602290.html).

17 법률신문, 2017. 12. 26, "트럼프 세제 개혁의 주요 내용".

18 이종헌, 에너지 빅뱅, 프리이코노미북스, 2017, 128.

5장 금융전쟁

1 이찬근, 금융 경제학 사용설명서, 부키, 2011, 468-470.

2 다니엘 D. 엑케르트, 화폐 트라우마, 배진아 옮김, 위츠, 2012, 138-143.

3 천즈우, 자본의 전략, 조경희·한수희 옮김, 에쎄, 2010.

4 아시아경제, 2011. 3. 31, 코트라, "중국 바이어들 위안화 결제 요구 거세진다".

5 장탕빈, 기축통화 전재의 서막, 차혜정 옮김, 위즈덤하우스, 2009, 255.

6 헨델 존스, 차이나메리카, 홍윤주 옮김, 지식프레임, 2010, 198.

7 전병서, 금융대국 중국의 탄생, 밸류앤북스, 2010, 133.

8 폴 크루그먼, 불황의 경제학, 안진환 옮김, 세종서적, 2009, 123.

9 리처드 던컨, 달러의 위기, 세계 경제의 몰락, 김석중 옮김, 국일증권경제연구소, 2004, 64-71.

10 폴 크루그먼, 불황의 경제학, 안진환 옮김, 세종서적, 2009, 163.

11 CCTV경제30분 팀, 무역전쟁, 랜덤하우스, 홍순도 옮김, 2011, 245.

12 담비사 모요, 미국이 파산하는 날, 김종수 옮김, 중앙북스, 2011, 300-302.

6장 북한 핵, 트럼프 재선의 또 다른 승부수

1 이종헌, 에너지 빅뱅, 프리이코노미북스, 2017, 318-333.

2 필자가 김정은의 통치 스타일을 분석하는 데는 다양한 자료와 현재까지의 행동들을 분석했다. 그중 하나가 전문가에 의해 김정은에 대한 정확하고 객관적인 자료들을 기반으로 구성된 최초의 값진 정보이며 여과되지 않는 모습을 그렸다고 평가받는 책이 하나 있다. 바로 『북한의 후계자, 왜 김정은인가』(후지모토 겐지 지음, 한유희 옮김, 맥스미디어, 2010)다. 저자인 후지모토 겐지는 국내외 전문가나 정보 당국이 김정일의 후계자로 김정남을 주목하고 있을 때, 김정일의 후계자는 김정남이나 김정철도 아니라 김정은이 될 것이라는 것을 예측할 정도로 북한 최고 핵심 그룹의 속사정을 가장 잘 아는 인물로 평가받는다.

3 후지모토 겐지, 북한의 후계자, 왜 김정은인가?, 한유희 옮김, 맥스미디어, 2010, 127.

4 후지모토 겐지, 북한의 후계자, 왜 김정은인가?, 한유희 옮김, 맥스미디어, 2010, 88, 97.

5 후지모토 겐지, 북한의 후계자, 왜 김정은인가?, 한유희 옮김, 맥스미디어, 2010, 129.

6 후지모토 겐지, 북한의 후계자, 왜 김정은인가? 한유희 옮김, 맥스미디어, 2010, 68.

7 후지모토 겐지, 북한의 후계자, 왜 김정은인가? 한유희 옮김, 맥스미디어, 2010, 136-143.

8 중앙일보, 1993. 3. 31, "북 핵확산금지 조약 탈퇴/북한 당국 선언".

9 한겨레, 1994. 3. 22, "IAEA, 북핵 안보리 회부".

10 동아일보, 1995. 4. 14, "북핵 긴장, 작년 5, 6월 미국 영변 시설 폭파 검토".

11 동아일보, 1994. 6. 17, "김일성, 카터 3시간 회담 핵문제 깊이 논의".

12 중앙일보, 2018. 3. 9. 유지혜·박유미, "한미 '북핵 폐기', 북 '남핵도 폐기' 비핵화 간극변수로".

13 김영환·오경섭·유재길, 북한 급변 사태와 통일 전략, 백년동안, 2015, 59.

14 김영환·오경섭·유재길, 북한 급변 사태와 통일 전략, 백년동안, 2015, 59-60.

15 김영환·오경섭·유재길, 북한 급변 사태와 통일 전략, 백년동안, 2015, 59-67.

16 연합뉴스, 2017.12. 7, "북한 스마트폰 보급 증가했지만… 오히려 김정은 체제 강화".

17 부산일보, 2009. 2. 20, 김상식, "이명박 vs. 김정일".

18 https://blog.naver.com/maaalgn/100012585217, https://blog.naver.com/mycool95/20005405853.

19 김영환·오경섭·유재길, 북한 급변 사태와 통일 전략, 백년동안, 2015, 18.

20 김영환·오경섭·유재길, 북한 급변 사태와 통일 전략, 백년동안, 2015, 17.

21 김영환·오경섭·유재길, 북한 급변 사태와 통일 전략, 백년동안, 2015, 19-25.

22 김영환·오경섭·유재길, 북한 급변 사태와 통일 전략, 백년동안, 2015, 28-32.

23 이종헌, 에너지 빅뱅, 프리이코노미북스, 2017, 337.

7장 군사 패권전쟁

1 차이나저널, 2012년 7월호, 이만용, 중국 해양강국을 향한 발을 내딛다, 21.

2 파리드 자카리아, 흔들리는 세계의 축, 윤종석 외 옮김, 베가북스, 2008, 184-196.

3 연합뉴스, 2011. 7. 20, "중국 군사력이 아시아태평양 안정 최대 변수".

4 Stockholm International Peace Research Institute, Embargo 17 April 2012, "background paper on SIPRI military expenditure data, 2011."

5 노엄 촘스키, 촘스키 희망을 묻다. 전망에 답하다, 노승영 옮김, 책보세, 2011, 89.

6 파이낸셜타임즈, 2011.

7 조선일보, 2013. 4. 9, 유용원의 군사세계(http://inside.chosun.com/site/data/html_dir/2013/04/10/2013041002237.html?bridge_info).

8 Stockholm International Peace Research Institute, Embargo 17 April 2012, "background paper on SIPRI military expenditure data, 2011."

8장 중국의 대응

1 네이버 지식백과: 일대일로[一帶一路, One belt, One road](중국 현대를 읽는 키워드 100, 국민대학교 중국인문사회연구소).

2 이종헌, 에너지 빅뱅, 프리이코노미북스, 2017, 217-229.

3 한국경제, 2018. 3. 7, 강동균, "중국몽에 말려든 저개발국".

4 중앙일보, 2018. 3. 9, 유상철, "국가주석 임기 없앤 시진핑 최소 2035년까지 집권 생각".

5 중앙일보, 2018. 3. 9, 유상철, "국가주석 임기 없앤 시진핑 최소 2035년까지 집권 생각".

6 조영남, 덩샤오핑 시대의 중국 2: 파벌과 투쟁, 민음사, 2016, 66.

7 조영남, 중국의 꿈, 민음사, 2013, 84.

8 조영남, 덩샤오핑 시대의 중국 3: 톈안먼 사건, 민음사, 2016, 243-244; 조영남, 중국의 꿈, 민음사, 2013, 99.

9 조영남, 덩샤오핑 시대의 중국 1: 개혁과 개방, 민음사, 2016, 30.

10 김기수, 중국경제 추락에 대비하라, 살림, 2012, 104.

11 김기수, 중국경제 추락에 대비하라, 살림, 2012, 241.

12 멘슈어 올슨, 지배 권력과 경제 번영, 최광 옮김, 나남출판사, 2000, 198.

13 월간조선, 2013년 3월호, "시진핑 시대의 중국: 중국의 '부패' 해결할까".

14 김기수, 중국경제 추락에 대비하라, 살림, 2012, 229.

15 조영남, 덩샤오핑 시대의 중국 2: 파벌과 투쟁, 민음사, 2016, 20.

16 네이버 지식백과: 시진핑[習近平](시사상식사전, 박문각).

17 미래한국, 2015. 9.17, 전경웅, "중국 경제 붕괴 시작되다".

18 해리 덴트, 2019 부의 대절벽, 안종희 옮김, 청림출판, 2017, 279-283, 290.

19 해리 덴트, 2019 부의 대절벽, 안종희 옮김, 청림출판, 2017, 297.

20 해리 덴트, 2019 부의 대절벽, 안종희 옮김, 청림출판, 2017, 271.

21 해리 덴트, 2019 부의 대절벽, 안종희 옮김, 청림출판, 2017, 274.

22 해리 덴트, 2019 부의 대절벽, 안종희 옮김, 청림출판, 2017, 285.

23 해리 덴트, 2019 부의 대절벽, 안종희 옮김, 청림출판, 2017, 300.

24 해리 덴트, 2019 부의 대절벽, 안종희 옮김, 청림출판, 2017, 287.

25 중앙일보, 2011. 6. 16, "1년에 시위 12만 건, 중국 통제력 한계".

26 빌 에모트, 2020 세계 경제의 라이벌, 손민중 옮김, 랜덤하우스, 2010, 131.

27 벤저민 프리드먼, 경제성장의 미래, 안진환 옮김, 현대경제연구원북스, 2009, 15, 27.

28 벤저민 프리드먼, 경제성장의 미래, 안진환 옮김, 현대경제연구원북스, 2009, 34.

29 조영남, 용과 춤을 추자, 민음사, 2012, 27-31.

30 Albert Keidel, China's Economic Rise, Carnegie Endowment for International Peace, July, 2008, p6.

31 조영남, 중국의 꿈, 민음사, 2013, 6.

32 조영남, 덩샤오핑 시대의 중국 1: 개혁과 개방, 민음사, 2016, 19, 55.

33 조영남, 덩샤오핑 시대의 중국 1: 개혁과 개방, 민음사, 2016, 99-167.

34 조영남, 중국의 꿈, 민음사, 2013, 103.

35 인민일보, 2012. 11. 30; 조영남, 중국의 꿈, 민음사, 2013, 20-21(재인용).

36 조영남, 중국의 꿈, 민음사, 2013, 21.

37 조영남, 용과 춤을 추자, 민음사, 2012, 140.

38 조영남, 용과 춤을 추자, 민음사, 2012, 140-141, 164.

39 홍익희, 달러 이야기, 한스미디어, 2014, 502.

40 조영남, 덩샤오핑 시대의 중국 3: 톈안먼 사건, 민음사, 2016, 353-356
조영남, 용과 춤을 추자, 민음사, 2012, 164.
조영남, 용과 춤을 추자, 민음사, 2012, 141, 154-172.

41 조영남, 중국의 꿈, 민음사, 2013, 56.

42 네이버 지식백과: 중진국 함정(한국경제용어사전).

43 조영남, 중국의 꿈, 민음사, 2013, 48.

44 조영남, 중국의 꿈, 민음사, 2013, 55.

45 조영남, 중국의 꿈, 민음사, 2013, 63, 71-75.

46 중국재정망中國財經網(www.Politicalchina.org), 2012. 8. 30.
조영남, 중국의 꿈, 민음사, 2013, 146(재인용).

47 그는 21세기 인류가 직면한 거대한 문제들을 연구하기 위해 '제임스 마틴 21세기 대학원'과 '제임스 마틴 과학 및 문명연구소'를 설립했다. 제임스 마틴은 21세기에 인류가 직면한 위기들은 아무리 심각한 것이라도 해결책은 반드시 있다고 믿는다. 다만, 각국의 정치, 경제 리더들이 이런 해결책을 잘 알지 못하거나 당장은 우리 눈앞에 해결책이 보이지 않는 것일 뿐이라고 주장한다.

48 제임스 마틴, 제임스 마틴의 미래학 강의The Meaning of the 21 Century, 류현 옮김, 김영사, 2009, 595-596.

9장 앞으로 30년, 누가 이길까?

1 김광수, 세계 금융위기와 중국 경제, 휴먼앤북스, 2009, 160.
2 포린 어페어스(미국 정치외교 전문 격월간지) 2009. 9,10월호 기고문(http://www.foreignaffairs.com/articles/65225/josef-joffe/the-default-power).
3 조영남, 중국의 꿈, 민음사, 2013, 223-256.
4 조영남, 용과 춤을 추자, 민음사, 2012, 94-96.
5 조영남, 용과 춤을 추자, 민음사, 2012, 100.
6 http://www.eknews.net/xe/?mid=kr_politics&category=26886&document_srl=393446&listStyle=viewer.
7 USA Economy in Brief, 2008년 기준.
8 딜로이트 보도자료, 2015. 12. 11, "제조업 경쟁력에서 중국 제치고 1위 탈환".
9 The World Factbook, 2009년 기준.
10 http://www.stratfor.com/weekly/20110119-chinese-espionage-and-french-tradesecrets?utm_source=SWeekly&utm_medium=email&utm_campaign=110120&utm_content=readmore&elq=5c8dc84a9ddc450c90ebd9d40d43d87c.
11 랑셴핑, 중미전쟁, 홍순도 옮김, 비아북, 2010, 144-179.
12 로버트 J. 고든, 미국의 성장은 끝났는가, 이경남 옮김, 생각의힘, 2017, 17.
13 로버트 J. 고든, 미국의 성장은 끝났는가, 이경남 옮김, 생각의힘, 2017, 9.
14 로버트 J. 고든, 미국의 성장은 끝났는가, 이경남 옮김, 생각의힘, 2017, 37.
15 로버트 J. 고든, 미국의 성장은 끝났는가, 이경남 옮김, 생각의힘, 2017, 19, 463.
16 로버트 J. 고든, 미국의 성장은 끝났는가, 이경남 옮김, 생각의힘, 2017, 463.
17 로버트 J. 고든, 미국의 성장은 끝났는가, 이경남 옮김, 생각의힘, 2017, 16-17.
18 로버트 J. 고든, 미국의 성장은 끝났는가, 이경남 옮김, 생각의힘, 2017, 60-61.
19 서울경제, 2011. 4. 17, "[차이나 리포트] 자고나면 뛰는 수입 철광석 값… 中정부 '가격 전쟁' 선언".
20 헨델 존스, 차이나메리카, 홍윤주 옮김, 지식프레임, 2010, 265.
   그가 말하는 여덟 가지 조건은 다음과 같다. 비전, 지배력, 관리 능력을 갖춘 리더십. 여러 시장에서 활동하는 강한 기업. 제품 및 비즈니스 개념에서의 창의성. 필요 원자재 조달 능력. 필요한 자금 및 효율적인 금융 시스템 지원. 사회를 부유하게 하는 부의 분배. 내부 갈등이 적고 화합하는 사회. 교통 시스템을 포함한 효율적인 인프라.
21 랑셴핑, 중미전쟁, 홍순도 옮김, 비아북, 2010(재인용).
22 문화일보, 2011. 6. 13, "국제 곡물값, 투기 세력 몰려 또 꿈틀".
23 조선일보, 2011. 3. 10, "중국인의 식품 수요 증가".
24 농협경제연구소, '중국의 육류 및 사료 곡물 수요 전망과 시사점' 보고서(재인용), 2014. 4. 28.
25 류진뤄, 월스트리트의 반격, 황선영·한수희 옮김, 에쎄, 2010, 110.
26 안병국·최영훈, "뉴노멀 시대 중국 철강 산업의 특징 및 시사점", 포스코경영연구소, 2014. 12. 17.
27 랑셴핑, 자본전쟁, 홍순도 옮김, 비아북, 2011, 68-83.
28 랑셴핑, 중미전쟁, 홍순도 옮김, 비아북, 2010, 213.
29 http://www.morningpost.com.cn/
30 문화일보, 2011. 4. 21, "후진타오 '과학자가 조국에 영광 안겨'".
31 Global Market Institute, The new geography of global innovation. Goldman Sachs Group, 2010. 9. 20.
32 조선비즈, 2011. 6. 11, 로치 스티븐, "아시아 중국, 선진국 될 수밖에 없는 10가지 이유".

10장 미중전쟁과 한국의 미래

1 네이버 지식백과: 차이메리카[Chimerica](시사경제용어사전).
2 한국경제, 2018. 2. 1, 안현실, "이상한 '로봇국가' 이야기"(http://news.hankyung.com/article/2018020154131).
3 네이버 지식백과: 낙동강 전투.
4 김영호, 한국전쟁의 기원과 전개 과정, 성신여자대학교출판부, 2006.
5 뉴데일리, 2016. 3. 17, "이승만의 전쟁 리더십-이승만의 용미술을 보라"(http://www.newdaily.co.kr/site/data/html/2016/03/17/2016031700023.html).
6 중앙일보, 2018. 1. 23, 남도현, "6·25 전쟁, 미국이 한반도 포기를 고민했던 순간 의외의 반전은".

북인북 미중전쟁에 대처하는 우리의 전략

1 네이버 지식백과: 10월 전쟁과 캠프 데이비드 협정(http://terms.naver.com/entry.nhn?docId=2275968&cid=51287&categoryId=51287).
2 이코노미조선, 2018. 1. 23, 임용한, "욤 키푸르 전쟁: 중동전 참패한 이집트, 철저한 분석으로 복수전, 성공 기업도 방향·목표 분명히 정하고, 맞춤형 전술 갖춰야".
3 위키피디아: 욤 키푸르 전쟁(https://ko.wikipedia.org/wiki/욤키푸르_전쟁).

아시아미래인재연구소
'미래학 Master' 인증 과정 소개

"내가 배운 것이 나를 말해준다!"

이 과정은 최고 수준의 미래 예측과 미래 전략 수립 전문가를 양성하는 과정입니다. 현대 미래학이 사용하는 최고 수준의 정성적이고 정량적인 예측 기법들, 복잡성이 증대되는 시대에 변화를 예측하는 데 적극적으로 도입되고 있는 컴퓨터 시뮬레이션 기법을 활용한 미래 예측을 기업 경영과 신산업 발굴에 접목하는 노하우를 배울 수 있습니다.

미래학 커리큘럼

미래 이슈 연구: 기술 예측 연구, 사회 예측 연구, 미래학 기초 연구
투자 통찰 훈련
미래 예측 실습 훈련

과목 수업 순환 커리큘럼(6 Round)

1 Round: Foundation of Futures Studies(미래학 토대), 수학·철학과 미래 예측
2 Round: 시스템 사고와 미래 예측, 인공지능 기초
3 Round: 인공지능 고급, 빅데이터, 정성적 예측 방법론
4 Round: 거시사와 미래 예측, 시나리오 예측 방법론 A
5 Round: 게임 이론과 미래 예측, 시나리오 예측 방법론 B
6 Round: 복잡계와 미래 예측, 정량적 예측 방법론, Visioning(개인, 기업 미래 디자인과 전략)

'미래통찰 보고서' 구독 안내

2018, 2019년에 가장 중요한 위기가 시작됩니다.

이제부터 중요합니다. 2018, 2019년에 가장 중요한 위기가 시작됩니다. 미국의 기준 금리 인상, 한국의 금융위기 가능성, 부동산 가격 대변화, 한반도 군사위기, 환율과 유가 변동성 위기, 김정은과 트럼프의 행동 분석 및 추적, 주식 투자 시장의 변화 등 가장 중요한 위기 이슈를 미리 파악하고 대응할 수 있는 통찰력이 필요한 때입니다.

　　주 1~3회 발간하는 '미래통찰 보고서'는 위기가 시시각각 변하는 모습을 가장 빠르게 추적하고, 현상 이면에 있는 숨겨진 것을 통찰하고, 다음 행보를 합리적으로 예측하는 '위기 대응' 무기입니다. 보고서를 구독하면 2018~2019년 한국을 강타할 위기를 심층 추적하고 변화를 통찰하는 미래학자 최윤식 박사의 생각과 예측을 실시간으로 들여다볼 수 있습니다.

'미래학 Master' 인증 과정, '미래통찰 보고서'의 구독을 원하시는 분들은
아래로 연락 주시길 바랍니다.

전화 문의: 010-3444-0910 (담당자: 염춘국 팀장)
이메일 문의: duacnszz@naver.com
홈페이지: cysinsight.com

앞으로 5년
미중전쟁
시나리오

지은이 | 최윤식

1판 1쇄 발행 | 2018년 6월 22일
1판 7쇄 발행 | 2019년 10월 7일

펴낸곳 | (주)지식노마드
펴낸이 | 김중현
디자인 | 제이알컴
등록번호 | 제313-2007-000148호
등록일자 | 2007. 7. 10
(04032) 서울특별시 마포구 양화로 133, 1201호(서교동, 서교타워)
전화 | 02) 323-1410
팩스 | 02) 6499-1411
홈페이지 | knomad.co.kr
이메일 | knomad@knomad.co.kr

값 25,000원

ISBN 979-11-87481-42-3   03320